创新观念与创新人才培养

田原 王凡 田建国 ◉ 著

山东教育出版社

图书在版编目（CIP）数据

创新观念与创新人才培养/田原等著．—济南：山东教育出版社，2015

ISBN 978-7-5328-8917-4

Ⅰ．①创… Ⅱ．①田… Ⅲ．①人才培养—研究 Ⅳ．① C961

中国版本图书馆 CIP 数据核字（2015）第 176121 号

创新观念与创新人才培养

田原　王凡　田建国　著

主　管：山东出版传媒股份有限公司
出版者：山东教育出版社
　　　　（济南市纬一路321号　邮编：250001）
电　话：（0531）82092664　传真：（0531）82092625
网　址：www.sjs.com.cn
发行者：山东教育出版社
印　刷：济南继东彩艺印刷有限公司
版　次：2015年5月第1版第1次印刷
规　格：787mm×1092mm　16开本
印　张：22.5印张
字　数：346千字
书　号：ISBN 978-7-5328-8917-4
定　价：48.00元

（如印装质量有问题，请与印刷厂联系调换）
印厂电话：0531-87160055

目 录

自　序

21世纪将是人类依靠知识创新和可持续发展的世纪，世界将进入全球化知识经济时代。可用三句话精辟概括21世纪的时代特征：科学技术突飞猛进，知识经济已见端倪，国力竞争日趋激烈。

关于知识经济的内涵，目前已有许多论述，主要内容是科学技术。对于知识和科学技术，最简单的理解在于，它们在各种生产要素中越来越重要，知识和智力为各种生产要素注入了资本。过去认为白手起家是天方夜谭，但知识经济时代是有白手起家的，像美国微软公司通过开发知识软件，目前年产值已超过美国三大汽车公司的总和，其总裁比尔·盖茨也成为世界首富。

在中国，信息技术、生命工程等主要领域中科学技术的发展，改变了我们的生产、生活、学习方式，甚至改变了生命的形成方式。劳动密集型产业萎缩，技术密集型产业扩大。美国20世纪50年代劳动密集型产业占65%，现在只占3%；现在产业结构中，农业占3%，工业占20%，第三产业中很大比例是信息产业，达到70%以上。3%的高科技产业为美国97%的人提供了就业机会，所以说知识经济时代科学技术的发展，改变了传统经济学的概念。

美国前总统克林顿说："技术创造新的就业机会，建立新的工业，并提高我们的生活水平，所以是经济增长的发动机。"传统的经济是靠资本、资金，靠劳动力，现在主要是依靠知识，只有依靠知识，经济才能增长。

中国的发展在于创新

中国的希望在于创新，中国的发展也在于创新。创新是一个民族的灵魂，是国家兴旺发达的不竭动力。创新具有深刻的内涵，其从政治和哲学的高度，揭示了人类经济社会发展的普遍规律。从历史上看，如果列宁没有创新精神，就不可能取得十月革命的胜利；如果毛泽东没有创新精神，就不会提出农村包围城市的理念，也不会有中国革命的胜利；如果邓小平没有创新精神，也不能推翻"两个凡是"的错误观点。所以对于"创新"的含义，我们要从政治和哲学上加以深刻地领会。

世界银行、国际货币基金组织1998—1999年度报告的结论是：发展中国家与发达国家的知识差距，尤其是知识创新能力的差距，大大超过了财富的差距，因而在一定意义上，发展中国家需要知识甚于需要资本。

世界发达国家从学历社会、文凭社会迈向能力社会，这与市场经济的发展相契合。现在又开始由能力社会向创新力社会迈进，这是知识经济发展的结果。知识创新的目的是追求新发现、探索新规律、创立新学说、创造新方法、积累新知识。知识创新是技术创新的基础，是新技术和新发明的源泉，是促进科技进步和经济增长的革命性力量。

知识经济的本质是创新。它对"创新"的要求有其不同于工业经济社会的特点，即要求由"一次性创新"转变为"连续性创新"；由"单个创新"转变为"系列创新"；由"个别专家创新"转变为"全员（集体）创新"。21世纪越来越要求人们具有创新意识，美国微软公司是连续创新、系列创新、集体创新的典范。微软成功的秘诀："取决于创新"；微软交战的守则："淘汰自己的产品"；微软招聘雇员的标准："能够适应软件技术与行业内差不多每月一次的革命"。

北大方正的成功也同样源于创新。其发展模式的实质就是：技术创新拓展出全新的市场生存空间，新的市场需求又刺激了技术开发人员的创造力和激情，从而成功地实现市场和技术的互动。这是一个连续创新的过程。

世界近现代的发展历程表明，一个国家经济发展达到一定水平后，科技创新就成为经济增长的主要动力。企业要发展，产业要升级，关键在于创新。世界上著名的大公司，都在创新上做足了功夫，比如都设有研究和发展中心。IBM公司是世界一流的计算机公司，但IBM的意思是国际商用机械公司。公司早期是做农业机械的，在美国开发西部的时候，它抢先研发汽车和军事工业领域的运载机械，但在20世纪50年代，它果断决定发展计算机产业。日本新日铁是世界最大的钢铁企业，但也是世界上最大的光纤企业。

创新的基础在教育

国家创新能力关系民族的前途和命运。在工业经济时代，国家的技术创新能力与经济增长和国际竞争力紧密相关；在知识经济时代，国家的创新能力，包括知识创新和技术创新能力，是决定一个国家在国际竞争和世界总格局中地位的重要因素。我国创新能力与国家发展需求和国际先进水平相差较大，科技国际竞争力也落后于经济国际竞争力。2014年，我国国民生产总值居世界第2位，但我国科技国际竞争力仅居世界第18位。科技国际竞争力持续下降，如果不及时采取有力措施，大幅度提高国家创新能力，势必影响我国在21世纪知识经济时代的国际竞争力和国际地位。

教育是知识创新应用的基地，也是培养和造就高素质创新人才的摇篮。在人类进入21世纪之际，许多国家的政府都把发展和振兴教育作为首要任务和21世纪的基本国策。

美国前总统克林顿曾要求到20世纪末网络覆盖所有的中小学，大幅度提高少年儿童的识字能力和运算能力，年轻人只要有学习能力都可以进入社区学院等。虽然德国的一些州政府并未明确提出"科教兴州"计划，但在安排财政支出时，将科技和教育摆在优先发展的位置。为了加强创新能力和创新人才的培养，日本提出了几项面向21世纪的教育改革计划，每项计划都以法案的形式确定下来，并予以财政支持。

这些国际动向反映了未来社会与教育关系变动的历史背景，同时也表明走向21世纪的世界教育正在出现新的变革趋势。国家的综合国力和国际竞争、科技进步和知识创新的水平，将越来越取决于教育的发展。在教育普及程度不断提高的大背景下，国家势必更加注重提高教育质量和效益，把培养高素质的人才特别是培养创新能力和创造精神放在突出位置，这可能成为未来教育发展的主要模式和整个社会进步的共同要求。21世纪是创新教育的世纪，我们应当未雨绸缪，迎接新的挑战。

创新的关键在人才，造就创新人才的途径是教育与训练，培养大批具有创新意识和创新能力的高素质科技人才，对提高国家知识创新和技术创新能力至关重要。高校是人才库、知识库、信息库，是国家知识创新和技术创新的重要基地，是高新技术的辐射源，是知识经济形成与发展的基础和动力。

对高校的功能作用要重新审视。古希腊时代的高校是培养哲学思维的场所，中世纪时的大学是传授人文知识和道德真理的圣殿，只有到了20世纪，大学才成为推动工业化进程的一支重要力量。在知识经济时代，高校的地位和作用将发生重大变化。农业经济时代，高校游离于经济社会之外；工业经济时代，高校处于经济社会的边缘；而随着知识经济时代的到来，高校将被推向经济社会的中心，参与经济运行的过程，成为推动经济发展的要素，主导经济社会的发展。

在以高科技为基础的信息时代，如果说知识信息是知识经济的电流，那么高校就是产生这种电流的发电机，高校将成为经济社会发展的重要动力源。被誉为"美国高新技术摇篮"的硅谷，以斯坦福和伯克利两所大学为中心，分布着3 000多家高科技产业和许多研究开发机构。这个方圆仅几十平方千米的狭小谷地，2010年的产值高达1 400亿美元，其中62%是由那些与斯坦福大学有关的人创造的。

因此，对高校功能的认识要有新的突破，高校作为知识传授系统，要以新的思想来设计人才培养模式，培养具有创新能力的人才；高校作为知识创新系统，要敢于创新，在学科的交叉融合中开拓新的发现，要成为新学科的温床和孵化器；高校作为知识物化系统，要千方百计将新知识、新科技转化为现实生产力，为人类创造更多的财富。

教育观念创新

教育创新首先是教育观念创新。解放思想、更新观念是教育改革与发展的先导和动力。如果没有教育新观念的萌动，没有普遍的心理需求，没有变革现实的要求，没有勇于改革的胆略，就谈不上教育的改革与发展。要以现代教育思想为指导，重新审视人才培养目标、培养模式、教育内容、教育方法；对现有教育思想、教育观念进行深刻反思。不断研究新情况，解决新问题，总结新经验，形成新认识。努力探索教育发展的增长点和深化改革的突破点，以教育思想观念的新突破带动教育改革发展的新突破。

观念创新是一个复杂和深刻的过程，涉及许多理论和实践问题。树立以终身教育为核心的教育价值观，改变学校充电、社会放电的传统教育模式，不仅要重视知识存量，更要重视知识增量。农业经济时代，先干后学，在不断失败和碰壁中前进；工业经济时代，边干边学，探索前进；知识经济时代，先学后干，在认识世界中改造世界，在人与环境和谐统一中可持续前进。

树立以学会认知、做事、合作和生存四大支柱为核心的教育目标观。学会认知，主要从知识层面理解；学会做事，主要指技能和经验；学会合作，主要是高度相互依靠的人格和交流网络的形成；学会生存，就是学会做人，应处于主导地位。这四大支柱，主要反映了21世纪对教育的需求，反映了教育从原有局限性向跨世纪新目标的转变。

树立以自然科学和人文科学整合为基本特征的教育内容观。在现代科技革命条件下，人的文化背景越深厚，融会贯通能力就越强，越容易进入科学前沿。诺贝尔奖获得者最多的美国加州理工学院认为，自然科学最终只能提供知识而不能提供智慧。智慧是知识和判断的综合，为了取得智慧，理工科学生必须要有人文科学的协助。

目前世界发达国家都在探讨21世纪的人才素质，尽管各国有各自的构想和目标，但都强调应有全球的战略眼光、敢为人先的意识和站在国家发展前沿的精神。哈佛大学明确提出要培养国家的领袖人物，而不只是专业人才。

麻省理工学院在20世纪50年代初曾提出要培养具有科学背景的工程师，现在已明确提出，要转而培养全球经济背景下的工程师。信息工程、生物工程、金融工程、环保工程、教育工程是21世纪的战略工程，这五大工程的显著特点都是自然科学和人文科学的高度契合，因此，我们的教育必须从小学就开始重视自然科学教育，也要重视人文科学教育，还要注意它们的结合。

北京大学国学大师季羡林先生提出21世纪初取消文理分科，是颇有远见的。我们处在新的综合时代，西方科学和东方哲学的结合可能是21世纪发展的一个重要驱动力。

树立注重学生创造个性发展为基本特征的教育方法观。个性，简单讲，就是人的天赋，一般表现为兴趣、爱好、特长。胡锦涛同志在清华大学百年校庆首次提出，保护个性，彰显本色，发展优势潜能，才能成为创新人才。

急剧变化，丰富多彩的社会为每个人的个性发展提供了广阔的空间。当代大学生主体意识强烈，由于先天条件和后天影响，每个学生具有不同的个性和认知特征。有的不擅口头表达，却强于思考；有的天性活泼，蕴涵灵气；有的单科成绩优秀。凡此种种，不一而足。

发掘个性，注重个性培养和发展，是教育的真谛。教育不是制约人、约束人、控制人，而是创造条件发展人、提高人、完善人。个性发展是全面发展的核心，全面发展是个性发展的基础。没有个性发展的全面发展，很难说是全面发展；而没有全面发展的个性发展，则可能是一种畸形发展。没有个性，就没有创造性。只有个性得到充分发展，潜能得到充分发挥，欲望得到充分调动，才能孕育出真正的创造性。

当前，尤其要树立以才为本的观念，以改革创新的精神构筑人才高地。人往高处走，年轻人往哪里去，哪里就是人才高地。教育的振兴靠创新，创新的关键在于年轻英才的大量涌现。必须摒弃论资排辈、嫉贤妒能、门户之见等陈旧观念，创造一个有利于优秀人才脱颖而出的大环境。我们要满腔热情地选拔年轻英才，在他们风华正茂、思维敏捷，处于创造力和进取心高峰时大胆启用。长江后浪推前浪，江山辈有人才出，这是客观规律。我们要在尊重老科学家、老知识分子、老专家的同时，为年轻人施展才华开辟更广阔的舞台。只有这样，教育才有可能创新。如果不能让年轻人脱颖而出，只尊老而不爱幼，就没有未来。

从这个意义上讲，衡量学校人事政策是否优越，关键要看是否有利于多出人才，早出人才，出拔尖人才。千军易得，一将难求。一个拔尖人才，可以带起一支学术梯队，形成一门优势学科，创出一个名牌专业。我们要以"海纳百川，有容乃大"的博大胸怀，广开才路，不拘门户，不拘一格地选拔人才。要制定特殊的政策措施，完善吸引和培养人才的激励机制，大幅度提高高层次、有突出贡献人才的工作生活待遇，打破平均主义，敢于拉开差距，形成人才高地。

教育部推出"长江学者计划"，为引进和稳定杰出年轻人才提供了良好条件。但是"长江计划"挑选的是向世界一流冲击的突击队长，还需要有一批在若干年内与队长一起艰苦奋斗的突击队员。如果队长与队员之间长期待遇差别悬殊，那么这个团队的合力肯定会受到影响。或是拔尖人才来了因配套不力而未能实现其奋斗目标；或是内部不平衡，影响特聘教授作用的发挥，导致团队的松散，甚至可能造成人才的流失。

因此，要解放思想，跳出常规思维的局限，以扶优扶重的措施建立向我国和世界一流冲击的"特区"，使最具潜力和希望的领域率先走向国内乃至国际前沿，使最具实力和希望的中青年拔尖人才尽快成长为我国和世界的一流学者。

科学技术创新

科技创新，反映了现代科技的本质规律。科技创新，要"顶天立地"。认识世界的重大发现和改造世界的重大成果都叫高水平。"顶天"，就是要在认识客观世界、探求客观真理上有所突破，有所创新。科学领域的发明只承认第一。一千个第二也比不上一个第一。"立地"，就是应用转化，产生效益，为发展生产力做出贡献。不顶天不立地的科学研究体现不出水平和价值，是一种无效劳动。

科技创新很大程度体现在博士学术论文上。国外的许多新学科，往往都是由几篇博士论文衍生而来，而我们现在都在争博士点的多少，重博士生数量，对博士生质量却不够重视。基础研究成果在国际上有客观的评价标准，不可主观评价，不要再搞中国特色。应用科技成果的评价，不能只靠论文数量，也不能仅以评审委员会的鉴定结果来评价，而要看转化，要看市场，要看投入产出率。北京大学方正公司从40万元的小作坊，发展为高科技集团。其精神领袖王选语出惊人，要在今后10年内，培养5~15名年轻院士（有市场头脑的科学家），培养至少100名百万富翁（具有科学头脑的企业家）。

理论的动力和源泉在于实践，理论的全部目的在于实践。科技创新，要服从国家战略和社会需要。马克思说："一旦社会需要，比十所大学更能把科学技术推向前进。"一所真正的一流大学，不但要在科学文化传播上有重要的地位和影响，而且必须在经济建设主战场上有重要的地位和影响。衡量一流大学的标准，一是对区域经济、国家经济发展起重要的推动作用，二是对国家文明、文化做出指导。

德育创新

德育创新是教育创新的首要问题。德育创新的真谛在于：德育的出发点不是禁锢人，不是采取约束人、束缚人的方法来谋求一时一地的效果，而是创造条件发展人。德育创新的根本目的，是构筑精神支柱，发展学生创造个性，挖掘学生创新潜能。

德育作为诸育之首，应充分发挥其对人才成长的动力、方向和保证作用，主动承担起培养、激发学生创新意识和创新能力的任务。1996年世界21世纪教育委员会提出了21世纪人才素质的七条标准：第一，积极进取的开拓精神；第二，崇高的道德品质和对人类的责任感；第三，在急剧变化的竞争中，有较强的适应能力和创造能力；第四，有宽厚扎实的基础知识，有广泛联系实际解决实际问题的能力；第五，有终身学习的能力，能够适应科学技术综合化的发展趋势；第六，有丰富多彩的健康个性；第七，具有与他人协调和进行国际交往的能力。达到七条素质标准，唯靠德育创新才能实现。

培养创新能力，德育大有可为，大有用武之地。诚然，德育不能代替智育，但德育能够调动学生主观能动性。正确的思想能够产生持久的精神动力，促进智力活动。德育在开发非智力因素、培养学生创新能力方面具有不可替代的教育作用。主要包括如下几方面：

做人的教育。核心问题是教育学生正确处理自己和他人、个体和客体的关系。大凡成功者，在谈到成功时，很少谈做事，而都在讲"做人"。联合国21世纪教育委员会提出，21世纪教育的四大支柱，即学会求知，学会做事，学会共处，学会做人。学会做人是四大支柱的关键和核心，也是教育的目的和根本，教育的根本目的是使人成人，最终落脚点还是学会做人。马克思关于人的全面发展理论指出，人格发展要经历以人的依赖关系为特征的"依附人格"，以物的依赖关系为基础的"独立人格"，以个性全面发展为基础的"自由人格"三个阶段。在社会主义初级阶段，科学的德育对策只能是发展独立人格，超越独立人格，向自由人格方向发展，具有适应现代社会的健全人格。21世纪的教育，不仅要使学生有知识、会做事、更要学会做人。

合作精神的教育。知识经济呼唤人的相容与合作。如果说，农业经济、工业经济时代崇尚的是个人奋斗的"单打"式发展策略的话，那么知识经济时代则应鼓励合作与交换的"网络"式发展策略。我们处在竞争与合作共生共存的时代，更加强调与人相容、合作共处。

在现代科技革命条件下，单枪匹马、孤军奋战很难有大作为。重大科技成果的获得者，往往是团体中的佼佼者。自己在科学上有成果是一种享受，但同时也要学会从别人的成就中获得乐趣。近年一些很有学术潜质、在学术和技术方面才华出众的年轻学者，由于素质缺陷，缺乏与他人合作的精神，而限制了自身发展。

美国贝尔实验室取得很多举世瞩目成就的根本原因，不在于该实验室的科学家有特别高的智商，而在于这些一流学者之间友好、愉快和有效的合作。哈佛大学校长陆登庭认为：在国际社会里，每一点新鲜见识的增长均得益于全球知识渊博的学者之间的合作。今天的事业是集体的事业，今天的竞争是集体的竞争，与他人相容、善于合作的人成功机会更大。

奋斗精神的教育。主要指好强的个性，竞争的意识，不服输的精神和不断进取的追求。平地的山羊，放牧在田边路旁，颈上一条绳子，活动范围被限制在桩头周围，只有足履平地的憨态，从未有攀登山崖的绝技。而三峡绝壁上的山羊，正是有了山如斧削的活动天地，才使它们练就了在山崖间蹦跳自如的特长。所以要给学生提供一方锻炼天地，注重培养积极进取的精神品质，如勇敢、果断、坚持性、自制力、竞争性、冒险精神、挫折耐力等。

如何面对磨难挫折，是人生的必修课。人生的主题就是磨难，就是挫折，就是坎坷。人生坎坷，人生多难，持续不断的厄运、逆境、磨难、莫名其妙的不幸，有如风霜雨雪、汹涌来袭、防不胜防。人生道路从来不可能一帆风顺。有坦途也有陡坡，有平川也有险滩，有直道也有弯路。在人生道路上走上坡路，要鼓足勇气；走下坡路要步履谨慎；走阳光大道要放眼长远；走羊肠小路，要注意脚下。逆境是熔炉，逆境是试金石。天无绝人之路，天路即大路。有了坚强意志，有了坚韧精神，必定能在困境中自救，在痛苦中奋起，在危机中重生，在逆境中突围。挫折中流着眼泪的坚持最为可贵，磨难中的脚踏实地最为可靠，逆境中触底反弹的力量最为震撼。一旦克服挫折，经历磨难，你便会有非同一般的人生。

人文素质的教育。人文素质，体现了一个人的思想道德素养。一定的思想道德观念总是以一定的文化底蕴为基础，一定的人文意识又总是蕴涵着一定的价值观念，因此，人文素质对一个人思想道德素质的提高和发展起着重要的作用。文化基础和文化修养的专业知识在更深层次上反映人才的质量。中西文化的碰撞和古今文化的继承与发展，特别是中华民族优秀文化的传承与弘扬，要求有新的中国文化精神和理念来推动人的现代化。

21世纪中国的希望，关键在于一种新的人文精神的再造。五千年中华文明史是一部取之不尽、用之不竭的生动教科书，能对学生产生博大的精神力量，深刻的道德力量，巨大的感召力量。人文素质教育旨在解决人的精神世界的问题，是如何做人的问题，是基础的基础。世界观、人生观、价值观的问题，德育和智育的关系问题，都要由人文社会科学来解决。居里夫人逝世时，爱因斯坦的纪念文章没有评述她两次荣获诺贝尔奖的成就，而是高度赞扬了她追求科学真理的高尚品德，认为这种品德高于具体的科学成就。这实际上是一种人文精神。

一个国家、一个民族，如果没有现代科学，没有先进技术，就会一打就垮；但如果没有优秀的历史传统，没有民族人文精神，则会不打自垮。加强人文素质教育，需要从人的综合素质和社会文化进步的高度，把知识的传授与道德精神的熏陶结合起来，获得整体全面的发展，在高雅的人文教育中，形成高品位的文化素养品格和创造基因，进而达到培根所说的境界：历史使人聪慧，诗歌使人灵秀，数学使人精细，自然科学使人深沉，伦理学使人庄重，逻辑学和修辞学使人善辩。

心理素质的教育。心理素质属于人的自然属性，对于人的思想道德、智力开发、身体发育，都是一种基础性因素，都是一种物质基础。当代人最欠缺的是心理素质，具体表现为自高不能得志，自卑不能自拔，缺乏艰苦奋斗的精神和承受挫折的能力，缺乏适应能力和自立能力，缺乏竞争意识和危机意识，缺乏自信心和社会责任感。因自我否定和自我拒绝而失去生活愿望和信心，因考试失败或恋爱受挫出现轻生和自毁的行为，因现实残酷而玩世不恭或行为放荡。据调查，20%的在校学生患有不同程度的心理疾患。因此，要加强心理咨询机构的建设、普及心理健康知识、加强心理健康教育、帮助学生健全人格、提高心理健康水平、增强抵御挫折的能力。

田建国

2015年5月1日

第一章

认识创新战略

当今世界已进入创新密集时代，知识经济迅猛发展，科技创新与产业变革同时迸发，历史性地聚集到一起，对人类的生产生活方式、国际政治、经济军事格局带来了深刻影响。能否在新一轮技术和产业变革中抢占先机，直接决定着一个国家在未来国际格局中的地位。

第一节　21世纪世界创新变化

一、21世纪是科学技术世纪

21世纪的科学技术日新月异，突飞猛进。什么叫突飞猛进？就是突然起飞，迅速启动。

近代以来，工程科技更直接地把科学发现同产业发展联系在一起，成为经济社会发展的主要驱动力。每一次产业革命都同技术革命密不可分。18世纪，蒸汽机的发明引发了第一次产业革命，实现了从手工劳动向动力机器生产转变的重大飞跃，人类由此进入机械化时代。19世纪末至20世纪上半叶，电机和化工引发了第二次产业革命，使人类进入电气化、原子能、航空航天时代，极大提高了社会生产力和人类的生活水平，缩小了国与国、地区与地区、人与人的时空距离，地球变成了一个"村庄"。20世纪下半叶，信息技术引发了第三次产业革命，使社会生产和消费从工业化向自动化、智能化转变，社会生产力再次大提高，劳动生产率再次大飞跃。工程科技的每一次重大突破，都会催发生产关系的深刻变革，推动人类文明迈向新的更高的台阶。

目前，我们正处在第六次科技革命前夜，科技革命是科学革命和技术革命的统称，是指引发科技范式、人类的思想观念、生活方式和生产方式的革命性变化的重大科技变革。

单项的科学发现或技术突破很难准确预测，但科技发展的总体趋势却有迹可循。19世纪以来，科学猜想和科技预测成为一种常用方法，许多科幻小说描述的"未来科技"如今已经变为现实。

16世纪以来，世界科技大致发生了五次革命：近代物理学的诞生、蒸汽机和机械革命、电力和运输革命、相对论和量子论革命、电子和信息革命。

第一次科技革命发生于16世纪和17世纪，以伽利略、哥白尼、牛顿等为代表的科学家，在天文学、物理学等领域引发了世界第一次科技革命。这场前后历经144年的科技革命是近代科学诞生的标志。

第二次科技革命肇始于18世纪中后期，蒸汽机、纺织机的发明及机器作业代替手工劳动带动了第二次科技革命，这也是世界第一次产业革命，蒸汽机的广泛使用推动了英国的工业革命与现代化。

第三次科技革命发轫于19世纪中后期，以电力技术和内燃机的发明为主要标志的第三次科技革命，带动了钢铁、石化、汽车、飞机等行业的快速发展。

第四次科技革命发端于19世纪中后期至20世纪中叶，以进化论、相对论、量子论等为代表的科学突破引发了第四次科技革命，也促进了自然科学理论的根本变革。

第五次科技革命滥觞于20世纪中后叶，电子计算机、信息网络的出现带来了第五次科技革命。科技革命至今仍方兴未艾。

这五次科技革命具有一定的规律，例如，先有渐进的科技积累，后有革命性的科技突破；科技进步既有内在动力，如科学家的好奇心和科技进步的惯性，也有外部动力，如社会需求和市场竞争等；20世纪快于19世纪，18世纪快于17世纪，呈加速前进的态势。

当今世界科学技术发展呈现出多点、群发突破的态势，某些领域将会引发群发性、系统性突破，产生一批重大的理论和技术创新，涌现一批新兴交叉前沿方向和领域，进而引发新一轮科技革命。

新一轮科技革命和产业革命，涉及科学和技术的深刻变革，为中国科技发展提供了难得的机遇，也带来了前所未有的挑战。

有专家认为，第六次科技革命可能是一次新生物学和再生学的革命。它将在五个主体学科实现重大突破：整合和创生生物学、思维和神经生物学、生命和再生工程、信息和仿生工程、纳米和仿生工程等。关键技术有五项：信息转换器技术、人格信息包技术、仿生技术、创生技术和再生技术等。

在这次科技革命中，生命科学、信息科学、纳米科学、仿生工程和机器人学的结合，信息转换器、人格信息包、两性智能人、人体再生和互联网的结合，可能将使人类获得三种新的"生存形式"，即网络人、仿生人和再生人，加上自然人，人就有四条"命"。

第六次科技革命不但是生命科技、信息科技、纳米科技等三大科技的交叉融合，更是科学革命、技术革命和产业革命三大革命的交叉融合。这是一次"完整意义"的复合型科技革命，明显区别于前五次科技革命。

前五次科技革命，彻底改变了人类的思想观念、生活方式、生产方式、世界格局和许多国家的命运。作为科学、技术和产业三大革命的完整融合，第六次科技革命蕴涵着更加巨大的经济利益和社会利益，其影响将超过前五次科技革命。掌握第六次科技革命核心技术的国家，在国际信息市场、人才市场和国际军事冲突中，将具有难以动摇的战略优势。

同时，第六次科技革命将提供提高人类生活质量，满足精神生活需要，提高发展可持续性，适应宇航时代需要的最新科技。

现在，一些重要的科学领域发生革命性突破的先兆已日益显现。未来15～20年有可能出现新一轮的产业革命，全球新科技革命和产业革命又进入一个新的历史性突破关头，我们要前瞻性地把握以下趋势：一是信息网络技术正在并将继续改变人类的生产和生活方式；二是未来生物技术将在医药、农业、能源等领域引发系列变革；三是未来新能源在全球能源消费的比重将占举足轻重的地位；四是新材料技术在新一轮科技革命和产业革命的关系作用将更加突显；五是伴随全球科技与产业革命的来临，全球经济社会发展格局将会发生更大变化，重大社会理论亟待突破。

2012年12月10日，美国国家情报委员会（NIC）发布了《全球趋势2030：多元化的世界》研究报告，对2030年前可能出现的世界性趋势作了预判。

《全球趋势2030》将新技术影响等六大因素视为改变世界未来的关键变量。报告认为：近15～20年内，人类能否取得科技突破以提高生产率并解决全球人口增长、迅速城市化和气候变化等问题，将深刻影响世界的发展走向。报告提出：到2030年，四个技术领域将深度影响着全球的经济、社会和军事发展，分别是信息技术、自动化和制造技术、资源技术以及医疗技术。

目前，全世界科技领域颇受青睐的发展方向是干细胞研究和纳米科技的发展。临床医学的研究已经表明，利用人的干细胞可以产生出人体的许多组织，这方面的突破有可能使医学发生革命性的变化。

超级计算机发展最为迅速，美国IBM公司还在研制每秒钟运算280万亿次的超级计算机，日本就马上着手开发每秒钟运算10 000万亿次的超级计算机。20世纪初，当量子力学、相对论刚刚问世时，有谁能想到短短几十年内催生出便半导体、超导体、激光、超级电脑，这些发明改变了世界，改变了人类，特别是改变了人们的学习方式、工作方式、生活方式和思维方式。

二、21世纪是生命科学世纪

一个生物基因可以影响一个国家的兴衰，一个物种可以决定一个国家的经济命脉。世界将面临一场剧烈的基因战。谁拥有丰富的物种资源，谁就掌握了资源利用的新技术，谁就能在激烈的竞争中掌握主动权。从战略角度看，信息技术开始向生物技术转移。20世纪末，美国毕业的博士生中有一半是学习生命科学的，一批年轻的科学家源源不断地流向生命科学领域。

三、21世纪是信息科学世纪

农业社会的时代标志是大铁犁。工业社会的时代标志是蒸汽动力。

信息社会的时代标志是计算机及其网络。

信息科学主导的世界主要有三个定律。摩尔定律，主要强调计算机芯片的集成度每18个月提高一倍，芯片就是以这样的速度在进步，支撑当代所有文明，支撑当代所有系统；梅德卡富定律，主要强调计算机价值等于其结点的平方，这是一个几何级数，结点越多，价值越大；盖茨定律，用世界首富比尔·盖茨的名字命名，主要强调创新者脑袋中每拥有一个新主意，将影响全世界每一个企业的心态。在当今世界竞争中领先的不是资本最多的公司，而是头脑最好的公司。因为好的主意总能找到资本。

众所周知，信息技术是当今世界创新速度最快、通用性最广、渗透力最强的高新技术之一，也是对人类生产生活方式影响最为深远的大趋势之一。工业革命已经进行了200多年，但世界上还有相当多的地区没有实现工业化，而互联网问世只有二十余年，却几乎覆盖了整个地球。

人类已进入信息社会。现代通讯网络和交通物流将全球连成整体，宽带、无线、传感、射频等技术创新使得信息获取、传播更快捷，机器感知、信息知识海量获取和存储能力空前提升，人类进入了大数据时代。宽带网络、全球定位、云计算、大数据成为最重要的基础设施。信息知识大数据成为可共创分享、永不枯竭、可无限创新增值的资源。信息化、网络化、智能化与工业化、城镇化、农业现代化深度融合、同步发展。信息等科技酝酿着新突破。

四、21世纪是知识经济世纪

马克思说，科技是生产力。邓小平讲，科技是第一生产力，从现在看，知识就是生产力。从历史上看，农业经济持续4 000年，工业经济400年。今后40年，世界经济领域将发生一场革命，就是知识经济的革命。事实证明，一个国家知识越多，科技越发达，这个国家的经济就越繁荣，这个国家就越强大。许多学者认为，今后人们将越来越少提发达国家和发展中国家，而是更多地提聪明、更聪明和最聪明的国家。因为最聪明的国家最有效率，最能吸引人才。

20世纪70年代，我们谈的最多的一个美国人名叫比尔·盖茨，对其人其事，从个人财富上谈得很多，对20世纪70年代历史发展变革关头出现的这样一个代表人物，从深层次宏观方面思考得少。比尔·盖茨，美国哈佛大学法律系一年级肄业，1975年，20岁时与几个同学以几万美元起家；1985年，30岁就成为世界富翁，1995年，40岁时已连续6年蝉联世界首富。比尔·盖茨的发家史启示我们，农业社会靠土地致富，工业社会靠劳动力资本致富，知识经济社会就要靠知识致富。

知识经济的概念是在经济合作暨发展组织（OECD）出版的《以知识为基础的经济》这本书中提出的。他们认为知识经济是以知识为基础的经济，与以资本为基础的工业经济是不同的。

知识经济有四个特点：一是以知识为基础的产业，在产业结构中占主导地位；二是知识在经济增长中起主导作用；三是知识在生产力的构成中发挥关键性的影响；四是与知识有关的费用在成本中占有显著的比重。

从虚拟经济的观点看来，知识资本是一种虚拟资本，它虽然是一种无形的、价值不确定的资本，但是这种虚拟资本越来越重要。知识资本包括专利及专有技术、品牌、标准等。从许多国家的发展历程来看，大体上有四个层次：第一个层次是输出初级产品，如农产品、矿产品等；第二个层次是输出制成品；第三个层次是输出资本；第四个层次是输出知识。从经济全球化的发展历史中，也可以看到这个轨迹。

我们可以认为，将来在知识社会中会有两类国家：一类是生产知识和输出知识的头脑国家，另一类是引进知识和应用知识的躯干国家。要实现中华民族的伟大复兴，绝对不能只有躯干没有头脑。为此，我们必须加强自主创新，成为既有头脑又有躯干的国家。

当今世界正处在大发展大变革大调整时期。世界多极化、经济全球化深入发展，世界经济格局正发生深刻变化，综合国力竞争更趋激烈，世界范围内生产力、生产方式、生活方式、经济社会发展格局正在发生深刻变革。创新成为国家竞争力的核心要素。在这种大背景下，世界各国为掌握国际竞争的主动权，纷纷把深度开发人力资源、实现创新驱动发展作为战略选择。

第二节　21世纪世界创新战略

进入21世纪以来，新一轮科技革命和产业变革正在孕育兴起，全球科技创新呈现出新的发展态势和特征。学科交叉融合加速，新兴学科不断涌现，前沿领域不断延伸，物质结构、宇宙演化、生命起源、意识本质等基础科学领域正在或有望取得重大突破性进展。信息技术、生物技术、新材料技术、新能源技术广泛渗透，带动几乎所有领域发生了以绿色、智能为特征的群体性技术革命。传统意义上的基础研究、应用研究、技术开发和产业化的边界日趋模糊，科技创新链条更加灵巧，技术更新和成果转化更加快捷，产业更新换代不断加快。科技创新活动不断突破地域、组织、技术的界限，转化为创新体系的竞争，创新战略竞争在综合国力竞争中的地位日益重要。科技创新，就像撬动地球的杠杆，总能创造出令人意想不到的奇迹。当代科技发展历程充分证明了这一点。

世界主要国家为迎接新科技革命，纷纷把科技作为国家发展战略的核心，出台一系列创新战略和行动计划，力图保持科技前沿领先地位，抢占未来发展制高点。

一、中国创新战略

进入21世纪以来，我国经济发展到了一个新的起点上，呈现出新的阶段性特征。2014年中国GDP总量达10万亿美元，稳居世界第二大经济体地位。然而随着我国经济规模的不断扩大，经济发展的瓶颈制约也在加大，过度依靠资源能源消耗和低成本要素投入，导致单位GDP能耗是日本的8倍、美国的4倍、世界平均水平的3倍。从未来发展看，我国资源环境的约束越来越突出，能源、原材料成本高涨不下，环境问题严重，水资源、粮食安全受到挑战。我国越来越理性地认识到：单纯GDP不等于国家竞争力，资源依赖不等于国家竞争力，低成本优势更不等于国家竞争力。唯有创新才是国家核心竞争力。

全球经济衰退和复苏将促进科技创新和产业变革。美国总统奥巴马在2013年国情咨文中提出，"要使下一次制造革命在美国发生"。德国推进实现以网络智能技术创新为核心的"工业4.0"计划。日本重点发展协同机器人和无人化工厂，提升竞争力。随着人力要素成本上升，发达国家回归实体经济，我国将面临发达国家重振高端制造和发展中国家低成本制造的双重挑战。我国人均资源储量低于世界平均水平，粗放发展付出了巨大的资源环境代价，资源能源对外依赖程度逐年上升，传统发展方式难以为继。未来10年将是我国转变发展方式，迎接新产业革命的机遇和挑战，建设创新型国家的关键时期。必须实施创新驱动发展战略，提升创新设计能力，突破关键核心技术；引领集成创新，创新产品、工艺装备和经营股市模式，引领中国制造走向中国创造，提升经济发展质量和效益。

我国在2009年、2010年相继颁发了中长期人才发展纲要、科技发展纲要和教育发展纲要，特别提出2012年要实现教育投入占GDP 4%的战略目标。人才、科技、教育发展纲要就是我国的创新战略。

十八届三中全会做出了全面深化改革的决定，提出要加快转变发展方式，加快创新型国家建设。习近平总书记在主持中央政治局学习时强调，全党全社会都要充分认识科技创新的巨大作用，敏锐把握世界科技创新发展趋势，紧紧抓住和用好新一轮科技革命和产业变革的机遇，把创新驱动发展作为面向未来的一项重大战略。

二、美国创新战略

进入21世纪的最初几年，创新和竞争力成为美国政府和社会各界关注的话题。2004年12月，由一些美国著名企业和高等院校等组成的竞争力委员会发表了《创新美国：在挑战和变革的世界中达到繁荣》的报告，提出美国必须领先和领导一个开放的、竞争的全新时代，"创新精神将成为决定美国在整个21世纪获得成功的唯一最重要因素"。

2006年2月，美国白宫科技政策办公室国内政策委员会发布《美国竞争力计划——在创新中领导世界》的报告，强调为了保持美国的竞争力，"首先必须继续在优秀人才和创造力上引领世界"。2009年9月，着眼于"后危机时代"的美国战略布局，奥巴马政府发布《美国创新战略：推动可持续增长和高质量就业》的政策报告，强调为了继续在科技创新中领导世界，"必须用21世纪的知识和技能培养下一代，建设世界一流的人才队伍"。保持基本质量标准与培养创新能力和拔尖人才之间的协调，正是美国教育改革触及模式调整的主要内涵。

2011年2月4日，白宫发表题为"美国创新战略"的报告，提出美国创新战略的目标，就是赢得未来，保持美国在创新能力、教育和基础设施等方面的竞争力。美国创新战略，强调抓住创新的三个基本要素：一是培养掌握21世纪技能的下一代人才，创造世界一流素质的劳动力；二是加强扩展美国在基础研究中的领先地位，催生重大突破；三是建设高速铁路网络和先进的信息技术生态系统等引领21世纪的基础设施。这是美国在全球经济竞争越来越激烈的背景下，为确保国家经济增长和繁荣做出的最新政策安排。

《美国创新战略》报告指出：美国繁荣的关键永远不会是低工资和低价格，而是开发新产品和生成新行业。积极推动"再工业化"，通过人工智能、机器人和数字制造三类飞速发展的先进技术，重构未来制造业的竞争格局。美国2013年政府预算在总体紧缩情况下，仍然保持了科研投入的稳定增长。

在这个创新时代，美国提出，教育要面向第三次工业革命，大学必须开始培养相应的劳动力，课程安排也需要把重点转移到智能制造、新能源、纳米技术、生物科技、地球科学、生态学、系统理论及各种职业技能上来，创造第三次工业革命时代的突破性技术。

美国总统奥巴马2011年年初发表国情咨文演讲，突出美国三大经济信号，其中一大经济信号是，推进创新，提高美国的竞争力。奥巴马说，当前世界已经发生了深刻变革，中国、印度等国家能够在这个新的世界里参与竞争。美国要想赢得未来，就不能停滞不前。

现在，美国提出的再工业化，不是简单的回归实业，而是对传统工业化的扬弃。它重在发展高技术含量、高知识含量、高价值含量的产业，形成新的全球产业链、供应链和价值链，重建大国新兴工业体系。2010年8月，美国发布了《制造业促进法案》；2011年，美国总统奥巴马在国情咨文中强调，完善自由企业制度，驱动创新；2012年，美国国家科技委员会在促进先进制造业发展的政策措施中，将完善创新政策作为三大原则之一。目前，在创新技术推动下，美国以下这两项大的进展，有可能在全球产生重大影响，进而改写制造业的历史。

第一，页岩气革命。现在美国的页岩气储量已达到其石油总量的百分之十以上，并有可能改变世界能源格局。

第二，3D打印技术。美国宣称，未来20年，将通过快速发展3D打印技术，再造它的制造业。现在波音飞机上很多零部件、一些精密机床，凡是可以用粉末做原材料的零部件，大都开始运用3D打印技术。3D技术打印出的零部件，其寿命平均要延长几倍，而且成本要降低几倍。这可以说是具有革命性的变化。

2011年寒假开学时，奥巴马到费城实验学校向全校师生发表演讲，他说，中国和印度的学生比以前更加努力学习，你们将来要和他们竞赛，你们在学校的成功不仅决定你们的未来，也决定21世纪美国的未来。奥巴马在演讲中特别强调：美国要努力培养全球化竞争中的高端人才，美国不和它们（中国和印度）竞争工程师和技术工人。

2011年4月，奥巴马发表了一个国情咨文讲话，半个小时的讲话里11次谈到中国的高等教育，对中国增加投入发展高等教育，他有一种担心了。美国的这种悲观情绪，特别是来自美国国会议员的悲观情绪，主要源于两个方面的压力，一是中国高等教育发展速度太快，二是中国科研投入增加的速度太快。

奥巴马在2013年讲话中，把中国在高速铁路等领域的发展，说成是美国面临的第二次"人造卫星危机"。他的意思是美国不能容忍做第二，只能做第一。

美国看到了中国的发展。但美国仍是世界超级大国，没有一个国家能与之抗衡。中国军事代表团访问美国，参观了他们的航空母舰，认为我们跟美国相差了30年。

美国拥有和保持着全球最强的科技研发与应用能力，这与美国具备联邦政府实验室、大学、非营利性研究机构、私营企业共同参与科技研发，并着力推动科技产业化的国家创新体系密不可分。美国政府的研发预算高居世界各国榜首，占国内生产总值的比重始终居于发达国家前列。

尽管美国近年来财政预算趋紧，但一些重大科技项目仍然获得了较为充足的资金支持。在2013至2014年的预算报告中，奥巴马提出开启小行星捕捉和登陆项目的有关工作，项目的启动资金高达7 800万美元，使美国成为全球首个将目光真正投向小行星的国家。美国联邦政府全额资助下一代载人航天器"奥赖恩"（Orion）和大推力火箭项目的研发，确保"奥赖恩"在2014年试飞、大推力火箭在2017年发射；支持詹姆斯·韦布太空望远镜项目，力争在2018年发射升空，替代目前的哈勃太空望远镜……值得注意的是，美国联邦政府还支持商业载人飞行项目，使美国涌现出太空探索、轨道科技等私营航天公司。

美国科技创新动力十足、长盛不衰，与美国拥有世界上规模最大、水平最高的科研队伍密不可分。无论是美国联邦政府实验室、大学、非营利性研究机构，还是私营企业的研发团队，随处可见来自世界各地、肤色各异的各种高端人才。可以说，对人才的吸纳、培养能力成为美国科技创新的源头活水之一。2013年，三位美国科学家摘取了诺贝尔化学奖，但三人中没有一个生于美国，而分别是来自奥地利、英国和以色列的移民。

美国先锋航天公司总裁罗伯特·坦布林表示，无论是阿波罗登月计划、航天飞机计划，还是小行星捕捉计划、未来的火星登陆计划，美国航天项目都对提升美国高端制造业、增加社会就业、拉动经济增长有着难以估量的积极意义。20世纪60年代初，美国总统肯尼迪提出阿波罗登月计划，在美国民众尤其是青年中掀起了一阵太空探索热潮，工程学专业的大学生在几年间翻了一番，这股专业人才大军虽然不可能全都流向太空领域，但却为推进美国整体科技进步奠定了雄厚的人才基础。

为什么说美国是超级大国呢？因为它是经济强国、科技强国、军事强国、文化强国。美国总认为我们中国对其有威胁，其实差距还相当大，但我们也不能妄自菲薄，只要努力奋斗，我们也可以成为世界强国。

三、欧盟创新战略

2008年，欧洲议会和欧盟理事会联合通过立法成立法定的欧洲创新工学院，整合"知识三角"的三边——高等教育、研究机构和企业组成"知识和创新共同体"，开设有关学科领域的硕士和博士学位层次的课程，大力培养研究人员和学生的创新能力，提高他们的管理能力和创业能力，促进研究人员和学生的流动。

2011年，欧盟制定了《欧洲2020战略》。这个战略就是欧盟未来10年的创新战略。该战略提出在未来10年实现以知识和创新为基础的智能型增长、可持续增长、包容性增长三大发展重点，其中特别强调创新的极端重要性。欧盟创新战略要求欧盟各国把创新作为首要政策目标，提出了加大研发投入，提高资金使用效益，实现教育现代化，建立统一的欧洲研究区，促进科研成果转化，加强国际合作等10项措施。

欧盟委员会在2011年11月30日公布了"地平线2020"（Horizon 2020）科研规划提案，规划为期7年，预计耗资约800亿欧元。在欧债危机的关键时刻，促进经济和其他领域的增长成为重中之重。为此，欧盟提出了非常明确的工作思路——利用科技创新促进增长，增加就业，战胜危机。从2011年《欧洲2020战略》提出建设"创新型欧盟"以来，欧盟对科技创新的重视程度越来越高，下一个科研规划投入的力度也将越来越大。

为了突出科技创新的重要地位，这一新的规划并不叫"第八个科研框架计划"，而叫"地平线2020"，其原因：一是规划囊括了包括框架计划在内的所有欧盟层次的重大科研项目，二是时间上到2020年结束。

欧盟各成员国的共识是，促进经济和其他领域的增长是重中之重，可持续增长能有效恢复信心、促进就业并化解债务。欧盟的一切在可能的情况下都要围绕促进增长这一中心开展，而促进增长的核心动力就是科技创新。"地平线2020"的主要目的是整合欧盟各国的科研资源，提高科研效率，促进科技创新，推动经济增长和增加就业。

德国联邦外贸与投资署德国市场观察部经理马克·勒讷费德认为，德国的创新体系有三个关键点：一是德国经济始终以制造业和创新为支柱。制造业是德国最大的就业产业，占经济总附加值的22.4%，德国的制造业产值在欧盟制造业中的比重占到30%。2012年，德国在研发上的投入高达795亿欧元，其中86%的内部研发用于制造业。二是公立非高校研发机构的特殊地位。私人企业仍然是研发的主力（占67.8%）。三是德国中小企业的研发能力不容小觑。德国有1 300家"隐形冠军"，即规模不很大但在国际细分市场上占领先地位。这些企业的研发投入平均达到总收入的6%。

德国弗劳恩霍夫应用研究协会系统和创新研究所的托马斯·施特恩肯博士讲，德国国家创新体系业已形成了政府、研究机构和私人企业多方参与、统筹协调的复杂系统。他表示，2006年德国通过了《高技术战略》，这是德国第一个从国家层面进行通盘设计的创新战略，其目的是确保德国在国际竞争中的地位、延续德国在知识型社会建设中的成功发展，为未来的繁荣奠定基础。2010年这一战略被拓展为《高技术战略2020》。

创新是欧盟经济增长与竞争力的关键，也是欧盟"2020战略"的核心。欧盟日前发布了一系列针对各成员国改革其创新政策的具体建议。欧盟预计追加830亿欧元投入创新研究以及中小企业的发展。欧盟呼吁各成员国加大对科研创新经费的投入，将目前平均仅占国内生产总值2%的研究投入比例增加到3%。

长期以来，欧盟一直把创新看作增强其经济竞争力的基石。欧盟报告显示，欧盟目前在研发创新方面落后于其主要竞争对手美国和日本。而来自新兴市场的竞争也在加剧，欧盟面临被赶超的可能。在欧盟内部，丹麦、芬兰、瑞典和德国等成员国在创新方面表现突出，另一些成员国像希腊相对落后。这种忧患意识促使欧盟加大创新能力建设的力度。

四、日本创新战略

在所有创新型国家中，日本以追求原始性科技创新为国家发展基本战略取向的典型。自第二次世界大战以来，日本走过了"贸易立国"、"技术立国"、"科学技术立国"、"科技创新立国"的发展道路。其中，引人关注的是日本政府于2001年在《科学技术基本计划》中提出的"科技创新立国"的基本国策，着力提高国家的原始性创新能力。在这一科技发展规划中，还包含了一个"诺贝尔奖计划"，即要在今后50年内获得30个诺贝尔奖。

事实也是如此：自1949年汤川秀树问鼎诺贝尔物理学奖以来，直到20世纪末，只有朝永振一郎和江崎玲于奈2人获诺贝尔物理学奖，福井谦一1人获诺贝尔化学奖；而在21世纪的第一个十年里，就有小柴昌俊、益川敏英、小林诚等3人获诺贝尔物理学奖，白川英树、野依良治、田中耕一、铃木章等4人获诺贝尔化学奖，致使日本在世界各国诺贝尔自然科学奖获奖人数排行榜上跃居第8位。日本之所以一举成为引人注目的"获奖大国"，这无疑是得益于其以追求原始性科技创新为国家发展基本战略取向这一国策。

日本立命馆大学教授藤冈惇表示，在创新战略中最重要的就是培养综合性人才。从国际视野的角度来看，培养综合性人才也将是经济学界的主流。创新竞争的中坚力量是年轻人。不能只衡量短期内的得失，而应以年轻人的将来为考量的中心，构筑综合、长期的教育体系。为了让更多的年轻人拓展视野，海外留学制度及研修制度也需要扩大、充实。另外，为了培养创新能力，激发人才潜能，重视培养个性、特性的人才也同样至关重要。

第三节　21世纪世界创新内涵

一、21世纪创新特点

21世纪创新具有三个显著特点：首先由一次性创新向连续性创新转变。其次由个别专家创新向集体创新转变。最后由单个创新向系列创新转变。

美国微软公司就是连续创新、集体创新、系列创新的典范。有人问过比尔·盖茨三个问题：您成功的秘诀是什么？回答：取决于创新。你交战的守则是什么？回答：不断淘汰自己的产品。你招聘雇员的标准是什么？回答：能够适应本行业和软件技术差不多每月一次的革命。

21世纪的企业不是规模越大越好，而是不断求新求变，多变、快变、剧变。

变是21世纪的主旋律。IBM公司是著名的跨国公司，从名称看，是国际商用机械公司，早期是搞农业机械的。二战后，抢先研制军事工业机械。日本新日铁是全世界最大的钢铁公司，同时也是全世界最大的化纤公司。我们用的诺基亚手机，生产厂家原是一个木材加工厂，与信息产业从来不搭界。

1997年，在英国沉默了18年的工党终于在大选中击败了对手，人们问新任首相布莱尔，工党为什么在野了这么长一段时间，布莱尔说，很简单，世界变了，而工党没有变。

科学家达尔文有一句话：能够生存下来的物种，并不是那些最强壮的，也不是那些最聪明的，而是那些对变化做出快速反应的。

阿里巴巴马云说，当我们还没有弄清什么是个人计算机的时候，互联网就来了；当我们还没有弄清互联网的时候，大数据就来了。世界变化太快，以至难以追赶。而且大数据的一个显著特征，就是时时刻刻变动不息。

有人曾分析近100年来那些最顶尖公司的成功密码，从IBM到波音，从微软、苹果到谷歌、腾讯，虽然成功的故事各有不同，但无论是进入蓝海市场，还是不断创新研发，或是适应市场需求及时转型，它们都秉持一个基本点，那就是永不止步的探索、自我革新的勇气，以及适时转型的远见。

美国苹果公司1997年广告词中有段对创新者非常精彩的描述，"他们特立独行，他们桀骜不驯，他们惹是生非，他们格格不入。他们的视角与众不同，他们不喜欢陈规，他们不安于现状。你可以赞同或反对他们，颂扬或诋毁他们，但你不能忽视他们。因为他们改变现状，他们推动人类前进……只有疯狂到以为可以改变世界的人，才能真正改变世界"。

21世纪已经不是大鱼吃小鱼的时代。大鱼游得慢，小鱼游得快，大鱼照样被小鱼吃掉。

科技史上有几个著名的"预言"。100多年前，德国物理学家普朗克的老师菲利普·冯·约利教授曾忠告他："物理学基本是一门已经完成了的科学。"1899年，美国专利局局长断言："所有能够发明的，都已经发明了。"IBM董事长老沃森也曾预言："全球计算机市场的规模是5台。"今天看来，这些预言非常可笑；但这些人都是那个时代本领域最杰出的人才。他们预言的失败，不是因为短视，而是因为社会经济发展的需求动力远远超出了所有人的预测，人类创新的潜能更远远超出了所有人的想象。

二、21世纪创新趋势

从全球范围看，科学技术越来越成为推动经济社会发展的主要动力，创新驱动是大势所趋。新一轮科技革命和产业变革正在孕育兴起，一些重要的科学问题和关键核心技术已经呈现出革命性突破的先兆，带动了关键技术交叉融合、群体跃进，变革突破的能量正在不断积累。即将出现的新一轮科技革命和产业变革与我国加快转变经济发展方式形成历史性交汇，为我们实施创新驱动发展战略提供了难得的重大机遇。机会稍纵即逝，抓住了就是机遇，抓不住就是挑战。我们必须增强忧患意识，紧紧抓住和利用好新一轮科技革命和产业变革的机遇，不能等待、不能观望、不能懈怠。

从国内看，创新驱动是形势所迫。我国经济总量已跃居世界第二位，社会生产力、综合国力、科技实力迈上了一个新的大台阶。同时，我国发展中不平衡、不协调、不可持续问题依然突出，人口、资源、环境压力越来越大。物质资源必然越用越少，而科技和人才却会越用越多。我们要推动新型工业化、信息化、城镇化、农业现代化同步发展，必须及早转入创新驱动发展轨道，把科技创新潜力更好地释放出来，充分发挥科技进步和创新的作用。

实施创新驱动发展战略是一项系统工程，涉及方方面面的工作，最为紧迫、最为关键的就是大幅提高自主创新能力，努力掌握关键核心技术。

胡锦涛同志在全国科技大学会上提出，要增强我国科技自主创新能力，建设创新型国家。

创新型国家是国家发展的一种模式。世界上国家发展主要有三种模式：资源型发展模式，主要依靠本土丰富的自然资源来增加国家财富，比如中东产油国家，像沙特阿拉伯等；依附型发展模式，主要依附于发达国家的资本、市场和技术，比如一些拉美国家，像巴西、阿根廷、智利等；创新型发展模式，把科技创新作为国家主战略，科技的实力和竞争力不断提高，比如像美国、日本、芬兰、韩国等。

我国的自主创新是一个软肋，长期以来一直被忽视。这里用一段中国人听起来有些刺耳的话，来说明自主创新的重要性。

这段话出自美国人亨利·奥古斯特·罗兰在1893年（即中日甲午海战爆发的前一年）发表的文章《纯科学的呼吁》："为了应用科学，科学本身必须存在。假如我们停止科学的进步而只留意科学的应用，我们很快就会退化成中国人那样，多少代人以来他们（在科学上）都没什么进步，因为他们只满足于科学的应用，却从来没有追问过他们所做事情中的原理。这些原理就构成了纯科学。中国人知道火药的应用已经若干世纪，如果他们用正确的方法探索其特殊应用的原理，他们就会在获得众多应用的同时发展出化学，甚至物理学。因为只满足于火药能爆炸的事实，而没有寻根问底，中国人已经远远落后于世界的进步。"

这段话虽然说得难听，但却戳到了我国科技创新的痛处：只重视技术应用，而漠视自主创新。

我国古代的四大发明：火药、指南针、印刷术、造纸术，这些都叫技术，而不是科学。2 000多年前我们就发明了指南针，但是中国人用指南针给皇帝看风水，而且只知道用，不去问为什么，技术是做什么？科学是为什么？指南针为什么指向南方？西方人这一问就问出了一个大学问来，原来地球就是一个大磁场，电流流过的地方就有磁场。英国著名科学家法拉第问，既然电可以转化为磁，那么磁能不能转化为电？结果他发现电可以生磁，磁也可以生电，这就是电磁感应定律，这就叫科学。1866年德国的西门子运用这个原理发明了发电机，1876年美国贝尔运用这个原理发明了电话，1879年美国爱迪生运用这个原理发明了电灯，1889年美国运用这个原理发明了交流输电，这四项发明把人类带进了电器时代。

如果拿人体做比喻，创新驱动可分为三个层次。第一层次是原始创新，这相当于人体的大脑；第二层次是技术创新，相当于人体的神经循环系统；第三层次是技术产业化，相当于人体的躯干和四肢。其中，第一层次的原始创新应是统领整个创新"躯体"的大脑。

以色列虽然是小国，但却是一个科技创新强国。以色列已故总理拉宾自豪地说："以色列只有550万人口，领土的60%是沙漠、90%是干旱地，但我们是农业强国、高科技强国。"以色列出口产品中高技术产品占了80%！有人问拉宾总理："是什么因素使以色列如此强大？"他就回答了一句话："以色列有7所一流大学。"以色列对教育的重视闻名于世，它在教育上的年投入占GDP的12%，而且，在以色列建国前25年，希伯来大学就成立了（1925年），创建该校的首任校长魏茨曼后来成了开国总统。近年来，在本土做出巨大贡献的以色列科学家更是接二连三地荣获诺贝尔奖，他们都是在以色列的高等院校获得博士学位，并在以色列工作的科学家。

韩国是一个从落后国家发展成为创新型国家的成功范例。1962年，韩国人均GDP只有82美元，与我国当时的水平大体相当。到了2005年，韩国的人均GDP达到12 000美元，相当于我国的10倍。现在韩国人口只有4 700万，经济总量却相当于我国的40%。在半导体、汽车、钢铁、电子、信息、通讯等众多领域，韩国都比我国起步晚，但是他们发展快，技术能力和国际竞争力已经走在我们前面。

1988年，日本推出了高清晰度电视，这是当时日本的独家技术，日本很快制定了自己的标准，梦想这样可以一举占领世界新一代电视市场。但好景不长，仅仅3年后的1991年，美国突然宣布了数字式高清晰度电视的标准。日本立刻陷入被动，因为日本产品是模拟式高清晰度电视，是在现有的普通电视技术基础上渐进的创新，而美国的数字式高清晰度电视是在原理上的重大创新，得益于强大的原始创新能力。这等于说，日本多年的投资努力付之东流。由此可见，国家之间的经济、科技竞争的焦点是科技自主创新能力。

现在世界上有一个说法，一类企业卖标准，二类企业卖专利，三类企业卖技术，四类企业卖产品，五类企业卖苦力。什么叫标准？标准意味着完全的知识产权，是产业链中利润最大最丰厚的那一部分，当然代表着科技发展的方向。大家看到我国DVD企业纷纷倒闭、破产，原因在于飞利浦掌握核心专利，要求中国每生产一台DVD播放机，必须缴纳25美元的专利使用费。没有核心技术必然受制于人。

我国的对外技术依存度达50%以上，美国、日本仅有5%左右。我国光纤制造设备的100%，集成电路芯片制造设备的85%，石油化工设备的80%，轿车工业设备、数控机床、胶印设备的70%都要依靠进口。

我国制造业生产的许多高新技术产品在世界各地销售，但是这些产品大部分利润与销售量都奉献给了国外的知识产权拥有者、高端设备制造者和核心部件供应商，留在国内的除了部分利润就只剩下资源和能源的消耗。

农业方面，我国有100多万农业科技技术人员，有世界上最大的农业科研体系，但我国90%以上的高端蔬菜和花卉良种都要依赖进口。

据了解，青岛海尔制造组装一台电冰箱只赚几十元，而压缩机赚钱最多。我国也能生产压缩机，但技术不过关，生产的压缩机只能用几年，从国外进口的压缩机能用十几年，甚至二十年。我们曾经进口日本、意大利的，但价格太贵，如果继续进口他们的压缩机，卖电冰箱就得亏本，现在进口巴西的。

耐克鞋在美国卖100美元，通过中间商转让给福建一家乡镇企业生产的耐克鞋在美国仍卖100美元，按国际惯例分成，美国获得75美元，中间商拿走22.5美元，这家乡镇企业只得到2.5美元。

我国浙江的嵊州是领带之乡。据说一条领带的原料、劳动力等成本都加在一起，也就10元钱左右。但是，嵊州生产的领带加上国内的商标，到了杭州就卖50元至100元，到北京就卖100元至200元。贴国产品牌的领带每条最高售价是288元，而贴国外一般品牌的售价为588元左右，贴顶级名牌品牌的售价为888元至1 288元。可以肯定地说，这些领带的质量并没有如此大的差别。但是品牌为它树立了可信度，顾客宁愿多花许多钱去买名牌的领带。由此可见，培养出一个知名品牌，会给企业带来多么丰厚的回报。

有一个统计，全世界每四部手提电脑中，就有一部是产自江苏，每三部数码相机中，就有一部来自江苏，但知识产权是外商的，产品的高附加值、高利润都被外商获取。我国可以生产一流奔驰汽车，但核心技术是人家的。目前手机售价的20%，电脑售价的30%，数控机床售价的40%都要交给国外的专利持有者。

2012年我国出口手机突破10亿部，成为拉动我国通信类产品出口增长的唯一动力。然而，看似风光的数据背后，暴露的却是中国手机行业令人寒心的"利润"：出口手机占全球市场的比重接近八成，但巨额利润都归属国外巨头，众多中国企业还赚不到1%的利润。

中国现在的汽车业表面上很繁荣，实际上并没有掌握核心技术，如整车设计、汽车电子、先进的汽车变速箱、先进的发动机、先进的底盘技术等。我们缺乏世界级的人才，创造性上还存在很大的缺陷。

在国际金融危机中，有三个国家的货币受影响较小，美国、日本和德国。原因在于这三个国家都有核心技术。美国把金融体系搞成这样，但为什么美元反而增值？因为美国有东西可以卖给世界，那就是高科技。德国是世界上最大的商品出口国，出口的东西，大多数要么其他国家生产不了，要么质量比其他国家的好。20世纪50年代的日本向别国买技术，而如今卖核心技术给别人。现在世界的说法是，董事会到欧美去开，技术销售会到日本韩国开，生产加工会才跑到中国开。我们没有自己完整的知识产权，只能做别人的加工车间。

世界银行按人均财富计算，十大富国都是自主创新国家，如日本、丹麦、奥地利、挪威，它们都没有太多资源。世界上十个最贫穷的国家却拥有全球1/3到1/2的自然资源。富裕国家80%的财富来自非自然资源。

自主创新不是一个空口号，具体落实有四个目标，R&D（研究开发）占GDP的比重，我国现在是1.35%，到2020年要达到2.5%，科技进步对GDP的贡献率要从现在的30%提高到60%。我们对外技术依存度要从现在的50%降低到30%。专利授权和论文的引用数，现在是世界第20位，要争取到前5位。

俾斯麦作为德国历史上的一大强势人物，引领时代风云的一代"铁血首相"，对于发生于19世纪下半叶的中国与日本两国向西方学习运动的成效曾有过十分精到的分析和预测。他说："中国和日本的竞争，日本必胜，中国必败。因为日本到欧洲来的人，讨论各种学术，讲究政治原理，谋回国做根本的改造；而中国人到欧洲来的，只问某厂的舰炮造得如何，价值如何，买了回去就算了。"近代中日两国的发展历程证实了俾斯麦的判断。

历史的经验教训就是，面对需要学习的榜样，日本的先人们没有停留在"器物"层面，而是"讲究政治原理，谋回国做根本的改造"，伏下身子用手术刀在"制度""文化"层面进行了剖析和革新。而我们的先贤们却端着"天朝上国"的架子、"唯我独尊"的心态，"中学为体，西学为用"的思路，花大把银子买了"物件"就算了，没去花力气探究深层次的"学术"和"原理"，更没谋"做根本的改造"，结果几十年下来，中日之间的大、小、强、弱就来了身份置换，"蕞尔小国"成为"经济巨人""军事大国"。120年前的甲午一战，拥有一流装备的中国海军被打败了，是被"维新"后的日本"制度"和"文化"打败的，历史由此被改写。从此，日本以强国的眼光斜睨世界，"脱亚入欧"，侵略邻国，不把中国放在眼里，以至到今天，拒不不承认其侵略历史，还时不时地给咱们"添乱"……

历史是一面镜子。这种"只看其表不求其里"、只"师夷以长技"的学习态度至今遗毒甚深。固守传统有余，勇于创新不足。正是这种文化基因，导致了我国世界级的思想大师、文学大师、科技大师缺乏，世界级的理论成果、优秀作品、名牌产品更是寥若晨星。建国60多年、改革开放30多年来，我们取得了巨大的成就，但也不得不承认，我们是"世界买场"而不是"世界卖场"，是"中国制造"而不是"中国创造"，核心技术受制于人的格局没有从根本上改变。比如，在我们的工厂里，高端装备有多少是我们的？玩弄于掌中的手机、引领潮流的名牌货有几款是我们的？花了无以计数的冤枉钱都没学到根本性的东西。

我国已经是一个经济大国，但还不是一个经济强国。因为产业结构重心还比较低，主要是在中低端产品市场上具有较强的国际竞争力。从经济发展的动力源分类看，低端的动力源，主要依靠廉价的劳动力、土地，我国还没有完全摆脱这种模式。我国工人每小时平均工资是50美分，美国是16美元，墨西哥是4美元。外国公司愿意到中国来投资建厂生产，是因为劳动力成本可降低很多。中端的动力源，主要依靠资本投入驱动。我国的经济发展还处在这个阶段。高端的动力源，就是创新驱动，依托技术和创新人才资源，掌握核心技术，创新自主品牌，拉动产业能级提升，促进经济社会全面协调可持续发展。

中国生产的袜子平均每双0.21美元，领带平均每条1.6美元，服装平均每件5美元。长期以来，"价廉物美"的中国制造在全球价值链的低端徘徊，为世界贡献了优质产品，却消耗了自己的资源，留下了污染。

当前社会上有几种说法，比如，中国用不着做科学，抄别人专利也能发展；日本不发展科学，也成为了世界强国；娱乐、服务和金融是中国强大的关键所在。

从历史上看，现代大国的强盛需要坚实的科学基础。英国人口6 000万，面积24万平方千米，甚至还不及四川省的面积，但曾占有全世界1/4的土地。原因就是几百年前，它就有以牛顿为代表的科学家，有剑桥大学这样的高等学府，使得英国科学曾在全世界遥遥领先。

日本科学不好而经济发展很好，这是误解。日本科学不如美国，但比中国好多了，日本1949年获得首个诺贝尔奖，迄今已获奖20项，中国到现在只获得1个诺贝尔文学奖。19世纪末，中国的GDP高居世界前列，甲午海战时中国从国外购买的军舰吨位是亚洲最大的，却还是败给了日本。20世纪的100年间，从上海的外滩、北京大学最漂亮的燕园部分建筑，到很多人引以为豪的奥运会鸟巢，这些"中国建筑"都是花重金请外国设计师来建造的；高铁是中国高科技建设的成果，但其核心技术并未为我国所有。

我国固然要发展服务、金融、娱乐业，然而老龄化带来的健康、医疗和卫生质量问题，人口剧增带来的能源、资源问题，最终还需要科学研究做支撑，需要自主创新来解决。

因此，自主创新引发技术创新，促进经济发展，带来国家强大，这是建设经济强国的必然规律。

21世纪科学技术创新还出现了颠覆性创新趋势。什么叫颠覆性创新？美国哈佛商学院教授克里斯坦森在书中是这样定义的：把一个很贵的东西做得很便宜，把一个收费的东西做成免费的东西，把原来一个很难获得的东西变得很容易获得，把原来一个很难用的东西变得非常简单。这就是颠覆性创新的重要特征。

事实上，很多颠覆性创新在刚出来的时候连发明者本人往往都没有意识到这是一个颠覆。颠覆性创新非常重要的两点，一个是在体验上创新，一个是在商业模式上创新。

体验创新最简单的例子就是iPad。大家都在感慨它对笔记本的颠覆，它的最大优点就是方便携带。这就是iPad在体验上的创新。

商业模式的颠覆就是在商业模式上瞄准行业的死穴，它是对手很难抄袭和反击的一个颠覆手段。如当年淘宝用免费颠覆eBay，360用免费颠覆国内杀毒业，都是利用免费这种打法。

昔日手机巨头诺基亚满足于在功能手机上的业绩，在向智能手机的转型上反应迟钝，在移动应用的商业模式方面缺乏创新，曾被认为是可能会消失的品牌。

21世纪战略性新兴产业的重要特点，就是产业的形式伴随着颠覆性技术。现在产品换代升级节奏明显加快，高新技术产品在市场上很难维持5年不变的局面。

比如，20世纪以来，颠覆性技术有很多例子，激光照排代替了铅字印刷，数码相机代替了传统相机（胶卷），DVD播放器（光盘）代替了录音（像）机（磁带），数字高清电视代替模拟高清电视，LCD彩屏代替CRT显示，光纤代替同轴电缆，互联网代替传统电信网，U盘（电存储）代替软盘（磁存储）。

麦肯锡全球研究机构报告认为，技术进步将改变人类的生活、商业和全球经济，并提出了驱动经济发展的12种颠覆性技术。报告展望了这些技术对世界经济和人类生活的巨大影响。

这12种改变未来的颠覆性技术是：移动互联网、知识型工作自动化、物联网、云计算技术、先进机器人技术、新一代基因技术、自动或半自动交通工具、能量储存技术、3D打印技术、先进材料、先进油田勘探技术、可再生能源。

据估计，到2025年，这12种技术的应用每年产生的潜在经济效益将达14万亿美元到33万亿美元。这一估计并非只是一种无端的揣测，而是建立在对其应用潜力和创造价值的深入分析之上的，这12种颠覆性技术以多种方式创造巨大的经济价值和社会价值，包括更好的产品、更低的价格、更清洁的环境以及让更多人拥有健康等。

在这12种颠覆性技术中，有一些出乎人们意料的新技术。例如，"感官"能力更强、更灵巧、更聪明的强大机器人，可完成一些以往认为无法通过机器人完成的任务。颠覆性技术还将产生显著的社会效益，包括对人体伤害较小的非入侵性机器人手术系统，机器人假肢和让老年人、截肢者恢复身体功能的"外骨骼"技术等。

据麦肯锡预测，这些领域内的每一项创新，到2025年至少将为世界经济带来1万亿美元的效益。

三、21世纪创新观念

（一）科学观念。由凭经验办事转向按规律办事，这叫科学观念。我国现在基本上还是凭经验办事，还是在摸着石头过河。现代社会摸着石头是过不了河的。现代社会必须要有科学理性思维，这是研究学习、从事实际工作的基本要求。不论研究学问还是从事实际工作，都必须要有科学理性思维，一定要了解、掌握自然规律和人类社会的发展规律。

规律对事物的发展非常重要。有的人为什么总是不适应工作呢？在这个单位工作不行，换几个单位还不行，这是为什么呢？因为他没有找到工作的规律。有的学生考大学，今年考不上，复读一年还考不上，复读两年更差劲，为什么呢？因为他没有找到学习的规律。有的人找一个对象合不来离婚，再找一个还离婚，因为他没有找到家庭生活的规律。所以说处处都有规律，规律来自于自然、来自于实践。

再讲人天合一。人是主观，天是客观，天人合一是指人的主观能动性要符合客观规律，我们进行生产、生活、组织社会活动，这一切都必须遵循客观规律。

比如说，我们发展经济，就必须尊重自然界的规律，不能乱砍乱伐，不能过度放牧。我们违背大自然的规律乱砍乱伐、过度放牧，就会造成水土流失，水土流失就会淤塞河道、淤塞水库，致使洪水泛滥。这是我们破坏植物生态的结果。

全世界60亿人口，中国13亿人口，不能什么都吃，遇见蛇吃蛇，遇见猫吃猫，遇见果子狸吃果子狸，这就会破坏动物生态规律。我们一些饲养场，一平方米养几十只鸡，一个猪舍养几十头猪，过度集约化饲养，这也是破坏动物生态。破坏动物生态的结果就是病毒泛滥，吃果子狸的结果就是"非典"病毒的传播，吃猴头的结果就是艾滋病毒的泛滥，吃鸡尤其是高度集约化饲养鸡的结果就是禽流感病毒的蔓延。以此类推，统统都是破坏动物生态的结果。

人类社会的经济发展，必须讲科学。既要生活小康，也要人民健康；既要金山银山，也要绿水青山；既要物质基础，也要文化推动。现在西方发达国家已不重视GDP，比如建一个化工厂，一下子几百个亿、上千个亿的GDP来了，他们不要，因为担心污染；但中国人不怕污染，工厂建了一批又一批。由此，人们笑言，在中国生活十年以上，走向世界，就什么都不怕了，因为练就了百毒不侵的功力。

据统计，在全球污染最严重的20个城市中，16个在中国。我国70%的河流遭到污染，因此，把握规律，科学发展至关重要。我们不能为发展而发展，有的"发展"还不如不发展。所以党的十八大提出生态文明建设、美丽中国的理念，这是非常重要的认识和突破。

（二）幸福观念。人类发展的终极目标是人的幸福。我们做一切事情的唯一目的就是人的幸福。人的幸福是衡量一切的标准，是社会发展进步的尺度。但我们经常把一个政府或一个单位的政绩看得太重要，往往为了政绩去伤害或者牺牲人的幸福。现在有关幸福专家研究幸福国度的幸福秘方，发现人的幸福很大程度来自精神生活。

比如，瓦努阿图地处太平洋火山圈，火山、地震、海啸、飓风等自然灾害频发，经济落后，是联合国认定的最不发达国家之一。但当地百姓热情开朗，乐观怡然。瓦努阿图分别于2006年和2010年被英国"新经济基金"评为世界上幸福指数最高的国度。那么，瓦努阿图的幸福秘方在哪里呢？

注重亲情，崇尚分享。瓦努阿图人家庭关系紧密，邻里和睦。族人共享资源，人人参与决策。因有可依托的港湾，瓦努阿图人普遍有归属感和安全感。街上见不到流浪的孩子和乞丐。每逢重大节日，城里人倾其所有，买来稀罕之物回岛与族人分享，感受"大家庭"的温暖，进行亲情和文化充电。

知足者常乐，不重金钱。瓦努阿图百姓顺应自然，日出而作，日落而息，以树造屋，卧席而眠。许多小岛，无电，无自来水，无广播电视，交通极为不便。但当地人很享受轻松随意，一箪食，一瓢饮，足矣。对于频发的自然灾害，他们坦然面对，即使前一天树倾屋倒，第二天仍能呼朋唤友，载歌载舞。瓦努阿图人对金钱看得很淡，买东西从不讨价还价，商家也不强买强卖，一切随缘。

四、21世纪创新能力

21世纪的创新人才需要五个关键能力：用新技术获取和处理信息的能力，主动探究的能力，分析和解决问题的能力，与人合作的能力，终身学习的能力。

具体讲，21世纪的创新人才拥有"21世纪技能"。这些技能包括：

（1）了解世界的能力。美国需要的员工是"拥有国际贸易知识、对外国文化有敏锐意识，能用不同语言进行交流"的人才。

（2）洞察问题的能力。跳出思维的局限，新经济形势下的工作，"对创造性和革命性提出了更高的要求，要求你在别人只看到一片混乱的地方看出规律"。

（3）信息处理能力。懂得聪明地对待新的信息来源。在如今这个信息爆炸的时代，需要对所接触的信息进行迅速的处理，区分哪些信息是可靠的，哪些是不可靠的。"知道怎样处理、解读和分析这些信息，并采取相应行动，是非常重要的。"

（4）人际沟通的能力，发展良好人际关系的能力。在如今的工作中，情商（EQ）和智商（IQ）对于成功已经起着同等重要的作用。如今大部分的发明创造都涉及大规模的团队成员，强调沟通技能，强调团队精神，强调不同文化的人相处的能力。

未来最重要的技能将体现在两个领域：

"专业型思考"——提供解决问题的先进方法；

"复杂沟通"——涉及说服、协作及谈判等人际交流。

1989年，老布什就任美国总统之际，委托美国劳工部完成一项研究任务：美国要想在21世纪继续保持世界强国地位，从社会就业对人的素质要求上看，教育应该培养什么样的人才？

美国劳工部忠实执行了总统的指令。他们成立了一个"21世纪就业技能调查委员会"（简称SCANS，即The Secretary's Commission on Achieving Necessary Skills， U.S. Department of Labor），汇集美国教育界、产业界、科学界等各个领域的力量，展开深入细致的调查研究工作。1991年6月美国劳工部21世纪就业技能调查委员会发表了题为"21世纪美国对学校的要求"的调查报告。这一根据国家最高领导层的旨意，调集各方力量，在深入细致的调查研究基础上形成的报告，将美国21世纪所需要的人才标准概括为三大基础和五大能力。

其三大基础是：

（1）基本技能：具有较高的读、写、算、听、说的能力。

（2）思维技能：能进行创造性思维，有决策能力和解决问题的能力，有想象能力，学习能力和推理能力。

（3）人品修养：有责任心和自尊心，善交际，能自律，为人诚实正派。

其五大能力是：

（1）资源统筹的能力：具有统筹人员、资源、时间、财力及物资设备的能力。

（2）善于处理人际关系、与人合作的能力：具备团队精神，作为团队中的一员，对团体负责，能与之共同努力、为之奉献；能给他人传授新知识、新技能；能为顾客提供满意的服务。

（3）获取并利用信息的能力：能获取信息、评估信息；能组织信息、保持信息；能诠释信息、交流信息；能用计算机处理信息。

（4）进行系统运作的能力：能认识社会系统、组织系统及科技系统的运作机制并有效地加以支配；能辨别动向，预测影响系统运作的因素，发现问题，及时纠正；能对现有系统提出修正建议，或开发新系统以改善运作。

（5）利用多种科技知识手段工作的能力：能选择适当的步骤、工具或设备，包括计算机及其相关的技术；熟悉设备的装置调试、运作内涵及适当的工作程序和步骤；能防止、识别并解决设备故障问题，及时保养设备，包括计算机及其他技术设备。

五、21世纪创新关键

21世纪竞争的关键在于人才的竞争。目前，世界性的人才竞争空前激烈，呈现出三个基本趋势：一是竞争目标高端化，高层次创新人才成为各国争夺的焦点；二是竞争起步超前化，发达国家逐步把人才竞争阶段前移，把争夺人才与培养人才紧密结合起来；三是竞争手段多样化，更加着眼人才体制和环境的建设。

美国在20世纪经济保持长期的繁荣发展，一个重要原因就是人才云集带来的竞争。为走出经济困境、持续发展，美国在全球范围内发起了一场争夺人才的新攻势。

2011年8月2日，美国国土安全部和移民局宣布一系列优惠政策，吸引高层次创新人才。根据最新公布的优惠政策，高层次创新人才在申请移民签证时，无需提供美国公司的聘书和劳工部的证明，只要申请人证明获得签证即可。

美国国土安全部部长纳波利塔诺表示："美国必须继续吸引世界各地最优秀的人才，以使他们的天赋、技能和创意服务于美国经济增长，为美国创造就业机会。"美国公民身份和移民局局长梅奥卡斯说："美国拥有欢迎有创造性的企业家和熟练的工人来美国的传统，这些人通过创新提供更多的就业机会，推动新的技术进步，为美国经济提供动力。新的优惠政策旨在使高技能人才更容易在美国创办公司，为美国增加就业。"

美国的移民政策允许五种人到美国就业，第一种是高科技人才，第二种是全世界的科技精英，第三种是美国本土缺乏的高级技术工人，第四种是宗教人士，第五种是外来投资者。21世纪初，美国对移民政策做出重大调整，从过去以亲情团聚为主转为以市场需求为导向，未来20年，美国需要200万信息人才，其中一半岗位空缺，这就要从全世界抢夺人才。美国人口占世界人口的1/22，却拥有全世界1/2的研究生，1/3的本科生，1/4的科技人员。

引进海外人才一直是美国保持国际竞争力的一个秘诀。为了吸引国际上更多的高科技人才，奥巴马总统上任以来力推新政——推动移民改革法案在国会通过。奥巴马总统在2013年年初的国情咨文中强调，当世界各地的人才汇聚到美国来实现他们的梦想（如学习、投资或是献身于美国的文化事业等）时，他们在实现自身价值的同时，也让美国成为商业中心，并为美国创造更多的就业机会。

美国是一个名副其实的大熔炉，各国移民在这片土地上各显神通，建功立业。与此同时，移民也为美国创造了不可估量的价值。据媒体报道，在过去几十年里，美国26%的诺贝尔奖获得者是移民。美国专利权实现爆炸式的增长，其中三分之一要归功于移民做出的贡献。创新发明使得美国的GDP提升了2.4%。美国大约28%的新公司是由移民开办的，40%的世界500强企业也是由移民或其后代创办的。英特尔公司的前首席执行官格鲁夫是匈牙利移民；谷歌公司创建人之一布林是苏联移民；雅虎创建人之一杨致远来自中国台湾，这些移民都对美国经济产生了深远影响。

奥巴马总统上台时，美国正处于二战以来最困难的时期。全球金融危机导致美国经济陷入衰退，失业率居高不下。奥巴马深知国际高科技人才对美国经济复苏的重要性。因此，他积极推动移民改革，大力引进高科技人才。2012年，奥巴马将改革"绿卡"制度纳入政府行政措施改革方案。为了吸引更多的国际高科技人才前往美国，前不久，白宫网站还发布了关于高科技人才申请美国"绿卡"的新规。

这项新规的目的就是通过人才吸引战略，促进美国经济的复苏，创造更多就业。新规放宽了H-1B签证持有者的待遇，开始允许其配偶在等待绿卡审批过程中在美国工作。美国H-1B工作签证是一种非移民签证，它允许美国雇主临时聘用从事"专业职位"的外籍专业技术人员，为美国的经济做出宝贵贡献。H-1B签证为专业职业的外籍专业技术人员，提供了在美国合法居住和工作的机会。外籍专业技术人员借此可在美国连续居住6年，他们的配偶及子女（未满21岁）也被允许在美国合法居住（但是，相关人员曾经的配偶和子女不能享受这一待遇）。

尽管行政措施改革在一定程度上加速了美国对国际科技人才引进

的步伐，但奥巴马政府仍认为，深化国际人才引进必须从法律着手，进行移民法改革。据媒体报道，目前美国工作签证"供不应求"的严峻形势已不可忽视。2013年4月，政府在仅仅5天内就收到了172 500份H-1B签证申请，但是，现行移民政策对此类签证的全年批准数量的上限是85 000份。奥巴马说："我们让外国学生掌握了科研创新技能，却让他们回到中国、印度或墨西哥创业，反过来与我们进行竞争。这就是我们需要进行移民改革的原因。"

2013年6月，美国参议院通过了两党移民改革法案。参议院移民改革法案中明确规定，为那些想移民美国并在美国创业的外国企业家设立一种"创业签证"。同时，参议院法案建议将针对技术工种的绿卡批准人数的年度上限提高到140 000份。然而，移民改革法案却在国会举步维艰。据悉，尽管国会两党都认同移民改革的必要性，但他们在细节上却存在异议。当今美国的人才已经不能"自给自足"。杜克大学瓦德瓦教授对媒体说："失去重要人才意味着美国失去竞争力。下一个谷歌、微软或者苹果公司，很可能会在中国上海或印度班加罗尔成立。"

新加坡的腾飞取决于人才，如果问一位新加坡人：新加坡有什么？你多半会听到这样的回答：新加坡什么都没有，只有人才。在全球最具竞争力的国家行列中，新加坡名列三甲。从最早的对外输出制造业产品，到后来输出高科技，到作为亚洲的金融中心对外输出金融，再到现在对外输出战略思想，被称为东盟"大脑"和"军师"的新加坡不动声色地完成着从低端产品输出到高端思想输出的蜕变。人才立国就是"弹丸之地"新加坡之所以能够创造这一系列奇迹的秘诀所在。

建设创新型国家，建立强大的自主创新体系，最关键的环节和最核心的内容就是要建设一支高素质的创新型人才队伍。当前，我国创新型人才数量稳步增长，但人才质量亟待提升，离建成创新型人才队伍的目标还有很大距离。

就人才总量及创新能力来看，虽然我国2008年人才总量已达1.14亿人，居世界第一。但是，据波士顿咨询公司最新调查，中国在全球创新能力排名中位列第二十七位，远落后于新加坡（第1名）和韩国（第2名）。

就科技人才的数量及质量来看，2009年我国科技人力资源总量达到5 100万人，居世界第一位，但高层次人才却十分短缺，能够跻身国际前沿、参与国际竞争的科学家更是凤毛麟角。

就科技成果及转化水平来看，2010年我国发明专利授权量达到13.5万件，居世界第三位。可是，我国在生产中稳定使用且具有一定规模的科技成果不到总量的20%，最后形成产业的只有5%左右，科技对经济的贡献率远低于发达国家。

目前我国高层次创新人才极度匮乏。近20年中，获得世界诺贝尔奖、菲尔兹奖等国际科技大奖的497名科学家中，没有一名中国籍的科学家。SCI收录的论文，按22个学科领域分类分析，各学科排在前250名的顶尖科学家，全世界共6 097人，其中，美国排第一位，有4 016人；中国排第十九位，有19人，其中15人来自香港，4人来自内地。

根据科技部的调研，2002～2006年，在世界一流科学家中，我国有112人入选，仅占总数的4.2%，是美国的1/10。在158个国际一级科学组织及其下属1 566个主要二级组织担任领导职务的9 073名科学家中，我国仅有206人，占2.3%。其中在一级科学组织中担任主席的仅1人，在二级组织中担任主席的仅24人。从国际权威科学院外国会员人数的国别排序来看，中国不仅低于主要发达国家和若干中等发达国家，而且还落后于印度。

我国总是以古代四大发明为豪，近代以来，火车、轮船、飞机、电话、电脑、洗衣机、电视机，从原创意义讲，没有一样是中国人发明创造的。有几个问题确实值得深思：为什么迄今为止，我国没有一个人拿到自然科学领域的诺贝尔奖，为什么我国还没有一所世界一流大学，为什么能够代表我国最高科技水准的两项大奖——自然发明奖、科技进步奖，一等奖已连续四年空缺，主要原因就是我国缺乏自主创新人才。

综合国力之争，归根结底是人才之争。李光耀曾被问到如何看待中国和美国的发展，他这样回答：中国是从13亿人中挑选人才，而美国是从70亿人中挑选人才。这很值得我们深思。从一个世纪以前直到今天，一个"美国梦"吸引了全球大批最优秀的人才。今天，我们要追求和实现的"中国梦"，也应当向全球人才开放，一个让全球优秀人才愿意来中国发展、愿意到中国安家的梦；这个"中国梦"不仅仅是获取财富的"中国机会"，也是留下财富的"中国归宿"。我们要采取更加切实有效的战略措施，实行更加开放的人才政策，在推进中国与世界的交流与互动中，让世界各地人才自身发展的梦想在中国大地得到更加充分的实现，才华得到更加充分的施展。

六、21世纪创新基础

21世纪创新基础在于教育，高校是科技第一资源和人才第一资源的结合点，建设若干所特色名校，其目的是为了更好地履行教育职责，更好地教书育人，为国家现代化建设和民族复兴提供更加优秀的创新人才。

创建特色名校是高校内涵发展的战略性举措。名校强调的是一种水平，一种地位，一种积淀，是一个相对的概念。名校的特征主要有：正确的办学目标，先进的教育理念，科学的规范管理，一流的教师队伍，鲜明的办学特色，良好的社会声誉。名校要有名校长、名师、名学生，有自身实力、学术声誉、社会贡献、社会评价。

名校关键要有名师。什么是名师？凡是在讲课中能带动学生，在行为中能感染学生，在学问上能引导学生，让学生谈起来津津乐道，想起来滋滋有味，夸起来滔滔不绝的教师，都可以称之为名师。名师是学生仰慕的偶像，心中的话题，追逐的明星。学校因名师而声名远扬成为名校。

名校要有名校长。名校长要有自己独特的办学理念，科学的管理能力，超凡的人格魅力。美国加州理工学院是一所名扬四海的一流大学，摘取了32个诺贝尔奖。拥有这样光环的大学校长是名副其实的名校长。这所大学的校长夏莫说过，他到加州理工学院做的第一件事，就是突出学校近百年来成功和出名的地方。他到那里首先不是改变一切，而是学习，然后为大学做贡献，使学院在原有基础上发展得更好。夏莫校长认为，名校长要办好三件事：第一，确保今天所做的事情是正确的，使学校在全球范围内更具竞争力；第二，吸引最优秀的师生；第三，学校在物理、天文和地理领域表现杰出，要设法帮助解决世界面临的关键性问题。

名校还要出名学生。名校培养的毕业生，应该成为企业界、商界、政界、军界、学术界的优秀代表人物。名校要出一流人才，主要看毕业生对社会的贡献。我国"两弹一星"23名科学家基本上集中在三四所名牌大学；为"两弹一星"做出杰出贡献的科学家一半出自清华大学。美国哈佛大学培养了美国历史上6位总统、32位诺贝尔奖获得者、33位普利策奖获得者，数十位著名跨国公司总裁。英国历史上40多位首相中，有

29位都毕业于牛津大学，著名政治家、银行家、企业家和学者更是层出不穷。名校要培养一批学术上有原创性的知名学者、学术权威、世界级大师，为国家输送高级领导人才和高层次研究人才。

古人云："一年一树者，谷也；十年一树者，木也；百年一树者，人也。一树一获者，谷也；一树十获者，木也；一树百获者，人也。"说的是人才培养的重要性与不易。而创新人才，尤其是高层次创新人才的培养，更需要时间和实践，需要过程和周期，需要特色名校的精心培养。

名校一定要有特色，不能片面求大求全。人无我有，人有我优，人优我特，人特我高，不求大，不求高，不求全，只求不可替代。特色是以小胜大，以弱胜强的突破口，特色是异峰突起、出奇制胜的切入点。特色就是质量，特色就是水平，特色就是一流。有特色才能提高水平，有特色才会有生命力。每所大学都有自己独特的历史、传统、文化个性，都有自己的优势。突出特色就是要选准方向，凝练特色，重点突破，强化优势，巩固传统优势，强化比较优势，谋求新的优势。

哈佛大学是世界一流大学，中国人对哈佛大学的崇拜要超过美国人。在美国人看来，哈佛是美国著名学府之一，而中国人认为哈佛是美国最好的大学。因此，大学要根据自己的传统、环境、条件，充分发挥自身的独特优势，既不能片面求全，也不能刻意求大。威廉玛丽学院规模很小，却蜚声中外。学院坐落于一个小镇上，小镇只有一万多人，其中七千多人是大学师生。真正的精英教育不是以规模，而是靠办学优势和特色取胜。科罗拉多矿业学院是一所以理工为主的大学，在校学生仅4 500名，本科专业不足十个，毕业生就业率和起薪却高居全美公立大学首位。

2013年美国加州理工学院被英国《泰晤士报》评为全球最佳大学的冠军，已连续七年战胜老牌冠军哈佛。哈佛与斯坦福并列第二。加州理工学院的学生不及哈佛和斯坦福的十分之一，是"小而精"的袖珍大学。我国著名科学家周培源、谈家桢、卢嘉锡、钱学森、钱伟长都在这里求学或工作过。其成功原因之一是坚持学科不求过多、范围不求过宽、严格保证学生入学和学习质量、宁缺毋滥、精益求精的办学方针，学校规模虽小，目前也只有6个系，1 000余名研究生和900余名本科生，但该校却培养出世界顶尖人才；二是教师与学生比例为1：3，师生比例为全美最高，师生关系最为密切，师生亲如家人。这就是名校的神奇魅力。相比之下，我国几万人规模的大学比比皆是，一所大学往往分设若干校区，造成师生两地分居，学科与学科两地分割，综合性大学的多学科优势也因学区分割而化为乌有。在这种状况下，学生难以与教师接触，教师也难以让学生贴近。

因此，名校不是看一时的规模、数据，不能简单列出数字指标，而是要以长远的眼光、从历史的视野看它培养出怎样的杰出人才，看它对国家、民族所做的贡献，看它对推进人类文明进步所产生的影响。有朝一日，教师以其学术成就赢得同行发自内心的尊敬；当学生在任何一个地方就业都能以其实力赢得肯定和信任；当学校解决了地方和国家的重大问题，起到了引领经济社会发展的作用；当公众场合提到校名，师生、校友、同行及政府都能发自内心地肃然起敬，这就是名校。

第四节　21世纪世界教育趋势

随着整个世界科学技术、经济的发展，以及产业结构的调整，还有地区布局的调整，地缘经济、地缘政治的变化，在这样一个大的经济社会科技格局推动下，21世纪世界新一轮教育革命拉开了帷幕。

21世纪新一轮教育革命的起点应该是1994年。当时，世界教育界发生了两件值得一提的大事：第一件发生在美国，国会通过了2000年美国教育改革方案，内容很简单，即2000年美国大中小学教室电脑全部联网，图书馆、州政府、市政府全都联网。1997年克林顿曾提出要让8岁孩子学会阅读，12岁孩子能够上网，18岁青年能进大学，所有公民都能接受终身教育。

在1983年里根总统在任期间，组织过一个高层次的"高质量教育委员会"，经过一段时间的研究，它提出一个具有世界影响的报告，即《国家处在危险中——教育改革势在必行》。这份报告指出美国的国际竞争力在下降，日本的国际竞争力正在超过美国，所以他们提出20世纪80年代美国遇到了"第二次珍珠港事件"的说法，第一次珍珠港事件日本利用军队突袭美国，而这次日本利用商品突袭美国，占领美国市场。它指出日本商品之所以能占领美国市场，其原因是日本的教育，特别是基础教育质量高于美国，所以美国派以教育部长为首的几十个代表去考察日本教育，然后将考察结果形成报告。到90年代，当又一次科技革命来临之际，美国又把日本远远地抛在后面。现在轮到日本来反思其教育了。日本的教育和中国的一样，比较重视基本训练，但缺乏个性，所以当新科技革命来临的时候又被落到了后面。

第二件是在韩国推出了21世纪培养韩国新国民计划，该计划提出四点要求：第一，要求国民首先要有爱国精神、集体主义精神、有道德；第二，培养有智慧的人；第三，培养开明的人；第四，培养劳动的人。

21世纪新一轮教育革命有以下几个特点：

一、重视以人为本，即尊重人的尊严和价值，关注人的价值、权利和自由，关注人的生活质量、发展潜力和幸福指数。从国际教育发展总体走向看，自20世纪70年代开始，差不多每十年就有一次革命性变化，引起全球教育震动。第一次革命发轫于1970年，联合国教科文组织发布了一个学会生存的报告，明确提出终身教育、终身学习、学习型社会的概念。第二次革命发端于1980年，计算机的发展，改变了人们受教育的方式。第三次革命始于1990年，开始了教育服务贸易，现在全世界的贸易总值达到3 000亿美元。第四次革命发生于2000年到2010年，国际组织现在所做的事情，许多国家做的事情，还有我们中国所做的事情，都体现了教育以人为本的特点。目前国外教育人性化趋势日益明显。无论是学校的教育目标、内容、方法还是有关政策方面，都体现了对人性和谐完美的追求。德国、日本把人性教育当作新教育的标志。欧洲人公认的19个核心价值观中，尊重他人是最基本的价值观。

二、重视人格和价值观。美国首先认识到要注重对公民的培养，科学家是从公民中产生的。教育的首要任务不是培养科学家、学者，而是培养公民。教育所要聚焦的目标，就是为学生立德、立业。立德，就是教育学生形成诚实、守信、接受生活、崇尚自然、善于接纳他人、和他人合作等基本的道德素养；立业，就是培养学生形成善于学习、善于发现、善于创新的能力和勤奋学习的品质。德的基础是"诚"，业的基础是"勤"。以诚立德、以勤立业，诚信勤奋，立命之本。

2002年美国国家预算在中小学人生观教育上的专项投入是2 500万美元。美国历来强调阅读、书写、算术，目前又增加了责任、尊重、诚实和温和。亚太地区教科文组织综合各国公认的12个核心价值观中第一个就是关心别人。西方国家针对优秀人才的评价标准主要参考六个方面：品行、动机、潜能、理解力、知识、经验。重要程度依次递减。把品行放在首位。它们之间的逻辑关系是，没有品行只有动机很危险；没有动机只有潜能是无能；没有潜能只有理解力是有限的；没有理解力只有知识毫无意义；没有知识只有经验则变得非常盲目。21世纪注重人的品行，人的全面发展。从韩国黄禹锡造假事件我们可以看出，他之所以出问题，不是因为他没有知识，克隆狗他还是研究出来了，主要因为他不是一个有道德的国民。

1997年，美国《时代周刊》和《新闻周刊》介绍了哈佛大学科尔斯教授的《孩童的道德智商》一书，由此德商进入专家学者的视野。德商是指一个人的德性水平和道德人格。许多学者认为，德商的内容包括体贴、尊重、容忍、宽恕、诚实、负责、平和、忠心、礼貌等各种美德。科尔斯教授说，品格胜于知识。可见，德是最重要的，一个有高德商的人，一定会受到信任和尊敬，自然会有更多的成功机会。现实中大量事实证明，很多人的失败，不是能力的失败，而是做人的失败，道德的失败。要学会做事，更要学会做人。要发展记忆力、注意力、观察力、思维力等智力因素，更要发展尊重、理解、诚实、责任、宽容等道德因素。

三、重视中小学教育。这一特点虽然和高校关系不大但也很重要。我们通常认为科学家是从大学产生的，认为把大学建好了，把大学实验室建好了，科学家就培养出来了，全世界几乎没有一个国家是这样做的。据统计，中国的教育经费（国家拨款）7%投在中小学，93%投在大学，而国外大体上是中小学占80%，大学占20%。要处理好中小学发展和大学建设的关系。中小学发展和大学建设是一个相辅相成的过程。中小学教育的最大特征就是它的基础性。如果说高教、成教、职教是"今天"的生产力，那么中小学教育则是"明天"的生产力。如果说整个教育是一棵大树，中小学教育更像深埋于泥土的根系。教育是一个完整的系统，整体进步才能对社会产生最大的效益。我们的教育发展目标应该是"以国家投资的一流大学精英教育拉动教育现代化，以政府投资的公共普及教育推动教育现代化，以教育现代化引领四个现代化，以教育的初步现代化引领小康社会的全面实现"。

1957年，苏联载人卫星的成功发射震撼了美国。美国感到在科学领域落后之际，首先想到的便是教育改革，并认为最重要的投资应该是对中小学教育的投资。从小培养起来的新一代，更有希望，也更重要。1995年美国颁布了历史上第一部国家科学教育标准，2007年全美曾进行学生科学素质的评估，现在正在研究如何将评估向高中扩展；向5岁以下的幼儿阶段扩展；向技术教育扩展；向社会情绪能力培养扩展。许多发达国家和一些发展中国家都在20世纪末相继公布了国家的科学教育标准，开展了幼儿园和小学中的探究式科学教育改革，以使新一代的国民有效地掌握科学的概念、正确的推理方法和模型，培养探究能力和探究的热情，培养科学精神和合作精神。

目前，我国中小学教育状况不利于创新人才的培养，创新能力和创造热情在儿童时期已经被消磨殆尽，到大学阶段，许多学生已经失去了学习和研究的热情，这是很可怕的。

四、重视精英教育。日本计划50年内培养出30个诺贝尔奖获得者和240万创新人才。为了达到这个目标，日本教育部选定全国26所重点高中培养最有潜力的学生，为培养出顶尖人才创造条件。这和我们国家差别很大，我们国家是取消重点中学，学生按地区排位。而他们是办好重点中学，加大投资，每个学校均可获得2 500万日元的财政支持，并且过一段时间再扩展一批重点中学。这和胡锦涛同志在两院院士大会上提出的，培养国际级别科技顶尖人才、拔尖人才、中青年拔尖人才是完全契合的。

日本、韩国早在几年前就分别制订了雄心勃勃的计划，投入巨资，加快一流大学的建设和高水平人才的培养。德国仿效我国的"985工程"，将重点建设10所大学。

五、重视创新能力。西方发达国家对人才的取向从资历取向转向能力取向，现在正在向创新力取向发展。美国、韩国、英国、德国等国的教育是紧随21世纪的创新潮流。从时间节点上，是针对21世纪这个信息时代、知识时代；从空间节点上，是针对全球经济中美国的定位，它们把美国定位为21世纪最伟大的国家。它们的目标是明确的，美国的国家目标是第一，韩国的国家目标就是排世界第七名。为了这个目标，它们需要最伟大、最具有创新精神的国民。

每个国家对21世纪人才都有不同的描述，新加坡教育部为迎接新世纪的挑战，坚持进行教育革命，比较一下20世纪与21世纪提供的岗位要求：20世纪要求掌握一项基本技能，如修汽车、开飞机，21世纪则要求必须有跨学科学习的能力；20世纪要求努力学习科学技术，21世纪要求有创新能力，因为知识更新的速度太快，有些知识是学不来的；20世纪要求有资源管理能力，21世纪要求有人员管理能力，要能团结人；20世纪要求有逻辑思维能力，21世纪则还要求有横向思维能力；20世纪的人是在领导的监督下工作，21世纪要求没有领导就可以独立工作；20世纪要求遵守纪律即可，21世纪还要有人际沟通能力，有终身学习的热情，有很强的团队合作精神。

21世纪的特点是互联网。一个研究报告显示，我国70%以上的中小学生，上网是为了玩游戏，21世纪是什么时代对他们来说没有概念。而美国的中小学生，67%的学生上网是为了获取最新信息，48%的学生是为了研究创造。

综观发达国家高等教育发展的态势，追求卓越已经成为高等教育发展的一大特征，代表着未来世界教育的发展趋势。这将对我国高等教育发展提供如下启示：

（一）加强特色和优势学科建设，提升大学的核心竞争力

学科是大学的基本元素，是大学教学、科研、服务活动的依托。一流的学科是培养高素质创造性人才的摇篮，是推动知识创新、促进科研成果转化成生产力的基地。日本的"21世纪COE计划"和"全球COE计划"的COE申报均是以学科或专业为单位，提倡采取校内各学科间的横向联合、不同大学间或者与国外大学的优势学科"强强联合"的研究组织方式进行联合申报。这种打破学科或专业限制，开展跨专业、跨校合作研究的研究组织强化了学术组织的弹性与学科交流，激发了大学内部的活力。

（二）融合研究与教育职能，培养具有国际竞争力的创新人才

2006年《韩国21世纪智力工程白皮书》指出，当探讨该工程的成效时，应当考虑人力资源的发展，研究生能否把他们所有的精力都投入到学习和科学工作中去。1999～2004这6年期间，受资助的硕士生和博士生分别达到38 000人和19 000人。作为该工程的一部分，研究生在学习期间可得到助理的职位，完成博士学业之后可得到博士后的培训机会。

根据白皮书统计，2006年共有9 716位博士学位获得者得到了博士后的培训机会。

（三）导入第三方评价，加大社会参与力度

以德国为例。身为政策制定者，德国教育部并不直接参与评价，而是授权德意志研究联合会和科学委员会组织实施，负责评选的是一个国际化、高水平的学术评审委员会，由第三方评价机构代替政府扮演评价、审议的角色。此举不仅避免了管理者和被管理者之间的矛盾冲突，为防止行政部门的直接干预创造了先决条件，还加大了社会参与度，尽可能地保证了评审结果的公正性和权威性，提升了社会公信力。

同时，在评审委员会的人员构成上，注重委员构成的多样性。参与德国卓越计划第一轮评选的有将近300名评估专家，其中大约60%来自欧洲其他国家，30%来自欧洲以外的国家，只有10%为德国本土专家。第二轮评选有320名评估专家参与，80%是外国专家，只有20%来自德国。委员会人选的这种国际化安排具有其合理性，避免了本国专家过于集中可能引起的人情往来和腐败，有利于保证评审的客观公正性。

（四）汇聚研究力量，引领体系创新

以法国为例，积极推出全新的组织形式"高等教育与研究集群"，汇集同一区域的不同综合大学、专科学校和研究机构形成联合体，相互合作，资源共享，加强大学在国家研发和创新体系中的地位。

这一措施与我国2011年4月推出的"高等学校创新能力提升计划"（以下简称"2011计划"）有异曲同工之处，其本质都是积极推动协同创新，促进高等教育与科技、经济、文化的有机结合，大力提升高等学校的创新能力，成为建设创新型国家和人力资源强国的重要支撑。我国应该坚持各类高等学校全面开放，广泛吸纳科研院所、行业企业、地方政府以及国际创新力量等，形成多元、开放、动态的组织运行模式；引导和支持高等学校与各类创新力量开展深度合作，促进优质资源的充分共享，加快学科交叉融合，实现人才培养质量和科学研究能力的同步提升；以机制体制改革引领协同创新，以协同创新引领高等学校创新能力的全面提升，推动高等教育的科学发展，加快世界一流大学和高水平大学的建设步伐。

创新时代视域下的人才培养，要把握大势，做到因势而谋、应势而动、顺势而为。既要从经济、政治、文化、社会、生态等方面来分析，也要从全球化的角度来理解。因势而谋，就是要提高教育设计的洞察力，对那些趋势性发展进行敏锐观察，做出科学判断；应势而动，就是要提高教育设计应变力，在洞悉事物发展趋势之后，及时行动，不能落后于潮流；顺势而为，就是要提高教育设计的驾驭力，既发挥主观能动性，又借助事物自身的发展力量，有所作为，有效作为。

根据发达国家高等教育发展趋势，借鉴世界高等教育发展经验，我们要整体提高我国高等教育的效率，尤其需要深化高校综合改革，建设具有中国特色的高等教育体系。

第二章

树立创新理念

树立创新理念，就是要树立以人为本的育人理念。什么叫以人为本？简要讲就是四句话：把发展人作为根本前提，把依靠人作为根本途径，把尊重人作为根本准则，把为了人作为根本目的。

以人为本的内涵十分丰富，其要点可以概括为四个方面：第一，要以人的生命存在为本；第二，要以人的人格尊严为本；第三，要以人的个性和谐发展为本；第四，要以绝大多人的长远根本利益为本。

第一节　理解以人为本

一、以人为本是马克思主义关于人的全面发展学说的体现

在汲取人本主义合理内核和空想社会主义者关于未来社会的天才设想的基础上，马克思创建了人的全面发展学说。马克思的人的全面发展学说内容十分丰富。

首先，马克思认为，人是一切社会关系的总和。人的发展与生产的发展相一致，人的发展状况取决于物质生产条件的发展，因此考察人的发展，必须以研究所处社会的生产力和生产关系作为出发点。

其次，每个人的自由发展是一切人自由发展的条件。人的全面发展是指人的素质的多方面、多层次和多样化的和谐发展。实现人的全面发展既要以每个人的自由发展为条件，又要以人类整体的全面发展

为目标。

再次，人的全面发展是人类社会发展的终极目标。社会分工是社会进步的重要标志，但造成了人的片面发展，私有制强化了人片面发展的趋势，大工业生产和科学技术的进步为人的全面发展提供了物质基础，共产主义社会才能真正实现人的全面发展。

马克思认为，人的全面发展是人类社会不断进步的内在动力和永恒主题，也是人类不懈追求而又永无止境的目标。我国作为处于社会主义初级阶段的国家，尽管现阶段还不完全具备实现人的全面发展的所有条件，但已初步具备促进人的全面发展的基本物质条件和政治基础。因此，马克思关于人的全面发展学说，是我们党提出以人为本的科学发展观的理论基石。

二、以人为本是科学发展观的本质内容

科学发展观是我们党执政理念的一个重大飞跃，是我们党对现代化建设指导思想的一个重大发展，是"三个代表"重要思想的具体体现。科学发展观简单讲，就是既要立足当前，又要着眼未来；既要经济发展，也要社会发展；既要生活小康，也要人民健康；既要金山银山，也要绿水青山；既要物质基础，也要文化推动。

怎么理解以人为本？以人为本是对人的主体地位的充分肯定和尊重，人是最大资产、最大资源、最大财富、最高价值。以人为本是一种思维方式，要求我们的工作不仅要符合规律，体现时代性，富于创造性，还要符合人性发展的要求，实行人性化管理和人性化服务。以人为本是一种价值取向，尊重人，理解人，为了人，发展人，解放人。

科学发展观是中国特色社会主义理论的最新成果。毛泽东解决了革什么命，怎样革命的问题；邓小平解决了什么是社会主义，怎样建设社会主义的问题；江泽民解决了建设什么样的党，怎样建设党的问题；现正在向培养什么样的人，如何培养人的问题上集中。特别是提出来以人为本，亲民、爱民、为民，一切为了人，为了人的一切，注重人的发展。

三、人类教育进入"人化"教育

人类教育进入"人化"教育阶段，人类的教育活动历经了三个阶段：神化教育、物化教育，到今天的人化教育。中世纪以前，神性统治一切，教育表现为崇拜教育；文艺复兴后，人类又把自身外化为物，教育表现为物化的教育；近代以来，随着现代科技发展和人性觉醒，人化教育成为历史的必然。举几个例子：为什么人看见大海就心旷神怡呢？因为人类来源于海洋。为什么人们喜欢旅游、喜欢到大自然中去，喜欢绿色、喜欢森林？因为人本身就是动物，人与动物高度相似。根据研究，人与黑猩猩的遗传结构有98.4%的相似，只有1.6%的差异。为什么孩子更喜欢到户外活动，喜欢到野地里玩？为什么孩子喜欢动画片，特别是爱看爱听关于动物的动画片？因为孩子更像动物，他们喜欢回归自然。因此，我们的教育要遵从人的天性，促使学生情感、情绪良好发展，促使学生健康成长。

四、"以人为本"要尊重人的正当需要

人的需要可分为自然需要和社会需要。自然需要指人作为生物体的需要，包括饮食、睡眠、性生活等。社会需要是人类特有的需要，包括劳动、交往、成就感、社会认同感、求知等。马克思把人的需要分为三个层次：生存需要、发展需要和享受需要。西方人本主义心理学家马斯洛把人的需要划分为五个层次：生理需要、安全需要、归属和爱的需要、尊重的需要和自我实现的需要。

人的一生会不断地产生各种需要，是一个由需要激发动机、动机推动行为达到目的、再产生新的需要的循环过程。因而，需要推动人们不断认识新事物，产生新欲望，追求新目标。人在追求自身需要的过程中，不断发挥自身的积极性和创造性。

任何一种需要如果长期得不到满足，都会产生思想问题、心理问题，如果匮乏的心理一直得不到满足，久而久之，人们就会产生强烈的逆反心理，并以对抗的态度对待工作、学习和正常的生活。

第二节 坚持学生为本

在教育教学过程中，以人为本主要体现为以学生为本的办学思想。"教育以育人为本，以学生为主体；办学以人才为本，以教师为主体"。教育学原理告诉我们，培养人的活动是教育区别于其他事物现象的本质特征，是教育质的规定性。构成教育活动的基本要素是教育者、受教育者和教育措施，这三者主要是通过师生双方来实现的，因而教育教学过程可以看作是师生互动的过程，必须坚持以学生为本，充分调动学生的积极性、主动性、创造性。

坚持以学生为本的办学思想，就是要"以学生为中心"。"以学生为中心"的教育思想溯源于古希腊，其核心观点是，教育就是鼓励教师引导每个学生去发现存在于自己身上的真理。其后，从文艺复兴至19世纪中后期，夸美纽斯的自然适应原则、卢梭的自然教育理论、裴斯泰洛齐的要素教育理论等，都在提倡通过"自然"和"自由"的教育，发展每个儿童内在的各种天赋力量，促使其成长为真正的、完善的人。

到20世纪初，美国的进步主义运动以及欧洲的新教育运动，更是将"以学生为中心"的教育理念有效贯彻至教育实践之中。从20世纪后半期开始，基础教育领域中的"以学生为中心"的教育思想，逐渐对高等教育的理论和实践产生影响。

20世纪70年代，欧洲兴起了研究大学生学习的热潮，其思想根基就是，真正的教育需要走入学生的内心深处、走入学生的个性深处，课程设计和教学方法都需要以学生的个性特征、知识经验为基础，教育要着力让学生参与到学习中来，促进其自身个性禀赋和知识能力的不断完善。

20世纪80年代欧美各国的一系列影响深远的国家报告和教学理念，如《投身学习：发挥美国高等教育的潜力》，齐克林的"以学生为中心的7个教学原则"、阿斯汀的"以学生才能增长为核心的高等教育评价观"等，都在不断强调和突出"以学生为中心"的高等教育思想与理念。总之，无论是从教育思想发展的历史角度，还是从当今教育的现实取向出发，以学生为中心的思想在欧美高等教育领域已深入人心，并引领国际高等教育改革的实践发展。

具体来说，"以学生为中心"的思想，就是要求教育能够为每个具有个性天赋的学生提供个性化生长的优质教育平台，让每个学生都能在释放和张扬自身个性的基础上，主动、快乐、投入地进行知识的探索、思考与学习，不断建构知识的意义和发展各种素养及能力。

以学生为本的办学思想，在教学、管理、服务的过程中具体体现在：

第一，要坚持育人以学生为本。教育的对象（客体）是学生，教育目的的实现必须体现为学生身心的发展和素质的提升，学生是教育教学过程的主体，教师是主导，教师的主导作用必须通过学生的主体作用才能发挥，所以在教育教学过程中要始终从满足学生的教育需要出发，遵循学生身心发展的规律，以学生个性的充分而自由的发展和学生群体的全面发展为中心，尊重学生学习的自主权、选择权，充分调动学生自主学习的积极性、主动性。

第二，要坚持办学以教师为本。教育的主体是教育者，教育教学过程的主导者是教师，必须坚持依靠教师、相信教师、尊重教师的教学自主权、学术决策权、民主管理权和校务知情权。没有教师的主动性、创造性劳动就不可能完成教育教学任务、实现培养目标和教育目的。因而，作为教育工作的领导者和学校工作的管理者，必须在办学过程中坚持以教师为本。

第三，要坚持服务以学生成才为本。从教育服务的角度看，无论是教育过程中的教育者、管理者和服务者，都从事着教育服务工作。其工作的主要使命和责任是如何实现教育目的，促进学生健康成才。

第三节 树立生本理念

以学生为本的教育理念源于古希腊的自由教育，这一教育思想的核心就是充分尊重学生的个性、兴趣、爱好、能力、特长的差异，因材施教。从历史上看，凡是世界著名的研究型大学，无不在学生的自由学习上下功夫，为学生自由学习创造充分的空间。

19世纪初，德国柏林大学成功地把自由教育与科学研究统一起来，并从认识论角度出发，提出学习自由是构成学术自由的重要组成部分，学习自由是探索和认识真理的先决条件。

19世纪中叶，哈佛大学成功地吸收德国学习自由的思想，将其转化成可操作的选课制度，从制度层面为学生个性的自由发展提供了强有力的保障。

牛津、剑桥的学院制在坚持以学生为本和个性化的培养方面至今仍颇有影响。

以学生为本是教育的核心理念。教育是最具有人类良心的事业，是人类最纯洁最壮美的事业。因为教育的首要使命是让人像人，让人更高大。古希腊哲学家柏拉图在其《理想国》中有三句话可以深刻揭示以学生为本这一核心理念的真谛：教育是把一个人从黑暗引向光明；教育是把一个人从虚假引向真实；教育是把一个人从低俗引向崇高。教育是引导不是去左右，教育是影响不是去支配，教育是感染不是去教训，教育是解放不是去控制。真正的教育是以学生为本的教育，让人体验美好，体验崇高，体验成功，培养积极的人生态度、鲜明的价值判断、丰富的思想体系。

以学生为本是教育的核心理念。教育不仅传递知识，教育的功能还在于全方位育人。教育对于受教育者应当是以学启其智，以德导其行，以爱润其心，以动健其体，以静养其神，以劳强其能，以美修其身，以群广其志，以信立其诚。唯其如此，才能让学习者通过学习，学会做人，学会求知，学会做事，学会健体，学会审美，学会创造，成为一个健全的高素质的公民。

确立以学生为本的教育核心理念，关键在于"五个坚持"。

一、坚持育人首位

高校的根本任务是培养人。但在相当长的时间里，我们把这个本源价值淡忘了。改革开放前，大学的主要任务是为政治运动服务。改革开放后，我们又强调教育的功利价值。现在我们应当重新认识教育，教育要融入生活，潜入人生，"认祖归宗"。

现代大学的教育功能与传统相比有了很大拓展。高校很容易在拓展科技创新、社会服务、传播文化等方面忽视本身的功能价值。大学功能价值的淡忘和偏离，目前已经严重影响到人才培养的质量。网上流传着一篇题为"一名大学毕业生的反思"的文章，称自己进大学时，抱着热情和理想，想努力学习，却发现校园里精神缺乏，游戏成风。学生忙着贴金，老师忙着抢项目，很多老师照本宣科，大学里面真正关注教学、关心学生、上课有水平的老师越来越少了。老师忙项目，一学期也见不到几次。校长把老师当成打工仔，谁也不关心学生。玩游戏和看韩剧成为男生女生们的必修课，鲜见一起读书、共同讨论人生智慧的场景。

现在一些教师之中存在着浮躁之风，对学生不是很负责任，甚至有的认为围着讲台转太傻，不能很好地上课备课。有的教师十几年一贯制，十几年都在拿着同样的备课稿给学生讲课，被戏称为拿着一张教育的旧船票，每天都在重复昨天的故事。有的学校新生进校一学期了，连班主任的面都没有见到，给班主任发电子邮件几十封，回答知道了，也没见面。学生与老师面对面的交流越来越少，学生中传颂老师的故事越来越少。城市郊区的高校教师上完课就忙着赶班车。白天，学校教师教书育人，晚上，学校变成保安育人。有的教师没有人生追求，认为拿多少钱就干多少事，甚至把收入作为衡量价值的标准，出现"上课走过场，下课抓生产"，"分数高不高，全凭关系网"，"你给我多少好处，我给你多少照顾"等败坏师德的不良现象。少数教师出现人生理想趋于实际，价值标准注重实用，个人幸福追求实在，行为选择偏向功利的倾向。

现在大学育人工作往往是重理论轻实践。人们对高校办学水平的评价，依然存在着根深蒂固的GDP崇拜，就是学位点、重点学科、科研经费、科研奖励等，领导和教师的关注点都集中于此，对教学缺乏投入，对育人缺乏热情。有位"985"大学校长用四个"太"描述当前教育问题：外面的世界太功利，虚拟的世界太精彩，科学的精神太淡薄，学校的氛围太浮躁。

急功近利，急于求成，好大喜功，短期效益。十年磨一剑，有人恨不得一年磨十剑，范文澜先生说的"文章不写半句空，板凳甘坐十年冷"的人少了。王梓坤先生自谓"已穷千里目，谁知才上一层楼"，强调的就是要扎实务实，脚踏实地，没有人能够轻而易举成功。扎扎实实，艰苦努力，玉汝于成，必将成功。高校当前最大的问题是育人意识的淡化。

高校育人意识淡化，把人才培养与科学研究、社会服务对立起来，带来的后果就是大学人才培养的基础越来越缺乏竞争力，学校文化越来越缺乏传承，到研究生阶段会发现学生的创新能力因基础素质没有打牢而受到很大影响。

把育人放在首位，把人才培养放在首位，这是回归大学本位的迫切要求。高校要以育人为中心，资源配置、基础建设、教师评价、岗位聘任、文化建设，都要体现育人首位思想。这是关系当前高校深化内涵建设不容忽视的重大问题，我们需要深入思考破题。

据调查，有些高校教授对于为本科生授课的制度落实不得力，学生反映有的教授存在挂名不上课的现象，个别院系教授授课比例不足20%，少数教师忙关系、忙走穴、忙开会，部分教师存在重科研轻教学、重兼职轻本职、只教书不育人等倾向。

遍览世界名校，教授为本科生上课，都是非常正常的事情，都已经深入这些高校教授们的骨髓，这是学校悠久、浓厚的文化底蕴熏陶的结果。然而在我们很多高校中，还没有形成教授给本科生（尤其是低年级的）上课（基础课、核心课）为荣的文化。这不仅是一种文化的差异，也是一种境界的反差。我们应该及早着手培育这种文化，坚持育人首位，树立"一个不把教学摆在中心位置的大学不是合格的大学，一个不为教学操心的校长不是合格的校长，一个不把主要精力投入教学的教师不是合格的教师"的理念。

二、坚持学生中心

以教为主向以学为主转变。

教与学，是办学的一对主要矛盾，认知规律和教育规律都决定了大学教育要以学生为中心，要抓住学生学这个矛盾的主要方面。长期以来，我们比较注重知识传授、了解与知识体系的完整性，工作重心自然而然放在教师和教学内容上，对学生的评价主要看考试成绩。其结果是，学生的学习志趣和知识之外的能力，特别是理想信念、价值观念、视野胸怀等方面的要求，被有意无意地忽视了，学生的多样化、个性化成长需求被压抑，创新空间被挤占。

坚持学生中心核心观点是鼓励引导每个学生去发现自身的天赋潜能，领悟美与善的真谛。最终促进学生的个性素养达到完善，为每个具有个性天赋的学生提供个性化生长的优质教育平台，让每个学生都能释放和张扬自身个性，让每个学生获得人生中最宝贵、最重要的发展经历和成长经验。

现在有几个奉为经典的教育格言，从某种意义讲，是不符合以学生为中心的思想的。

"人类灵魂工程师"一词原是苏联领导人斯大林对作家的称谓，后来被教育家加里宁引用到教育界，他说："很多教师常常忘记他们应该是教育家，而教育家也就是人类灵魂工程师。"从此，"人类灵魂工程师"成为教师特定的称谓，也是社会给予教师的崇高赞誉。这一称谓肯定了教师职业的崇高，是"太阳底下最光辉的职业"，却忽视了教师职业的个性。教育是育人的事业，教育对象是一个个活生生的人，锻造的是一个个有血有肉、有思想、有灵魂、有个性的人，而不是整齐划一、千篇一律的机器标件。如第斯多惠所说："教育的真谛在于激励。"灵魂的塑造，需要的是点拨、激励和诱发，而不是机械地打造和复制。可见，"教师是人类灵魂的工程师"这一隐喻明显带有工业化的烙印，难以适应"以人为本"的时代要求。

"教师是辛勤的园丁。"将教师比作园丁，学生自然是花园中成长着的各色花草。花草的成长，离不开园丁的辛勤浇灌和培育；学生的成长，离不开教师的辛勤培育，教师的作用之大可想而知。但我们还会想到：花园中的花草固然让人赏识、大自然中的花草更让人流连忘返。花园中的花草囿于园丁的辛勤雕琢，未必就能长得好，大自然中的花草赖于天然却姿态万千、生机盎然。"教师是辛勤的园丁"这一隐喻，过分肯定教师的作用，却难以体现教育的规律，存在着明显的缺陷。

坚持学生中心就是强调学生的个体经验，强调学生是教育活动的主体。学生最重要的差异是天赋潜能不同，每个人都有自己的特长，每个人都会有所作为，有所贡献。在教师的帮助下，发现自己的天赋潜能，既是学生自己的责任，也是教师的责任。教育应该给学生发现自己的机会。巴黎高等师范学院是世界名校，校长有句名言：学校的责任是发挥学生的天赋。

坚持学生中心，就是要以"学"的需要确定教的内容。传统的教学模式往往把教学的着重点放在教师"教什么"这一问题上，是一种以教师授课为主导，学生学习处于被动接受状态的教学模式。

学生学什么，教师就教什么。看起来一个简单的思维颠倒，但这却涉及教育到底是以学生为中心还是以教师为中心的根本性问题。这一观念对传统观念提出挑战。我们有些教师把主要精力放在找到一种自己觉得合乎道理的对问题的解释，而不是帮助和鼓励学生去建构自己的解释，去推理、去得出结论。这就造成了学生不善于或根本不会主动去思考，当然也就无法形成创新思维。

三、坚持终身发展

为了每一个学生的终身发展，关心每一个学生的个体发展，公平惠及所有学生，促进学生的个性发展，培养学生成为优秀人才。教育的最终目的，是让学生未来活得更加幸福、更有尊严。这种尊严幸福的生活包括健康的身心，健全的人格，积极的人生态度，深度的幸福感，自我实现的自觉自信。终身发展的目标，体现了教育面向学生个体与面向学生群体的高度统一，体现了对学生负责和对社会负责的高度统一，体现了对学生眼前负责和对学生终身发展负责的高度统一。

对学生一生负责，让学生成为终身的学习者，这是教育价值观的核心。21世纪最伟大成就，不只是在征服自然和物质生产方面的科学发展，而应是在终身教育理念指导下人的潜能的开发和自我发展。建设学习型社会，要求我们的教育不仅要给学生某种专业技能和职业能力，更重要的是为学生奠定终身教育、自我发展的牢固基础，后一种功能在当代社会显得愈来愈重要。

随着科技的快速发展和社会的进步，人类社会拥有的知识总量迅速增长，知识发展和更新速度大大加快。有专家估计，20世纪后20年以来人类所创造和积累的知识总量，已经赶上甚至超过过去20个世纪的总和。还有专家预测，未来30年人类的科技知识总量将在现有基础上再增加100倍。人们从学校中获取的知识已经远远不能适应人们对工作和自身发展的要求。同时，科学技术的发展，产品更新换代的加快和产业结构、生产模式的变化，大大增加了职业和岗位迁移的速度。例如在过去15年的时间里，由于自动化技术的发展，发达国家就有8 000多个原有的技术工种消失，同时，出现了6 000多个新的技术工种。在人类从工业经济向知识经济转变的过程中，不但要求人们有不断学习和更新知识的能力，而且对人的素质提出更多新的要求，主要是6种能力，即主动工作的能力、自主学习的能力、岗位转换的能力、交流沟通的能力、应对挫折困难的能力、创造改革的能力，这些能力越来越成为对劳动者素质的基本要求。

中美两国的校长讨论怎么才能成为最好的中学校长。中国校长认为，最好的校长就是保证高升学率，让学生进清华、北大、复旦、交大等重点大学。美国校长认为，能够把自己的学生培养成为终身的学习者，就是一个很好的中学校长。因为我们现在不可能预测20年、30年以后有什么样的工作，也不可能预测整个社会的发展速度，所以让学生成为终身的学习者，授予他工具，教给他怎么学习，这就是中学校长最成功的地方。

四、坚持学生主体

坚持学生主体，就是要尊重学生的主体地位，了解学生的主体需求，激发学生的主体创造。

（一）学生是权利主体，要把学生看作是教育法律关系中的权利主体，把教育同尊重学生的知情权、参与权、表达权和监督权有机结合起来，提高学生主体意识和责任意识。

尊重学生权利是一个历久弥新的话题，现在都在讲以学生的发展为本，要尊重学生的权利，但到了具体场景中，应该如何把握分寸，并不是一件容易的事情。首要的是要了解学生的权利诉求，研究不同学习阶段学生的心理需要和权利诉求。

小学生希望能和自己喜欢的同学做同桌，希望学校多开展趣味性强的课外活动，希望图书馆增加开放时间，希望体育课正常开展。

小学高年级学生已经具备一定的独立思考能力，开始形成个人的观点和风格，然而学习压力大大压缩了他们可自由支配的时间以及休闲娱乐的空间，从其诉求的内容来看，学生喜欢的课程和活动趣味性强、自主性高，与他们活泼好动的年龄特征有关。

中学生希望老师不要当着全班同学公开自己的成绩，希望老师多倾听自己的想法，希望老师公平公正对待每个学生，希望图书馆增加图书量，希望允许学生自己组建社团。

中学生的权利诉求主要集中在受尊重权和休息娱乐权上。这是因为初中生步入青春期，自我意识开始觉醒，内心对获得自尊和自由的渴望日趋强烈，而与此同时不断加大的学业压力使他们格外珍视必要的休息和娱乐。

大学阶段学生自主意识和独立能力增强，在心理层面更加期望得到师长的认同和重视，在行为层面则表现出希望有机会参与管理自己的学校和自己的学习生活。

大学生希望学校能听取并尊重自己的意见，希望能有更多自主安排的时间，希望师生之间真诚沟通、平等交流，希望学校在出台学生管理的各项规定前能够听取并尊重学生的意见。

21世纪初，美国研究型大学本科教育委员会发布报告，确立了"为学生成长与发展服务"的办学宗旨。报告指出，任何一所研究型大学在录取一名学生之初，就要承诺要为这位学生的心智和创造力发展提供最大的机会。这些机会包括：

1. 通过探索而非简单的知识传授学习，让学生不论在大学里或今后人生都能受益匪浅。

2. 对艺术、人文、自然科学和社会科学的欣赏，为学生提供在精细程度和深度上体验这种鉴赏力的机会。

3. 对本科毕业后生涯的仔细和综合的准备，无论毕业后是进入研究院、专业学院或第一个就业岗位。

报告指出，学生有如下额外要求权利。一是有机会与教授一起工作并得到帮助指导；二是能够使用实验室、图书馆、工作室和音乐厅等一流设施从事科研；三是能够在多学科领域自由选择喜欢的专业，并且能够得到改变专业领域的指导；四是能够与自己有不同背景、文化、经历的人进行互动。

（二）学生是行为主体。要把学生看作是能动的、有创造力的行为主体，把外在引导与学生的内在需求有机结合起来，充分发掘学生的创造潜能。

学生是行为主体，就是要尊重学生的主体地位，遵循学生的身心成长和思想认知发展的基本规律，教育的内容与形式契合学生发展需求，为每个学生提供适合的教育，促进学生终身发展。"对牛弹琴"，嘲笑的不是琴，而是琴师。了解、认识进而理解教育对象，这是做好一切教育工作的基本前提。

苏联著名教育家苏霍姆林斯基生前曾经对他所在的巴甫雷什中学的教师说：你们一定要懂得，你们不是在教物理，你们是教人学物理。这句话说得非常好，饱含哲理，意味隽永，值得仔细玩味。"教物理"与"教人学物理"的差别，在于有没有将学生放在心上，有没有将学生作为学习的主体。做好学生的德育工作也是一样的道理，你不是传递灌输一些教条，你是教人学习辨别、进步和成熟。例如，如果你是一个从事德育工作的老师，只有站在学生的角度，走进学生的内心，你才会找到社会主义核心价值观体系和学生的思想相沟通的桥梁，你才会找到让社会主义核心价值观体系触动学生心灵世界的办法，才会使你的德育工作变得具有感染力和实效性。

（三）学生是生命主体。要把学生看作是有血有肉、有情有欲、有生命尊严的生命主体，把知识传授与健康人格的教育有机结合起来，帮助学生认识生命、珍惜生命、尊重生命、热爱生命。

学生是生命主体，迫切需要生命教育予以引导，帮助他们正确处理"生命与自我、生命与他人、生命与社会、生命与自然"的关系，形成健康人格。

现在很多人认为生命教育就是让学生了解如何认识死亡，但发达国家近年来风靡的生命教育，却把它看作是贯穿每个人一生的教育。因为每个人从出生一直到生命结束，整个过程的经历、对每一件事的态度等，都成就了不同的生命。因此，生命教育就是教会我们从出生的这一刻开始，如何用更好的方式来活出更好的自己。

对于学生来说，生命教育就是培养强大的内心，引导学生学会肯定自我的生命价值，包括认识自己、欣赏自己、接纳自己、建造自己、实践自己，深入了解自己生命的本质，知道自己最重要的是什么，要做的是什么，知道自己为谁活着。这样，学生才能学会判断是非，判断价值，判断能力，判断顺序，判断态度，面对自己人生经历到的所有生存和生活问题。

开展生命教育，需要注重"四个阶段"，遵循"四个结合"。注重"四个阶段"，就是要按照学生的身心发展特点和教育规律，分小学低年级、小学高年级、初中、高中和大学四个阶段，有机衔接、循序渐进。而遵循"四个结合"，即认知、体验与实践相结合；发展、预防与干预相结合；自助、互助与援助相结合；学校、家庭与社会相结合。

开展生命教育，需要科学安排生命教育的内容。在小学低年级阶段，以"认识生命"为重点，帮助学生初步认识自然界的生命现象；在小学高年级阶段，以"珍惜生命"为重点，帮助学生树立正确的生命意识，养成健康的生活习惯；在初中阶段，以"尊重生命"为重点，引导学生了解青春期身心发展特点，掌握接纳他人和自我保护的技能；在高中和大学阶段，以"热爱生命"为重点，引导学生形成科学合理的性道德观念，学会应对精神创伤的危机干预方法等。

（四）学生是发展主体。要把学生看作是自主发展的主体，把学生成长成才与发展个性有机结合起来，真正以个性为主体构建人才培养模式。

个性是人才成长的灵魂，没有个性就没有人才，就没有创新。我们要在规范要求前提下发展个性，给学生留有更大的选择余地和自由发展的空间，更加主动、自主学习。成功的人生是多种多样的，不要盲目给学生设置"哈佛女孩""剑桥男孩"或者其他种种虽然诱人但并不现实的追求目标。教育不是捏泥人，是把张三培养成最好的张三，把李四培养成最好的李四，把每个学生培养成最好的自己。

五、坚持热爱学生

百年大计，教育为本。教育大计，教师为本。教师大计，师德为本。师德大计，大爱为本。教师一定要热爱学生。什么是好教师？首先要把教书育人作为天职；其次要把学术研究作为追求。能将两者结合，就是最好的教师。国外教师经常讲两句话，第一句话，学生的事情不能耽误；第二句话，学术的事情不能放弃。做到这两点，就是好教师。大学是大楼、大师、大爱。这三者中，大楼为体，大师为根，大爱为魂。这些年学校大楼多了，空间大了，条件好了，大师多了。但我们总感觉除大楼大师之外，还需要有更重要的东西，就是大爱。有了大爱，我们的大楼就会处处体现育人功能，教师就会全心全意教书育人。

清华大学原校长梅贻琦曾云："大学非大楼之谓，乃大师之聚也。"大学不仅要有大师，而且要有愿意与莘莘学子朝夕相处、教学相长的大师。

如果一个教师对教育缺乏理解缺乏追求，对学生缺乏感情缺乏关爱，他就很难把时间和精力放在学生身上。而学者教授只有和学生密切相处，互动交流，他的学问人品才能潜移默化地影响学生，才可能形成学术流派，造就杰出人才。实际上真正的大学，不仅有大楼，而且有大师，更重要的是学富五车的大师跟朝气蓬勃的青年学子的风云际会，才能激活思维，激励创新。

大爱是教育的灵魂，就是一切为了学生。陶行知讲，捧着一颗心来，不带半根草去。有位著名教授说："学术是我生命的延续，学生是我子女的延续。"师爱是师魂，是教师素质的核心。教师不应该仅仅是传授知识的教书匠，更要是塑造学生心灵的"雕塑师"。教师既要有学术魅力，又要有人格魅力；既要做经师，又要做人师。经师易得，人师难求。教师传授知识——解惑，这是经师；教师培养能力——授业，这是能师；教师开启智慧——传道，这是人师。

有位教育家把"大爱老师"分为三个层次：第一层次是"好人"，嘘寒问暖，爱生如子；第二层次是"能人"，讲课精彩，天衣无缝；第三层次是"有理念的人"，提供指引，真正服务。实践证明，平庸的教师在说教，良好的教师在解惑，优秀的教师在示范，卓越的教师在启迪。教育要以大爱为魂，教师要以大爱为心，引领学生健康成长。

提高教学质量的关键和根本，是教师的责任心和爱心。亚里士多德说过一句话，大意是：好教师胜似父母，因为父母只不过给了孩子生命，而好教师能让孩子过好一生。如果我们的每一个老师，都能够以父爱之心、母爱之心，在教学方面倾注心血，极其认真地备好每一次课，讲好每一次课，我们的教学质量，就会有一个显著和普遍的提升。

近年来，高校里出现的"课后见不着老师""师生间很少促膝交谈""许多老师甚至不认识自己的学生"等现象曾被多方诟病；导师变"老板"，学生变"员工"等师生关系变味的报道，也曾引起社会广泛关注。大家都在反思，大学师生关系为何会陷入如此功利化、冷漠化的境地？

清华大学原校长梅贻琦说过，师生犹鱼，行动犹游泳，大鱼前导，小鱼尾随，从游既久，其濡染观摩之效，不求而至，不为而成。教师应该用爱构建这种和谐的"从游"关系，让学生们"亲其师，信其道"。

六、坚持引导服务

在引导中融入要求，在活动中蕴涵教育，在管理中体现导向，在服务中潜移默化。建立健全学生服务体系。现代社会一个重要的理念就是服务第一，你服务得越好、越及时，说明你越有价值。主要包括六个服务体系：一是学业发展服务体系，帮助学生制订学习计划，学会自主学习、有效学习；二是就业指导服务体系，帮助学生做好就业准备；三是心理咨询服务体系，帮助学生保持良好心态、健全人格；四是困难资助服务体系，帮助经济困难同学完成学业；五是素质拓展服务体系，帮助学生发掘自身潜能，提高综合素质；六是思想教育服务体系，帮助学生解决思想问题和实际问题。

教育是核心，管理是保证，服务是拓展。教育学生、管理学生、服务学生这三方面要结合起来，但是要更加注重服务学生。学生的思想问题一般有三类：第一类属于是非不够清楚的思想认识问题，主要靠思想理论教育，晓之以理；第二类是属于行为养成问题，主要靠以管理为主的行为养成教育；第三类是属于由具体的实际问题、实际利益引起的思想情绪问题，主要靠帮助学生解决具体实际问题，也就是服务学生。三类思想问题虽然不能截然分开，但解决问题的方式都明确地分为教育、管理、服务，所以三者必须结合。

引导服务学生，要从学生内在需求出发，从学生的具体事务出发，注重管理和服务并举。在工作对象上，要面向每个学生，尊重、关心、教育、引导好每个学生，最大限度满足每个学生成长成才的需要；在工作模式上，更多地向教导型、服务型转变，激发学生内在动力，为其成长成才创造有利条件；在工作内容上，要把握学生在学习、生活中不同层次、不同方面的合理需要，实现服务最优化、物质利益最小化。

在为大学生服务方面，美国大学实行了全过程管理，包括了大学生在校生活的各个方面。在哈佛大学，每一栋宿舍楼都配有一名管理人员。管理人员都是知名教授，其配偶也要指导学生的日常生活。在宿舍楼里，教授有一个小办公室，教授的工作就是指导学生生活，待遇比搞研究还要高。如果教授不想把自己的专业荒废了，可以去上课，但没有报酬，这就是哈佛大学学生宿舍的管理人员。所有任课教师除教学外，每周都有8小时指导学生的"任务"。

第三章

创新教育观念

观念是人们对事物的认识和看法，是人脑对客观现实带有某种倾向的主观反映。教育观念实际上是一种文化氛围，一种精神力量，一种价值期望，一种理性目标。教育观念是一所学校的校园精神和价值趋向，反映了一所学校长期积淀的文化底蕴，体现了一所学校的历史特征和精神追求。

第一节　观念的背景

教育创新包含教育观念创新、教育体制创新、教育方法创新、教育内容创新。观念的转变是一个漫长的过程，在教育创新这样一个系统工程中，最需要关注的仍是教育观念的创新。

一直以来很多人认为，教育是教育者去改变受教育者。殊不知，这个理论还有待商榷，我们一定要看到在整个教育过程中，受教育者是能动的。只有这样，才能看到一个人的发展过程中充满了创造性，看到学习不是由我们设计而决定的。教育创新最重要的还是教育观念和教育体制方面的创新，微观的教育内容、教育方法，通过学校、教师和学生都有可能解决，但是如果大的观念体制方面的问题不解决，这种创新就很难取得其应有的效果。

观念是先导，观念是思想。首先，观念是一个学校的灵魂。学校是有生命的，能使这个生命长盛不衰的，是学校正确的办学理念。其次，观念是学校发展目标的价值取向，最重要的不是把事情做正确，而是去做正确的事情。再次，观念是知识链条中的结合部。观念在人类的大脑中分为五个方面存在，信息、知识、观念、理论和智慧，观念正好居中间地位。从信息转化成智慧，观念起着至关重要的作用，观念的偏颇将极大地影响智慧的发挥。第四，观念是与时俱进、与时俱变的。有位著名的未来学家认为，21世纪进入新价值观时代。他提出，农业时代，民以食为天，人们将粮食摆在第一位，能吃饱肚子就算国泰民安了；工业时代，在市场经济规则下，人们将钱摆在第一位，所有东西都需要用钱去买，钱也让人性发生了扭曲。但是进入网络时代后，我们看到人类价值观的秩序也不断变化，健康、时间、知识成长和情绪的价值已高于金钱。

大学都在积极探索创新人才培养，努力破解"钱学森之问"，但所取得的成绩，并没有让国家满意，让社会满意。究其原因是多方面的，但主要是在人才培养观念上还存在着重知识传授、轻创新能力培养的问题；在课程体系上还存在着课程体系过于单一，教学内容过于单调的问题；在专业设置上还存在着滞后经济发展的问题；在教学组织和管理上，还存在着刚性过强、柔性不足、创新不够的问题；在教学方法手段上，还存在着不注重利用现代教育技术，"填鸭式"、"满堂灌"的问题。所有这些，都在一定程度上制约着创新人才的培养。

教育创新，培养创新人才，必须解放思想，创新教育观念。没有教育新观念的萌动，没有普遍的心理氛围，没有变革现实的要求，就谈不上创新人才培养。

一、21世纪人类社会发展要求转变更新教育观念

21世纪人类社会发展出现新特征、新趋势，必将引起教育观念发生革命性变化。

第一个变化，经济全球化深入发展，信息网络技术广泛应用，使知识的生产和传播越来越时空化、快速化。

第二个变化，知识创造爆炸性增长，科研成果转化周期缩短，使学习方式越来越终身化、实用化。

第三个变化，不同学科交叉融合加深，区域化、集群化、网络化等创新模式不断涌现，使人才培养越来越个性化、多样化。

第三次工业革命对人才培养模式提出严峻挑战。所谓的"第三次工业革命"，实质就是新能源、新材料、新技术与互联网的高度交互融合、创新与运用，它的主要标志为能源网络化、制造数字化、组织模块化、消费个性化、发展生态化、人际和谐化等。在教育领域，第三次工业革命带来了个性化、数字化、远程化、定制化、差异化、分散合作、扁平式组织结构等新的教育理念，对目前的教育模式将产生革命性影响。

（一）人才培养理念的转变。第三次工业革命时代将是生态和谐、绿色低碳、可持续发展的时代。因此，教育不仅仅只关注智育，而且更需要强调培养社会情绪能力。第三次工业革命的人才培养理念将遵循教育规律和人才成长规律，以人综合素质的提升为核心，以云计算、云教育、大数据等新兴的交互式媒体的运用为方式，以新能源、新材料、新技术与互联网的融合创新为手段，注重全球视野与全球思维的培养，注重人的个性化和差异化发展的因材施教，注重知识的学习和学习知识的能力并重，注重人才的创新意识、合作意识、发展意识、服务意识的培养，注重终身学习能力的培养，注重社会情绪能力的培养，注重人的同理心的唤醒，注重人与自然的亲密关系的营建，创新教育模式和学习模式，构建绿色的生态教育体系。同时，传统的教师角色也发生了颠覆性的变化，教师不再是知识传授者，而是帮助者、引领者、促进者、合作者。人才培养的组织者与学习者的关系将是学习伙伴、协作者、服务者。

（二）人才培养目标的提升。在第三次工业革命的背景下，人才培养目标要与第三次工业革命需要的个性化、创新型人才要求相适应，培养出综合素质全面发展的高素质劳动者和创新型人才，使他们具有信息化能力和综合职业能力，能够将自身价值与社会价值、人类价值紧密结合起来；具有较高的科学文化素养、跨学科的知识背景、终身学习能力和创新精神；具有较强的团队精神、合作意识和与他人分享的意识；具有健康的身心；具有亲近自然、热爱社会的素养。这一人才培养目标主要体现在四个层次上，即创新型的劳动者、创造型的研发者、优秀的生物圈管理者和践行者、优秀的公共服务者。

（三）人才培养内容的丰富。在第三次工业革命背景下，知识由数字化的方式呈现，学生注重的也不仅仅是智商的提高，更重要的是适应社会发展的能力的提高，特别是社会情绪能力的提高。人才培养内容将把前沿信息、纳米技术、生物科技、地球科学、生态学、系统理论以及各种职业技能纳入课程体系，注重从学历转向学力、能力的培养，注重从学科中心、教师中心、课程中心转向学习者中心、自主学习力中心、资源整合中心，注重从固定的、短期的、封闭的学校教育转向动态的、终身的、开放的教育。

（四）人才培养方法和途径的创新。在第三次工业革命背景下，网络教育、游戏化学习、虚拟社区与现实课堂有机结合的新型教育模式的不断涌现，淡化了传统培养的时空概念，实现了超时空的学习和超时空的互动。未来，数字化学校、数字化教师、网络课堂、远程学习、在线教育、云教育、云计算、大数据等交互式学习平台，游戏化学习、因材施教、反转式课堂、远程视频教学等将成为学习的新途径。

（五）人才培养体系重心的转变。第三次工业革命的人才培养核心就是在注重学科基础知识的培养、专业素质的培养和专业实践能力的培养的同时，注重创新品质的培养和社会情绪能力的培养，注重亲自然情结的培养，唤醒同理心。互联网平台上的学校、家庭、企业、社会一体的交互式人才培养体系将会得以构建，形成终身学习体系和学习型社会。

（六）人才培养体制的深化。第三次工业革命背景下的人才培养体制将以创新型人才培养为核心，学校将会拥有更多的自主权；招生体制也将发生重大变革，学习者将拥有更多的机会，形成灵活选择的人才选拔机制；打破单一的学校评价，形成学校评价、家庭评价和社会评价的多元化评价机制；在政府与学校的关系上，行政权力与学术权力将得到协调与平衡；在学校治理结构上将重视社会参与，充分利用协会、学会、中介机构等社会治理的重要力量。

二、现代大学使命要求转变更新教育观念

社会转型、经济转型、科技发展要求我们对当代教育使命、功能作用要有更加崭新的视角，更加辩证的思考，更加理性的审视。钱学森之问，世纪之问，振聋发聩，现在中国没有完全发展起来，一个重要的原因是没有一所能按照创新人才培养模式去办学的学校，没有自己独特创新的东西。

我们如何让"高分数"成为"高素质"的体现，如何让屡屡获奖的中学生奥林匹克竞赛成为诺贝尔奖的前奏，如何把"走得早"的少年班学生变为"走得远"的拔尖创新人才，这给我们提出了更高的要求。

我们要思考一个问题，什么叫大学？什么叫现代大学使命？今天的大学确实承担着太多的责任，面对着太多的需要，承受着太多的责难。有人说大学应该坚守大学精神，守护好民族文化自觉的最后阵地；也有人说大学应该走下"神坛"，更好地承担起社会责任；有人说大学是最后的保守主义据点，跟不上时代发展的步伐；也有人说大学已经成为市场经济的婢女，宁可为"五斗米"而折腰；有人说大学应该保持自己的精神气质，扮演反思社会、引领社会的角色；也有人说大学应该融入社会，适应社会，成为社会肌体上的一个器官。种种大学的"应该"和"不应该"，好像大学在人们心目中已经迷失了方向，那么大学的使命究竟是什么？

美国永恒主义教育哲学家赫钦斯直言不讳地问道："大学究竟是为社会服务，还是批评社会？是依附于社会，还是独立于社会？是一面镜子，还是一座灯塔？是迎合眼前的实际需要，还是传播光大高深的文化？"

现代大学的使命是大学精神在办学功能上的重要体现，需要我们思考大学存在的理由和追求的价值是什么？大学作为社会组织不可替代的作用如何体现？保持大学长盛的动力源泉是什么？这就是现代大学使命的内涵和力量。

当前，我国大学的问题是十分独特的。大学承担着官、学、商三种功能、目标完全不同的机制。计划体制、官本位的弊端依然存在，而商业化的侵蚀和对教育的扭曲已经触目惊心。我们树立了雄心勃勃建设世界一流大学、培养创新人才的目标，采取了许多应急对策和措施，但关于什么是大学，什么是"一流大学"的理念似乎仍待厘清。事实上，我们对于大学精神、现代大学使命这样的概念已经十分陌生了。

在今天的大数据、大变革的社会浪潮中，迎战各种变化是大学发展的最终出路，也是大学作为社会轴心的根本使命。

在21世纪的今天，社会发展呈现出人口激增、资源匮乏、知识引领、全球一体等明显的特征，科技革命和知识经济为全球的创新发展带来了全新的机遇与活力，大学的人才培养需要做全新的设计和深刻的变革。

胡锦涛同志在清华大学百年校庆的讲话，首次明确大学必须承担起四个使命：人才培养、科学研究、服务社会、文化传承创新。四个使命是相互支撑的有机整体：人才培养是核心，科学研究是基础，社会服务是方向，文化传承创新是引领。显然，这些使命来自中国传统教育的文化积淀，体现了对世界高等教育规律的科学把握。大学最根本的使命是培养人，培养有德性和有创造性的现代社会公民。

三、社会经济转型要求更新教育观念

社会经济转型，"钱学森之问"要求我们深入思考高等教育改革发展的重大问题，要求我们深入思考创新人才的培养问题。

思考世界教育改革问题。进入21世纪以来，全球化深入发展，科技进步日新月异，各种思想文化相互激荡，高等教育面临着新的挑战。世界著名大学都在对人才培养模式进行深刻反思，着重通过改革课程体系，帮助学生扩展全球视野，提升伦理道德素质，增强探究与理解、分析与推理、创造与表达方面的能力。

思考人才培养面临的挑战。我国人才培养依然存在一系列深层次问题，面临社会转型带来的巨大挑战。一是我们的培养目标面临功利化的侵蚀，学生在理解追求、价值观念、胸怀视野等方面有待进一步提升；二是在教育与经济社会的联系中，我们的培养模式过于单一，对学生多样化、个性化需求的宽容不足，学生自由发展、个性成长的空间不够，创新创业能力有待进一步加强；三是我们的课程深度、学业挑战度有待提高，学科交叉融合有待深入，复合型人才的培养体系需要进一步完善。因此，我们需要在更深的层次，以更宽的视野，对教育教学改革进行深入探讨。

党的十八大报告明确提出，要使"创新人才培养水平明显提高"，这充分体现了党和国家对今后一个时期创新人才培养的期待。应该说，这些年无论是中央、地方，还是教育主管部门、各所高校都在积极探索创新人才的培养，努力破解"钱学森之问"，但取得的成绩，并没有让国家满意、让社会满意。

四、我国教育创新滞后要求转变更新教育观念

我国传统教育是灌输式的，缺乏对学生创新思维、创新能力的培

养。有材料显示，美国硅谷有很多人才，大体可分为三类：第一类，中国大学的高材生，作为软件工程师编软件；第二类，印度人，主要搞软件承包；第三类，美国人，主要工作是经营企业。虽然这三类人工作、生活都不错，但从收入分配链看，中国人如果挣一块钱，印度人挣十块钱，美国人能挣一百块钱。由此我们要反思我们的教育，怎么培养出那么多的软件工程师、高级蓝领，却没有培养出同样多的创业者、经营者、企业家。为此，我们要彻底改变教育对创新思维、创新能力培养不够的现状。

目前高校在人才培养上存在着五个缺陷：一是教师教育观念存在缺陷。简单地把教学当作知识传授，没有与学生的创新、创业能力培养结合起来。二是教育教学管理存在缺陷。没有给学生提供创新所必需的课程条件和思维方式。三是学校对于学生的评价尺度存在缺陷。评定奖学金、推荐研究生还是要求学生听话、考试成绩优秀。四是学校的办学条件存在缺陷。实验室、教学基地、图书馆、设施管理方式与现行教育教学方式不相适应。五是学校的教师队伍存在缺陷。相当一部分教师不了解经济社会实际，与社会的创新实践严重脱节。

我们的学生同样也存在明显的弱点，主要表现在：

1. 知识面狭窄。学生学习主要围绕语文、数学、外语以及中考、高考相关学科进行反复训练。许多学生是以牺牲音乐、美术、体育方面素养换得学习成绩。

2. 缺乏自己支配的时间、空间。学生在家里，时间、空间被父母占了；到了学校，时间、空间又被老师占了，很难设想一个没有自己时间与空间的人可以创新。主要表现在"四多两少"。一是课程多。有的孩子一天能够上10节课，甚至还有更多的。二是作业多。大量的作业几乎占据学生全部的剩余时间，做作业成为中小学生课外生活的基本写照。三是考试多，既有周考又有月考。四是补课多，节假日、晚自习补课。四多之下必然是玩的时间少，睡觉时间少。有个调查问学生：上学感觉怎样？学生答：一年365天，很少有自己的时间，痛苦极了。睡觉时间够吗？学生答，早上六点半起床，晚上十点半才能睡觉。

3. 情感知识明显欠缺。中国学生在"硬"的方面很厉害，但在"软"的方面，如好奇心、求知欲、自信心、积极的情感体验、社会责任感、使命感这些属于情感方面的知识，存在明显不足，而所有这些，恰恰是支撑人的精神、灵魂和动力之所在。我们没有把课改的主攻方向放在情感领域，教师也没把培养学生自信作为天职。可以发现，学生在校并不快乐，厌学情绪蔓延。更为可怕的是，相当一部分学生是带着失败者的心态走上社会的。就像我们现在讲的，大一学生是眼睛发亮地坐在那里，大四学生眼睛就是黯淡无光的了。因为他进来的时候是有期待的，四年课上下来他觉得真没劲。

创新人才培养不足确实是我国高等教育的突出问题。尤其是现在我国正处在转变经济发展方式、建设创新型国家的关键时期，经济社会发展对创新人才的需求越来越迫切，全社会对高校创新人才培养的关注度越来越高。

20世纪，世界重大发明18项，其中美国人完成9项，英国人4项，苏联人3项，德国人1项，只有基因图谱排序吸收中国参加，但我们仅承担1%的工作量。是中国人不聪明吗？不是！世界上两所著名大学联合对有代表性的60个人种进行了非文字推理能力的测试，结果证明中国人很聪明。中国人、日本人、韩国人、新加坡人平均智商105；美国、欧洲、加拿大、澳大利亚的人平均智商100；南亚、北非、世界大多数国家的人平均智商85；撒哈拉沙漠以南地区和加勒比海地区的人，平均智商75。中国人很聪明，我们为什么没有原创性成果，根本原因，我们的教育缺乏创新，我们学校培养的人才创新能力薄弱。

五、人民群众期盼要求转变更新教育观念

高等教育进入大众化阶段后，伴随着入学机会的大大增加，群众对"上好学"的期盼变得更加迫切，对高等教育改革的期待呼声也更加强烈。近年来，越来越多的家长送孩子出国深造，越来越多的尖子生选择境外大学。出国留学的年龄越来越小。近年高中留学已占留学总数的22.6%。2011年留美中国学生比上年增加23%。2012年香港大学录取了21名中国内地省市的高考状元。这些现象表明人民群众对内地高等教育不满意，我国高等教育不如欧美发达国家。

金融危机以来，一些发达国家的学校出于财政压力，纷纷吸引中国留学生，加大争夺优质生源的力度。这种情况虽然目前还只是个苗头，

但值得我们重视和警醒。高校必须看到这种趋势，在教育理念、教育内容、教学模式、资源配置和管理体制等方面加快改革创新。只有尽快练好内功，为群众提供内容丰富、形式多样、渠道畅通的高等教育服务，才能真正办好人民满意的教育。

目前，我们面临的高等教育现实，就好像林肯总统在签署《莫雷尔法案》时所说："平淡时代的那些信条已经跟不上风云变幻的现实，如果现实中充满了困难，我们必须勇往直前；当情况与过去不同时，我们必须重新思索。"

美国著名教育家奥尔特加·加塞特所认为，大学只有保持"良好的竞技状态"，摆脱懒散草率的作风，才是谋求自身不断发展的根本途径。不断变革，才能使大学有效地应对扑面而来的各种需求，才能使大学永葆理性发展的活力。

前密歇根大学校长杜德斯塔特指出："变革的风暴就是我们所面临的现实，大学既要保留它核心价值中最珍贵的部分，同时还要开拓新的道路来回应这个飞速变革时代所带来的种种机遇与挑战。"在21世纪的今天，大学的人才培养需要做出全新的设计和深刻的变革。

另外，社会及用人单位的评价也是推进教育观念创新的一个重要原因。高校的办学质量高不高，培养的人才合不合格，不是以高校自己的评价为准，而主要在于社会的评价，特别是用人单位的评价。而这一点恰恰容易被我们忽视。

根据一项来自万名大学毕业生和300家用人单位的调查反映，大学毕业生能力上最大的问题是动手实践能力不足。但更多意见则集中在思想品质上：一是自我中心主义，唯我独尊，不善于与人协作共事；二是心态浮躁，不愿意到生产销售第一线，只想在办公室搞管理或在实验室搞科研；三是缺乏对企业的忠诚，动不动就想跳槽，只认收入，也不管事业上是否有前途，不顾企业对自己培养付出的心血；四是缺乏意志力，工作中遇到难题不是迎难而上，而是知难而退，回避矛盾，把难题扔给别人。有的外企主管讲，现在大学生的责任感和专业能力无法适应国际化企业的要求，这已经影响到我们的管理人才本土化战略。

同一调查反映，人才培养的最大弊端是，学校教学体系、教学内容与社会脱节，学校专业设置与社会要求脱节。学校学的和社会用的是两回事。

教育观念创新是一个复杂而深刻的过程，涉及许多理论和实践问题，要在重大教育问题上创新教育观念。

第二节 教育的发展

传统发展理念是规模大一定质量高，项目多代表质量好，表现为根深蒂固的GDP崇拜。现代教育发展观念核心是内涵发展，树立科学的质量观，把促进人的全面发展和适应社会需要作为衡量质量的根本标准。

21世纪以来，欧美掀起了新一轮提高教育质量的浪潮。从欧洲的"博洛尼亚进程"到美国的高等教育改革行动计划，都反映出老牌高等教育强国努力的新方向。特别是国际金融危机以来，世界发达国家对高等教育引领创新发展的期盼更加紧迫。其共同做法是，注重人才培养与时代变化的全方位适应，注重高等教育与经济社会的深度融合，注重提升高等教育国际化水平。

有两个现象值得重视：一是欧美国家把提升学生就业能力确立为提高质量重要的努力方向，树立多元化和多样性的质量观，更加关注那些不能成为科学家的孩子。二是一些亚洲国家强化拔尖创新人才的培养，创建高水平的教育基地。这两种现象反映，在全球新一轮提高高等教育质量的浪潮中，各国都确立了自身的发展重点，各急所需，各补所短。

现代教育发展要体现注重内涵的发展导向。我国已经完成高等教育大众化的历程，我国用了9年时间实现了毛入学率从5%到15%的跨越，美国用了30年，英国用了28年，法国用了25年，德国用了24年，日本用了23年。在我国高等教育实现跨越发展的同时，我们必须看到规模快速扩张带来的教育质量问题。虽然我们围绕提高高等教育质量做了大量探索性的工作。但这个问题远没有解决，有的思想上不够重视，有的没有抓住内在规律，有的没有科学的体制机制作为支撑，我们必须从创新教育发展理念上，切实转变高等教育的发展观念，坚持内涵发展的核心要求，坚持资源配置的质量导向，坚持完善质量保障体系。

内涵是一个逻辑学概念。内涵发展是一种细致的、渐进的、长远的发展模式。内涵发展关注的是高校长远的发展、合理的发展、科学的发展。

注重内涵发展，特别要坚持育人为先。首先，要以育人为中心，学校的资源配置、基本建设、教师评价、岗位聘任以及文化建设，都要体现育人为先的思想。要创新人才培养模式，知识传授是基础，能力建设是核心，人格培养是根本，优化人才培养结构。要把握育人重点。育人包括两个重点：一是育德，要研究如何让大学生在多样文化的包围中选择社会主义核心价值体系，承担社会责任。二是育能，要研究如何提升学生的创新素质和实践能力，鼓励学生创新创业。

第二，注重内涵发展，关键要合理定位。成功的大学没有统一的模式，要客观分析自身状况，认真研究社会需求，根据自身定位，突出办学特色。巩固传统优势，强化比较优势，谋求新的优势。

高校要认真思考学校的发展定位。根据国家和区域社会发展的需要，根据学校历史、资源合理定位。现在不少高校对经济社会发展现实缺乏必要的研究，没有把准经济社会发展的脉搏，专业设置缺乏科学性，培养目标缺乏系统性，教学方法缺乏灵活性，课程安排缺乏针对性。要么因循守旧，要么盲目跟风，这种状况导致部分同类型高校中同质化现象依然突出，存在发展方向不明，发展目标不清的问题。可以讲，高校科学定位规划的任务相当艰巨。科学定位是学校发展的指南针，学科专业布局与结构是科学定位的集中体现。高校一定要从顶层设计的高度系统思考，统筹谋划学校改革发展的整体战略，坚持从学校实际出发追求和实现特色发展。

在高校发展上，我们要树立一个观念：不管高校是什么类型，处在什么层次，对高校办学质量和水平的衡量，不是比规模、比大楼、比论文，更重要的是比内涵、比特色、比贡献。教育发展的重点放在"四个度"上，即：办学定位对国家和区域经济社会发展需求的适应度，领导精力、师资力量、经费安排、教学设备、图书资料和国际合作对人才培养的保障度，人才培养、科学研究、社会服务、文化传承创新对社会主义现代化建设的贡献度，以及学生、家长、用人单位、政府和社会对人才培养质量的满意度。

对现行"大学排行榜"不盲信、不追捧。目前国内外有几十种"大学排行榜"，它们虽然在一定程度上满足了社会公众了解高校的需求，但其指标体系很难完全反映高校的办学实际。一所大学办得好不好，不是看一时的规模、数据，而是要以长远的眼光、历史的视野看它培养出什么样的杰出人才，看它对国家、民族所做的贡献，看它对推进人类文明进步所产生的影响。

最近，比尔·盖茨对大学排行榜提出质疑，他"炮轰"美国大学排名评级系统，他不认为学校评级的关键在于能否招到最优秀的学生，而应该着眼于该校能否有效地对学生进行教育。大学排行榜很难科学地将"育人"这个大学根本任务的状况进行量化评价，而且可能导致大学盲目地追求名次。对于大学来说，排名是"末"，"育人"才是本。

第三，注重内涵建设，要突出办学特色。特色就是水平，特色就是质量，特色就是一流。有特色才能提高水平，有特色才能焕发生命力。不同类型的高校站在不同的起跑线上，但都是经济社会发展中不可缺少的重要组成部分。不同类型学校之间不能盲目攀比，在办学类型上，不能都追求办成综合性、多学科、学术性的大学；在办学层次上，无法都办成本科、硕士、博士一体化，国（省）内一流、世界（中国）知名的高水平大学。关键是摆正自己的位置，努力形成自己的特色。特色是多方面的，包括学科的特色，专业的特色，课程的特色，管理的特色，校园文化的特色等。大学没有高低之分，有的只是功能之分。教学型高校规模可以办得大一些，技术性很强的高校可以办得少而精、少而特，研究型的高校规模要适当控制。一位美国著名大学校长讲，如果美国大学办得都像哈佛一样，美国社会就会崩溃。

美国大学特别重视突出特色，注重塑造个性，用自身的个性特色参与市场竞争。普林斯顿大学前校长伍德罗·威尔逊曾说过："普林斯顿不像哈佛，也不希望办成哈佛那样；反之，也不希望哈佛办成普林斯顿。我们相信民主的活动在于多样化，在于各种思想的相互补充，相互竞争。卡内基梅隆大学虽然规模很小，但仍是一所特色鲜明的世界一流大学，它重点发展计算机专业，所有专业围绕计算机做文章。巴黎高等师范学校是世界著名大学，同样规模不是很大，坚持"别的大学能做的，我们不做"是该校重要的办学思想。

每个学校都有不同的特色，体现特色就能扬长避短。在这一方面，一些规模不大或极具特色的世界名校很值得我们学习。

比如，加州理工学院和纽约服装学院，这两所学校的优势和特色完全不同，但它们都紧紧围绕自己的强项培养了许许多多世界顶尖人才。加州理工学院的优势学科是物理学、行星科学、地质学、化学等理科，它不像耶鲁，要培养第一流的政治领袖，它的人才培养定位就是要在科学技术的前沿培养精英人才。

纽约服装学院的优势就是服装设计、珠宝设计、室内设计、展览设计等领域，所以其人才培养定位就是要"培养有创意的潮流引领者"。据统计，纽约时装工业界大约60%的专业人士都曾在该校进修或学习过。

第四，注重内涵建设，建设名校、创建特色名校是高校内涵发展的战略举措。

名校关键要有名师。这是办学真理。一所大学能否在较短时间内进入高水平大学行列或长期保持一流地位，归根到底在于有没有一支强大的教师阵容。被誉为"现代大学之母"的德国柏林大学，在其筹建初期，筹建人洪堡就遍访各大学名师，盛情相邀，汇聚了像哲学家费希特、施莱尔马赫、黑格尔，化学家霍夫曼、赫尔姆霍茨，数学家库梅尔、克罗内可，生理学家米勒等一批杰出人才，这些杰出人才的共同努力成就了柏林大学的辉煌。我国大学发展史上蔡元培时代的北京大学、梅贻琦时代的清华大学、朱九思领导的华中工学院（现为华中科技大学）之所以能在较短时间内焕然一新，办学实力有不凡的表现，最根本的原因是这些大学校长网罗了一批当时社会上的优秀人才充实到师资队伍中。1991年开始招生的香港科技大学在短短20多年的时间里跻身世界名校，是因为其从创校初期就坚持"着眼世界，靠全世界会做主人的人才"，在美国聘请了一大批从一流大学训练出来的一流博士研究生，"把数百位中国留学生的智能聚在一起，创出了一番惊人的教育事业"。

当今世界一流大学，也无不具有强大的师资阵容。1891年建校伊始的加州理工学院是一所面向洛杉矶市帕沙迪纳的社区技术学院，但著名天文学家哈尔出任校长后提出要把该校办为一流的工程和科研学校，哈尔认为应把建设重点放在打造强大的师资队伍上。他先后请来著名物理学家密立根、著名物理化学家诺伊斯、数学家古墩伯格、航空航天先驱冯·卡门、20世纪最杰出的生物学家摩尔根教授等诸多大师。这些大师的到来不仅极大地提升了加州理工学院的教学、科研能力，而且还吸引来大批优秀青年学者，给加州理工学院的腾飞插上了有力的翅膀。其他诸如哈佛大学、麻省理工学院、牛津大学、剑桥大学、耶鲁大学、斯坦福大学等世界名校无不拥有一支经过精心挑选的卓越的教师队伍。所以，无论近代一流大学还是当代世界一流大学，其维持世界一流地位的法宝都在于师资：一所大学能否脱颖而出的关键就在于师资，"只有教师的绝对质量达到了国际水平，一所大学才能称得上是优秀大学"，哈佛大学荣誉校长陆登庭的这句话道出了办大学的一条真理。

第五，内涵发展还要注意规模适度。西方国家的高教发达了，专家就有所谓过度教育的说法。究竟是经验还是教训尚无定论。好像100人涌入自助餐厅一样，如果让大家吃得满意，一般需要准备200份甚至更多的饭菜供个人选择，而不是像中国现在这样，100人在外盯住餐厅里的30份盒饭，这就是中国的国情。高等教育资源越丰富，就需要越多的国民收入作支撑。就会出现高学历者向下挤压岗位现象。比如，1970年美国出租车司机有大学文凭的占1%，现在差不多是30%；15年前美国超市的收银员大多是高中毕业的女生，现在都是社区学院毕业的女生，如果拿高中毕业文凭到超市找工作，直接被领到后院当搬运工，发达国家就是这个样子。有专家已经预言，迟早中国会有人为找工作不得不把硕士、博士学位证书藏起来，以本科生身份去谋职，结果2012年就开始出现这种情况了。

现在我们的高校毕业生不到700万，当高校毕业生超过一千万时，就不能不面临发达国家多发的结构性就业问题，因此，符合中国国情的就业创业机制必须与时俱进地改进完善。

第三节　教育的对象

怎样看待当代大学生？我们的传统观念很悲观、很失望，认为一代不如一代，认为他们是迷茫的一代、垮掉的一代、享乐的一代。通过汶川地震，通过奥运志愿活动，我们改变了看法。他们是大有希望的一代，值得信赖的一代，有责任担当的一代。

对这一代大学生的评价，应当从2008年谈起。2008年，是大喜大悲的一年，灾难与辉煌交织的一年。可能从某种意义上讲，改变了中国人的精神坐标。我们这一年经历了太多太多的事情，我们经历的悲与喜都远远超出了自己的想象。无论是因为苦难，还是因为光荣，我们看到有那么多大学生自觉自愿把那么多五星红旗披戴在头上，挥舞在手中，披挂在身上。过去我们讲文化蕴含在经典里，体现在名言警句中。2008年，地震、奥运生成的文化是震撼我们心灵的文化。2008年，这个伟大的年度，所有的经典话题，包括对这代大学生的评价，都应当从2008年谈起。

汶川地震，奥运志愿，有几个口号首先是从大学生里喊起来的。第一个口号："天下兴亡，匹夫有责。"他们在弘扬优秀传统文化。第二个口号："团结友爱，互助进步。"他们在展示现代志愿精神。第三个口号："立足岗位，刻苦学习。"他们在为爱国主义增添理性的厚度。第四个口号："中国加油，汶川加油。"他们在表现对中国特色社会主义道路的坚定信心。他们的表现是优秀的，比我们期待的更为出色。他们的表现改变了我们的成见。他们的表现不是一夜长大、突然变好，是长期坚持思想教育的结果。当代大学生，开始担当社会责任，具有强烈的民族自信心、开放的宽容心怀、深沉的忧国忧民意识、高涨的爱国热情。

到底是灾难成就了他们，还是他们早已成长？对于某一代人的评价，如果一个时期骂声四起，另一个时期又好评如潮，至少表明我们的评判标准是有问题的。我们往往按照自己的人生经验构建判断标准。每代人都有自己独特的生活体验，美国历史上几次出现垮掉的一代的说法，一代不如一代的说法，实践证明是错误的。一代有一代的风云际会，文化密码；一代有一代的责任担当，责任使命。对当代大学生，我们应当刮目相看，重新认识，多一点理解，多一点宽容。

对于当代大学生的成长，应当放在大的时代坐标下来研判。他们是生活在改革开放进程中的一代。共和国从大的代际来分，主要是三代人，一代人30年。第一代人，从1919到1949年的30年，是从革命战争硝烟中走出来的老一代。第二代人，我们这一代人，从1949到1979年的30

年，是在社会主义建设曲折发展、"文化大革命"磨难中走出来的一代。第三代人，当代大学生，1979年到2009年的30年，是在改革开放环境中成长的一代。每代人都有自己鲜明的时代特征和代际烙印。老一代讲革命，讲理想，讲传统；我们这一代，讲责任，讲奉献，讲集体；当代大学生，讲平等，讲自我，讲民主。

正确评价当代大学生，关键要分析思想特点，要把握时代特征。他们有这样几个特点：

他们的最大特点是四个字"高大快强"。所谓高，开放程度高；所谓大，信息量大；所谓快，思想变化快；所谓强，个体意识强。

最突出的特点是四性，独立性、主体性、选择性和观点的多样性。他们注重自我感受，善于独立思考，希望在平等交流中追求真理，喜欢在对社会现实的思考中选择真知。在行为中，追求自我支配、自主决策；在生活中，追求自立自强；在精神中，追求自我价值的实现。

心理特点是生理成熟期前移，心理成熟期后移，心理矛盾增多，承受能力脆弱，身心发展不同步，不协调现象比较普遍。

他们的发展特点是：政治需求更加现实，文化需求更加多样，社交需求更加广泛，成功需求更加强烈。更多采用生产力标准看待问题，更多采用市场经济标准去评价人，更多采用与国际接轨的标准去审视周围的事情。

他们与以往大学生的不同点是拥护改革开放，追求成功富裕。

以上这五个特点，符合社会现实的要求，也符合社会发展的趋势，不能说社会在发展，我们的青年在倒退，这不符合历史唯物主义的观点。马克思说，一个时代的精神是青年代表的精神，一个时代的性格是青年代表的性格。在当代大学生身上，标注着时代的道德高度和精神坐标。对于当代大学生，我们应当充分肯定，转变看法。

第四节　教育的价值

传统教育价值是"五重五轻"：重实用而轻理论，重文凭而轻能力，重传统轻创新，重智育轻德育，重工具理性轻价值理性。现代教育价值是尊重人、启发人、关心人、解放人。呵护自由，培育兴趣，掌握能力，启迪智慧，树立诚信，享受快乐。

什么叫教育价值？教育价值主要表现为教育的价值取向，教育价值的追求，凝聚教育价值的目标。教育的价值是学校工作的生命和灵魂。如果教育价值观错了，对教育中的许多是与非、好与坏，都会得出截然相反的结论。

教育是以人为中心的事业，必须以人为本，以学生为本，回归教育本位，回归教育"原生态"。理直气壮反对灌输式教育，反对分数挂帅，反对文凭至上，反对功利主义。

从心理学讲，学习是自我价值实现的需要，是人的潜能和人格的充分发展。教育目标是价值的自我实现，教育过程是自由发展，教学原则是真诚、信任和理解，教学方法是非指导性的引导。

从哲学讲，事物发展变化主要由内因决定，内因是依据，外因是条件。学生是学习的主人，在教与学的矛盾中处于主要方面，教育方法、资源、手段等外因只有通过受教育者这一内因，才能发挥应有的作用。

从教育学讲，长期以来，人们重视教育外部规律，强调教育适应社会发展需要的工具教育理论，容易忽视教育内部规律，强调教育适应受教育者身心发展需要的本体教育理念。"以学生为中心"，强调学生的主体地位，并不否定教师在教学过程中的主导性；强调教学从学生需要出发的基本原则，不排斥对学生学习效果的评价与检查。学生不是被动接受教育的机器，而是教育活动的主体。

西方高校不仅在章程中明确学生的地位，并在校务委员会、学术委员会等决策咨询机构中设置学生席位，把尊重学生利益和需求体现在日常点滴之中。

1998年，世界高等教育大会号召各国高校决策者，把学生需要作为关心的重点，把学生视为教育改革和负责的参与者，参与教育重大问题的讨论、评估、课程及其内容改革，制定政策与院校管理等。

2011年，英国高等教育改革白皮书更以《高等教育：把学生置于体系中心》为题，指出英国未来高等教育改革的动向和趋势——把学生置于中心地位，强调高校增强服务意识，切实维护学生作为高等教育消费者的合法权益。

第五节　教育的本质

传统教育的本质，重视人的智力开发，重智轻德，忽视人的思想品德塑造。现代教育的本质，重视做人教育，育人为本，德育为先，把德育摆在首位。这个观念涉及我们要重新审视选择教育的功能和价值。教育是干什么的？教育最重要的使命是陶冶人性，铸造健康饱满人格。教育最根本任务，是让学生回答好两个问题：人生应当怎样度过，人类应当怎样存在。也就是说教学生怎样做人。

社会上出现偷车杀婴、妇产科医生接生卖婴、酒后摔婴等恶性事件，惨无人性，令人发指，触目惊心。世界气候变暖了，人心却变冷了。道德底线屡屡被突破，人类最起码的本性良知都丧失了。老人倒下了扶还是不扶？孩子被撞了是救还是不救？门前积雪扫还是不扫？路有拾遗交还是不交？这些原本无需思考的问题，竟成为许多人现实的两难选择。

道德底线被屡屡突破。什么是道德底线，就是深厚的历史文化积淀，社会环境所容忍的程度。底线就是不可逾越的红线、警戒线。底线一旦被突破，就会出现行为主体无法接受的结果，甚至导致彻底失败。底线是由量变到质变的一个临界值，一旦量变突破底线，达到质变的关节点，事物的性质就会发生根本性的变化。

党的十八大报告提出，把立德树人作为教育的根本任务。立德树人强调的是教育以树人为本，树人以立德为先。无数事实证明，"德"不可能自然而然形成而需要"立"，"人"不可能自发成才而需要"树"。"立德"是为了"树人"，而"树人"首先要"立德"。

我国教育缺乏总体目标和系统设计，基础教育进入了应试教育的怪圈，高等教育进入了功利主义的泥潭。极端地讲，学前教育是以听话为目的的教育，基础教育是以分数为目的的教育，高等教育是以知识为目的的教育。这种教育在一定程度上会将受教育者训练成听话的木偶、考试的机器和知识的容器，这是对教育本质的歪曲。现行的教育过于知识化，把注意力集中在知识传递上，用冷冰冰的语言传递着硬邦邦的知识，忽视了活生生的人，忽视了人的道德、人的情感、人的激情。

但现在许多高校一味重视专业成才，过分强调专业训练和职业导向，忽视了学生道德成人，对培养学生的社会责任感和历史使命感不甚重视。大学对塑造具有健全独立人格和使命担当的"人"的意识远远不够。教师的注意力在教书，学生的兴奋点在考试，育人做人都被抛在脑后。教育的本质应该是，在注重传授知识的同时，更应该注重学生灵魂的洗礼、心灵的净化，理想的点燃，思想的升华和道德的养成。

因此，我们要着力弥补当前教育中缺乏"心"的社会缺陷。就是在教育中以灌输知识为中心，对内心世界的教育漠不关心，即便涉及到内心教育往往是心理学层面。我国传统文化讲，教育应该构筑三层楼塔，第一层是知识；第二层是道德；第三层是心灵。这样教育出来的人才能健康。

在汉语中，"人才"是一个词。但"人"与"才"并非一回事，"育人"与"育才"也并非一回事。"才"强调的是三力：创造力、分析力、领导力；"人"强调的是三观：世界观、人生观、价值观。度量"才"的词是成绩、成功、成就；形容"人"的词则是自由、快乐、幸福。人格的养成是育人的基础。对人格最起码的要求就是人格底线。说话有底线，讲真话；做事有底线，有原则；做人有底线，有良知。大学中聚集了很多有才的人，如果人格高尚，他们的正面作用会很大，反之，负面影响也不小。

古人常讲，要"先器识，后文艺"，即先道德后文章。美国哈佛大学文理学院院长哈瑞·刘易斯说过，大学是为公共利益而建的，发展道德和智力是大学的主旋律。可见，大学担负着发展知识和提升道德的双重使命，既要帮助学生发展知识和能力，更要帮助学生提升素质和境界，使学生学会做人，做真正的人，做高尚的人。如果我们造就的只是失去灵魂的卓越，培养的只是精致的利己主义者，那将不只是大学的失败，更是社会的悲哀。

著名教育家钱伟长明确提出："我们培养的学生，首先应该是一个全面的人，一个爱国者，一个辩证唯物主义者，一个有文化艺术修养、道德品质高尚、心灵美好的人，其次才是一个拥有学科、专业知识的人，一个未来的工程师、专业家。"

智育与美育都代替不了德育，德育在各种知识学习中具有引领和激励作用。我们承认智育对德育的促进作用，但不能无限夸大这种促进作用。在学校教育体系中，德育永远处于龙头老大的地位。这个地位一旦动摇，我们的教育就要出问题。

德育是教育之根，是学校一切工作之首。当前，如果说教育存在隐患的话，最大隐患就是德育；如果说教育可能出问题的话，最可能就出在德育上。学校应当坚定不移地把德育摆在首位。

学会做人立身之本，学习知识、掌握知识只是服务社会的手段。前者的学习是根本性的，后者的学习是工具性的。如果重智轻德，忽视学生思想品德的塑造，必然导致学生片面发展，甚至畸形发展。按照片面发展的理念，培养出来的学生会只有智商没有智慧，只有知识没有文化，只有文化没有修养，只有欲望没有理想，只有目标没有信仰，最终是只有青春没有热血。这将是十分危险的。

大学的本质任务是把学生培养成为有文化、讲文明的人，成为具有公民道德、社会责任、文化价值、生存能力的人，使学生成为文明的创造结果。所谓人才，不仅是物质的人，更是精神的人；不仅有知识，更是会思维能判断的人；不仅追求自身的提高，而且能够促进社会的和谐；不仅能审视自己，而且能放眼世界。爱因斯坦说过："把为社会服务看作自己人生的最高目标。"这种价值取向和对社会的认同感，在赋予人生意义、事业动力的同时，也约束和规范人的行为。

聪明智慧无法弥补道德的空虚，道德却可以弥补聪明智慧的不足。人的品格是对人一生的考验，我们首先教育学生诚实面对自己，给学生一生受用的道德品质。

今天危及人类生存的问题，没有一个是工具理性（科学）不够发达造成的，相反，它们的根源都是价值理性问题。价值理性的贫乏已经威胁到人类的生存。如果回避价值理性依靠工具理性，其结果必然是做人的残缺，社会的倒退。

清华大学学生伤熊事件发人深省。该学生已经被清华大学免试保送研究生，偏要拿着硫酸，跑到北京动物园泼到狗熊身上，看看反应如何，这正是缺乏人文道德的表现。2002年2月23日，在北京动物园的熊山，人们像往常一样将食品投喂给正在乞食的熊。突然，两只黑熊口吐白沫，倒在地上，来回翻滚，发出"嗷嗷"的惨叫。两只熊是被酸液烧伤了，其中一只黑熊嘴角滴着白色的唾液，两只前爪不停揉搓紧闭的双眼，发出痛苦的呻吟。

用硫酸烧熊的年轻人被现场抓获，他居然是清华大学电机系四年级的学生。就是这样一个中国著名高等学府的"天之骄子"，曾经先后两次用火碱和硫酸伤害了北京动物园的5只熊。

就在清华大学学生用硫酸烧熊的同一年，2002年12月21日晚上，杭州西湖的苏堤之上，浙江教育学院二年级大学生周某与同学洪某正在散步，两人聊天谈起了两性问题，周某将女友的隐私透露给洪某，洪某露出嘲笑的神情。周某恐洪某回校后将隐私透露给其他同学，遂起杀心，趁其不备用随身携带的裁纸刀猛割洪某颈部致其倒在血泊之中。

周某逃离现场后担心洪某不死，途中又返回现场，用绳索将石块绑在洪某身上后将其抛入西湖。

就是为了怕同学泄露个人秘密这样一个微不足道的原因，一个大学生就能将自己的同学杀死。

近年来，类似新闻不断出现在报纸上：某县实验中学学生伙同同学将自己的亲生母亲杀死在家中。杀完妈妈还计划杀爸爸。

2001年4月，湖南衡阳一名初三学生毒杀全家。2001年，贵州安顺市发生了两名16岁孪生姐妹为"自由"毒死父母的案件，犯罪动因是中考成绩未达重点高中录取线，害怕父母责骂，于是两人竟决定将父母毒死。她们在煮稀饭时将6瓶鼠药放进稀饭里，父母食用后中毒并很快死亡，她们用被子盖在父母的尸体上，从家中拿走存折及2 000余元现金和两部手机，跑到外地玩耍。

我国某大学一位著名教授在研讨会上语惊四座：他说，我们的一些大学，正在培养一些"精致的利己主义者"，他们高智商，世俗，老到，善于表演，懂得配合，更善于利用体制达到自己的目的。这种人一旦掌握权力，比一般的贪官污吏危害更大。

道德的修养，人生理想的确立对人的一生太重要了。我们的教育太注重智力的培养，偏离了塑造人格灵魂的目标。

我们有的毕业生到银行工作，把别人账户的钱，转到自己的账号上。还有各种高科技犯罪、职业犯罪等。有的学生在校期间，还算是优秀学生，但做人不优秀，世界观不优秀，最终走上了犯罪道路。

我们有的毕业生被中外合资企业炒鱿鱼，不是因为专业能力不行，而是品德修养不够，千万不要认为你专业能力强就可以一俊盖百丑。

开国元勋陈毅元帅说过一段话，大概意思是，空军飞行员飞行技术不好不行，飞行技术很好，一飞就飞到敌人那里去了，反过来打自己的国家更不行。无能不行，无德更不行。

一个人学习不好是次品，身体不好可能是废品，但品德不好就是危险品，是对社会潜在的威胁。我们培养的学生要有对国家、对人类、对个人的责任感。如果学校教育只注重知识，不重视德性培养，那么培养的人越有知识，就越可能成为社会的祸害。

复旦大学投毒事件发生后，化学学者惊惧，有那么多可以置人于死地的有毒化合物触手可及，岂不是处处充满了危机？其实，最令人恐怖的不是有毒物质，而是人心。从1995年清华大学、1997年北京大学两起铊盐投毒事件，到2004年马加爵案、扬州大学秋水仙碱投毒事件，再到2007年中国矿业大学铊盐投毒案。那一颗颗漠视生命的心灵，一颗颗扭曲的心灵，震惊社会。

复旦大学医学院一位教授得知这一事件后，在校园某一实验室的橱窗内，愤而写下"本是同根生，相煎何太急"，追问究竟是什么造成犯罪嫌疑人对他人生命的漠视。而这何尝不是社会的一个普遍追问？当我们痛恨于这些残酷的行为、震惊于这些扭曲的心灵时，我们是否已经认识到，我们的教育主要是知识教育，其他的人格教育、道德教育都遭到忽视。从这种教育体系中走出的学生，人格和身心方面都存在严重缺陷。

要成才先成人，不成人宁无才。有德无才要误事，有才无德要坏事。成小事靠业务本领，成大事靠思想品德和综合素质。道德人格、思想品质应当比专业技能的学习、谋生手段的训练、竞争能力的培养更重要。一个堂堂正正的人可以做好任何一件事；一个工具化的人只能机械地完成一件事。人们常讲，人品第一，学问第二；文品第一，文章第二。现代社会，学生多学点知识，少学点知识，多读一本书，少读一本书，对他的成才发展没有决定影响。但如果人生观发生偏差，做人理念发生偏差，将毁掉他的一生。

现在国外对道德高度重视。我们可以从许多跨国公司在中国选拔人才的标准中得到启示，譬如著名的IBM公司要求人才具备"三条"：第一，必胜的信念；第二，又快又好的执行能力；第三，团队精神。美国微软公司喜欢三种人：有激情的人，努力工作的人，聪明的人。日本政府制订人才标准设立ABCD四项指标：A. 抱负理想；B. 自信；C. 制订人生规划；D. 行动。西方主要发达国家也把理想抱负放在第一位。

美国当代著名教育家、纽约州立大学校长、美国联邦教育署署长欧内斯特·博耶说："教育目的不仅是为学生的职业生涯做准备，而且要使他们过一种有尊严和有意义的生活，不仅是生成新的知识，而且要把知识用来为人类服务，不仅是学习和研究管理，而且要培养能增进社会公益的公民。"

现在世界上百个国家的教育部长达成一个共识，即21世纪高等教育不再只是培养科学家、工程师、高端技术人员以及政界精英，而在于培养负责任的公民。

闻名世界的斯坦福大学，前两年不分专业，不管你兴趣是什么，都必须选修一门为期一年的课程——"文化、观念和价值观"。这门课不仅学习西方传统经典文化（柏拉图、笛卡尔、马克思等），而且接触世界其他国家文化的代表人物与经典著作（例如中国的孔孟之道）。课程围绕"人何以为人"这一主题展开，无论学生将来选择什么专业，都必须首先回答这个问题。斯坦福大学前两年教育的目的是希望学生懂得"做人第一，修业第二"的道理。

美国宾夕法尼亚大学在中国招收国际特训班，遇到一位奥数尖子生。因为一段简短的对话，该校十分干脆地拒绝了这位尖子生。

教授：你读书读得那么好，为了什么？学生：为了挣钱。教授：那挣钱又是为了什么？学生：为了周游世界。教授：除了周游世界，你还想干什么？学生：买房子。

一个能够进入宾夕法尼亚大学这样一流大学的学生可以享受很多优质的教育资源，但是这样好的机会到底应该给什么样的学生呢？该校的录取条件是：学习成绩占40%，综合素质占40%，价值观占20%。

很明显，这位奥数尖子的价值观是零分。而宾夕法尼亚大学就是因为这个原因放弃了这个尖子生。因为他们认为不能把社会给予的好机会白白送给一个眼里只有自己，一心只想挣大钱，自己周游世界的自私的人手里，一个没有责任感，不懂回报他人，缺乏公众意识的学生绝对不是国外一流大学需要的优秀人才。

这所大学认为，优秀人才的标准应该是：除了能考到高分，还应是具备行动力、领导力、创造力、沟通力、协作力、组织力，具有无私博爱的人文精神，懂得帮助他人、回报社会等综合素质。奥数没有错，但这不是衡量人才的标准，更不应该成为优秀人才的敲门砖。

耶鲁大学在182年前编写过一份《耶鲁报告》，里面关于人才培养的两段著名的话，至今仍然被世界常青藤大学奉为圭臬。第一段说："我们培养的人不仅要在专业上出类拔萃，更要具备全面的知识并拥有高尚的品德，这样才能成为社会的领军人才，并在多方面有益于社会。他的品质使他能在社会各阶层撒播知识之光。"第二段是说："难道一个人除了以职业来谋生以外，就没有其他追求了吗？难道他对他的家庭、对其他公民、对他的国家就没有责任了吗？承担这些责任需要有各种深刻的知识素养。"

就是在这样的人文氛围下，耶鲁培养了许多各行各业的领导者，前后有五位当选为美国总统。现在校园里还立着一位美国民族英雄、耶鲁毕业生内森·黑尔的雕像，并镌刻着他的名言："我唯一的憾事，就是没有第二次生命献给我的祖国。"

做人之道是一门学问，有许多经典，有许多实例，有许多楷模，有一套循序渐进的做人标准。第一步，做好人和善人，不要做坏人和恶人。第二步，做君子，不做小人，就是要做有学问有道德的人。第三步，做志士仁人。就是要志向远大，胸怀天下，任重道远，意志坚强，也就是我们今天所说的英雄模范人物。第四步，做圣人贤人，就是具有大智大德，大义大勇，能担当大任，成就伟业，治国兴邦，造福天下，成为能够立德、立功、立言，成为流芳千古的伟大人物。我们培养的学生应当在做人上有高于常人的目标和追求，不但要做一个好人、善人，而且应当努力成为当今时代的仁人志士和圣人贤人。

第六节　教育的目标

传统教育目标，是为社会培养合格人才。现代教育目标，是促进人的全面发展。前者是以社会为本，后者是以学生个体为本。

　　我国教育目标体现的是社会本位的价值取向，对学生个体发展缺乏重视，培养的是社会主义"建设者"和"接班人"，关注的是具有社会价值的"人力"而不是人本身，反映的是教育的外在价值而忽略了教育的内在价值，失去了教育的本真和个性。培养建设者和接班人的核心指向，使教育目标口号化和空泛化。什么样的人是接班人？如何培养这样的接班人？给教育实践留下了很大的困惑。

　　以学生个体为本这个观念涉及什么是好的教育。好的教育是让学生自主发展的教育，给学生自信的教育。打个比方，让伏明霞成为伏明霞，让杜丽成为杜丽，不能拿跳水运动员的训练办法来训练射击运动员。发现学生的天赋，发展学生的强势智慧和创造个性，给学生自信，才能保证教育的成功。美国前总统克林顿最喜欢的教师是他中学时期的化学教师。这位教师就非常自信，每次上课前他都要整理好衣服，对着镜子大喊三声："我是世界上最有魅力的男人！"因而，他所教班级的学生也认为自己是美国最优秀的学生。给学生自信才能保证教育的成功。

　　自信使人自强，自信能把潜能发挥到极致，自信能得到巅峰体验，培养人就是培养他的自信，摧毁人就是摧毁他的自信。再比如陈景润，身体瘦弱，很善于思辨。姚明身材高大，很有悟性，很灵巧。他们的发展就是他们自己的发展。任何关于人的发展的话题都要具体到个体上来，而一旦具体到个体上来，发展就必然是丰富多彩的，或者是千差万别的，也必然是个性的发展。人的发展都是自己的发展。可以这样讲，发展个性就是发展多样性，发展丰富性，发展创造性。与众不同，不一定是创造；但不与众不同，一定不是创造。发展个性就是发展创造性。

　　我国传统教育强调共性培养，忽视个性发展。教学是标准的套餐，无论你胃口是大还是小，口味是重还是轻，每人一份填进肚里。胃口大的会不会饿着，胃口小的会不会撑着，口味不对的会不会倒胃，就无人过问了。

　　现代教育观念是发现每个学生的长处，并且最大限度地发展这个长处。而以往人们的观念，恰恰与此相反，认为教育的任务是去发现学生的短处，再想方设法去弥补学生的短处。在这样的观念下，学生不仅在教育中处于被动的位置，而且学习的兴趣也被消磨。

　　现在人们习惯要求学生去适应教育提出的标准，而不是让教育满足学生发展的要求。需要我们思考的是，应该让人去适应教育，还是让教育去适应人。

我们要看到这样的事实，每一个学生都是富有创造力的生命，关键在于我们能否发现他们的天赋。我们不仅要承认差异，而且要尊重差异；不仅尊重一般性差异，而且要尊重特殊性差异。人的千差万别构成了丰富多彩的创造力的基础。教育的任务应该是把人的各种潜能发掘出来，而不是像生产线，把所有产品搞成一个模样，千人一面，万人一格。

我们要让每个学生了解自己的潜能，让每个学生树立自信，让每个学生从事属于他们自己富有个性的创造。什么叫以人为本，这不是抽象的概念，而是对每个生命价值的尊重，对每个生命潜能的开拓，对每个生命理想的实现。

2004年5月，"多元智能理论"创始人、美国哈佛大学教育研究所发展心理学教授霍华德·加德纳来华讲学。霍华德·加德纳在华东师范大学做了题为"以多元智能观看教育"的讲座：

"我觉得更好的教育是注重个体发展的教育，这种教育不是自私，也不是以自我为中心，而是要求教育工作者在最大程度上了解每一个儿童，知道他们的长处和短处，更好地提供教育措施，更好地评价他们，让儿童能够在最大程度上发挥潜能。"

其实我们并不缺乏优秀的学生，每个学生都有创新的基因，问题是我们没有意识到要去激活学生创新的潜能，习惯用一种标准去评价学生，用一种模式来培养学生。学生当然只会记忆，不会思考；只能接受，不能质疑；只有知识，没有能力。这样的教育不可能培养出创新人才。

学生个体是千差万别的。引导、激励、帮助每一个学生走上成功的人生之路，就需要重视个体发展的多样性。人与人之间是千差万别的。每个人都是独一无二的，每个人都有自己的长处。我们要重视每个人的长处，鼓舞每个人的信念，帮助每个人获得成功。成功的人生是多种多样的，不要人为设置"哈佛女孩""剑桥男孩"这样不现实的框框。

教育的终极目标是促进人的全面发展。人的全面发展归根结底只能落脚在人的个体发展上。抽象的人是根本不存在的，只有具体的现实的人的存在。人的个体发展没有统一模式，没有千篇一律，没有万人一格。

国家中长期教育改革发展纲要指出，要"因材施教，关注学生不同特点和个性差异，发展每一个学生的优势潜能"。因材施教既是教学方法，也是教学规律。有位名气很大的植物学专家讲过，要尊重树木的本性、天性，相信每一粒树种、每一棵树苗都有长成参天大树的潜质，这就是因材施教的真谛。

"因材施教"是孔子身体力行的重要教育观，已经成为载入史册的儒家教育思想精华。由于求学孔门的弟子身份复杂，阶层出身、文化基础、道德素养、性格秉性差别很大，学习需求各不相同，有人请教几个问题就走了，有人长期追随左右。只有因材施教，才能满足众多弟子成长成才的不同需要。孔子熟知弟子的个性特征，若不同弟子问到同一问题，比如什么是"仁"，他就能给出具有很强针对性的不同回答，成为践行先进教育理念的典范。

大数据时代，我们可以使教育真正面对每一个独立的学生，实施因材施教。

"不得不承认，对于学生，我们知道得太少。"这是卡耐基·梅隆大学教育学院的一句经典的口号，同时也是美国广大教育年会关注度最高的议题。每一个学生都是独特的，都是与众不同的，我们应当对他们进行个性化、差异化的教学。

举个简单的例子，两个同样在数学考试中取得90分的考生，他们的能力完全一样吗？根据传统的教学模式，我们会认为，成绩相同的学生，能力大体相仿。但如果借用大数据的分析手段，学生的差异就会清晰展现。对这两个考生进行分析，我们发现，一名学生更多的是依靠出色的逻辑思维，而另一名学生逻辑推理能力相对薄弱，依靠出色的记忆力而获得较好的成绩。

因此，大数据能够让我们更全面地看待学生的发展，发现以往考试成绩所反映不了的深层次问题。当然，如果老师能对这一情况及时掌握，就能对两位同学开展不同的教育。

因材施教的关键是，在统一性要求的基础上，给特殊性发展留有余地；在全面发展的基础上，给个性发展留有空间。现在我们培养的学生趋同性很强，既没有太差的，也很少有冒尖的，更缺乏杰出人才。诺贝尔奖获得者杨振宁曾讲，中国给了他很好的共性教育，美国给了他很好的个性教育。西方的教育更加关注前三分之一，让他们不要庸俗；我国的教育更加关注后三分之一，让他们不要掉队。

因材施教不仅仅是在知识传授上让一些学生学得多一点、深一点、早一点，更主要的是给他们更多的自主学习的时间和空间，更加宽松的发展个性的环境氛围，更有效地激发他们的好奇心，发挥他们的想象力，培养他们的批判性思维和创新能力。

第七节　教育的使命

传统教育的使命，是传授人知识。现代教育的使命，是培养人可持续发展的能力。现代社会，知识就是力量的观点受到时代质疑。其实，知识根本就没有力量。知识是创新的材料。没有被使用的建筑材料就是一堆垃圾，同样，没有被使用的知识就是一堆废物。

中国文化不是一种知识的文化，而是一种智慧的文化。只有知识不是力量。因为知识是一个静态的东西，只有运用它才会产生力量。你驾驭不了知识，知识就是你的包袱，你驾驭得了知识，知识就是你的财富。用什么来驾驭知识？当然要用智慧来驾驭。所以，智慧是发现知识、掌握知识、运用知识的一种能力，其中最重要的是运用知识。

我们究竟给学生什么东西？主要是三个层次。第一个层次给知识，最低层次。第二个层次给方法，方法比知识更重要。第三个层次，最高层次，给眼光，给视野。为什么呢？站得高才能看得远。站在平地上视野有限，看到的是近在咫尺的东西。站在高山上，得到的是大视野。这种眼光和视野也是一种方法，是一种高层次的思维方法。

那么，什么叫方法？美国物理学家劳厄给方法下了个定义，表述虽不规范，但内涵却很深刻。他说："方法就是所学知识忘光之后剩下的东西。"剩下的东西不仅是一种思考的习惯，一种智慧的眼光，更是一种创新的能力，创新的精神，即勤于独立思考，敢于打破常规，勇于质疑定论，敢于超越前人。正如我国一位著名的教育家讲的："什么叫教育？教育就是当老师传授的知识你全都忘记了，仍然留在你心中的、能够解决那些千变万化新鲜问题的那种能力。"这才是教育的真谛。

最近，美国一批现代心理学家的研究结果表明，知识少而创新能力强，和知识多而创新能力差都属于正常现象。有的心理学家经过调查认为，爱因斯坦能提出相对论，就是因为当时爱因斯坦的物理学知识不是很多。如果知识太多了，可能被知识所累，造成精神短路、知识短路，他可能就提不出相对论了。

我国有八位华裔科学家在美国拿了诺贝尔奖。他们在中国接受中小学教育，在美国接受大学教育，对中国教育深有体会。第一位，杨振宁。他说，中国的教育太重视一点一滴的知识积累，中国的学生知识太多，活的思想太少。第二位，丁肇中。他说，中国学生一天到晚围着考试转，考试是解决别人解决过的问题，考第一不代表什么。他讲，我所认识的物理学家、化学家，拿诺贝尔奖的几乎没有一个考第一的，考倒数第一的倒有几位。第三位，在台湾成长起来的诺贝尔奖获得者李远哲。他举例说明，在台湾企业界能争到世界第一的有三个人：王永庆、张荣发、许文龙。这三个人有一个共同点，都没上过大学。他说，可能因没受过大学教授对他们的误导，所以思维更超出常规，方法更为大胆。当然这里绝对不是讲知识层次越低越好，是批评这种传统的知识观点。

在科学史上做出伟大的原创成果的人，都是在二三十岁的时候就成功的。首先是牛顿，年轻时的牛顿知识并不多，经验也不丰富，但是他的新思想层出不穷。以至于见到苹果落地就想到了地球有一个力量在吸引着万物，因此他发现了万有引力定律。

另一个最有原创力的人就是爱因斯坦，他最重要的成果也是在二三十岁时做出来的。他大学毕业后找不到工作，一个朋友介绍他到专利局。那个时候他很穷，经验、知识都不丰富，很多人看不起他，但是他做出了人类科学史上最重要的发现。

从文艺创作来说，曹禺23岁在清华园创作出话剧《雷雨》，这是他本人的成名作，也是中国话剧的奠基之作。《雷雨》并不比他学识与生活经验更加丰富之后创作的作品差。自然科学方面，类似的例子也不少。国人所熟知的意大利科学家伽利略，19岁发现单摆定律（推翻了亚里士多德"摆经过一个短弧要比经过长弧快些"的结论），26岁发现自由落体定律与抛物线的运动轨迹，29岁发明了空气温度计。

通过所有这些例子，我们可以理解创新能力的本质，最重要的要素就是打破常规的能力或者说避免任何前人的思维定势的思维方式。这是创新能力中最重要的要素，就是要有质疑的精神，或者说有批判的精神，这是所有具备创新能力的人都必须要重视的精神。

因此，我们总结出一个观点：知识不是越多越好，而是有效有用的知识、管用的知识越多越好。什么是管用的知识？书本知识不是，课堂知识不是，只有内化成自己的东西这才是真正的知识。这样的知识越多越好。本科四年，高职高专三年，我们究竟给了学生多少管用的东西、有效的东西？我们要思考这个问题。比如说外语学习，小学学，中学学，大学学，四级、六级通过了，学生到头来还是一个外语哑巴，还是一个外语聋子，这叫不管用。我们的无效劳动不少，不管用。进一步讲，外语充其量就是语言工具，学生受功利驱使，考研、留学，花了大量时间学习外语，实在是得不偿失。

北京国安前主教练金志扬，20世纪90年代到德国进修半年足球，回国后在上海《文汇报》发表过一篇文章。他说中国现在的足球问题，和我们的教学几乎一样。怎么讲呢？为什么我们辛苦，我们忙碌，我们投入很多却收效甚微？中国人很聪明，善于思考，能举一反三。德国队训练内容非常简单，效果却很好，其根本在于训练指导思想的区别。他们抓住了足球的规律，两个字"对抗"。所有训练都围绕着对抗，静止的、个体的、非对抗性的训练极少。我们呢？是先练基本功。基本功是在没人干预情况下对球的控制。德国人说，你们中国人技术并不差，我们一看你们做准备活动就害怕，可一比赛，一上场，什么都没了。这就是要害。人家的投入产出成正比，我们的无效劳动太多。所以，我们要思考，学校的无效劳动是不是也有不少？

金志扬说的中国的这个问题，和我们现在对教育的评价也是一样的。现在社会对我们教育的评价是8个字，叫"赢在起点，输在终点"。所谓"赢在起点"，国际奥林匹克数理化竞赛，我国中学生已经连续十五年拿金奖银奖。为什么？中国学生知识学得好，考试成绩好。这叫"一做准备活动，人家就害怕"。所谓"输在终点"，就是大学毕业后，动手能力差，创新能力差。这都是大家公认的。一上场什么也没了，一毕业什么也没了。

著名舞蹈演员杨丽萍也持这个观点，她说上世纪80年代，她调到中央民族歌舞团，一开始领导让她练芭蕾舞，练那些成套的基本功，开始她练了一段时间，后来发现自己身体僵硬了，自己都支配不了自己了。她给领导提出不练了，开始琢磨孔雀的形象，编创了《雀之灵》，在全国舞蹈大赛获得了一等奖。

知识不是越多越好，管用的知识才越多越好。比如，一亩稻子亩产400斤，你施肥一遍两遍三遍产量上去了，600斤。后来你即使是再施10遍肥，产量也再也上不去了。产量不但上不去，而且把土地搞坏了，农田都板结了。学生也是一样，知识不是越多越好，功课也不是越多越好。

我国传统教学强调博览群书，讲究知识积累，功底扎实。实际上，知识的积累不一定引发创新，引发原创。原创的动力在于对既定知识的批判而不是知识的积累。我国传统教育是以继承知识为中心的教育，知识越多越好，长期以来成为衡量学生成绩优劣的舆论导向和政策导向。而实际上，知识的数量在创新中不一定起到决定作用。

培养学生的可持续发展能力，首先，我们要树立现代知识观，即知识既是认识的结果，更是探索知识形成的过程；知识既是对事实概念系统的描述，更是掌握知识的方法；知识既是认识客观世界的相对真理，更是不断发展的过程。农业社会，知识往往表现为经验，通常的表现形式是"我爷爷说""我爸爸说"等，而且知识的积累是非常缓慢的；进入工业社会，人类通过发现科学规律来积累知识；进入信息社会，知识的内涵与外延都发生了巨大变化，知识的产生规律和传播规律也随之变化。农业社会的知识量相对有限，工业社会的知识量比较丰富，而信息社会的知识量可以说是海量。

传统的教学是由知识主宰的。讲的是知识，学的是知识，考的是知识。老师要做的是，将教材写成教案，再将教案背给学生。或者，将教材制成PPT，再将PPT念给学生。学生要做的只是听讲、理解和记忆。"要给学生一杯水，老师就得有一桶水"。我们的教学过程成了"倒水"的过程。这样的教学，就像是"喂食"，老师将教材上的文字先放在自己嘴里"嚼"一遍，然后"填"进学生的嘴里。这种"饭来张口"的教学，扼杀了学生的创新能力。

美国著名心理学家教育家布卢姆将认识过程分为记忆、理解、应用、分析、评价和创造六个层次。前三个属于低层次，后三个属于高层次，高层次的认识活动（高层次教学活动）发展的是创新能力，低层次的认识活动（低层次教学活动）发展的是低层次能力。

低层次教学活动形成的低层次知识，主要是陈述性知识，主要是关于是什么、为什么和怎么样的知识，是一种静态的知识。

高层次教学活动形成的是高层次知识，主要是程序性知识。程序性知识是关于如何做的知识，是关于解决问题的思维过程的知识，是关于如何实现从已知状态向目标状态转化的知识，是一种动态的知识。

其次，培养内化知识的能力。我们究竟给学生什么能力呢？这能力，那能力，最核心、最根本的能力是内化知识的能力。只有内化了的知识，这才是管用的、有效的。人有很多功能，但主要功能只有两个：消化功能、内化功能。所谓消化功能，人吃牛肉不长牛肉；人吃猪肉，也不长猪肉。假如你午饭吃块牛肉，身上长块牛肉，晚饭吃块猪肉，身上再长块猪肉，那麻烦就大了。为什么呢？人有消化功能。吃进去的东西，经过消化，变成营养，化作血和肉。小孩，哪怕是婴儿，消化都要靠自己，别人代替不了。人还有一个功能，叫内化功能。比如讲，你看了伟人的书，你不一定能伟大；你看了平庸的书，不一定就平庸。因为有内化功能，看到、听到各种知识，形成自己的知识结构，化成自己的思想、灵魂、智慧，这个过程谁也代替不了。人，每时每刻都在思考之中，都在内化之中。内化是素质形成过程中的渐变与突变、渐悟与顿悟的统一，是一个主体建构的过程，是"认识、感受、体验"的过程，是再创造的过程。

第三，提升信息素养。知识经济给个人带来的最突出变化是，在大家享受信息知识资源机会越来越均等的条件下，成功的关键已经从拥有多少信息转变为是否具有选择、分析、判断的能力。光有信息知识是远远不够的。数据资料不加以整理不能成为信息，信息不加以分析不能成为知识，知识不通过智慧加以应用不能成为力量。计算机理论界流行一条原理，输入的是垃圾，输出的必定是垃圾。在现代社会，我们要用智慧去驾驭信息和知识。为此，我们要培养学生获取信息、加工信息、迁移信息、使用信息等方面的能力。

第四，运用案例教学。哈佛大学教授迈克尔·桑德尔的网络公开课程《正义》，受到学生们的喜爱。桑德尔十分善于从现实生活中寻找和运用生动的案例，又能从思想家的高度为学生分析、解读这些案例背后的深刻理论，然后再引导学生运用这些理论进一步观察、反思当代社会。所以，学生听他的课，一点都不会感觉他在说教，或者他要把观点强加给学生，而是在一种互动性很强的氛围中引导学生自己探索形成对某个问题的正确看法。桑德尔的讲课既体现了他的素质和授课技巧，又突显了他的教育理念和教学风格。

培养可持续发展能力，培养应用人才，关键在于培养的课程是能力本位，切实把现行的学科型课程体系转变为能力本位型课程体系。我国高校人才培养总体上是以学术为导向的，最优秀的人才集中在学术研究方面，具备可持续发展的应用型人才没有得到应有的尊重。而且所有本科以上的人才培养，基本都是以学科为导向进行课程设置。但事实上，我国现在最迫切需要的是解决一线技术问题的应用型人才。

第八节　教育的模式

传统教育模式，是塑造教育模式，按照一种模具，把学生放到模具中，出来的是规格相同的批量人才。现代教育主张成长教育，在一定条件下尊重学生的主体地位，让学生自由发展，主动发展。我国传统教育的源头是塑造教育。比如说，国家按照统一要求塑造大学，导致千校一面。学校按照统一标准塑造学生，导致万人一格。学生家长按照自己的价值观塑造子女，希望他们成龙成凤，使他们丧失了主动性、选择性。现代教育主张成长教育。学生发展顺其自然，按照天赋、兴趣、爱好、特长来发展，选什么学校、什么专业、什么时候毕业，完全由学生自主决定。

学生都有自己的独特性，不能用一个标准衡量所有学生。因为兔子的学校是以跑步为衡量标准的，如果一个乌龟进入这样的学校将会很难过。

我国某著名大学校长讲过，我们学校来的大都是全国的文理科状元，四年下来以后，发现学生就像工厂里的工艺线生产出来的标准件、通用件一样，千人一面，没有个性。

多样的世界才丰富，多样的社会才活跃，多样的人生才精彩。我们要对多样性有足够的认识、理解、尊重和包容，这是帮助学生多样化成长的先决条件。长期以来，高等教育人才培养存在一种模式化的倾向——统一的教学大纲、统一的学制、统一的课程安排、统一的教材和教学方法、统一的教育测量与评价方式等，使教育活动固化成某种标准化模式，压抑和挫伤了学生的创造力。我们培养创新人才，要变"模式化教学"为"模块化设计"。学校根据社会发展和专业建设需要，设计"菜单式"教学内容模块；学生根据自身的知识水平和兴趣爱好选择学习不同的内容模块，组合自己的知识，发展自己的能力。在课程的形式方面增加灵活性，减少课堂教学的分量，增加实践性、活动性、操作性、自主性课程和环节，把包括必修课、选修课、活动课在内的课程教材体系建立起来，把课内外、校内外沟通起来，把学校、家庭、社会联系起来，让学生有时间、有空间、有心情从事自己爱好的读书、科技、劳动技能、公益事业、社会实践等多种多样的活动。为学生的个性发展营造良好的情境。综观世界著名大学，无不在个性化培养上下足功夫。哈佛大学赋予学生两个"法宝"，即给学生学习上选择的自由；给学生在擅长的学科上施展才华的机会。

传统教育不考虑学生的天赋潜能，搞统一规格，实行标准件生产。学生学同样的课程，用同样的教材，按同样的进度，缺乏自主选择权，学校不顾学生的个性特点，忽视学生主体，把学生当成"口袋子"，教学活动变成了"填鸭子"，不少学生变成了"书呆子"。学校成了工厂，课堂教学成了流水线，人才培养成了生产产品。我们的教育不能把学生当作机器来塑造，而是要把学生当作人来培养。

第九节　教育的组织

传统教育的组织形式，以学科课堂为基础体系。现代教育的组织形式，旨在建立以问题为中心的跨学科结构，更加突出问题取向的教育方式。

现在我们学校，老师经常说一句话，培养学生分析问题、解决问题的能力。不提及或者很少提及培养学生提出问题的能力。分析问题很重要，解决问题很重要，发现问题更具前提性，也更重要。

2012年，清华大学教育研究院发布的"以学习者为中心"的研究报告表明，和美国的研究型大学相比，我国"985"高校的学生表现最差的就是"课堂提问或参与讨论"环节：在"课上提问或参与讨论"这个题项上，选择"从未"的中国学生超过20%；只有10%的学生选择"经常"或"很经常"。美国大学生做出同样选择的，分别是3%、63%。

对于提问的重要性，爱因斯坦有一个著名的论述：提出一个问题往往比解决一个问题更重要。因为解决一个问题也许只是一个数学上或实验上的技能而已；而提出新的问题，新的可能性，从新的角度去看旧的问题，却需要有创造性的想象力，而这标志着科学的真正进步。

问题是知识学问的先导。历史上，一切知识学问的积累都是因为解决了问题。对"学问"这两个字，我们要很好地理解。学问，顾名思义，既学又问。学，是吸取已有知识；问，才是研究探索知识。怎么学，怎么问，本身就是学问。会学习的人才会有问题，不会学习的人是没有问题的。因此，我们要改变学生在校期间光学不问，或者说光学少问的习惯。

其实，没有问题，就没有创新。李政道教授对复旦大学校训"博学而笃志，切问而近思"做过评论：重要的是每句话中的第二个字：学与问，学问、学问，是学习问问题，不是答问题。

对于提问题，学术大师李政道有12个字的名言："求学问，需学问，只求答，非学问。"现在我们是什么情况呢？学生带着问号进校，带着句号出校，标准答案就一个，老师和学生都不敢越雷池一步。小学四年级学生问他一个问题，雪化了变成了什么？他说，考试的话，我就按照答案回答，雪化了变成了水。但我从心里想回答，雪化了意味着春天的到来。这个意境就很高。小学生作文训练，缩句，百灵鸟放开嗓子欢快地歌唱，我们成人脱口而出，百灵鸟在歌唱。不对。为什么不对呢？与标准答案不对，标准答案是鸟在歌唱。你不服气没关系，学生可不敢不服气，他不按照答案回答就拿不到高分，拿不到高分就不是好学生，不是好学生就升不了高一级的学校。

有位高三学生很有数学天赋，任何数学难题都难不倒他。他有一个小缺陷，不喜欢烦琐演算，方法对了、方程对了，答案往往小错不断，高考差两分没考上大学。家长把他送到国外，这个学生在国外课堂上经常提出很多问题，把老师问得瞠目结舌。老师实在回答不了，请全班同学起立，为这位同学能够问倒他而鼓掌，这在中国课堂中是极少见的现象。

因此，中国的教育是把有问题的学生教育得没问题，特别是中小学，老师下课时总要问一句：全懂了吗？学生都齐声回答：全懂了。没有问题了，老师才放心下课。国外教育恰恰相反，他们是把没问题的学生教育得有问题。学生越是能把老师问倒越是说明你教学成功，年级越高问题越多，学生越富有创意，越会突发奇想。

善于提问的学生具有强烈的好奇心、求知欲和较强的探索精神，善于提问的学生具有较强的观察力和想象力，善于提问的学生具有较强的逻辑思维能力，善于提问的学生更容易解决问题。

据说爱因斯坦上小学时，一次数学老师讲"加法"，老师拿出苹果问："一个苹果加一个苹果等于几个苹果？"学生齐声答道："两个。"老师又用别的实物做类似演示，边说边在黑板上写出1+1=2。此时，爱因斯坦站起来说："老师，1加1也等于1。"老师当时愣住了，只见爱因斯坦从口袋里取出两块软糖，一只手拿一块，然后把两块糖用力捏在一起，举起来说："老师，您看，这不是1+1=1吗？"老师和蔼地说："两块软糖粘在一起是变成了一块，但那是一大块。"爱因斯坦说："大1也是1啊！"老师一时也不知该如何解释，只是轻轻地重复了一句："对，大1也是1。"

爱因斯坦所提出的问题虽然让人难以理解，但他的这种善于思考、敢于质疑的精神是值得肯定的。他的老师也并不因此而认为他是在捣乱，对他的回答没有加以否定，这是尊重学生、鼓励学生质疑的具体体现。俗话说，"小疑则小进，大疑则大进"。疑问往往是一系列积极思维的开端，是创造发明的起点。在学生提出了不同问题之后，教师要善于鼓励和引导。有了问题，有了质疑，才能产生创新的火花，才可能有创新思维和创新能力，才能促进学生兴趣的形成和个性的发展。

有一次，一位老教育家问熟人的孙子。老教育家说："小朋友，我问一个问题，你动动脑筋。为什么每个人都有两只眼睛，两只耳朵，而只有一张嘴巴？眼睛有一只就可以了，耳朵有一个就可以了，嘴巴很忙，又要吃饭，又要讲话，却为什么只有一个？"小朋友抓耳挠腮，想不出。

老教育家说："爷爷告诉你，两只眼睛是说明看问题要两面看，不能只看一面；同样，耳朵要两面听；嘴巴只有一张，不能乱说，不能当面这么说，背后那么讲，要正大光明，讲话要算数，话要少说，因为嘴巴还管吃东西；东西要少吃，因为嘴还要讲话。"小朋友瞪大眼睛很有兴趣地听。

提出一些稀奇古怪的问题，目的是要孩子动脑筋，世界上任何事物都不一定是天经地义的，任何问题都不是只有一个答案，可能有两种答案甚至更多，一定要教育孩子对身边事物保持好奇的态度。

因此，我们要教育孩子从小大胆提问，大胆怀疑，标新立异，异想天开、奇谈怪论，别树一帜，甚至可以胡思乱想。创新需要奇思妙想，但奇思妙想与胡思乱想常常是双胞胎，二者很难分清楚。不少卓有成就的创造者往往就是从胡思乱想开始的，继而变为奇思妙想，从而出奇制胜。

让学生提问题，我们对学生应当有个正确的认识，这一代学生个性之突出、信息掌握之灵敏、求知欲之旺盛，都是我们始料未及的，特别是他们获取新知的能力要比我们强得多。我们对这代学生要刮目相看，重新认识。

多媒体运用，互联网开通，现代远程教育网的建立，使学生获取信息知识不仅只通过老师、课堂、书本，而有了更多的渠道和途径。这一代学生是非常聪明的，因为他们生活在互联网时代，成长在信息社会。据一份青少年教育材料讲，3岁小孩在家里挨打，挨打之后跑到里屋打110报警，这是法律意识。5岁小女孩表示长大后要当国家主席。她母亲听后很高兴，说太好了，你当国家主席后我就是皇太后了。小女孩说，就是我将来当了国家主席，你还是普通老百姓，和你没关系。这是平民意识。

美国芝加哥大学这几年连续拿诺贝尔奖，是世界一流大学。一位记者访问一位拿诺贝尔奖的教授，是不是芝加哥大学的教授很优秀？这位教授的回答出人意料，他说不是芝加哥大学的教授很优秀，而是芝加哥大学的学生很优秀。你想想，当一个教授面对着20个大胆提问、善于提问的学生——他们是小班教学，20个学生一个班——他敢有丝毫的懈怠吗？他敢有丝毫偷懒的企图吗？如果这位教授说的是实话的话，我们应当得出一个什么结论呢？好学生培养了好老师。因此，我们的观念都要变了。一堂能够引发许多问题的课叫好课，一堂能够引发提出难倒教师的问题的课是更好的课。常问的学生是好学生，爱问的学生是更好的学生，问题问得很刁钻、很奇特的学生应当是最好的学生。好的老师对学生来讲，课前有一种期待，课中有一种满足，课后有一种留念。

因此，我们要鼓励学生独立思考、发现问题、提出问题、锻炼提出问题的能力，实现从灌输课堂向对话课堂的转变。

在教学过程中，分析和解决问题是已知，而发现问题是未知。发现问题是指个体借助已有的知识基础和经验，发现书本上没有教过的新方法、新观点、新途径。这种发现对教师可能是微不足道的，但对学生是难得的。因为这是一种自我超越，是一种成功的表现。学生可以在这个发现过程中领悟很多东西，可以逐渐积累创新和创造经验。更重要的是，可以培养学生学习的兴趣，树立自信，激发激情。教师对学生的发现，即便是幻想或是空想，也要鼓励他们的积极性。

在发现问题的基础上提出问题，需要逻辑推理和理论抽象，需要表达的组织和精确的概括。提出问题的关键是能够认清问题、概括问题。提出问题必须进行深入思考和自我组织，才能激发学生的智慧，调动学生进入思考状态。

第一次世界大战期间，在某次战役中，一位德国军官通过望远镜看到一只波斯猫。有人说这不过是一只野猫，这位军官却分析道：下级军官绝不会有这样名贵的猫，因此这附近必然有敌军的一个指挥部。结果，在暴风骤雨的突袭后，指挥部被德军捣毁。这个故事揭示了一个道理：看见不等于洞悉，只有经过深入思考，才能抓住细节中蕴含的真相。

锻炼提出问题的能力，要在"敢"和"善"两个字上下功夫。一个在心理基础上，一个在科学基础上，都要做好充分准备。

敢于提出问题。不要怕丢面子，不要怕问题提得不恰当、不对头，遭人取笑。中国人好面子，这是一大弱点，必须克服。杨振宁先生的老师泰勒学术思想活跃，好与人讨论，但经常出错，知错就改。杨先生对他非常佩服、尊重，认为："学术上有那么多思想，纵然90%是错的，但能有10%是正确的，就非常了不起。"

善于提出问题。关键在于掌握科学知识的深度和广度。问题提得一要正确，二要恰当，三要及时。正确，就是要掌握科学前沿，能推动科学主流的前进，开拓一个方向，而不是零碎枝节、鸡毛蒜皮，对科学的进展无足轻重。恰当，要求提出的问题是可解的，已经有成熟的理论、方法和可供解决的基础。及时，是指要抓住时机，早了，准备不成熟，问题解决不了，晚了，就会错过机会。这也可说是"知己知彼"，要真正掌握是需要长期钻研、经常琢磨的。

美国斯坦福大学校长卡斯帕尔到北大发表演讲。他说，我认为课堂教学最激动人心的时刻是学生对老师说："老师，你错了。"现在我们的课堂教学，有多少老师喜欢学生这样讲，有多少学生敢于这样讲？这里当然有文化的差异，有我们教学方法的差异。比如文化差异，中国学生放学回家，家长总要问，你今天考了多少分？西方学生回家，家长总要问他，你今天向老师提了几个好问题？文化不一样。

耶鲁大学雷文校长被问及中国学生有什么缺点时说：中国学生"太听话"了，中国的学生一般不敢对老师说不，美国学生虽然也很尊重老师，但会和老师争论。哈佛大学肯尼迪政治学院的肯尼迪公园门柱上铭刻着肯尼迪总统的一段名言："创造权力的人对国家的强大做出了必不可少的贡献，但质疑权力的人做出的贡献同样必不可少，特别是当这种质疑与权力无涉时。因为，正是这些质疑权力的人们在帮助我们做出判断：究竟是我们使用权力，还是权力驾驭我们？"在这种质疑文化的影响下，哈佛教授重视在教学中营造学生敢于质疑和批判的文化氛围，并注重培养学生勇于质疑和批判的精神。教授不仅习惯学生对自己以及权威的怀疑和批判，而且在课堂上鼓励学生向自己的观点提出挑战。有质疑才有学术的生气、活力和创新，而这种学术质疑的勇气来自学生的自信和批判精神。

我们教育模式的最大弊病就在于不是学思，而是学答。就是学习回答问题。我们聘请了很多老师去设计题库给出答案，然后把它拿给学生，让他们死记硬背。

对人的创造能力来说，有两样东西比死记硬背更重要，一是要知道到哪里寻找他所需要的比他能够记住的多得多的知识，是他综合运用这些知识进行新的创造的能力。死记硬背，既不会丰富一个人的知识，也不会让一个人变得聪明。

哈佛大学校长福斯特认为，面对思维活跃、信息多元的学生，教师不再是系统知识的灌输者，而是新视角的提供者、新问题的发现者和新思维的探索者。

美国芝加哥大学经济学权威阿尔钦教授在上第一堂课时，向同学们提出一个问题：假如你在一个有很多石头的海滩上，没有任何度量工具，而你要知道某一块石头的重量，怎么办？整整一堂课五十分钟，学生绞尽脑汁想不出解决方案。第二堂课，学生没有提出令人满意的方案。这个石头问题讨论了一个月，直到第五个星期，学生们挖空心思，再也提不出新方案了。阿尔钦教授一口气讲了两个小时，但讲的全是经济学中最基本的原理。学生们听得如痴如醉，过瘾至极。这种穷尽一切可能性答案的教学方法，强化了学生的问题意识，培养了学生提出问题的能力。

这种问题式教学强调启发、讨论。用"吊胃口"代替"喂食"。所谓"吊胃口"，就是，老师的讲课就像介绍一桌丰富的大餐，告诉学生每道菜有多么好吃，营养多么丰富，对身体有多少好处，使学生垂涎三尺，食欲顿起，再告诉学生每道菜应该如何烹调，如何调配，使学生摩拳擦掌，跃跃欲试，下课后，学生迫不及待地一头扎进图书馆和实验室，自己动手准备这桌大餐。

培养学生提出问题的能力，需要从灌输课堂向对话课堂转变。目前我们的教学是"填鸭式"的灌输课堂，知识主宰课堂，教师成了知识的权威，学生成了知识的"容器"，教学过程成了"复制"知识的过程。鼓励学生独立思考，发现问题，提出问题，必须改变传统的教育组织形式，将现有的灌输课堂转换为对话课堂。对话课堂主要包括知识的对话，思维的对话和情感的对话。

知识的对话需要将单向灌输转变为多向交流，将学生从课堂上的"观众"转化为"演员"，将课堂从"一言堂"变为"学习共同体"，使知识在教师与学生、学生与学生之间传递、交流与互动。

思维的对话需要将"句号"课堂转变为"问号"课堂。在灌输课堂上，教师为了在一定时间内讲完规定的教学内容，往往不给学生思考的机会而直接给出结论或答案。学生在课堂上只有听讲和记忆，而不能思考与理解，这种学习只能是知识的学习。

课堂应该是"问号"课堂而不是"句号"课堂。课前，学生应该做好预习，为自己准备"问号"；课上，应该积极思考，解决原有的"问号"，并形成新的"问号"；课后，应做好复习，解决留存的"问号"。在课堂上，如果教师讲得全不明白，只有"问号"没有"句号"，肯定不是好教师，但如果全讲明白了，只有"句号"，没有"问号"，也不是好教师。特别要强调的是，思维的对话绝不是简单的提问。在课堂上教师编织一些仅凭记忆就能回答的问题，不仅不能引起思考，反而会干扰学生思考。

曾经有过这样一个例子，一个美国教育代表团来中国听课，这堂课是一所重点中学的特级教师上的课。按照我们的评判标准，这是一堂演绎得极为生动、天衣无缝、出神入化的好课。但美国代表团没有任何反应。后来他们讲了我们没有想到的话。他们说，这堂课都是老师提问学生回答，回答都很正确。但是，这些问题既然学生都能正确回答了，这堂课还需要吗？为什么你们的课不是学生问、老师回答呢？

情感对话需要将知识课堂转化为情感课堂。语言是课堂传授知识的媒介。如果用冷冰冰的语言传递硬邦邦的知识，就成了死气沉沉的课堂。知识蕴含着丰富的情感，凝聚了人类认识过程中体现出来的情感，记载和描绘了大千世界的深邃奇妙和绚丽多彩。戈德曾说："人们只能认识自己所爱的。爱越强烈充沛，认识就越深刻完整。"只有倾注了感情，才能感受知识的生命，才能领略知识的美。

热爱激发教师的激情，激情激活知识蕴含的情感，情感产生活泼生动的教学语言。我们要将这样的情感传递给学生，让学生感受到知识的生命。我们现在往往抱怨学生不专注于课堂，但却很少过问课堂值不值得关注。如果不是揭示知识的真谛与美妙，只是把知识作为一具"僵尸"来展示，这样的课堂是不值得关注的。

培养学生提出问题的能力，需要从重学轻思向学思结合转变。思考是创新的关键。只有独立思考，才能融会贯通，才能由多而少、由博而一、由现象到本质、由无序到规律；只有独立思考，才能生动活泼、千姿百态，才可解放思想、向传统挑战，才能不安所学、不溺所闻，才能有所创新、有所发展。爱因斯坦曾言："学习知识要善于思考、思考、再思考，我就是靠这个方法成为科学家的。"思考从质疑开始，经过疑惑或质疑后，才可达到深信无疑；经过疑惑或质疑后，才可以深刻理解。

创新三要素：学习是基础，思考是关键，实践是根本。学习、思考、实践三者之间彼此紧密相联，互动互进。学思结合体现了学中思和思中学，知行合一体现了学中做和做中学，思行统一体现了思中做和做中思。

为了培养学生提出问题的能力，应大力推进教学模式改革，提倡专题讨论式、案例式、自主学习式、角色扮演式、辩论式、情景式等启发式教学。应始终坚持：质疑重于聆听，反思高于理解，超越高于适应，直觉重于逻辑，体验高于经验，自由高于创造的理念。

第十节　教育的功能

传统教育学认为，培养人才是高校的根本性功能，从而忽视其社会服务的功能。从功能本源看，现代高等教育更应强调社会服务。人才培养、科学研究、文化传承创新最终要落脚在为社会服务上，这是高校功能中的重要任务，也是现代社会对高等教育更高层次的要求。

大学的社会责任来源于大学的社会地位、拥有的资源和享有的权利。英国教育家埃里克·阿什比在评价美国高等教育时说，在世界高等教育历史上，美国的贡献是"拆除了大学校园的围墙"。时至今日，一个游离于社会之外、我行我素的大学是难以找到的，一个不承担社会责任的大学是难以理解的。

大学的功能随着社会的发展而日益丰富，既传授知识、培养人才，又进行科研、生产新知识，还要走出"象牙塔"，直接为社会提供服务。现代大学需要实现从被动的社会义务履行者到主动的社会责任承担者的转变，这不仅是角色的转换，更是思想观念的创新，是行动与实践的进步。

纵观世界现代化的进程，发达国家的重大科学发现和重要技术突破大都源于高等学校和科研院所，源于它们在产学研结合方面的卓越贡献，其中尤以美国为典范。

美国是世界上高等教育最为发达的国家之一，也是产学研合作发展最好的国家之一。1946年，第一台电子计算机在美国宾夕法尼亚大学诞生；1969年，互联网在加州大学洛杉矶分校、斯坦福研究院、加州大学圣巴巴拉分校最先使用。目前，由斯坦福大学的科研成果转化所诞生的世界知名企业有惠普、雅虎、谷歌、太阳、硅图形公司、网景、思科等。麻省理工大学在这方面也相当突出，每年有大约150家与麻省理工大学有关的新公司成立，其中至少有10%的新公司是直接由该校的成果转化产生的；其他大学如华盛顿大学、乔治亚技术学院、威斯康星大学、卡内基梅隆大学在技术转化方面也迈出了坚实的步伐，对当地经济的发展和多元化做出了重要贡献。进入21世纪以来，美国大约有2/3以上的高校设有专门的科研机构和大型研究中心，它们在美国的产学研合作中发挥着非常重要的作用，已成为美国产学研合作模式中的主角以及科技创新的源头。

美国高校在产学研合作发展中之所以取得显著成效，有其成功经验与基本规律。

第一，美国产学研合作成功的基础无疑是高校以及科研院所雄厚的科研实力。在现代社会的产学研结合过程中，高校、科研院所已成为美国产学研合作模式中的主角，它们是科技创新的源头，每年产生数以千计的技术专利，创造了大量的高科技企业。美国高校在基础研究和应用研究领域的力量非常强大，一些研究型大学是培养高层次科技人才的重要基地，是推动经济发展的重要动力源，为与政府、企业合作奠定了良好的基础。大学积极与政府部门和企业合作，参与科学研究与开发，推进产学研合作创新，满足政府部门和企业的技术、人才需求。二战期间，美国的大学就参与了政府引导的技术创新活动，取得了巨大成功。美国政府对大学给予重点支持，使科研体制完成了从"小科学"到"大科学"的转变。也正由于美国大学在科技创新方面的优势，从而使其能够得到多方的资金支持和法律保障，保证了产学研结合的顺利进行。

第二，美国高校的办学理念是产学研成功结合的重要推动力。以斯坦福大学为例，它之所以能够在较短的时间内由一个二流大学跃升为世界一流的研究型大学，一个重要原因就在于其创始人明确提出了要把大学办成研究与科技开发中心的发展目标，并采取有效的、得力的措施推进这一办学思路，从而与硅谷一起成长发展并著称于世。

第三，良好的运行机制是美国产学研成功结合的关键。具体来说，美国的产学研结合发展，一方面取决于美国企业界特别是实力雄厚的大企业重视与大学在技术创新方面的合作，从而使美国大学的科研工作能与生产紧密相联，这样既可以使大学直接接触到生产领域中存在的各类科学技术问题，使科研更有针对性，又能够使大学借此机会获得充足的科研经费，加快科研进程。另一方面由于美国政府科技政策的引导和倾斜，促使美国高等学校在面向产业领域的技术创新活动中起着重要推动作用。高校、企业以及政府中的两者或三者通过共同建立研发平台，联合实施工业会员计划，建立产业合作中心和高新技术咨询中心，以及在自主选择基础上的伙伴选择机制等，优势互补、资源共享，从而使得产学研结合更有针对性，有效性。

美国高校在整个国家产学研结合过程中的角色转变，凸显了这个国家对科技创新的重视程度。随着当代科技革命的深化，经济发展向全球化迈进，美国高校为了在产学研活动中进一步增强竞争力，正逐渐向"产业/大学合作研究中心"（I/UCRC）模式以及"州/产业/大学合作研究中心"（S/IUCRC）模式迈进。大多数高校在有效利用本校资源的基础上，正在积极进行不同高校间、以及高校与企业、政府的跨区域协作，进而促进产业链的形成与发展，持续提升高校的科研水平，这将成为进一步支撑美国持续稳定发展的源动力。

国外成功模式通常有三类，一是大学融入企业，如美国硅谷高新技术企业云集，斯坦福大学和加州大学也融入其中，北卡罗来纳州三角科技园是全球高水平生物制药研发高地，北卡大学也深入其中。

二是以大学为基地吸引企业，如英国华威大学，校园里有上百家工程中心、实验室和研发中心，都是校企合作或由跨国公司直接设点，师生与行业企业近距离甚至零距离接触，校企各方既可联手研发，也便于企业公司熟悉毕业生就业能力，还可以送企业员工进校培训，一举多得。再如卢森堡大学金融学院，在人均GDP十万美元以上的富国，并没有高薪聘请全球最好的经济学、金融学、财会学、统计学教授，而是把金融学院直接交给卢森堡银行家协会，从学生选拔到教师配置、课程安排、实习安置、论文指导、将来就业，一条龙地由银行家协会帮助设计，所以本国学生趋之若鹜，据说国外留学生申请要排三五年队，该院从2003年设立至今短短十年，就迅速成为欧洲新大学的典范。

三是政府引导和搭建平台，如日韩的技术研究组合和官产学研结合。

四是混合型集群，像欧盟的教育、科研、创新构成"知识三角"，有效整合产学研，推动创新实验室、企业、研究机构和大学组成创新集群。国内较好的案例有北京市的中关村科技园区，还有以高校为基地向外辐射的清华、浙大以及各地的校校协同创新，贴紧行业专门需要的北京交大、武汉理工大学、兰州交大以及农林水地矿油类高校。

高校作为创新重地，不仅要在培养和造就创新人才中发挥基地作用，更重要的是在国家创新体系中发挥生力军作用，在承担国家科技重大战略任务中发挥骨干作用，在发展创新文化中发挥表率作用。现代大学不但要在文化知识传播上发挥重要影响，更要在经济建设主战场拥有重要的地位及影响。

当前，高校要在应对第六次新的科技革命挑战中发挥更大作用，做出更大贡献。高校要充当引领未来科技发展的"发动机"，推进产业结构调整的"助推器"，引领高层次人才的"先头军"，调整就业矛盾的"蓄水池"，成为新兴产业的促进者、学习型社会的建设者，成为高端智囊团和思想库。

对大学功能定位观念的转变，关键要求大学的学科建设理念也要发生相应变化。这一变化的核心内涵，简单说，就是要由以往注重知识的传授、积累和创造，转向更加注重知识的应用和转化；更加注重知识的生产创新；更加注重解决经济社会发展重大现实问题，更加注重推进产学研结合。

"高等学校创新能力提升计划"（简称"2011计划"）提出的人才、学科、科研三位一体创新能力提升的核心任务，主要目的就是促进三者之间协同与互动，增强创新要素的有效集成，增强高校创新能力的导向性，增强投入与产出的效益，进一步推进产学研结合。

总体上看，协同创新有两大基本动力，一是政府引导调控的外部需求推动，二是参与各方的内在利益驱动。日本、韩国的动力机制基本属于第一类，2013年初有些美籍华人科学家联名给我国国务院领导写信，认为现在美国成功的产学研协同创新，大都采取第二类动力机制，参与各方通过协商谈判、利益分担、成果分享来运作，建议中国高校可以借鉴他们的做法。

我国的产学研协同创新刚刚起步，自从2011年胡锦涛同志在清华百年校庆倡导建立产学研深度合作的战略联盟以来，2012年教育部和财政部启动"2011计划"，明确了"需求导向、全面开放、深度融合、创新引领"的基本原则，而且党的十八大报告强调"更加注重协同创新"。

现在看来，"2011计划"的最新进展，有些在预料之内，例如高校动作非常快，有些省甚至把省属院校都排出长队，每年都要推进和申报。但也有些意料之外的，例如企业和中科院系统参与积极性空前高涨，目前80%的中科院所、60%的行业骨干研究所、50%的大型骨干企业都以不同方式与高校商议开展协同创新，2013年审批公示的第一批14个项目，分布于前沿、行业、区域、文化等不同领域，地方大学领衔平台项目已崭露头角，对部属院校的压力也越来越大。其实，中央财政引导和奖励经费有限，目前产业界承诺落实的经费已超过200亿元。国家希望产学研协同创新的推展计划能比"985工程"和"211工程"具有更强的驱动力和更大的吸引力，一定会越走越好。

第十一节　教育的实践

传统观念认为教育实践主要指社会调查、志愿服务等社会实践活动。现代观念讲的教育实践，不仅是指暑期社会实践活动，而是指贯穿学生培养全过程的一种教育活动。强化实践教育，不仅是某些教学环节的变化，更是一种育人观念的转变。特别是要让学生、教师、社会都认识到，书本知识是知识，实践中的经验教训是更重要的知识；上课读书是学业，实践训练也是重要的学业；获得奖学金的是好学生，被企业认可重用的更是好学生；考试成绩好的是好学生，创业好的也是好学生。

目前，教育实践已成了大学教学的"软肋"。主要表现在两个方面：一个是实践总量不足，第二个是实践层次太低。大多数实践属于被动实践，仍停留在非认识阶段，甚至成了"听"实践，"看"实践，"抄"实践。为此，树立实践育人观念，加大实践教学投入，强化认知性实践和主动性实践，形成完善的实践教学体系，迫在眉睫。

按照现代教育观念，实践不是独立于知识传授和能力培养之外的。它不是课堂教学的补充和延伸，而是培养学生成人成才不可或缺的重要组成部分，是学生获得系统知识，并将知识转化为能力、智慧、精神、品格的必由之路。

树立实践育人观念还要重视教师的作用。一直以来，有种观点认为，实践教育是学生的工作，是学生自己的事。今后，我们必须转变这种观念。事实上，无论是科技创新，还是社会实践，无论是校内实习，还是校外实践，教师都发挥着至关重要的作用。

我们要培养应用型人才，就要求广大教师绝不能仅仅局限于"三尺讲台"，要将课堂延伸到实验室，延伸到社会的广阔天地。教师要树立"课内课外"都重要的教书育人观念，自觉把教学实践纳入到整个育人过程之中。

第十二节　教育的环境

传统观念认为环境就是领导，环境就是待遇。现代观念强调，环境就是科学体制的运行，先进制度的设计。

环境就是生命力，环境就是竞争力，环境就是创造力。一位诺贝尔奖得主有一段精彩的讲话，"得不得到诺贝尔奖并不重要，重要的是有没有出诺贝尔奖的土壤"。江泽民同志在接见世界首富美国微软公司总裁比尔·盖茨时讲，这么一个青年人，创造这么大的社会财富，我们要很好地研究。

北京大学人事制度改革设计者张维迎教授提出一个观点：国际核心竞争力不是人才，不是技术，也不是资源，而是先进制度的设计。世界一流大学美国加州理工学院前院长巴尔蒂莫38岁就获得了诺贝尔奖，有人问他，这所大学是怎么成为世界一流大学的。他讲，很简单，他就办了两件事，第一件，请一流人才来；第二件，给一流人才创造条件。可能有一点，或许他自己都没想到，这所大学无论谁当校长，学校都按照一种共同的办学理念、校风、学风在运转。

我们常讲，一个好校长就是一所好学校，一个好校长就是一面高扬的旗帜。人们都在期盼好校长，寻找好校长，但从现代管理的角度看，仅仅依靠校长的奉献精神、人格魅力和管理能力，很难保证学校的长远发展。

一个单位、一所学校的管理主要依靠人才成长的环境，完善的管理制度和机制。领导不在、校长不在，依然能够保证正常运行。

我们讲，一流人才的待遇固然很重要，但是待遇达到一定数量值以后，就不那么重要了，重要的是学术体制、学术环境能不能保证他的学术成果、学术生涯，这是最重要的。所以说，我们要给人才创造一个好的环境、好的制度，真正使人才有用武之地而无后顾之忧，有苦练内功的动力而无应付内耗的压力，有专心谋事的成就感而无分心谋人的疲惫感，要通过我们有效的工作建设一个有利于人发展的优良环境。

我们国家过去是个人情网社会、关系网社会，有人说中国是一个人情王国，办事找人情，遇事拉关系，说中国人爱喝三面汤：脸面、情面和场面。今天我们的社会生活在走向理性社会，什么是理性？强调程序，强调规范，强调标准，强调精确，强调制度约束。现在我们对教授有量化指标，对干部也有指标体系，有很严密的程序。所以说当一个社会越来越规范、越来越程序、越来越精确、约束越来越制度化的时候，人情关系的作用将会越来越小。

上述教育观念转变创新的核心是，教育人才观的创新。科学的教育人才观主要包括杰出人才观和多元人才观。

一、杰出人才观

杰出人才就是有与众不同的特质，能把自己独特的东西奉献给社会的人。杰出人才应当具有两个方面的独特素质，一是卓越的基本文化素质，二是超常的创造力。杰出人才超常的创造力主要决定于个人的天赋、志向、胆识和勤奋。杰出人才卓越的基本文化素质，可以发挥重要作用，为其脱颖而出创造条件。

达尔文上小学时，所有老师、长辈都认为，他智力平庸，与聪明不沾边。罗丹在父亲眼里是白痴，在老师眼里智商很低，三次报考艺术院校都没考上。爱因斯坦四岁才学会说话，老师的评语是反应迟钝。

历史上很多做出划时代贡献的发明家往往是"怪人"，他们怪异的性格往往能成为他们脱颖而出的砝码。英国《精神病理学研究成果》的研究涉及人类历史上很有影响的各学科领域300多个领军人物，证实天才和精神病恰如一对亲生兄弟，天才中多患有精神躁郁症。政治家中有17%，科学家中有18%，思想家中有26%，作曲家中有31%，画家中有37%，小说家中有46%。像牛顿、伽利略、富兰克林、开普勒、达尔文等科学巨匠，都是特立独行的怪人。我们的教育应当在全面发展的基础上尊重个性，照顾特点，发掘天赋，发展个性，应当在基本合格的前提下，培育特长，提携优秀，鼓励冒尖。

通过对"诺贝尔奖"现象的分析发现，近年来诺贝尔奖得主的学业成绩鲜有名列前矛的。如2012年医学奖得主英国的约翰·格登在中学时理科成绩全班垫底，曾被老师称为"笨得完全不应该学自然科学"。许多案例表明，人才的成长和成功与学历并没有非常直接的关系。很多杰出人才是在某些方面有特长而不是全才，几十年前华罗庚、钱伟长这些人之所以能够入学，是因为录取他们的人敢于赏识他们，敢于选择有特长的人。

在清华大学、北京大学、山东大学的历史上，也出现过许多不拘一格选人才的佳话。在当时高考中，吴宓数学得0分，钱钟书数学得15分，仍被破格录取。臧克家报考山东大学数学0分，语文98分，山东大学破格录取他。臧克家高中数学没学，高考数学得了0分。可是，他的三句杂感：人生永远追逐着幻光，但谁把幻光看作幻光，谁便沉入了无底的苦海。得到了山大文学院院长主考老师闻一多的赏识。评分极严的闻先生，给这三句杂感打了高分，并破格录取了他。

这样的例子数不胜数。钱伟长，幼年饱读诗书，早年以国文和历史双百的成绩进入清华大学就读文科，"九一八"事变后立志科学救国，要求转入物理系，而他入学考试时物理只考了5分。当年的清华物理系主任吴有训为其诚意打动，同意了他的请求。

还有华罗庚的例子。他初时只是一个只有初中学历的人，先做小学教员，后为店员，后来被破格招进清华大学加以培养，又破格从一位系资料员转升为助教，而且被允许修习大学课程，破格被送到英国剑桥大学去"访问研究"，最后又未经讲师、副教授阶段而被破格聘为教授。

学校培养人才不但要讲究合格，而且要敢于破格。我们不能因为讲规范而走向僵化，因为讲全面而助长平庸，因为讲合格而抹煞天才。

现在学校培养的人才是平才多，拔尖人才少。平才与拔尖人才最大的区别是有没有创造性，拔尖人才也不是样样都行，他只是在一个方面或某几个方面有独到和卓越之处。古人讲得好，有高山就会有深谷，有奇才就会有怪癖。如果把你的聪明才智用到这几个方面，其他方面往往会出现缺陷。如果求全，只能助长平庸，抹煞卓越，埋没人才。

个性越强，越能出类拔萃、取得成功，人无个性必平庸。每个人都有他的长处，只要发挥他的长处，他就是人才。我们过去的教育培养的平才多，而拔尖人才少，求全是一个重要原因。一个平才和拔尖人才之间最大的区别，就在于有没有创新精神和创新能力。

一个人能在某个领域做出突出贡献，即便其他方面差一些，这个人也是有价值的人。许多对人类做出突出贡献的人，可能在其他方面并不高明，甚至是低能的，这丝毫不损其伟大。如果在人才培养上只着力补短，就必然没有时间去扬长，扼长补短，人才就会被扼杀。

美国盖洛普公司提出一个观点：多数人尝试改变缺点，希望把缺点变成优点，结果很困难，很痛苦；少数人是管理缺点，发挥优点，结果是很快乐，很幸福。所谓管理缺点，是在不够的地方做得足够好。所谓发扬优点，是把主要精力放在自己感兴趣的地方，做到更好，从而获得自信。有的缺点是性格所致，不易改变，江山易改，本性难移。现在用人单位选人观念也发生了变化，能力不够可以培养提高，性格不好却很难改变。性格是个性中最核心的部分。人生有限，工作时间更有限，一生能解决一个问题就不错了，能解决一个重大问题就算伟大了。一个人一生能干的事很少，能干成的事就更少。我们不要期望自己方方面面都比别人强，只要一两个方面或者某个方面比别人强一点足矣。贝多芬不会因为打拳打不过阿里而感到自卑，他为全世界创作了许多美好的音乐；同样，阿里也不会因为创作不出第九交响乐曲而自卑，他的价值在于拳头。

二、多元人才观

多元人才，就是人才呈现阶梯和立体的多元化状态。社会的需求是多元化的、多方面的，任何单一元素都不能构成完整的社会生态。从整个社会结构、社会需求、生产力发展需求来看，我们不只需要科学家，而且需要数以亿计的高素质劳动者和数以千万计的专门人才，需要的是与经济结构相适应的包括各级各类人才在内的人才体系。这些都是提高人才培养水平的要求。追求卓越的理念本来没错，关键是持什么样的卓越观。卓越不是单一的卓越，而是多样化的卓越。三百六十行，行行出状元，而且即便没有成为状元，只要他根据自己的理想和兴趣满足社会的需要，成为对社会有益有用的人，他就是人才。

李白诗云"天生我材必有用"。当然，社会上存在各种各样的人才，有的是大才，有的是小才；有的是英才，有的是庸才；有的是通才，有的是专才；有的是全才，有的是偏才；还有怪才、奇才、"鬼才"等等。有的少年早慧，有的大器晚成。有的在这一方面成了才，有的在那个方面成了才。

人才观是多元化的、立体化的。人人可以成才，有一技之长就是人才，条条大道通罗马。

2000年俄罗斯潜艇遇难，引发全世界的关注。但俄罗斯潜水员下水后无法打开舱门，迫不得已，只好请挪威潜水员帮忙，结果他们在短时间内就打开了舱门，发现了遇难官兵，说明什么？说明俄罗斯人民在蒙受了巨大悲痛后又蒙受了巨大的羞辱，潜水员能力不行，有损国家形象。其实潜水员中专就可以培养了。

这几年我们国家进口了一批世界一流水平的芯片生产线，生产手机和电脑芯片。但到目前为止，国内还没有人会调试，没办法，只能从国外请，报酬多少？不按年薪，不按月薪，周薪就高达百万美元！如果我们国家培养出几个周薪百万美元的高级技师，比出几个诺贝尔奖更有现实意义，有的高级技师高职、高专就可以培养了。

美国前总统里根当选总统后，很多人跑来向里根的母亲祝贺：你儿子真了不起，当了美国总统了。里根的母亲很平静，说我还有一个了不起的儿子，是里根的弟弟，他现在正在地里刨土豆。在里根母亲的人才价值标准里，儿子当总统了不起，在地里刨土豆当农民同样了不起。如果这种人才价值标准被国人接受的话，几年前，浙江金华徐立杀母的悲剧就不会发生了。徐立考前十名他母亲都不满意，要求他必须考前三名，目标锁定北大、清华、浙大等名校。

多元人才观，说句形象话，长颈鹿可以伸长脖子自己吃树上的树叶，小羊也可以低头吃地上的青草，各得其所，各有所为。

成才的定义有很多种，成才的道路有很多条。著名心理学家加德纳对教育有一个解释，今天想起来很有现实意义。他说，什么是教育？教育就是发现学生的天赋，加以培养，使他们获得成功感，这就是教育。但是我们今天忽略了这个教育的目标和要求，好像要把每个学生都培养成大学教授和科学家，家长望子成龙，望女成凤，千军万马都在过独木桥。

《参考消息》曾登过两则新闻：第一则新闻是中国的"成才热"，说中国的新华书店还有小书店、小报摊都在卖成才的书籍。第二则新闻是坐头等舱的中国留学生，说中国家长送孩子出国留学怕长途跋涉辛苦，买头等舱让孩子坐，自己却节衣缩食，反映了中国家长望子成龙的典型心态。

有一所小学做过调查，让32名小学生来做一张"21世纪的我"的名片，其中27名小学生在名片上写着：总裁、总经理、支部书记、校长。这反映出什么问题呢？我们既要激发学生追求远大的职业理想，也要教育学生，即使做一名普通劳动者，也能为国家、社会做出贡献。

以上教育观念的转变创新，实际上是关于教什么、怎么教、教得怎么样，以及学什么、怎么学、学得怎么样的问题。这些问题，是教与学的关键问题。推进这些教育观念的转变创新，就是不仅要让学生掌握知识，更要让学生掌握方法；不是只让学生掌握某种专门技能，更重要的是获得适应社会发展要求的综合能力；不仅只是关注学生智力水平的提高，还要关注学生思想品德、知识技能、身体心理等各方面素质的整体提升；不是只让学生被动地接受知识，更重要的是注重学生对创新精神和创新能力的培养；不是只关注学生的在校学习，还要关注孩子学习与将来社会生活的统一性，关注学生的生存与发展等等。转变更新教育观念，大力推进素质教育，把学生培养成为德、智、体、美，全面发展的创新型人才。

第四章

打造创新素质

深入研究创新人才素质，发掘学生创造潜质，是实施创新教育的重要课题。

第一节　教育创新概念

什么叫创新？培养创新意识、创新精神和创新能力，首先要对创新概念有个大概了解，否则，我们总认为创新是一件神秘莫测、高不可攀的事情，在没有创新之前就失去了信心和勇气。

世界顶尖大学美国哈佛大学的一位校长曾经讲过：一个人是否具有创造力，是一流人才跟三流人才的分水岭。有一次有人问香港巨商李嘉诚："你辛辛苦苦一辈子，而比尔·盖茨几年暴富，比你还富，这是为什么？"李先生说完"后生可畏"等客气话之后，然后又说："比尔·盖茨掌握了这个年代最为稀缺的资源——创新。"

创新的基本定义是指从外界引入或者在内部产生某种新事物而造成有益的变化。创新理论最早是由奥地利经济学家熊彼特于1912年在《经济发展理论》一书中提出来的。他认为，"创新"是指"企业家对生产要素新的组合"，包括开发一种新的产品，采用一种新的方法，开辟一个新的市场，获得或控制原料或半成品的一种新的供给来源，以及采取一种新的组织形式。

　　经过近百年来的发展，人们对创新的理解也越来越深化。创新可以说是人们为了适应客观环境的变化而采取的一些新举措。因为客观环境在不断变化，人们要适应这个变化，就不能墨守成规，必须不断采取新举措，这就是创新。创新与发明不同，创新并不一定都源于发明，只有原始创新才主要源于发明。

　　此外，创新是一种精神，创新是一种文化，创新更是一种状态。在富有创新精神、具有创新习惯的人看来，没有解决不了的问题，没有过不了的坎。"方法总比问题多"是他们的基本信条。当一个国家、一个单位、一个人把创新变成常态，这个国家、这个单位、这个人将永远年轻，永远富有活力，永远与希望结伴。事实上，在一个崇尚创新、善于创新的国度，创新可以反映在社会生活的方方面面。如此，我们就不难理解，为什么在当年小布什提出的STEM计划（教育计划）中，将"美国人民的潜能"看作美国的最大财富，而不是它广袤的土地、丰富的矿产、浩瀚的海洋；为什么国外大学选拔学生时将是否具备发展潜能放在第一位，而不是将考试分数等放在第一位；为什么一些学者认为，大学教育的重要功能之一就是要发现并将人口中约1%的智力超群者培养成才，使其为社会、为人类发挥潜能做出贡献。

　　世界一流大学美国加州理工学院前院长巴尔的摩，有句关于创新的简要解释，他说，创新就是对未知的追求。从这个意义上讲，创新就是追求把事情做得更好。我们要把事情做得更好，首先必须要找到问题，找到需要改进的地方。找不到问题，找不到需要改进的地方，就没有更好。

　　实践证明，改进效果比以前更好，可以说你创新了；如果以前没人做过，你的工作就是填补了空白，那更是创新了。所以创新是一个充满激情的、追求把事情做得更好的过程。更好是永无止境的，创新也是永无止境的。

　　从严格意义上讲，创新是人类特有的一种认识能力、实践能力，是人类主观能动性的高级表现形式，有四句话形象生动地概括了创新：创新就是终点的超越、平衡的打破、动态的延伸、高度的提升。

　　创新、创造之间存在什么关系？创造是从无到有，创新是从有到新，创造是创新的基础，创新是创造的导向，两者密切相关。

　　2011年2月4日，美国政府发表《美国创新战略报告》，明确地把"创新"界定为"个人和组织机构产生新的想法并将它们付诸实践的过程"，并且美国历史的发展阐明，创新是美国经济增长和国家竞争力的基础。"一个新的想法只是一个起点，因为我们的市场体系通过其竞争压力而致力于验证这些想法，并将其中最出色的想法进行传播。创新是一个完整的过程：通过将一个发明成功付诸实践并广泛传播，提高劳动生产力，为供货方提供利润，从而造福于发明的实施方和消费者。"

教育创新是一个一直存在的社会现象，它是教育发展和变革的真正动力。人的发展过程以及影响教育发展因素的复杂性，决定了教育现象本身的复杂性，而教育创新恰恰以其具体、灵活和适用的特性，契合了复杂过程的需要，成为教育过程的必需。

当今社会经济的迅猛发展对人的素质提出了更高要求，它要求教育从目标取向上重新审视自己；数字化时代的到来、知识量的激增及其存在形式的变化、知识共享的可能性等，正在使人类的思维方式和学习方式发生重大变化，对教育的功能、制度、内容和方法产生深刻的影响；经济全球化进程的进一步加快，使人们有更多的机会了解和吸收其他国家的优秀文化成果，但同时也带来了如何继承民族文化传统，如何通过思想文化层次的开放与信息交流的建构、弘扬我们民族精神文明的问题。新的时代向教育提出了新的课题，要求教育造就既了解中国又了解世界的全面发展的一代新人。

教育创新并不是什么新概念，早在20世纪五六十年代，就有西方教育学者专门就教育创新问题进行理论探讨和案例研究。在美国60年代掀起第一波教育改革浪潮的那个历史时期，美国的教育学者们就已经在关注和探索教育创新的问题了。

近年来，我国高等教育创新在潜移默化中不断推进。在教育内容方面，从单一的专业知识教育发展到通识教育、人文教育。在教育理念方面，从强调以教师为中心到强调以学生为中心；在教育本质方面，从注重人的智力开发到注重"智育"，再到突出"德育"；在教育环境方面，从局限于教育本身的创新，到着重于教育环境的创新。

从教育创新来说，它的形式发生了很大的变化。过去在高校中的创新，多以个体劳动、个人知识创新作为基本组织形式，在过去很长一段时间里，大师是我国大学知识创新中最重要的组成部分。近二三十年来，大学知识创新发生了翻天覆地的变化，由过去以个人创新作为一种基本组织形式的教育创新，正逐步转变为以团队共同协作为组织形式的协同创新。教育在这样一种形式下，才有可能获得更大的发展。

第二节　创新人才内涵

何谓创新型人才，创新型人才就是能够运用创造性思维，创造性解决问题的人才。创新型人才定义为：能够运用智慧和技能创造产生经济社会价值的新奇迹的各种人才。这个定义有四个要素：1. 具有智慧和技能（包括思想、知识和各种能力）；2. 能够创造价值（推动经济增长、提高生活水平和促进社会进步）；3. 成果是新的奇迹（与众不同的新发明、新技术、新思路、新成果、新途径、新方法等）；4. 人才（生活和工作在各个领域的各类人才）。创新型人才既指能做出重大贡献的优秀人才，也包括在各个领域取得创新业绩的劳动者。创新型人才一般来说具有四个基本要素，即知识性要素、实践性要素、创新能力要素、品德要素。

创新型人才培养主要靠两个体系实施。

"知识学习体系"。以提高智商、培养智力因素、提升创造创业能力为主，通过专业知识与技能教学来实施，是学生知识化、专业化的过程。

"人格培养体系"。以提高情商、德商，培育非智力因素，提高做人的能力为主，通过健康人格塑造与全面发展指导来实现，是学生社会化的过程。

两者各有侧重，互为依存，互为促进，共同构成创新人才培养体系。

创新人才培养目标是人才培养的规格和标准。就高校创新型人才培养目标的共性讲，应当包括具有强烈的爱国主义精神和对人类、国家、社会、环境负责的精神；具有国际文化视野、世界胸怀和国际社会适应能力；有自我发展和创业、创新的能力等。就创新型人才培养目标的个性讲，必须体现大学的特色定位。比如，斯坦福大学的目标是"造就有文化教养的、有实用价值的公民"，巴黎高等师范学校的目标是 "培养能改变世界的人"，牛津大学立足培养各行各界的领袖人物等。

世界一流大学不但明确创新型人才的培养目标，而且确定创新型人才培养的标准。比如普林斯顿大学在本科生培养目标的12项标准设计中就包含了创新型人才所需要的知识、能力和素质结构：具有清晰思维、表达和写作的能力；具有以批评的方式系统推理的能力；具有形成概念和解决问题的能力；具有独立思考的能力；具有敢于创新及独立工作的能力；具有与他人合作的能力；具有判断、彻底理解的能力；具有辨识重要的东西与琐碎的东西、持久的东西与短暂的东西的能力；熟悉不同的思维方式；具有某一领域知识的深度；具有观察不同学科、文化、理念相关之处的能力；具有一生求学不止的能力。

针对这一具体明了的培养目标，高校创新型人才培养教育不仅有的放矢，而且可以有迹可循、有据可查。研究生教育要注重科研创新能力的培养。本科教育注重强化基础知识和创新意识能力的培养。高职高专教育注重强化职业创新技能和职业创新素质的培养。各类成人高校注重强化就业创新能力的培养。

第三节　创新人才特点

基于创新实践，创新型人才一般具有开阔的眼界、通识的基础、执着的理想、顽强的意识、综合的素养，以应对变化的自然环境与社会环境。他们通常表现出灵活、开放、好奇、精力充沛、坚持不懈、注意力集中、想象力丰富以及富有冒险精神等特点。

创新型人才的具体特点如下：

1. 融会贯通：最好的人才都是那些既掌握了丰富的知识，又具备独立思考和解决问题的能力，善于自学和自修，并可以将学到的知识灵活运用于生活和工作实践，懂得做事与做人道理的人才。

2. 创新与实践相结合：从根本上说，价值源于创新，但创新只有与实践相结合才能发挥最大的效力，"为了创新而创新"的倾向是最不可取的。以创新推动实践，以创新引导实践，只有这样，我们才能不断研发出卓越的产品。

3. 跨越领域的综合性：21世纪是各学科、各产业相互融合、相互促进的世纪。现代社会和现代企业不但要求我们在某个特定专业拥有深厚的造诣，还要求我们了解甚至通晓相关专业和领域的知识，并善于将来自两个、三个甚至更多领域的技能结合起来，综合应用于具体问题的解决。

4. 三商兼具（IQ+EO+SQ）：21世纪的人才强调全面与均衡。一个人能否取得成功，不只要看他的学习成绩或智商（IQ）的高低，而要看他在智商、情商（EQ）、灵商（SQ）这三个方面是否均衡发展。高智商不但代表着聪明才智，也代表着有创意，善于独立思考和解决问题。情商是认识自我、控制情绪、激励自己以及处理人际关系、参与团队合作等相关的个人能力的总称。在高级管理者中，情商的重要性是智商重要性的9倍。高灵商代表有正确的价值观，能分辨是非，甄别真伪。那些没有正确价值观指引、无法分辨是非黑白的人，其他方面的能力越强，对他人的危害也就越大。

5. 沟通与合作：沟通与合作能力是21世纪对人才的基本要求。随着全球化、信息化进程的不断发展，几乎没有哪家企业可以在脱离合作伙伴、脱离市场或是脱离产业环境的情况下独自发展。想要在21世纪取得成功，就必须与分布在世界各地的相关企业、社团乃至政府机构开展密切的合作，这种全球化合作当然离不开出色的交流沟通能力。

6. 从事热爱的工作：在全球化的竞争之下，每一个人都要发挥出自己的特长。而发挥特长最好的方法就是根据自己的兴趣、爱好选择工作——因为只有做自己热爱的工作，才能真心投入，工作的每一天才能都充满激情和欢笑。

7. 积极乐观：在机遇稍纵即逝的21世纪，如果不能主动把握机会甚至创造机会，机会也许就再也不会降临到你身边；畏惧失败的人会在失败面前跌倒，并彻底丧失继续尝试的勇气；而乐观向上的人却总会把失败看作自己前进的动力。显然，积极乐观的人更容易适应21世纪的竞争环境，更容易在不断提高自己的过程中走向成功。

第四节　创新人才素质

深入研究创新型人才的特征和成长规律，有效发掘具有创新潜质的学生是各级各类学校面临的共同课题。创新型人才需要既有全面发展的潜力，同时其个性又要能够自由独立地发展，既立足于现实的发展，又面向未来的发展。

培养创新型人才有四个方面的要求：

第一，具有创新意识、储备多元知识；

第二，具有创新精神与对科学、真理的执着追求；

第三，具有创新能力与较强的实践动手能力；

第四，具有国际深层交流、对话、沟通等能力。

研究表明，创新人才的特质由三个维度组成，即：

第一，人格维度（进取和奉献的抱负、包容和合作的品格、反思和坚毅的情操等）；

第二，心理维度（争辩和探究的个性、动手和实践的习惯、求新和超越的心态等）；

第三，能力维度（发现和质疑的思维、厚实和宽广的学识、演绎和概括的能力等）。

因此，从某种意义上说，创新是科学精神和人文精神的有机融合，创新文化的核心特征是宽松、民主、和谐。但不管是哪一种类型的人才，都具有一些共同特征：一是有远大的志向；二是有广泛的兴趣；三是乐于参加社会实践活动；四是有顽强的意志；五是有较好的合作能力和合作的性格。创新人才成长的外在条件也有一些共同的特征：一是较宽松的家庭环境；二是中学时期基本上都有一个脱颖而出的机遇；三是大学时期往往都遇到了一个好的导师，这些导师对其后来的发展具有关键性的甚至是决定性的影响；四是往往得到过比较有力的资助。

一般讲，创新人才必须具备以下素质：

第一，必须具备高尚的思想道德。新时代呼唤创新型人才必须具备高尚的思想道德。只有这样，才能有大局观念，才能爱岗敬业，才能有宽广的胸怀，才能有正确的世界观、人生观、价值观。

第二，必须具备扎实的知识结构。知识是创新能力的基础和源泉。具有创新能力的人才，都在某一个领域有扎实的基础知识和专业知识，并有较宽广的知识面。

第三，必须具备简单的抽象思维。复杂问题简单化是一个人有本事的表现，不容易做到；而简单问题复杂化是一个人没有本事的表现，很容易做到。创新人才要有简化能力，有一种简化问题、概括问题的能力。一些看起来很复杂、很混乱的东西，能用简单明了的语言概括，讲清楚，讲明白。其实一个真正伟大的、持续发展的企业，就是要把事情做简单。比如，英特尔就是要做好芯片，微软就是结合网络做操作系统，谷歌要整合全球信息，迪斯尼专注于让人们生活得更有趣，这些都是十分简单明确的。

第四，必须具备很强的实践能力。创新重在行动，创新重在实践。创新型人才必须具有很强的机遇意识，并果断进行研发，从而将科技成果转化为生产力，将创新产品成功引入市场。

第五，必须具备强烈的竞争意识。创新人才是在竞争中产生的。当今世界，资源是有限的，市场是有限的，竞争是残酷的，道路是不平的，前途是充满着未知和波澜起伏的。各种人才只有具有强烈的竞争意识，才能在激烈的市场竞争中脱颖而出，取得优势。

第六，必须具备旺盛的创新动机。创新人才必须有远大的创新抱负，坚定的创新信念，这样才会有内在动力去克服困难，直至最后成功。

第七，必须具备极强的团队合作精神。由于知识的高速增长，科学研究和技术创新已绝非一个人单独能够完成，必须要有一个很强的创新团队。因此，创新人才的团队合作精神将越来越重要。

第五节　创造人格体系

创造性人格，顾名思义更加注重人格中的创造性要素，但人格是一个整体，创造性人格必须建立在人格培养的基础上。

创新的人格体系主要包括创新主体在创新活动中所表现出来的远大的理想、坚定的信念、强烈的创新激情等创新情感因素，和勇敢、幽默、独立性强、有恒心、一丝不苟等稳定的个性特征。创新的过程并不仅仅是纯粹的智力活动过程，它还需要以创新情感为动力。在智力和情感双重因素的作用下，人们的创新才能获得综合效应。创新的个性在一定程度上决定着创新成就的大小。在教育过程中，我们应对此进行有意识的培养和保护。可以说，学生具有优越的创新情感和良好的个性特征是形成和发挥其创新能力的底蕴。

创造性人格，则属于非智力因素。美国心理学家韦克斯勒曾收集了众多诺贝尔奖获得者青少年时代的智商资料，结果发现，这些诺贝尔奖获得者大多数并不是高智商，而属于中等或中上等智商。关于创造性人格的研究，在国际上比较著名的有两种理论。吉尔福特（1967）提出关于创造性人格的八个方面：

（1）有高度的自觉性和独立性；

（2）有旺盛的求知欲；

（3）有强烈的好奇心，对事物的运动机制有探究的动机；

（4）知识面广，善于观察；

（5）工作中讲求条理性、准确性、严格性；

（6）有丰富的想象力，敏锐的直觉，喜好抽象思维，对智力活动与游戏有广泛的兴趣；

（7）富有幽默感和卓越的文艺天赋；

（8）意志品质出众，能排除外界的干扰，长时间专注于某个感兴趣的问题上。

斯腾伯格（1986）提出创造力的三维模型理论，第三维是人格特征，由七个因素组成：

（1）对含糊的容忍；

（2）愿意克服障碍；

（3）愿意不断发展自己的观点；

（4）活动受内在动机的驱动；

（5）有适度的冒险精神；

（6）期望被人认可；

（7）愿意为争取再次被认可而努力。

斯腾伯格把创造性人格的特点概括为五个方面：

（1）健康的情感，包括情感的程度、性质及其理智感；

（2）坚强的意志，即意志的目的性、坚持性（毅力）、果断性和自制力；

（3）积极的个性意识倾向，特别是兴趣、动机和理想；

（4）刚毅的性格，特别是性格的态度特征，例如勤奋，以及动力特征；

（5）良好的习惯。

斯腾伯格本人是创造性人格的典型代表。小学和初中阶段，斯腾伯格的智商都不及格。到高中的时候，不知哪位"快嘴"暴露了斯腾伯格智商偏低的事实，"我们跟白痴一起上学"这句话迅速在同学们中间传播。斯腾伯格非常气愤，但正是这种压力增强了他好好学习将来出人头地的动力。这就是一种创造性人格的体现。他问老师："哪门学问研究智商？"老师告诉他："心理学。"斯腾伯格就发誓要学好心理学，他说这辈子如果成功了，他就把自己将来有关智力的理论命名为"成功智力"。

高中毕业，他以优异成绩考上耶鲁大学。耶鲁太美了，他想："如果能在耶鲁工作该多好！"可惜，美国的学校不提倡近亲繁殖，提倡的是插花式的发展，任何一所学校的博士研究生都很难留校，除非提了正教授再回来，或者成为著名的专家再回来。斯腾伯格又问老师："在美国，心理学排名第一的是哪个学校？"老师告诉他："斯坦福大学。"于是，斯腾伯格决心考斯坦福大学的研究生，如愿后师从元认知理论的提出者弗拉维尔。在斯坦福大学，他只用了三年就拿下了硕士和博士学位，而在美国拿一个硕士加博士学位一般得要五至八年。拿到博士学位后，他回到了耶鲁大学，成为一名心理学教师。一般来说，从博士学位获得者到助理教授到副教授再到教授至少要十五年，可是斯腾伯格仅用了五年时间就成为正教授。

现在，他成为世界著名的心理学家，也是当代美国认知和智力心理学的权威人物，他果真把自己的智力理论称为"成功智力"。

创造性人格的组成要素是复杂的：创造性人格属非智力因素，是创造性活动的内在动力机构，包括创造意识、创造精神、创造品德、创造性个性品质、良好的心理综合素质。

创造意识表现为强烈的创造兴趣、创造热情、创造动机、创造的自觉性、主动性和积极性、乐于创造、以创造为荣等；创造精神表现为开拓进取精神、求实求真精神、探索精神、挑战精神、冒险精神、负责精神、献身精神、坚韧精神等；创造品德是指具有良好的品德，能自觉地为造福国家、民族、人类而创新等；创造性个性品质是指乐于创造，以创造为荣、好奇、敢于和乐于质疑、富有挑战性、冒险性、独立意识，有广博的爱好、执着、不退缩、自信等，这些创造性品质与创造意识、创造精神、创造品德的形成密切相关，是其形成的基础；良好的心理综合素质是指具备健全的人格、顽强的意志品质、积极的自我评估、端正的生活态度、健康的合作与竞争意识以及必要的社会、团队活动适应力。

培养创新型人才，不仅需要传授给学生创新所需要的科学知识和方法，更需要给予学生精神生命主动发展的权利，激发探究未知的兴趣，增强创新意识、创新精神。塑造学生创造人格，是促进学生创造性发展的方向保证和重要动力。创造人格主要包括：服务社会的创新责任感，追求科学真理的创新精神，敢为人先的创新勇气，严谨诚实的创新道德，善于合作的创新禀赋，不畏挫折的创新意志。

心理学研究表明，人的创造力发展，与他的整个人格发展是高度相关的，这里包括他所持的世界观、生活方式、伦理推测、思维模式等。居里夫人逝世时，爱因斯坦的纪念文章并没有提及她两次荣获诺贝尔奖的成就，而是高度赞扬了她追求真理的崇高品质，认为这种品质要高于具体的科学成就，这实际上就是一种人格精神。

创新人才要有独特的人格魅力。人格魅力越来越被大众关注和议论。人们认为，有人格魅力的人是受人欢迎和喜爱的，是有亲和力和感召力的。人格魅力是品格的集中表现。优秀的品格就是力量。有远大的志向和梦想，有独特执着的性格，有勇气、毅力和自信，有积极的生活态度，有智慧和幽默感，这些都构成人格魅力。德国社会学家马克斯·韦伯称超凡的魅力是一种天赋，具有常人不可能具有的力量，能够激发出一种驱使人行动的强烈热情。

学生创造性人格包括同情、自律、责任、友谊、勇气、毅力、忠实、信念、宽容等等，交织在一起，相互制约、相互影响。

塑造学生创造人格，应做好以下三点：第一，养成良好的思想道德。经常在思想意识、道德品质等方面进行自我认识、自我磨炼和自我提高，具有改造自我的勇气。第二，构建和谐的人际关系。用宽容的眼光看社会，以真诚、包容、信任等正确态度克服虚伪、嫉妒、猜疑等消极态度。第三，保持乐观向上的生活态度，对自己充满信心，对生活充满希望，对学习抱有兴趣，不羡慕他人，不苛求自己，培养抗挫折能力和适应社会的能力。

塑造创造人格的目的，是保证学生成功。成功不仅是某种结果，更多体现在以下三个层次。其一，成功是一种精神。在成功的道路上，依靠奋斗精神，另辟蹊径，脚踏实地，最终才能成功。其二，成功是一次升华。成功不是失败的简单积累，而是对失败的深刻感悟和不断超越，是智慧和理性的升华。其三，成功是一个过程。今天的成就源于昨天的积累，明天的成功有赖于今天的努力。真正的成功是将勤奋和努力融入每天的学习生活之中。

第五章

训练创新思维

思维在认识世界和改造世界的过程中具有决定性作用。思维能深化认识。思维能超越局限，思维能参与创造。古人提出思维有三重境界：看山是山，看山不是山，看山还是山。人的认知也有这三重境界，每一个境界的深化与超越关键都在于思维。看山是山，这是形而下的表象，是原型；通过思维达到看山不是山，这是形而上的抽象，是模型；再通过思维达到看山还是山，这是形而下与形而上统一后的具象，是实型。创新就是要从培养创新思维开始培养创新人才，产生创新成果。

第一节　创新思维特点

世界发达国家重视思维科学，尤其重视脑科学研究，目的在于发掘大脑潜能，训练创新思维。进入2013年，围绕人脑布局的科学研究明显增多。首先是2012年由美国6位科学家提出的一项名为"人类大脑活动图谱"（Brain Activity Mapping）的计划，此计划出台不久即受到奥巴马政府的高度重视，在美国国立卫生研究院等部门的运作下，该计划经修订后上升为美国国家层面的大科学计划。在2013年年度的国情咨文中，奥巴马专门提到了这一脑活动图项目。4月2日，奥巴马总统正式宣布将从2014财年的政府预算中拿出1亿美元，用于此项旨在揭开人类大脑未解之谜的研究计划。

无独有偶，2013年1月，欧盟委员会宣布，作为未来与新兴科技最重要的一部分工作，欧盟将启动一项耗资10亿欧元的人脑计划（Human Brain Project），旨在于10年内模拟人类大脑这一人体最复杂的器官。

美欧为什么不约而同把人脑作为研究重点？2013年4月2日，奥巴马总统指出，人类能够确定光年远的星系，研究小于一个原子的颗粒，但我们仍然没有解开介于我们耳朵之间这三磅重的物质的秘密。

大脑研究计划将会有助于科学家们获得脑部活动的动态图，并更好地理解我们如何思维、学习和记忆。这项计划能够创造就业机会，并可能改善全球数十亿人的生活。

创新思维是一项复杂的思维活动。它具有首创性、独立性和前瞻性的特点。所谓首创性，就是想前人所未想，想别人所未想；所谓独立性，就是勇于和善于独立思考；所谓前瞻性，就是既能适应现实需要，又能看到未来发展。

创新性思维（属于智力因素）有5个表现：

1. 创新性活动表现新颖、独特，且有意义。

2. 思维和想象是创新性思维的两个重要成分。

3. 在创新性思维过程中，新形象和新假设的产生带有突然性，常常称之为灵感。这里要指出，中小学生还没有灵感，最多是灵感的萌芽。灵感属于"顿悟"，在一定意义上说，它是有意注意的产物。

4. 在思维意识的清晰性上，创新性是分析思维和直觉思维的统一。

5. 在创新性思维的形式上，它是发散思维与辐合思维的统一。

创新思维需要转变思维定势，倡导批判性思维，鼓励怀疑精神和批判精神，尊重和善待新生事物，热情鼓励和积极支持各种新想法、新尝试、新发现、新发明。

目前，大学生创新思维能力比较薄弱：往往只会求同思维，不会求异思维；只会收敛性思维，不会发散性思维；只会被动性思维，不会自主性思维。

对记忆的过分强调、对标准答案的过分重视、对分数的斤斤计较，仍然是阻碍创新思维的铜墙铁壁。"（翻）山（越）岭"是正确的，"（崇）山（峻）岭"是错误的；"（阳光）灿烂"是正确的，"（笑容）灿烂"是错误的；"雪化了变作（水）"是正确的，"雪化了变作（春天）"是错误的，这种"标准答案"的背后，体现的是一种思维，体现的是惯性的巨大力量，也折射了现实中评价制度的制约。中学生奥林匹克竞赛屡屡获奖，真刀真枪的诺贝尔奖却是凤毛麟角；从小成绩优秀，最终却没有下文，这不能不说是一种巨大的遗憾，更值得我们深思。

第二节　创新思维问题

一般讲，影响学生创造力发挥作用的有四个因素：思维定势，从众心理，崇尚权威，过于刻板。

影响创新思维的首先是思维定势。人一旦形成思维定势，就会相对稳定。也就是说，一个民族在历史长河里形成的一种思维模式，不会今天明天就能改变，甚至不会今年明年就能改变，更不会从一个中国人的思维方式变成一个日本人的。它总有一定的稳定性。

所谓"思维定势"，意指人们对事物和周围的生活现象，形成了一种固定的观念和评价标准。在他们看来，现成的一切东西都是"完美无缺的""理应如此的"，对周围的一切现象也都司空见惯。这种人就是通常所说的"脑子不转弯"或"脑子里少了根弦"的人。如果一个人对一切都"司空见惯"了，对现成的一切都满足了，那么他就不会去发现新的东西，也不会变革现成的东西，那么这种人是决不可能有创造性的。

从全球手机产业来看，一开始领先的是摩托罗拉，因为它是模拟时代的成功者。但很快就被诺基亚超越，因为诺基亚是数码时代的先行者。后来诺基亚又被苹果所超越，因为苹果是互联网时代的佼佼者。这些企业的成败，关键在于能不能跟上时代的变化，不能跟上时代的变化就被别人超越。所以对我们来讲，最大的挑战就在于能否打破思维定势，要永远面对颠覆性的创新，这个颠覆性的创新就是每个人思维定势的自我颠覆。

DNA结构模型的发现就与科学家的个性思维密不可分。英国的两位科学家威尔金斯和富兰克林长期研究DNA分子结构，并最先拍摄到了非常清晰的X射线衍射照片，里面蕴藏了DNA结构的许多证据。令人遗憾的是，面对近在咫尺的真理，两人未能打破思维定势，迈出"人类的一大步"。当这张照片到了年轻的博士沃森和克里克手里时，却激发了这两位的思维火花。他们大胆假设：只有双链的DNA才会显示出这样的清晰漂亮的图形！经进一步研究，这一假设最终得到验证。

以马车的改进为例。就马车而言，有很多东西可以研究，如研究牵引马车的马的育种、饲养、驯服等；又如研究轱辘，研究车体结构等，都可以形成许多成果，但是这些都仅仅局限在牵引式思维的思路下，成果再好也不能超出马跑的速度。当人们跳出传统的牵引式思维模式，转入驱动式的思维方式时，通过不断创新就有了蒸汽机、火车、飞机、轮船、宇宙飞船等。这个例子旨在说明传统研究的许多思路需要突破，思维方式不转变可能会大大影响我们创新的进程。

古希腊哲学家赫拉克利特有一句名言：人不能两次踏进同一条河流。原因就在于当新的水流过你身边时，流过的水已经不是原来的水了。时代也是一样，时代每天都在变化，每个人都要根据时代的变化不断颠覆自己的思维定势才能不断创新。

有两个故事。

第一个故事。19世纪末，一个德国人、一个法国人、一个英国人、一个中国人被判处死刑。当时的死刑不是枪毙，而是用绞架绞死。可是很不巧，那天要执行死刑的时候，绞架坏了，因此法官宣布推迟一天行刑。那么故事就展开了，这四个人——英国人、法国人、德国人、中国人在他生命的最后24小时，有什么愿望？是如何度过的？

英国人打电话给家里，说："你把我最喜欢喝的威士忌酒、最喜欢穿的燕尾服、最喜欢带的拐杖以及帽子和皮鞋拿来。"生命最后的24小时，家里人当然有求必应，把他平常喜欢的东西都给他。然后他就右手拿着威士忌酒瓶，左手拿着拐杖，踱着方步，走来走去。他觉得生命的最后24小时应该仍然享受绅士的生活。

法国人给家里打电话，"请你把我抽屉里的电话本，新的旧的统统拿来。"家里人根据他的意思，把抽屉里的新旧电话本都拿来。拿来以后，法国人就给他巴黎的情人、马赛的情人、里昂的情人打电话。法国人认为他生命的最后24小时，要过浪漫的生活。

德国人给家里打电话，"请你把我车库后面的工具箱拿来。"家人虽然不能理解为什么要拿工具箱，但也满足了他的要求，把工具箱拿去。这个德国人气喘吁吁地提着工具箱，敲开了法官的办公室大门，进去以后，气喘吁吁地说："法官大人，请允许我把绞架修一修，明天就要执行死刑了。"表明德国人中规中矩，认真做事的思维。

"那中国人最后怎么样了？"德国人说："哎呀！中国人啊？在法官宣布推迟一天的第一时间就逃跑了，找不到了。"

第二个故事。有一次，从法兰克福到柏林的火车包厢上，有四个位置。中途上来了一个人，拿着一个鱼缸，把这鱼缸往桌上一放。过了五分钟，德国人就开始问——请注意，差别都在这问的方式上："请问这位先生，你这个鱼缸里的鱼在生物学上应该怎么归类？它在生物学上有什么特点？怎么来解释这些不同的特点？"这是德国人的提问。表明德国人有哲学概括思维，德国是一个哲学思维的王国。日本人问："先生，这个鱼我要引进到日本，使它繁殖得又快又好，水温、饲料要注意些什么？"表明日本人有引进模仿思维。然后就轮到中国人："先生，这个鱼是红烧还是清蒸好吃？"表明中国人有饮食文化思维。

这两个故事都能说明：一种思维方式一旦形成之后，就有一定的稳定性。

古希腊哲学家苏格拉底带弟子出游。途中看见一个小湖，便问弟子，你们说这湖水能装满多少水桶？弟子们犯难了，这么大的湖能有多少桶水？有的说要先算出湖的体积，有的说要把水一桶一桶地舀出来才知道。最后，苏格拉底问他的得意门生柏拉图。柏拉图回答：这要看桶有多大，如果桶和湖一样大，就是一桶水；如果桶有湖一半大，那就有两桶水，以此类推。苏格拉底说，这是唯一的正确答案。那些弟子犯了什么错误呢？他们一说到桶，就想到普通挑水用的桶，犯了思维定势的错误。

世间万物，变动不居。"明者因时而变，知者随事而制。"形势发生了变化，我们的工作思路和手段也要相应地调整。人们在长期的工作生活中，都会形成一定的思维定势。面对社会信息化、受众个体化、新兴媒体异军突起、"人人都有麦克风"的大变向，如果按照思维定势和原来的运作方式工作，肯定行不通。只有打破思维定势，着力推进创新，才能掌握工作的主动权。

影响创新思维的另一个因素是从众心理。人云亦云，没有自己的独立主见。

网上现在流传的一句话，"我们每个人生下来本来都是原创，可我们活着活着就活成了盗版，还有好多人最后活成了山寨版。"为什么呢？就因为我们没有自我，只有偶像，老想成为别人，最后把自己活成了盗版。而良好的自我，就是让人生成为精彩的原创，不可替代。

日本在大地震中遭受了核辐射，中国人却开始抢盐了。日本人很纳闷，编成的笑话是："人生最遗憾的事是人辐射死了，盐没吃完。"老百姓抢盐的动力来自哪儿？从众心理，不相信科学，就相信小道消息。听说吃味精聪明，就都吃味精，听说吃味精伤脑子，又都不吃味精了。中国文化中最权威的专家就是"人家"，人家说的就是权威的。

看看当前的流行文化就不难发现，我们几乎都在复制欧美甚至日韩文化。比如，美国有美国职业篮球联盟（NBA），我们就来个中国男子篮球职业联赛（CBA）。国外搞电视选秀，我们就照搬一个中国好声音。娱乐也是这样，电视节目从结构到细节都模仿得一丝不差，一个超女选秀衍生出几十个不同类的节目，一个快乐大冲关，又出来几十家克隆节目，就连春节晚会上的魔术走红，也突然催生出十来个电视台的魔术类节目。

上述模仿从众的思维习惯是怎样形成的，分析起来，主要有三个原因：

一是文化的原因。中国的文字起源于象形文字，就是模仿文字。

二是科举教育制度的原因。千百年潜移默化，代代相传、根深蒂固。现在的应试教育与科举教育一脉相承。

三是小农经济思想的原因。家长制、自给自足、小而全、模仿别人。时至今日，"山寨货"在中国大行其道，就是小农经济最集中的体现。

克服思维定势、从众心理，首先要学会批判性思维，具有科学的批判精神，这是知识创新的前提；同时，要善于辩证思维，这样才能抓住问题的本质和关键，学会有所为，有所不为。我国一位著名信息研究专家认为，"相信自己"、"坚持到底"、"不迷信权威"、"挑战自身能力极限"对于创新思维的培养非常重要。要引导学生从独立生活开始，学会独立思考、培养独立人格。独立生活是一种自主、自立的生活态度，让学生能够独自面对和处理生活学习中的困难与选择。独立思考是一种实事求是的思维方法，遇事不跟风、不盲从、不随波逐流。独立人格是一种不依附他人和权威，具有自我人性与追求的精神品格。只有学会独立思考，具备独立人格，才能养成批判性思维，克服思维定势和从众心理。

影响创新思维的第三个因素：崇尚权威。权威值得我们尊重，但尊重不是迷信和盲从。诺贝尔奖获得者丁肇中介绍他一生中最重要的五个成功实验的体会，就是科学要多数服从少数，只有少数人把多数人的观念推翻之后，科学才能向前发展。犹太民族有着几千年历史，虽然没有什么著名的宫殿建筑，却在科学领域里创造了很多辉煌。主要原因是敢于挑战权威。敢于质疑、善于质疑是犹太文化的一个秘密，也是犹太民族保持巨大创造力和旺盛生命力的最重要因素。

历史上取得卓越成就的科学家从不安于现状，总是对权威和现实充满怀疑精神，思维处于高度活跃的状态，善于从已有的事物中发现新的创新点，从而成为引领某一领域的领导者而非追随者。

可以说，科学家是这个时代真正的精英，并且非常享受挑战权威的感觉。大家想想如果哥白尼死守着托勒密的"地心说"，不敢越雷池一步，就不会有"日心说"的诞生。如果爱因斯坦被局限在牛顿的经典力学里，就不会有20世纪伟大的物理学革命。如果乔布斯认同国际商业机器公司（IBM）和微软的地位，如果李秉哲认同乔布斯的地位，如果马云认同易宝的地位，那么，这个世界就不会出现苹果、三星和阿里巴巴。为什么他们能发明创造？因为他们敢于质疑，敢于挑战权威。

第三节　创新思维方式

培养创新思维，应当着重培养创新思维能力。思维能力是指在信息获得、加工和监控中，思维超越了一般层次所表现出来的综合运用能力。从信息获得的角度，创新思维能力体现为简单识记层面之上的筛选、估计、信息价值的评估等；从信息加工的角度，创新思维能力体现为领会、理解层面上的分析、综合等，并能够跨越知识门类限制，实现广域范围的信息整合；从思维监控的角度，创新思维能力注重更强的元认知能力，要求个体习惯于对整个思维过程进行高位的监控和评价。

培养创新思维，应当善于运用各种不同的思维方式，培养创新思维方式。

思维方式是一个根本性的问题，它体现着人们进行思维活动，观察和分析，认识和处理各种问题时所运用的基本方法。思维方式正确与否，直接影响人们对事物的认识、分析和判断，决定着人们认识和实践活动的结果。

所谓思维方式，是指人们反映事物、思考问题的角度、方法及其特征。科学的思维方式，就是以辩证唯物主义和历史唯物主义为指导，进行科学探索、科学实践、科学研究的思维方法。它要求用全面的、发展的、变化的观点看待问题、认识问题，用辩证的、系统的方法观察问题、分析问题，注重探寻规律、发现规律、形成规律性认识并用以指导实践，促进实践发展。求实求真性、能动创造性、辩证系统性、历史时代性，是科学思维方式最鲜明的特点。

思维方式是普遍存在的。虽然看不见摸不着，但它每时每刻都存在，你的每个行为举止都体现了你的一种思维方式，你的讲话，你的思考，你的交流，你的表达，都有一种思维方式存在。

思维方式是与时俱进、不断发展的。思维方式是上层建筑，随着经济基础的变化而变化，不是一成不变的。从哲学上讲，运动是绝对的，静止是相对的。万事万物都在变化。我们的思维方式虽然具有稳定性，但从长远看，它随着时代的变化而变化，每种思维方式都带有深刻的时代烙印，闪耀着时代的光辉。

思维方式是文化的体现。就东西方文化传统来讲，各有特点，各有所长。在价值观念上，西方文化重个体，中国文化重整体；在思维方式上，西方文化长于实证分析和逻辑推理，中国文化长于辩证综合和直觉感悟；在文化精神上，西方文化崇实，中国文化重意。东西方文化、东西方思维是互补关系，应取长补短，相互学习，相互借鉴。

第四节　发散思维方式

发散思维，指人们打破传统，摒弃常规，自由自在地向不同领域、不同方向进行拓展而开发的创造性思维。它将不断抛弃旧答案，开辟新领地，扩大新视域，构建新范式，做出新发展。

所谓发散思维，就是同一个问题沿着不同方向去思考，寻求多种解决方案，在多种方案中寻求最佳选择。发散思维是多方面、多思路思考问题，体现了思维的开放性、创造性。世界本来就是多样的，作为人们认识结果的答案也必然具有多样性。人的认识是渐进的，如果要求人们用一种答案去解答问题，就有可能封闭人的正确认识。人都有个性，有自己的独特视角，一种答案只会限制人的独特个性的发展。

发散思维就是面对一个问题时可以激发层出不穷的联想，可以有多种答案的思维模式。通俗讲，发散思维就是想象力，如果你的思维模式是发散思维，那说明你想象力丰富。收敛思维是对一个问题只能有一个答案的思维定势。就是俗话说的"一根筋"。遇到问题时，就是老师怎么说的、领导怎么说的、书上怎么写的，没有自己独立的思考。

大家知道，创新就是做前人没有做过的事，思维模式必须是发散的，如果是"一根筋"，别人怎么做你也怎么做，一条路走到头，那你永远都不可能创新。

美国耶鲁大学校长理查德·莱文说，教学中不应给予学生特定的内容，而应培养他们独立思考、批判思维的能力，严密分析的能力，从不同视角看问题的能力，这种教育对社会的贡献是最大的。

美国创造之父吉尔福特有一道名题，题目非常简单：一块红砖有什么用途，让大家发散思考。

第一个学生回答：一块红砖能够造房子，造大房子、小房子。按照当时混凝土浇灌的水平，红砖能够造房子。老师说："你水平太低了。"于是，大家又发散去想，一块红砖还有什么用呢？

有一个学生说："昨天礼拜天，我爸爸领着我们全家郊游。（一般情况下美国人都喜欢吃冷的东西，家里有冰箱），可是我妈妈肚子不舒服，不愿意吃冰箱里的东西，我爸爸就找了几块红砖，把砖烧热了，它们就起到了锅的作用。"

老师说:"好,你真能发散。"

又一个学生说:"我爸爸找锤子钉钉子,找了半天也没找着,嘿,怎么办,拿起一块红砖,砰砰砰,几下钉子就进去了,就解决问题了,红砖可当锤子、榔头使用。"

第四个学生反应更快,说:"今天早晨我上学,看到一只野狗向我扑来,我拿起一块红砖向野狗的脑袋砸去,野狗就跑了,红砖头可当武器。"

吉尔福特就喜欢这个,一题多解。

吉尔福特在创造性思维的研究上做了大量的工作,他认为创造性思维的基础是发散思维,他指出,由发散思维表现出来的行为,代表一个人的创造力,这种能力具备变通性、独特性和流畅性三个特征。所谓思维的变通性,是指具有创造能力的人的思维变化多端、举一反三、一题多解、触类旁通。类似于"一块红砖有什么用处"这样一题多解的试题,回答者从建筑材料展开到十余种其他用途,表现出良好的变通性。所谓思维的独特性,是指对问题能够提出不同寻常的独特、新颖的见解,例如,对故事"一位哑巴妻子被医治好了,丈夫却因妻子变得唠叨而苦恼,从而想让医生把自己变成听不到妻子唠叨的聋子"加以命题,结果出现"聋夫哑妻""无声幸福"等独特、新颖的命题,表现出良好的思维独特性。所谓思维的流畅性,是指思维的敏捷性或速度,也就是说,创造能力高的人,思维活动则多流畅、少阻滞,能在短时间内表达众多的观念。

西方有一个典型案例,树上有八只鸟,猎人朝树上开了一枪,问问树上还有几只鸟。中国学生一般都这样回答:老师,没有鸟了。如果哪位同学说树上还有鸟,大家都说他是大笨蛋,脑子不会急转弯。国外学生不是异口同声,而是七嘴八舌,一个同学说:老师,树上还有三只鸟,枪声响了,三只鸟是聋子没有听见。符合逻辑。

第二个同学说:老师,树上还有七只鸟,打死的那只鸟是妻子,她的丈夫也在树上,妻子死了丈夫哪能弃之不顾啊,丈夫平时和另外六只鸟关系相处也不错,另外六只鸟愿意和丈夫一块为妻子送葬。也符合逻辑。

第三个同学说:老师,树上还有14只鸟,被打死的这只鸟长得很漂亮很有魅力，其他树上有七只鸟都曾经追求过它，和它有很深的感情，都愿意飞到这棵树上，和这棵树上的七只鸟一块为他送葬。同样符合逻辑。

同样的问题，我们的学生就是一个答案，标准答案，同一思维、异口同声，国外学生七嘴八舌、发散思维，多种答案，这就是发散思维。一个好问题比一个好答案应当更具价值，创造力是没法教的，创造力教学就是给人发表意见的机会、提出问题的机会。

现在我们的教育不注意培养学生的发散思维，而是非此即彼，标准答案式的教育。如某地小学6年级《思想品德基础训练》上有这样一道选择题，内容是："现在努力学习文化知识是为了什么？"题中给了三个备选答案："1. 将来找一份好工作；2. 建设现代化强国；3. 报答父母的养育之恩。"许多同学分别选择了1和3作为答案，而标准答案只有2，其他的任何选择都是错误的！这个小例子看起来有些幼稚好笑，但恰恰说明我们的教育有多么得教条！搞标准答案，要求学生死背教条、死背标准答案，脱离实践，脱离现实，这看似是教学中微不足道的环节，但却是教育的一大病根，生龙活虎的学生被"产品化"了，师生的创造性被扼杀了，想象力被抑制了，从某种意义上说，这不是小毛病，而是致命的病根。

训练发散思维要学会转换视角，多从积极因素着眼，角度一换别有洞天。什么叫转换视角，比如，学校每年为学生举行毕业典礼时，都要组织学生拍毕业照。拍照往往安排在七月份，天气很热，虽然拍的时候会提醒同学们睁开眼睛，但是总有人照出来是把眼睛闭上的。我们可以换个方式来处理这个问题，先让大家把眼睛闭上，数"一二三"，让大家一齐把眼睛睁开，这样拍出来的效果可能更好。这就是换种方式考虑问题。

不同角度看问题会有不同答案。一位国外教授问中国留学生："北京大不大？"中国留学生说："说大也大，说小也小！"教授说："这怎么解释呢？"中国留学生说："这要看从什么角度看。如果从井底往井口看，井口都很大，北京当然大啦！如果从月球上往地球上看，地球都很小，北京当然就很小很小啦！但如果从银河系来看太阳系，太阳系可能就是一个玻璃球，而地球可能就是一粒灰尘，北京就什么也不是了！"

我们常说的换位思考，其实也是发散思维。有一个经典的哲理故事：

有位秀才第三次进京赶考，住在一个经常住的店里。考试前两天他做了三个梦，第一个梦是梦到自己在墙上种白菜；第二个梦是下雨天，他戴了斗笠还打伞；第三个梦是梦到跟心爱的表妹脱光了衣服躺在一起，但是背靠着背。这三个梦似乎颇有深意，秀才第二天就赶紧去找算命先生解梦。算命的一听，连拍大腿说："你还是回家吧。你想想，高墙上种菜不是白费劲吗？戴斗笠打雨伞不是多此一举吗？跟表妹都脱光了躺一张床上了，却背靠背，不是没戏吗？"秀才一听，心灰意冷，回店收拾包袱准备回家。店老板非常奇怪，问："不是明天才考试吗？今天你怎么就回乡了？"秀才如此这般说了一番，店老板乐了："哟，我也会解梦。我倒觉得，你这次一定要留下来。你想想，墙上种菜不是高种吗？戴斗笠打雨伞不是说明你这次有备无患吗？跟你表妹脱光了背靠背躺在床上，不是说明你翻身的时候就要到了吗？"秀才一听，更有道理，于是精神振奋地参加考试，居然中了个探花。积极的人心态像太阳，照到哪里哪里亮，消极的人心态像月亮，初一、十五不一样。想法思维决定我们的生活，有什么样的想法，就有什么样的心态。一分为二，换个想法，会更好！

遇事不要急于下结论，即便有了答案也要等等，也许有更好的解决方式，站在不同角度，就有不同答案，要学会换位思维。

第五节　求异思维方式

中国比较注重求同思维，西方注重求异思维。西方商品经济发展得早，商品经济规律要求更新换代，标新立异，求不同，求差异。我国传统文化是"和为贵"，注重"求同"。

有这样一个故事：犹太人在一个小镇开了一家加油站，生意特别好，然后第二个犹太人来了开了一个餐厅，第三个犹太人就开了一个超市，多年后这个地方发展成了繁华的城市；同样的，中国人在小镇里开了一家加油站，生意特别好，第二个中国人来开了第二家加油站，第三、四个中国人同样开的是加油站，最后这个地方的石油没了，投资者扬长而去，小镇还是以前的小镇。

当看到市场上某件产品火了，一窝蜂的投资固然是由资本趋利性决定的，然而简单求同不是创新思维的土壤，不同个体间的互动才可能激发创新的灵感。

西门子总裁讲过一个例子，很能说明问题。他说："今年我接待了16个中国代表团，这16个代表团最后离开时说的话，我归纳起来都是这样三句话：第一句话是你们的国家是美丽的，第二句话是你们人民是友好的，第三句话是你们的接待工作是成功的或者我们是满意的。用词不同，意思就三个。我就不懂了，北京到法兰克福八千八百公里，万里迢迢到了异国他乡，你们为什么找不到一点不同呢？

这位总裁说，年底又接待了一个中国代表团，这个中国代表团最后走的时候，给他们提了三条意见。

"第一，在德国有三万名中国留学生，你们为什么不把你们的介绍材料经我们的留学生早点翻译成中文呢？这样我们看起来很方便，难道你们连这样一点翻译费也出不了吗？"

"第二，你们为什么老是在办公室讲，能不能让我们多参观参观你们的实验室、工厂？我们来一次不容易，得多参观参观。"

第三个意见更厉害，"你们天天吃果酱、黄油、面包、起司，牛肉又没烧熟，血淋淋的牛肉给我们吃，现在我们的胃都弄坏了。你们能不能给我们做点泡饭或者汤面，让我们的胃也舒服一点？"这就是不同的声音，不同的意见。

在美国一所中文学校里，华裔老师按中文教材《愚公移山》讲了愚公不屈不挠、带领几代人把屋前的大山挖走的故事，说明这种精神多么伟大和了不起。可美国小学生纷纷发言提出不同看法。一个孩子说："愚公为什么不在山中开个隧道呢？那省事多了。"另一名小学生建议："他们把家搬到山那边不就好了吗？何必费那么大的劲？"孩子们你一言，我一语，居然全是质疑，最后还得出结论：移山破坏了自然环境，现在是不允许这样做的。

一位领导干部做完报告后，问大家，你们认为我今天讲得怎么样？一位干部说，领导，你今天讲得特别精彩，观点我完全赞成，启发教育很大；另一位干部说，领导，我想找个时间和你交流一下，因为有些观点我不太赞成。如果这位领导具备求异思维，善于接纳不同意见，那么在这位领导心目中，会很看重第二位干部，要找时间跟他交流。这就是一种求异思维。

第六节　直觉思维方式

直觉是洞察事物的一种特殊思维活动，是对事物或问题不经过反复思考的一种洞察。

什么是直觉？简单说就是当一个人面对复杂事情时，不经过分析推理就能够迅速抓住问题的关键，并且找到解决办法。遇到复杂事情时，他总是很有办法，而且还一找就准，这个人往往说不出道理。实际上是每个人都存在直觉，只不过大多数人没有意识到，而且应该说我们过去几十年忽略了它，没有认真去研究它，更没有去强调它。

同样说一样的话，有的时候很费劲，你怎么说他都不明白，而有的人一点就透，而且能做出正确选择。政治家很喜欢讲他的直觉。比如说有几个方案，哪个方案能做，哪个方案不能做，如果让学者研究起来，研究十年也不一定研究得清楚。各有各的优点，各有各的不足，各有各的道理，各有各的风险，但是政治家往往会有一种直觉，几个方案一比较就知道了。

每个人实际上都同时拥有两种能力。一种是理性，就是逻辑推理能力，逻辑就是讲道理，一步一步地推；另一种就是直觉。直觉是不讲道理，却在面对复杂问题的时候能迅速找到办法去解决。

一个有关直觉的经典说法。日本物理学家汤川秀树，是日本第一个获得诺贝尔物理学奖的人。他从小就受中国文化教育影响，在比较了两种思维方法后，他写了篇叫《创造力与直觉》的文章，认为中国式的思维方法源于老子、庄子和孟子，强调通过直觉认知真理。西方的思维方法，从希腊的苏格拉底、柏拉图开始，后来被牛顿和爱因斯坦发展到极致，强调分析推理思维方法。他说这两种方法其实各有优点，应该互补。汤川秀树讲，很可惜在世界上大家都非常重视西方的分析推理思维方法，忽略了中国先哲直觉式的方法。

一个人的创造发明很重要的是突然发现的思维，也就是我们常讲的直觉思维。

一位数学老师出了一道题，希望学生一个步骤套一个步骤解答出来。有一位学生，老师题目出完了，这道题他差不多也就做完了，老师说："你说说你是怎么把这道题做出来的？"

学生说："不知道，不会说。"

老师说："你说一说，怎么动的脑筋？"

学生说："不会说，不会说，我也不知道怎么动的脑子。"

老师说："我教给你们那么多方法，你为什么不用别的方法做这道题，而是用这个方法做呢？"

学生急了："我早就告诉你了我不知道，就是不知道！"

学生的这种思维叫直觉思维。直觉思维是怎样的思维呢？是知其然而不知其所以然的思维。心理学认为在思维过程中，突然顿悟、突然理解、突然解决问题的直接解决问题的思维，就是直觉思维。它有6个特点：1. 来得快。2. 来得直接。3. 他知道他的整个思维的推导过程。4. 具有个性。5. 坚信不移，认为自己的答案对。6. 或然性而不是必然性。因此爱因斯坦说："直觉思维是创造性思维的萌芽与基础。"

过去我们都把理解看作学习的第一要义。只有理解了才算学懂了，才能去做、去实践，否则实践就是盲目的，非理性的。我们做实验，动手操作仪器，首先要熟读说明书，"不懂道理，不能操作"成为金科玉律。

学习一定要按部就班，没有学懂前一部分内容，不可跳过去学后一部分。这似乎也成为学习的定律。但是，现在的孩子不这样。你看，十来岁的儿童玩起手机、数码相机、音乐播放器甚至计算机来，一点道理不懂，按电钮、敲键盘，三五下就学会使用了。他从尝试和记忆中感悟到正确的使用程序。这不能不说是一种进步，一种跳跃的学习和思维方法，这就是直觉思维。

第七节　其他思维方式

在创新过程中，需要各种各样的思维方式，应该针对不同的问题来选择。思维方式常用的有点式思维、线式思维、矩阵式思维、立体思维、多维思维和系统思维等。简单地说，点式思维主要通过一些思想火花、思维跳跃形成灵感，或者通过一些偶然的发现，较适合于艺术创作；线式思维，专注于从初始到结果的过程，很适合工程性的研究，用于考虑工程过程中的各个环节，达到贯穿、沟通的效果；矩阵式思维着眼于两个坐标形成的交汇点，在交汇点上寻找答案或途径；立体思维、系统思维更复杂，是对各种思维方式的综合运用，特别适合于大型科学工程的组织和设计。

另外还有联想思维、灵感思维、形象思维、抽象思维。

联想思维。联想思维是从头脑中提取信息的一种跳跃性的检索方式，能够发掘人脑深处的信息，扩大创新思考的范围。创新和发明离不开联想，联想是创新之母，是思维大厦的基础。创新和发明不是简单的复制，而是高于现实的再造，需要幻想、假设和一切超越现实的联想。创新和创造的每一个细胞都源于现实，然而总体构想现实中是没有的。

灵感思维。所谓灵感，是人们在强烈的解决问题欲望支配下，孜孜以求，不得其解，却偶然遇到某种意外的触媒激发，突然获得答案的现象。灵感具有瞬间性、情感性、新颖性和模糊性的特征。接受知识需要理性，创新科技则需要悟性，心有灵犀一点通。

至于形象思维和抽象思维，更是人们普遍运用、行之有效的思维方式。真正把各种不同的思维方式运用好，实质上也就形成了创新性思维，产生了全面的认识能力，包括：感性的认识能力，善于观察事物，通过试验研究问题；悟性的认识能力，直觉思维，从现象中提炼初步的条理化认识；抽象的理性思维能力，掌握人类已有的理论知识；具体的理性思维能力，抽象上升到具体，善于分析具体问题，其中悟性是认识从感性向理性的过渡，具体的理性思维是从抽象思维向实践应用的发展。

第六章

发展创造个性

《国家中长期教育改革和发展规划纲要（2010—2020）》在"素质教育"部分提到"坚持全面发展与个性发展的统一"，在"注重因材施教"中提到"关注学生不同特点和个性差异"。在党和国家的教育决定中明确提出学生的个性差异和个性发展，这是一个重大突破，反映了教育的客观规律，也反映了时代要求。这为我们深思和谋划中国教育提供了重要的条件。问题是如何把教育个性化作为一个教育战略问题进行全面反思和指导教育改革的深化。

创新型人才未必是全能冠军，往往是单项冠军。我们教育制度的设计，应该为学生创造个性留出足够的发展空间。创新人才的培养要呵护学生的个性发展，激发学生创造天性，通过不断改进学生评价体系和评优激励机制，搭建有利于学生个性发展的制度平台。

第一节　个性内涵

工业社会的特点是标准化，信息社会的特点是多样化、个性化。没有个性，就没有人才，没有创造性。个性是教育的灵魂。

个性简单说就是人的天赋，一般表现为兴趣、爱好、特长。

生物学告诉我们，个性是人类进化过程中的基本因素，自然选择中形成的某种个性是基因变异决定的。由遗传变异而形成的个性加速了生物的进化。

根据生物学、生理学、心理学的研究，人生来就具备一种特殊能力，但这种能力潜藏在人体内，我们称这种能力为潜在能力，即人们常说的天赋。天赋并不是为少数人所有，而是潜藏在每个人身上的潜能。只要充分发挥这种潜能，人便能成为不平凡的人。但由于教育问题，人们的这种潜能大都没有得到充分发挥，这正是如今天才极少的原因所在。个性发展就是个人独特潜能的充分发挥。人的个性发展本质上就是人的全面发展，是个人天资和创造性的充分发挥。

个性是什么？个性是一个人在思想、性格、品质意志、情感态度等方面不同于他人的特质。某种程度上，它影响和决定着人生的风貌、事业和命运，影响着人的一生。所以人们说，个性决定命运。

应该培养什么样的个性？千人一面，循规蹈矩，按部就班，当然没有个性；不会独立思维，人云亦云，没有打破旧思维的勇气，失去了个性；哗众取宠、作风浮躁不是个性；侃侃大山，摔摔酒瓶，不是个性；天马行空，我行我素，更不是个性。

创新人才不会凭空而成，需要鼓励人才保持个性，也应创造条件激励人才个性，更需要采取措施保护人才个性。

任何关于人的发展的话题都要具体到个体上来，而一旦具体到个体上来，发展就必然是丰富多彩的，或者说千差万别的，也必然是个性发展。人的发展都是自己的发展。按心理学上的说法，个性即人格，就是"人的精神面貌"。它包括人的能力、才智、气质、性格、动机、兴趣、理想、信念等。

个性是与共性相对的。就哲学意义讲，共性是内涵贫乏，个性是内涵丰富多彩。从这个意义上讲，喜欢共性就是喜欢贫乏，喜欢个性就是喜欢丰富。

无论对人自身还是对社会，个性的存在都具有重要价值。因为矛盾的特殊性，个性是一个事物区别于他物并获得自身存在的根据。人独特的个性往往是个体自身生存的资本。一个音符无法演奏优美的旋律，一种颜色难以描绘出多彩的画卷，一种味道不能称为美味，一件事物孤立存在就没法比较做出评价。这个道理与人个性的重要性是相通的。如果社会中的人具有共性而没有个性，社会必定单调乏味，死气沉沉。生气勃勃的社会必然是个性充分发展，潜能充分发挥，积极性充分调动的社会。

第二节　个性发展与全面发展

从人类学角度分析，人有三种基本属性：类属性、群体属性和个体属性。原始社会，由于对自然界的认识有限，由于生存条件的限制，人类处于类属性的发展阶段。农业社会，随着社会生产力逐步发展，人类以群体属性发展为主，类属性和个体属性居于次要地位。进入工业文明社会后，人类的个体属性迅速发展和扩张，而群体属性和类属性处于次要地位。而且，随着社会分工日益细化，科学技术日益进步，社会复杂程度日益加剧，人类的个体属性呈现出进一步扩张的趋势。

从教育学角度看，我们一贯倡导人的全面发展，但全面发展不等于全科发展。全面发展是个性发展的基础，个性发展是全面发展的核心。没有个性发展的全面发展很难说是全面发展，没有全面发展的个性发展可能是一种畸形发展。我们要在全面发展的前提下鼓励创新，在合格达标的基础上支持冒尖，在规范要求的同时鼓励发展个性。我们讲的全面发展，应当是德、智、体、美全面发展，而不是各科学业都全面优秀。要求一个学生数学、物理、化学、语文、外语、历史门门功课都很出色，这是不可能的。为什么德育为先，因为德育是人发展的动力，尤其对人们个性的发展和扩张，具有强大的导向作用和精神支撑作用。

从生物学角度看，人既具有未完成性又具有不全面性。其未完成性决定了人的可塑性、可发展性；其不全面性决定了人的发展的不均衡性和差异性。人的这种生命特征对教育提出了客观要求，那就是要发掘和发展人最具有优势的生命潜能。

第三节　掌握多元智能理论

这里介绍一种著名的教育理论，我们掌握了以后，对自己的成才、发展很有帮助，对培养创新人才也有指导意义。这个理论，就是世界著名心理学家加德纳提出的著名的多元智能理论。一言而概之，这个理论只有两个基本的观点：第一个观点，不要说哪个学生聪明，要说哪个学生在哪个方面聪明，不要简单地把学生分成聪明与不聪明，每个学生都有成才的潜质，每个学生在某个方面都可以当第一。

第二个观点，人的大脑主要分为八个区域，分管八种智能，有的区管逻辑思维，有的区管艺术思维，有的区管运动思维，还有的区管人际关系、自我认知等等。他的观点是，在全面开发这八个区域八种智能的基础上，你哪个区域发达、哪种智能强势，你就重点去发展哪个区域、哪种智能。

每个人都有自己的天赋，不同的人的天赋是不同的，天赋是千差万别的。美国哈佛大学教授加德纳的多元智能理论，对我们认识"天赋"有一定的启发。多元智能理论认为人的智能至少由八个方面组成：语言智能、逻辑数字智能、空间智能、肢体动作智能、音乐智能、人际关系智能、内省智能、自然探索智能。这八个方面的智能不是等同的、单一的，而是不平衡的、综合的。

第一种是逻辑数学智能。爱因斯坦是这方面的典范。一般来说，哲学家、数学家、科学家最擅长的就是使用抽象符号进行形式逻辑推理，因此这方面的智能很高。这种智能是我们现在学校教育主要培养的，即逻辑推理、分析推理的智能。

第二种智能是语言智能。是指善于运用语言思考和表达问题的能力，作家、诗人的语言智能都是很高的。语言智能的关键在什么地方呢？关键在于你能否很简洁地用准确、到位、生动的词汇把复杂的事情表达清楚。语言智能不亚于分析推理能力，这是一种重要的智能。语言智能对理工科人才很重要，因为即使你再聪明，再有能力，工作做得再好，但如果表达不清楚，不能被社会接受，不能被学术界接受，也无济于事。

第三种是音乐智能，实际上很多人在使用旋律思考，比如说莫扎特、贝多芬。他们用旋律在思考问题，有感情要表达，脑子里就冒出旋律。

第四种智能是空间智能，空间智能强调人对色彩、线条、形状、空间及它们之间关系的敏感度很高，感受、辨别、记忆、改变物体的空间关系并借此表达思想和情感的能力比较强。空间智能可以划分为形象的空间智能和抽象的空间智能。前者为画家的特长，后者为几何学家的特长，建筑学家则二者兼备。

第五是肢体动作的智能，比如一些演员、运动员，尤其是高级技工、技术员，他们的手特别巧。动手能力也是一种智能，一种创新能力。

第六种是内省智能，就是认识自己的智能。很多人可能一辈子都不会认识自己，往往只看到别人的缺点，但就是无法正视自己。一个人能认识自己，这是种能力。认识自己的智能，就是要清醒地认识自己，客观地评价自己，正确地调控自己。为人处世，首先要知道自己是个什么样的人，有什么优点和缺点，有什么特长和潜能，懂得自己适合干什么、不适合干什么，对自己扮演的社会角色有一个明确的定位。

第七种是人际关系智能，具有这种智能的人很容易了解他人，善于与人共处，且善于影响和激发别人的能力。

第八种是自然探索智能，能认识动植物和其他自然环境的能力。自然探索智能应当进一步归结为探索智能，包括对于社会的探索和对于自然的探索两个方面。

每个人的天赋不同，其智能结构都有各自的独特之处，有的人这些方面的智能突出，有的人那些方面的智能突出。有的人语言智能、人际关系智能、内省智能突出，表达能力、思考能力和交际能力就比较强，搞写作、管理、公关、外交等就容易出成绩；有的人逻辑数学智能突出，运用数学和推理的能力就比较强，学数学就很有天分；有的人自然观察智能也很突出，就不仅数学可以学得不错，还对周围环境中的种种事物有辨析能力，有好奇心，这就具有了从事科学工作的素质，搞生物、地质、物理、化学就有成功的希望；有的人读书不行，但音乐智能很突出，乐感好，可以搞音乐；空间智能很突出，对视觉和空间性的信息感知和表现的能力很强，就可能成为画家；肢体运动智能很突出，用肢体表达想法与感觉，处理事务的能力很强，就具备了从事舞蹈和体育运动的有利条件。

最典型的例子是中国残疾人艺术团的青年指挥家舟舟，生活能力只相当于三岁儿童，甚至走向舞台中央都需要有人引导，但一旦走到舞台中央，任何复杂的交响乐曲，他都可以指挥自如，被称为"舟舟现象"。用多元智能理论解释舟舟现象，就不难理解了。舟舟这八种智能中，音乐智能最为发达，其他智能都很低，这也丝毫不阻碍舟舟成为一名出色的指挥家。这就说明每个人智能都有各自的优势，只要发挥出来，他就是人才。

我们每个人，都应当用多元智能理论重新认识自己，自己的智能中肯定有一项是你的强项，要清楚自己属于哪种类型，自己还有哪些潜能没有得到充分发挥，从而科学认识自己、定位自己。

我们要让每个学生的个性和天赋都有展现的空间、有表达的机会。人的充分发展就是人在个性发展、自我实现过程中达到优化，让优秀者更优秀，让平常者不平常。教育的世界里永远都是春天，充满希望，充满成功。我们注意到，不是每一朵花都在春天里开放，每个学生都有开花的季节，都有属于他自己的灿烂日子。

一个人能在某一领域做出突出贡献，即便其他方面差一些，这个人还是有价值的人。许多对人类做出突出贡献的人，可能在其他方面并不高明，甚至低能，这丝毫无损其伟大。如果在人才培养上只着力于补短，就必然没有时间去扬长。扼长补短，人才就会被扼杀。

第四节　重视发挥天赋

社会心理学家马斯洛认为，创造力是人的一种基本财富，创造力的火花潜伏在每个人的身上，只要加以培养和挖掘，每个人的创造力都可以得到显露和提高。

大学生处于创新意识的唤醒期，创新方法的积累期，创新思维的发展期。我们要抓住学生创造力培养的关键期，发现生命的优质基因，唤醒生命的创新潜能，最大程度地激发生命的创造活力。

发现学生天赋，发展创造个性，发掘优势潜能对人的成功成才具有重大意义。什么叫优势潜能？潜能是一种现在还没有显露出来，在合适条件下可以被激发，并对人的能力、行为产生重要作用的隐形能力。

美国心理学家威廉·詹姆士认为，一个正常的人，只运用了其能力的10%，尚有90%的潜力未被开发。人生是短暂的，面对人类自身如此巨大的潜能，一个人要想成功，要想在有限时间里实现自身价值，就必须找准并充分发挥自己的优势潜能。

大学生的机体尤其是大脑构成和机能已基本成熟，不仅具有较强的感知力和观察力，还有强烈的求知欲望、运用潜能的热情。更重要的是，他们处于人生开发、运用个人潜能的黄金时期。发展创造个性就是强调发掘学生个性潜能的优势，寻找每一个学生身上个性的最强点和闪光点，这就是个性天赋。

智能强项就是个性和天赋。每个人都有个性和天赋，每个人的个性和天赋又都不同，如果用不符合每个人个性和天赋的方式强迫他去做事，是不可能达到预期目标的。

2007年美国著名的盖洛普公司对世界近三十年最优秀人士进行了系统研究，他们发现最优秀人士获取最优秀成绩的主要原因，在于他们在职业上充分发挥了自己的天赋。该公司提交了一个研究报告，有五个观点非常好：第一，每个人都有天赋，只不过摆错了位置或者没有努力发掘出来；第二，每个人的天赋都是持久而独特的；第三，只要找到自我天赋，并将它在正确的地方发挥出来，你我都是快乐的天才；第四，有的人反应不快，但很有耐心；有的人拙于言辞，但长于策略性思考；第五，每个人最大的成长空间都在于他最擅长的领域。

纵观人类文明史，所谓的天才，都是某个领域的出类拔萃者和杰出代表。人才的成长和造就，往往取决于能否及早发现天赋，顺从其爱好，并坚持不渝地恪守下去。

陈景润于厦门大学数学系毕业后分配到中学教书，他不善言辞、不善表达，是一名不很合格的中学教师。语言表达是他的弱项，不是他的智能强项，不是他的天赋。后来调到中科院数学所，把他的智能强项发挥到极致，终于成为杰出的数学家。

被国际数学界尊称为"微分几何之父"的著名数学家陈省身的成长历程也充分说明了这一点。在一次不经意的玩耍游戏中，大人们偶然发现了他的数学天赋。他的父亲陈宝桢常年在外地做官，大约在陈省身九岁那年，陈宝桢回家过年，在陪儿子玩耍之际，忽然想起一串阿拉伯数字，便以铜钱和念珠为筹码，让儿子数数和游戏，后来又用算盘让儿子运算，用图形让儿子玩魔块组合。没想到小小年纪的陈省身对数字和图形格外喜爱，颇有悟性。陈宝桢见多识广、思想开化，深知数学的重要性，他便利用假期引导儿子识数识图，逐级运算，并让他接触《笔算数学》等比较正规的教材。谁知，原本酷爱古诗文的陈省身，一下子迷上了数学运算，无师自通地做起书中的题目……从此，他便投入到数学的汪洋大海里，开始了人生的漫游和远行。

陈省身曾对同学说，他就是为数学而生的。他还说，自己一生只会做一件事，就是学数学。天下美妙的事不多，数学就是这样美妙的事之一。

于是，就有了高斯—博内公式的内蕴证明，就有了被誉为数学史上划时代的精辟论文，就有了国际同行给予的"微分几何之父"的盛誉，就有了以"陈省身"命名的编号为1998CS2的小行星。

所以说，发现了天才，就应为其创造顺应天性成长的条件，使"金子"在最合适的条件下发光。

天赋对成就一个人的事业至关重要。如果我们能长期从事自己十分喜欢又极具天赋的工作，是人生的一大幸事。借天赋做事，一定会顺天从人、得心应手、如帆得风、如鱼得水。

不管干哪一行，你首先必须看看你是不是干这行的"料"。俗话说："女怕嫁错郎，男怕投错行。"强调的就是这个"天赋"。过去京剧收徒弟极为看重天赋，祖师爷不要的，就是那些没有京剧天赋、苦练不成的。

过去我们总认为，每个人最终的成功主要在于刻苦努力，拒绝、排斥人的天赋。好像人的秉性能力不存在差别。爱迪生有句名言鼓舞了很多人，就是"天才是99%的汗水加1%的灵感"。实际上爱迪生还有一句更能体现他本意的话，就是"但这1%的灵感远远比那99%的汗水更重要"。

许多人才的成长事实证明，真正能够发挥天赋的领域并不一定是他所学专业，也不一定是从事了一辈子的职业，也许最初仅是一种业余爱好，甚至只是一次歪打正着的偶然闯入。

哥白尼是个业余的天文学家，他一生都在教会里度过，学过数学、绘画、宗教法和医学，甚至还曾为波兰地方议会提供过一项改进币制的方案，但他不是专职的天文学家。

爱因斯坦完成他的相对论时，在瑞士伯尔尼专利局正担任职务。他和朋友成立了一个业余性质的奥林匹克科学院，闲暇时间一起讨论当时重要的科学话题，值得注意的是，他和当时的物理界并无联系。

由此可见，伟大的新发现首要的是靠天赋而不是知识，靠的是智慧而不是技巧，靠的是悟性而不是逻辑。特别关键的是要有超人的天赋。伟大的发现往往不是出自某些最具专业知识的学术泰斗，而是出自那些独具天赋的业余研究者。

具有特殊天赋的人，知识少的可以胜过知识多的，资历浅的可以胜过资历深的，甚至没学过某些知识也能从心灵悟出相关知识。

据说大数学家高斯上小学时，老师出了道算术题，让每个学生从1加到100，当同学们都在紧张地依次相加时，高斯早早地小声报出了5 050的答案。高斯从未学过等差数列求和的运算公式，他只是凭着自己超常的数学天赋运算出来的。古往今来确实有些人生来就在某个方面独具天分。哪怕知之不多，却极具灵气，一点就通，一通皆通，触类旁通。

我国著名音乐家和翻译家薛范先生，翻译出版了100多个国家两千多首歌曲，最早把《莫斯科郊外的晚上》译出中文歌词。出版翻译歌曲集几十本，有人问过他，你在音乐上有这么深的造诣，为什么不创作一些歌曲呢？他说，自己确实学过作曲，也试图创作，但不成功，于是放弃了。他说人要扬长避短，懂得歌曲理论，不等于能创作出好的歌曲，他说他有自知之明，自己缺少创作歌曲的天赋。

这个例子说明，人生精力是有限的，能力是有限的，要尽力按照天赋做事情，不要在自己不擅长的领域浪费时间和精力。要知道自己的长处和短处，懂得自己适合干什么，不适合干什么。在人的培养上，要努力发现每个人的长处，并且最大限度发挥这个长处。可以这样讲，努力发现长处，激发的是自信。注视短处，激发的是自卑。

每个人的天赋、能力、品质都不一样，有的人适合从事这方面的事，而有的人就不合适，这点是老天安排好的。打个比方，有的人擅长销售，可以把东西卖得很火，有人干这个就不行。有人手巧，适合做技术工作、动手工作，如果搞理论研究，很可能不成功。笛子是竹子做的，但竹子有千万种，不是都适合做笛子。人的天赋能力和性格是命中注定的。但很多人可能没发现自己的能力天赋到底在哪，能够发现自己的天赋能力这是一种幸运。如果做一件事情本身让你感到非常快乐，那就说明你的天赋就在那里。

　　总结已经逝去的20世纪，美国一些资深心理学家这样讲，我们20世纪最大的悲剧不是恐怖的地震，不是连年的战争，而是千千万万的人一生都未意识到他们身上存在着巨大的天赋潜能。

　　把握人的发展规律，发挥人的天赋，是确立成才方向的首要问题。一个人只有具备了较强的社会适应能力，把个人的成长追求与社会的需要紧密联系起来，其自身的天赋才能得到充分发挥，才能成为社会需要的有用人才。发挥自身优势，对自己有客观的把握，要有一个准确的定位，寻找自己的优势和天赋，选择最能发挥自己专长和兴趣的方面作为自己的成长定位。要利用现实条件，全面分析现实提供了哪些有利因素、哪些不利因素，这些因素哪些可以直接利用、哪些能够改善和转化、哪些需要暂时等待、哪些可以克服，在此基础上明确成才定位。

　　重视发挥学生天赋，必须进行个性化教育。个性化教育是以学生为中心的教育，尊重学生主体地位，承认学生个性差异，倡导满足个性需求，挖掘学生个性潜能，实现学生个性发展。

　　个性化教育的现实依据可以概括为三个方面：第一，社会对人才的需求是多样的，打破整体划一的教育，是时代发展对教育提出的新要求；第二，每个学生的心理素质、能力特长都存在差异，通过有差别的教育才能满足学生的不同需求；第三，每个学生的成长路径和成长条件均有所不同，个性化教育能够为学生提供多元化的教育内容、教学方法，实现多样化的人才培养目标。

第七章

提升创新能力

创新能力是智力因素和非智力因素的综合，主要包括好奇心、想象力、洞察力、兴趣等本质要素。清华大学朱邦芬院士提出，一流创新人才要具备一些基本素质。他认为我们学生最缺的是好奇心、想象力和批判性思维，尤其是发现问题、提出问题的能力。

第一节　好奇心

韩愈《师说》开篇讲道：人非生而知之者，孰能无惑？惑而不从师，其为惑也，终不解矣。人们有惑，而后有好奇。对各种事物与现象的好奇，进而引发人们对某些问题的兴趣，激发求知探索的行动与努力。年少时每个人心中都有无数个"为什么"，海为什么是蓝色的，鸟儿为什么能在空中飞，花儿为什么这样红，财富从哪来，等等。人类有好奇的本性，"为什么"是人在幼年开口之后最常见的询问方式，其中蕴涵着人类理性的最初表现，是创新知识的宝贵的原动力。

好奇心是创新的原动力。有人如是说，一个猿人直起总是水平匍匐的躯干，抬起总是面向大地的头颅，第一次仰望星空，从此，人猿相揖别，一个能够直立行走、仰望星空的物种诞生了。明亮的星光在猿人的心底播下一颗火种——求索欲望。一代又一代的人们在星空下不懈地叩问自我与自然的意义，于是，文明不断推进、展开，而这一切，都源于人类的好奇心。

所以，要保护、培养我们的好奇心，它催生生活和工作的热情；它激发想象力，衍生创新意识，产生创造力；它带来更深层次的理解。当你付出了99%的汗水时，可能正是好奇心所带来的那1%的灵感，让你脱胎换骨、截然不同，从此迈入更高的境界。

创新，必须有强烈的好奇，狂热的追求。好奇是人类为了生存和发展所孕育的天赋。小孩到了一个新地方，总要问：有什么，是什么，为什么，以及做什么，怎么做。前三个是科学问题，后两个是技术问题。他不仅要求回答，还会怀着强烈的好奇，自己去看一看，试一试。这就是童心，这就是珍贵创造力的不竭源泉。

好奇心是创新能力的基础。创新开始于好奇，有了好奇才会思考，有了思考，才有创新的方法，找到独立思路的可能。有好奇心不一定有创造，但没有好奇心一定没有创造。

一个人如果做什么事情都没有好奇心，不太可能有很大的成就。爱因斯坦说他四五岁的时候，父亲给他一个礼物，就是指南针。他看了一下子就有了强烈的兴趣，发现这个针永远都往一个方向摆动，他觉得这背后肯定有重要原因，很想搞清楚，这就是好奇心。

好奇心是创新人才最重要的素质。科学上重大的原始创新大都是由好奇心推动的。众所周知，核物理学的一个重大里程碑——放射性的发现，就是因为年轻的居里夫人被一种强烈的好奇心所驱使，选择了探索贝克勒尔射线的秘密作为论文课题。她花了整整四年时间，在一个破旧的棚房中重复着繁重而又枯燥的工作，终于找到了新元素镭和钋。

爱因斯坦对传记作家塞利希说："我没有什么特别的才能，不过喜欢寻根刨底地追究问题罢了。"他又对一位物理学家说："空间时间是什么，别人在很小的时候就已经清楚了，我智力发育迟，长大了还没有搞清楚，于是一直在揣摩这个问题，结果就比别人钻研得深一些。"他的这段极为朴实的话，蕴含着深刻的含义。

好奇心就是要有主动的求知欲，遗憾的是我们的教育使我们都没有好奇心了，压力太大了，对什么也不好奇了。

现在最有好奇心的就是幼儿园的小朋友，他们经常天真地问，我有两只眼睛，为什么看到东西只有一个？都说地球是圆的，为什么我走到哪里都是平的？天上为什么会有那么多星星？它怎么不掉下来？满脑子尽是问题，对什么都新鲜好奇。

我们现在不要说激发人的好奇心，连保护人的好奇心都做不到。小学生经常好奇地问：爸爸妈妈，我是从哪里来的？爸爸很高兴，说是爸爸妈妈生下来的。小学生又说，你们是从哪里来的？爸爸说，我是爷爷奶奶生下来的。小学生又问，爷爷奶奶是从哪里来的？这个时候，大人不耐烦了，一个巴掌在屁股上拍下去，你自己玩去吧。一个伟大的自然科学家就这样被扼杀了。

德国生物课教材是这样描述的：人类繁衍后代是靠男女两性共同完成的。妈妈有乳房和下面的缝，这个缝人们称为阴道，爸爸有个小尾巴，被称为阴茎。妈妈和爸爸相亲相爱，彼此亲吻，然后爸爸的小尾巴就变大变硬了。爸爸的小尾巴进入妈妈的小缝里，就会产生爱的结晶。孩子就是一张白纸，对于好奇的事物都会提出疑问，如果家长、老师遮遮掩掩，用很神秘的态度隐瞒孩子，反而会加强孩子的好奇。如果用科学严谨的态度给出回答，孩子自然就会接受，认为性交及性器官其实是一种很自然的东西。

报纸上报道过一个小女生，听老师讲蚯蚓的再生能力很强，把它弄成两段后，这两段会各自发展成为一条完整的蚯蚓。这小孩听后觉得很奇怪，回家后她把蚯蚓切成两段，放到泥土里摆在窗台上养起来。她妈妈看到后，愤怒地把蚯蚓扔到阳台外，而且打了孩子一巴掌。这位母亲全没有想到，她这一巴掌造成了什么样的后果。这一巴掌很可能就毁掉了一个女科学家。

现在很多家庭摆满了现代化电器，可有多少孩子问：电视机为什么能显像？电冰箱为什么能制冷？计算机为什么能储存那么多信息？有没有孩子趁家人不在家时拿块砖头砸开看一看呢？没有。我们渴望有这样的孩子，渴望有好奇心的孩子。

可以断定，没有好奇心的民族是一个没有前途的民族，没有创造力的民族。反观我们现在不少人，对什么都麻木不仁，对什么都提不起兴趣，对什么都不好奇了。

好奇心缺乏的原因，首先是思维感知范围有限。中国人思维感知的区域似乎局限在眼睛能够看到的范围之内，因而对万事万物的好奇心似乎只有儿童才有。如果成人表现出好奇心就会被认为不成熟。西方人的思维感知区域似乎是无穷无尽的，他们对眼界之外的世界有天生的好奇心，而且为了探索未知的奥秘发明了各种各样的工具。在土地和财富不够时，利用帆船和罗盘去寻找新大陆；在需要冲破视野局限时，发明显微镜来观察微观世界，发明望远镜来洞察宇宙深处。

其次，独立人格的缺失。在家听父母的，在课堂上听老师的，在单位上听领导的，在工作中听师傅的，有疑难时听大家的。听话，听话，还是听话，在这种环境中，很难培养创新人才。

创新没有一套固定的方法，最好的创新就是无论在你20岁还是40岁的时候都能保持你两三岁时的那颗童心、那种好奇心，这是最主要的。因为儿童对什么都好奇，都要问是什么和为什么，这种问题就是创新的一种动力。但是人越受教育往往越把那种好奇心消磨掉了。我们应该创造一种环境，使这种创新的原始激情可以产生，可以维持。任何科学的发现不在于你用什么方法，而在于你有没有这种强大的动力，有这种好奇心就是创新最大的动力，有这种动力就会找到合适的方法，先有动力后有方法，我们应该激发人这种创造的激情。

如何激发学生好奇心，提高其发现问题的能力呢?

第一，强化学生对自然界与人类社会中规律的认识。事物是有规律的；规律有可能被认知。太阳东升西落，有规律；苹果熟了落地，而不是往天上飞，这是规律；圆的周长与圆的直径成一固定比例，是规律；在其他因素不变的情况下，水果的价格在旺季下降，在淡季上涨，也是规律。如果某类现象普遍存在，其中必然隐含了一定的规律。教师可以介绍本专业有趣的例子，通过这些例子更好地激发学生的好奇心，促其了解或探索其中规律。

第二，大学应把学术上的争论恰当地呈现给学生。教师应该运用好更加丰富的学术资源，不断追踪学术前沿，让学生充分认识到，哪怕是在自然科学领域，学者们对于同一种现象也存在很多争议与分歧，发展了许多不同的理论解释相同的现象。

第三，创造宽松的学习氛围与研讨氛围，鼓励大学生提问。有惑、有好奇，学生难免就有各类疑问。但不少学生误以为，自己有许多疑问是因为没听明白，或者没学好专业知识，因而羞于提问。实际上，有许多疑问是件好事，问不出问题一般不代表没有问题，恰好说明学生对某些知识没领悟透。

第二节　想象力

想象力是指在知觉材料的基础上，经过新的配合创造出新形象的能力。它是一种能促使人类预想不存在事物的独特能力，是所有发明和创新的源泉。

大家都知道想象力很重要，但是很多人对想象力重要性的理解不到位，想象力是人类区别于动物的最根本的能力。我们可以感知各种动物的特征，然后在这个基础上，经过我们大脑的加工，构造出各种各样的兽头人身的人，这就是想象力。想象力严格说就是人的大脑在过去感知的基础上对所感知的形象进行加工改造，创造出新形象的能力。

我们曾经把一句话奉为经典，"知识就是力量"。但爱因斯坦认为想象力比知识更重要。哲学家康德说，想象力作为一种创造性的认识能力，是一种强大的认识力量，它从实际自然所提供的条件中创造出第二个自然。

想象力是知识的一种创新。想象力同观察力、记忆力等共同奠定了人生的发展基石。一个社会的进步，依赖于人们的创新与创造，而想象力永远都是创新与创造的原动力。想象力绝对不会让现有的知识停滞不前，它是最活跃的、启发性的，是知识最有效的运动，能使知识不断得到更新、进化。在学习知识的过程中，要善于运用创新思维方式，打破陈规，冲破束缚，扩展思维空间，通过思考善于去想别人所未想、求别人所未求、做别人所未做的事情，最终不断推动创新发展。发挥想象力并不是凭空臆想，而是必须建立在尊重客观实际的基础上。古人在论及想象力时就曾提出过"积学以储宝，酌理以富才，研阅以穷照"的见解，强调一切想象力都是建立在日常积累和生活体验之上的。因此，只有具备丰富的知识，增加表象储备，才能为想象力的自由驰骋打下基础。

想象力最突出特点是能将预期目标展现出来，使目标由不可能变为可能，使目标从无到有，从小到大，从大变强。想象力的最大功能是使知识不断得到扩展、延伸、进化、创新和增值。想象力的是长了眼的，会说话的，活的知识，想象力和知识密不可分，知识是想象力的载体，想象力是知识的翅膀。想象力是人类无穷无尽的、无边无际的、最富有的知识。想象力是知识的一种创新，一种创意。

爱因斯坦曾经说过："想象力比知识更重要，因为知识是有限的，而想象力是无限的，想象力是知识的源泉。"很多事都是只有想到才能做到，上上个世纪人类的幻想与梦想，在上个世纪基本都得到实现。过去有篇童话，说一个小学生写作文写得很累，于是就想，要是能有一种机器把自己说的话能变成文字那有多好啊。突然有一天他得到了这样一部机器，他一说，作文就出现在纸上了；正在这时，外面刮起了一阵大风，吹得窗外的树叶沙沙作响，于是纸上就出现了"沙沙沙"的字样……当时觉得特别好玩，却又非常荒唐。但是，现在不也变成现实了吗？必须想到，才有可能做到；如果你连想都想不到，或者是连想都不敢想，那就肯定做不到。

瑞士有一个企业名叫斯沃琪，它的CEO海耶克曾经说过这样一句话："把强大的技术和6岁儿童的幻想结合起来，就能创造奇迹。"为什么要6岁儿童的幻想，而不要60岁人的经验呢？我们许多成年人知识可谓渊博，经验可谓丰富，但思维却往往趋于收敛，这也不行那也不行；而6岁儿童的思维是海阔天空的，什么都敢想，有时提出的问题貌似荒唐，却让大人也难以回答。

治理国家、建设国家要靠想象力。《美国商业周刊》刊文称，美国的公司已经率先进入到一个由想象力和创造力主宰的新经济阶段，数字和科技不再是衡量公司竞争力的唯一标准，想象力和创造力是检验的标准。

新加坡前总理李光耀在其《心在工作》一书中谈到，全世界任何国家在独立的时候，无论是领导人，还是人民都兴高采烈、欢天喜地，只有新加坡在独立的时候李光耀哭了，为什么呢？新加坡当时只有140万人口，土地不足500平方千米，连净水也没有。李光耀讲，他们一无所有，怎么样把遭遇变成为机遇，就是要用心，要用想象力。新加坡没有领空，他的飞机一起飞就侵犯了别人的国界，但是它发展了全世界最好的航空；新加坡没有净水，但是它发展出了最好的改造水的技术。

科学发明创造要靠想象力。人类历史发展充分证明了想象力的重要。古今中外，伟大的科学家、发明家、思想家、艺术家都富有丰富的想象力，很多伟大的科学理论和发明创造都萌芽于想象。

波兰天文学家哥白尼在提出"太阳中心说"前，想象"太阳坐在宝座上率领着周围的行星家族"；德国化学家凯库勒在分子结构理论研究中，把苯分子中的碳原子设想为一条条头尾相连的环形蛇；英国物理学家法拉第想象磁一定能产生电，提出了电磁感应原理。看到一只苹果从树上掉下来，牛顿悟出了万有引力；看见蒸气把壶盖顶起来，瓦特悟到了别人看不到的力量；当莱特兄弟梦想能像鸟一样在空中飞翔时，他们的飞机便获得了起飞的动力。

公鸡行走时为什么颠脖子？中国科技大学一位教授为这个"古怪"想法向学校申请科研立项，很快得到了支持。经过研究，他发现，公鸡颠脖子是为了能让眼睛更精确地定位目标。这一成果眼下正被用于机器人设计，其应用前景被广泛看好。

市场高端运作要靠想象力。有一个故事形象生动。一日，父亲对儿子说："我想给你找个媳妇。"儿子说："可我想自己找。"父亲说："但这个女孩是比尔·盖茨的女孩！"儿子说："这样可以。"

这位父亲又找到比尔·盖茨说："我想给你女儿找个老公。"比尔·盖茨说："不行，我女儿还小！"父亲说："可这小伙子是世界银行的副总裁！"比尔·盖茨说："这样，行！"

最后，这位父亲找到世界银行的总裁说："我给你推荐个副总裁！"总裁说："我有太多的副总裁，不必了。"父亲说："可这小伙子是比尔·盖茨未来的女婿！"总裁说："这样呀，那请他明天就来上任吧！"

初看故事，哑然失笑：玩"空手道"的高手，实在是高啊！如果真有其事，那这位父亲也堪称"超人""超爹"了！而更感叹的是那原创此故事人的奇思妙想，就是想象力。而后续的故事是：儿子娶了盖茨的女儿，当上了世行的副总裁；盖茨得到了世行的大笔办公软件定单；世行获得了盖茨的大笔存款；老爹成了盖茨的亲家，皆大欢喜。真是不怕做不到，就怕想不到。

人的想象力要靠培养。想象力是人为了生存进化出来的基本能力。想象力对人类至关重要，想象力使我们发明了工具、武器、枪炮，使人类变成了世界上最强大的物种。想象力是人与生俱来的。在一个人的发展过程中，"搞得不好"想象力就被扼杀了，"搞得好"才能成为像爱因斯坦那样有创新能力的人。

有一个美国小故事，说一个小男孩，周末的晚上，妈妈给他换了一身崭新漂亮的衣裳，然后在厨房里面给他做丰盛的晚餐。外面忽然下起了瓢泼大雨，这个小孩就穿着新衣服一头冲进了雨里，在那儿蹦啊蹦啊，弄得浑身上下都是泥点子，一边跳他还一边冲着窗子大喊，"妈妈我要跳到月球上去了"。可以想象，如果是中国的父母，大半是把孩子揪回来，暴揍一顿，这个周末谁都别想过好。但美国的妈妈怎么做的呢？她淡淡地对外面说了一句，"好啊，孩子，别忘了从月球上回家吃晚饭啊"。这个孩子1969年成为人类历史上第一个登上月球的宇航员阿姆斯特朗。他从月球飞行器上，迈下自己的左脚，要踩到月球的时候，他照了一张自己左脚的照片，旁边写了一句话，他说："这对于我个人来讲，仅仅是一小步，但对于人类来讲，是一大步。"这个为人类迈出一大步的宇航员，当他从月球归来的时候，所有的媒体围上去，让他讲此刻最想说的话，他对着镜头淡淡地说了一句，"妈妈，我从月球上回来了，我要回家吃晚饭了"。

这是一个很温暖的故事，它让我们反省，我们要培养人的想象力、创造力，想象力比知识更重要。

我们到德国考察，看到德国幼儿园让孩子画音乐。就是听一首乐曲，自己想象着去画画。反观我们幼儿园，是要孩子画得跟老师一样，画得不一样就是不遵守纪律。国内孩子画好后问像不像，国外孩子画好后问好不好。

一个明媚的早秋中午，苏联教育家苏霍姆林斯基带领学生走进田野。燕子在蓝天下飞翔，鲜花在风中摇曳。他问："孩子们，那丛绿草和金色的沙子有什么不同？"尼娜说："春天草籽生芽，夏天草就长起来。"柳达说："沙地上不长草，不开花。"米沙沉思地说道："下雨后草就长起来，可雨后沙子却不长。"孩子们七嘴八舌，思如潮涌。苏霍姆林斯基因势利导，把问题引向深入："有生命的东西和无生命的东西有什么区别？"科斯佳说："有生命的东西会动，无生命的不会动。"有人反对："沙子随水流动，它有生命吗？"舒拉高兴地喊道："有生命的东西会长，无生命的不会长。"米沙手指树木、草地："有生命的东西不能没有太阳，还需要水和养料……"学生被大自然的奥秘所吸引、所激发,他们自由地触摸着周围世界的各种形象,感受着现象之间的因果关系,用稚嫩的心灵追索着事物的规律和真理。从自然中获取的发现使孩子们充满快乐的激情,开阔了视野,放飞了想象,焕发了生命的智慧。

人的想象力要靠保护。有一天,一位妈妈和两岁女儿一起眺望夜空,这时,云彩把月亮挡住了。女儿问,为什么看不见月亮了呢?妈妈回答说:月亮被云遮挡起来了。这时女儿忽然捂着自己的嘴说,月亮被吃掉了。妈妈觉得很有趣,随声附和说,真的吗?我把月亮摘下来,揉得圆圆的,吃掉了,很好吃。女儿舔舔嘴,好像尝到了月亮甜甜的味道。

这就是孩子的想象力,幸运的是,妈妈没有用"幼稚"这样的话来伤害孩子,而是保护了这份想象力。

1968年,美国内华达州,一位三岁的小孩告诉母亲,她认识了英文字母"O",这位母亲很吃惊,问她怎么认识的,她告诉妈妈说:"是微拉小姐教的。"

这位母亲一纸诉状把微拉小姐所在的幼儿园告上了法庭,理由是幼儿园剥夺了女儿的想象力。因为她女儿在认识"O"以前,能把"O"说成苹果、太阳、足球、鸡蛋等圆形的东西,然而自从幼儿园教她认识了26个英文字母之后,女儿就失去了这种能力。她认为幼儿园剪掉了女儿想象的翅膀,她要求幼儿园对此负责。

孩子什么时候认识"O"是可以讨论的,但关注孩子的想象力是非常值得肯定的。故事阐释出这样的道理:想象力在人的发展中最重要。教育过程中,始终不应忘记,教育的本质是成就人的丰富心灵,教育的原点是关注人的发展,发展人的想象力。

达尔文很小时就有惊人的想象力。譬如,他捡到了一块怪异的石头,对同学们说:"这是一枚宝石,可能价值连城。"同学们哄堂大笑,可是他并不在意,继续对身边的东西发表另类的看法。久而久之,老师把他的问题反映到了他的父亲那里,父亲听了,却不认为孩子是在撒谎,而是在想象。

有一次,达尔文在泥地里捡到了一枚硬币,他神秘兮兮地拿给他的姐姐,说:"这是一枚古罗马硬币。"姐姐拿过来一看,发现这是十分普通的旧币,只是由于受潮生锈,显得有些古旧罢了。姐姐便把这件事告诉了父亲，希望父亲好好惩罚他，让他改掉令人讨厌的"说谎"习惯。可是父亲却叫过他来说："我怎么能责备你呢？你的想象力真伟大。"

对于达尔文父亲的怂恿行为，许多人不以为然，认为这势必害了孩子，他长大以后会变成一个满口假话的人。但是，谁也没有料到，这个孩子长大以后却成了著名的科学家。现在，所有人都知道，他的"进化论"就是建立在超乎常人的想象和为此进行的大量实物证明之上的。没有想象，就没有今天的"进化论"。

有位研究教育心理学的学者做过这样的实验：他用粉笔在黑板上画了一个圆圈，请测试者回答这是什么。

在小学一年级，小朋友异常活跃地回答："句号""月亮""烧饼""乒乓球""老师生气的眼睛""我家门上的猫眼"……

问到初中同学时，一位尖子生举手回答："是零。"一位学习后进的学生喊道："是英文字母O。"

当问到大学生时，他们哄堂大笑，拒绝回答这个只有傻瓜才会回答的问题。

当问到机关干部时，他们面面相觑，用求救的眼光瞟着在场的领导，领导沉默良久，说："没经过研究，我怎么能随便回答你的问题呢？"

这个实验告诉我们：想象力随着年龄的增长、受教育程度的增加，逐渐萎缩，甚至丧失殆尽，这也是创造力遭受的命运。

2009年，国际教育进展评估组织对全球21个国家进行调查显示，中国孩子的计算能力排名世界第一，想象力却排名倒数第一，创造力排名倒数第五。美国几个专业学会共同评出的影响人类20世纪生活的20项重大发明中，没有一项是中国人发明的。

中国传统文化往往更强调中庸和大一统。所谓中庸，就是不偏不倚；所谓大一统，就是强调一律。而这些都是制约想象力的障碍，一些创新的想法、创新思路往往会被看成异端，不仅不会被重视，甚至会被扼杀。

更有趣的是，在中国，即便偶尔产生大胆的奇思妙想，也往往会成为被嘲讽的对象。比如，在美国，建设太空电梯登月已经不再是科学幻想，甚至有人要在十年内付诸实施。而在中国，这一想法却和"给宇宙装空调、给长城贴瓷砖、给蚊子戴口罩"并列起来，成为嘲笑某些人不着边际的段子。

　　人类的文明进程一再证明，不怕做不到，就怕想不到。思维越广阔，我们的天地才越宽广。我们要创新创造，就要激发、鼓励和保护我们的想象力，也要包容一切创新思想，哪怕它真的是给蚊子戴口罩这样的"胡思乱想"。

　　专家研究认为，儿童的想象力和创造力远远超出成人的想象。今天，如果我们的孩子能运用想象力和创造力的思想成果去解决问题，那么明天，当他们创业时，他们将超越今天的微软、IBM等世界500强企业。

　　在历史上中华民族的想象力、创造力曾经是很发达的，不但有《红楼梦》这样才华横溢、文化凝聚的巨作，而且有《庄子》《山海经》这样想象力、创造力勃发的鸿篇。我们要重新唤起中华民族的想象力和创造力。

第三节　洞察力

　　洞察力类似直觉，是指当一个人面对十分复杂的情况时，迅速抓住问题关键并找到出路的能力。一个好的领导人，靠直觉和洞察力可以马上找到复杂问题的关键所在和解决方法。科学家也一样。洞察力是优秀科学家的必备素质。

　　洞察力，就是俗话所说的"一眼看穿"的能力，它表现在能迅速地透过现象抓住本质，表现在对一些表面上似乎不同的事物，能够迅速找出它们共同的原因或彼此联系的能力。

　　克劳塞维茨在《战争论》中说：这里对较高的智力所要求的是综合力和判断力，二者发展成为惊人的洞察力。具有这种能力的人能迅速抓住和澄清千百个模糊不清的概念，而智力一般的人要费很大力气，甚至要耗尽一生的心血才能弄清这些概念。

　　洞察力就是跟别人看同样的范围，你看到别人看不到的事情；跟别人看同样的事情，你看出了别人看不出的意义。具有丰富生活经验的人，在面对复杂情况的时候，来不及思考和推理，却能迅速找到问题关键，找出解决办法，这就是洞察力强的表现。政治紧要关头的重大决断，军事关键时刻的出奇制胜，商场巨额投资的机遇把握，靠的都是准确判断的洞察力。

许多大学毕业生，在校学习成绩优秀，毕业20年后，成就相差悬殊。这是由于有的路越走越窄，有的路越走越宽。关键在于他们是否能选择新方向。如果一个人选择的方向，在五至十年后大有发展，他就能有大成就；如果他选的方向是强弩之末，就会白费力气了。影响一个人选择的决定性因素是直觉和洞察力。

我们讨论篮球运动员时，常说这个运动员现在找到感觉了。这个"感觉"说的是人对现状、对规律、对未来的洞察力。搞科学和打篮球一样，需要有洞察力，在复杂的情况下找出问题的关键，找出规律，看到未来。

领导周围有许多聪明的人，他们都有不同的主张，有些是相互矛盾的。这时就要靠领导的洞察力、判断力。要选哪些人，选那些主意，你必须做出判断。在一个单位，往往最糟糕的决定就是不做决定，其实有的时候，最后都可以走到终点。但如果你停在某个方位，就等于错过了某个机会。具有洞察力的领导者可能做正确决断的机率大一点。当然他也会犯错误，但是大的方向，他是把握比较准的，而且犯了错误之后，他知道怎样去调整。

爱因斯坦就读的大学，出了好几个世界级的数学大师，但爱因斯坦却选择读物理系。爱因斯坦说，他到数学系之后不能决定哪件事是最重要的，他应该从哪里着手。物理系虽然没有名牌教授，但是爱因斯坦发现物理的各个领域不一样，他一下子就区分出哪些知识是重要的。

怎样培养洞察力？这可能是创新能力培养最需要解决的问题。杨振宁先生曾经谈到一个例子，说明他的科学洞察力是怎样培养出来的。杨振宁先生到芝加哥大学读博士时，上量子力学课的是美国氢弹之父爱德华·特勒。特勒才华横溢，从来不备课，想到哪儿就讲到哪儿。因为量子力学太复杂，想到哪儿讲到哪儿容易走入陷阱。杨振宁先生说他最感兴趣的就是看特勒走入陷阱，这个时候特勒的思维就像天线一样张开，四处探测，此时他的洞察力表露无疑。学生最有收获正是这个时候。现在的大学教师不敢在学生面前即兴讲课，给学生展示自己的洞察力。这样，学生的洞察力自然得不到培养。

善于观察，是培养洞察力的重要前提。洞察力不是天生的，需要在长期的实践中锻炼提高 。法国短篇小说家莫泊桑曾向福楼拜请教写作的方法，福楼拜说："对你要所表现的东西，要长时间注意观察它，以便发现别人没有发现过和没有写过的特点。"任何事物里，都有未被发现的东西，因为人们观看事物时，只习惯于回忆前人对它的想法。最细微的事物里也会有一星半点未被认识过的东西，让我们去发掘它。

第四节　记忆力

现在推行素质教育，目的是使学生学得活泼，学得愉快。可是很多人有误解，认为素质教育就是反对死记硬背，认为一些知识只要学会在需要用时能查到它们就行了，不必花很大力气去记忆。计算机的广泛应用客观上也助长了这种误解。因此，记忆力的培养被很多人忽视了。

其实，记忆力是极其重要的素质，而且是其他所有素质的基础。一个人的知识毫无例外都是通过记忆获得的。说某人很有学问，实际上就是因为他记住了很多东西。说某人很聪明，是因为他记住的东西很多，而且能用记住的东西去解决很多问题。说某人"笨"，"什么都不懂"，并不是他脑子有毛病，而是因为他记住的东西太少，或不会运用记住的东西。因此，记忆力的强弱是人的智力开发程度的主要标志。

人的创造力、业绩、成就，很大程度上取决于他的记忆力。各行各业的杰出人物，我们党和国家的许多领导人，无一例外具有极强的记忆力。他们"博闻强记"，首先是因为"强记"，有超乎常人的记忆力，然后才会"博闻"。记忆力的强弱也是决定人们生活质量的重要因素。一个人要是"忘性"很大，老是丢三落四的，生活是不会顺畅的。

对于青少年来讲，正处在培养记忆力的最好时期，而记忆力的强弱又是决定他们学业优劣的重要基础。因此，我们要非常重视对他们记忆力的培养，这是终身受益的事情。

现在人人都有手机，阅读已经走进我们的生活，我们不能武断地否定这种阅读方式，但长期阅读这种密密麻麻的文字，记忆力容易衰退。

且这种快餐式、浏览式、跳跃性、随意性的"浅阅读"，不能代替系统的书本阅读，要学到真正扎实的知识，还是书本阅读好，它可以让人细细品味，独立思考，切身体会书中的奥秘。

计算机这个工具是有用的，但千万不要成为它的奴隶。对它的依赖程度越高，人的智力就越低。现在有个现象值得注意，就是记忆力的衰退。把记忆力交给电脑了，把所有知识交给数据库。以前，我们总是想拼命记忆某些东西，现在已经没有这种动力了。"没关系"，我的电脑里有，我的手机里有。我们可以设想，有一天，我们的手机丢了，电脑丢了，很多东西就丢失了，或者全世界断电了，或者被外星人的病毒攻击了，整个人类就要倒退几百年。

第五节　兴　趣

培养兴趣是创新人才培养最重要的任务。没有兴趣，就没有发展，没有创新，就不能形成内在的、持久的成才动力。可以讲，中国人并不缺乏智慧和知识，也不缺乏刻苦和勤奋，最可怕的是人的兴趣，从小就被应试教育所遏制。

有一个真实的故事。25岁的博士生小萧是中国科学院程教授的得意门生，有一张令人羡慕的成绩单，已经发表了十几篇期刊论文，并得到来自英国和瑞典的博士后邀请。但小萧却放弃科研，去了一所中学当老师。"唯一的原因就是没兴趣了，我已经厌恶科研了。当我决定退出科研时，心里无比轻松。"对此，程教授痛心疾首："我真的很后悔，我一直把他当成一个听话的好孩子，总是像父母亲一样强行安排他的一切，很少了解和尊重他的意愿。也许是我的'快马重鞭'让他失去了对科研的兴趣。"

一个才华横溢的、听话的好孩子，一个父母般的恩师，却一起败给了"兴趣"。这个故事从反面再次诠释了那句名言："兴趣是最好的老师。"

孔子说："知之者不如好之者，好之者不如乐之者。"事实上，对孩子而言，一旦对某个事物有了浓厚兴趣，就会主动去求知、去探索、去实践，并在求知、探索、实践中产生愉悦的情绪和体验，引发创新创造的动力。爱迪生、牛顿、毕加索、比尔·盖茨……概莫如此。反思我们的教育，却时常置兴趣于不顾，虽然让孩子"赢"在了所谓的起跑线上，但最终却输在了终点线上。

兴趣是最好的老师，对于创新人才的成长具有非常积极的内在推动作用。正如杜威所言，兴趣是学习成功和道德发展的基础与保证；"如果学生对各种事实或观念有兴趣，他们就能够应用能力去把握它们；如果学生对某些道德训练或行为方式有兴趣，他们的活动也就能够符合这样的方向"。

从教育学的角度看，兴趣之所以具有这样的功能，还在于它保证了学生自我与学习对象的一致性。因为真正的兴趣，就是"所要学习的事实或所建议的行动，与正在成长的自我之间公认的一致性的原理；兴趣存在于行动者自己生长的同一个方向，因而是生长所迫切需要的"；或者说，兴趣就是自我与对象相统一的活动。这是创新人才培养和存在的重要基础，缺乏这样的兴趣以及由此进行的培养，再多的"塑造"都是难以成功的。因此，培养创新型人才的关键是要深化人才培养模式改革，特别是要注重激发学生的学习兴趣与好奇心。兴趣无疑是创新人才最重要的潜质；而激发学生的兴趣，并由此促进创新人才的成长，也正是创新人才的特征和成长规律；而不断地深入认识和发现学生的内在兴趣，也是识别创新人才的基本路径。

兴趣是一种强大的精神力量，它可以使人集中精力，获取知识。当一个人对某一事物有兴趣时，就会对它产生特别的注意力，表现出感知敏锐，记忆牢固、思维活跃、情感深厚、意志坚强。即使困难重重也绝不灰心丧气，而能百折不挠地克服困难。可以讲，你喜欢做的事，往往正是你的天赋之所在，你的事业之所在。美国曾对2 000多名著名科学家进行调查，发现他们中间很少有人为谋生而工作，而大多是出于对某一领域问题的强烈兴趣，从而不计名利报酬，忘我工作，他们的成功，与他们的兴趣紧密联系在一起。相反"牛不喝水强按头"是不会取得好效果的，当然也不可能充分发挥人的天赋，充分发挥人的聪明才智。

1960年，哈佛对商学院1 520名学生到哈佛学习的动机做了调查，发现其中有1 245人想迅速致富，只有255人是出于对专业的兴趣。

20年后，有人搞了跟踪调查，结果是这1 500多名学生中有101名学生成了百万富翁，而101名富翁中有100名是追求自己兴趣的人。调查结果告诉我们，追寻兴趣与名利不相悖，相反或许是获取名利最好的渠道。

兴趣是事业成功的重要因素，兴趣是行动的动力。英国著名人类学家古道尔从小很喜欢生物。她中学毕业后，对黑猩猩的强烈兴趣，使她不畏艰险，只身进入热带森林与黑猩猩一起"生活"了10年之久，并获得了极宝贵的第一手资料，为揭开黑猩猩的秘密做出了贡献。在学校里被人骂为"傻瓜""低能儿"而被勒令退学的爱迪生，在发明的王国里却显示了杰出的才华。在课堂上"智力平平"的达尔文，在大自然的怀抱里显得异常聪明和敏锐，成为进化论的创始人。是什么使他们由"愚蠢"变得聪明了呢？是兴趣。获得诺贝尔奖的华人丁肇中说过："兴趣比天才重要。"因为对一个人来说，对工作感兴趣，就有钻劲，有钻劲就会出成绩。这就是兴趣的作用所在。

美国苹果公司的创始人、掌门人乔布斯在斯坦福大学2005年毕业典礼上演讲时，讲过一段自己的故事：在17岁那年，他上了美国著名的里德大学，可是仅仅6个月之后，他就退学了。用他的话说，"我终于可以不必去读那些令我提不起丝毫兴趣的课程了。然后我可以开始去修那些看起来有点意思的课程。我跟着我的直觉和好奇心走，遇到的很多东西，此后被证明是无价之宝"。

德国化学家李比希，1803年生于一个药剂师的家庭。李比希因为从小帮助父亲制造颜料、染料、化学药品而爱上了化学实验。有一次父亲要试制一种新药，让李比希到图书馆去查阅。李比希第一次看到书的海洋，就被深深地吸引住了，他翻阅一本本化学书，才知道原来化学是一门非常丰富的科学，从此，他终身爱上了化学。有一次，他把实验带到学校，上课时发生了爆炸。老师勃然大怒，把他从学校开除了。他只好到父亲的朋友皮尔斯先生的药房里去当学徒。但他仍不放弃化学实验，有一次实验爆炸把老板的房顶给掀掉了。皮尔斯先生不敢再雇用这个小学徒了。直到李比希17岁考上波恩大学，后来又转到巴黎，逐渐步入了化学的殿堂，进行雷酸性质和成分的研究。他在化学上有许多重大成就。后来他又研究各种无机盐对植物生长的影响，才有了今天的化肥，使农作物产量倍增。他被世人认为是农业化学的开山鼻祖。

从小培养学生学习的兴趣，随着年龄的增长，他就会根据自己的兴趣爱好对学习进行选择。为什么我们要提倡高中阶段办学的多样化？就是创造条件和环境让学生自己选择。

我国一些取得巨大成就的科学家，他们从事科学研究完全是从兴趣出发的，发自内心喜欢科学，而不是把科研当作谋生手段，甚至是追名逐利的敲门砖。因为有兴趣，从内心喜欢科学，科研这项在常人看来非常单调、非常乏味的累差事、苦差事，就可以成为一种非常享受的差事、乐事。因为有兴趣，从内心喜欢科学，就能坦然面对失败，主动迎接挑战，甘于忍受寂寞，辛苦不觉累，在99%的失败中寻找1%的成功的快乐。因为有兴趣，从内心喜欢科学，就能抵制各种诱惑，全身心投入研究，发论文只是做研究的副产品，得到新发现才是追求。

特别是在物欲膨胀、人心浮躁的今天，如果只把科研当作养家糊口的工作，或者是升官发财的敲门砖，就很难有大的成就。

实现创新，要关注人的兴趣。古今中外，科学家、艺术大师，都是在相关领域出名的兴趣"痴迷者"，而且不少诺贝尔奖获得者每每谈体会时，都是兴趣所致。兴趣可以提高人的工作效率。一个人对某一工作有兴趣时，枯燥的工作也会觉得丰富多彩、趣味无穷。兴趣使工作不再是一种负担，而是一种享受。兴趣可以调动身心的全部精力，以敏锐的观察力、高度集中的注意力、深刻的思维和丰富的想象投入工作，从而有助于工作效率的提高。

专家研究结果表明，人按兴趣做事，能够发挥潜能的80%～90%，注意力高度集中，长时间也不疲劳；人不按兴趣做事，只能发挥潜能的20%～30%，短时间就会感到筋疲力尽。人们对有兴趣的事，会调动所有感官一起去做，会做得更快，做得更好。

约翰·德莱顿有句至理名言：大智和大愚只有一步之遥。爱因斯坦说：兴趣是最好的老师。如果把这两句话结合起来理解，对我们启示是，创新和人的天赋有内在的必然关联，而兴趣恰好是发现自己天赋、特长和施展才华的一把"钥匙"。从人的发展看，兴趣，只有兴趣，才能使创新与自我实现达到最完美的统一。

如何培养兴趣？有一种有效方法，这就是在"兴奋点"中形成自己的"兴趣点"。首先要认识兴奋与兴趣的关系，两者既相互关联又有区别。兴奋是情绪的、激动的，兴趣是知性的、冷静的；兴奋是浅表的、短暂的，兴趣是智慧的、投入的。然而，兴奋是兴趣的前奏，兴趣是兴奋的升华。

兴趣是最好的老师，兴趣是成功的起点。如果你正为自己缺乏职业兴趣而苦恼，那么你就应当在工作上、在阅读中、在与同事的交流中，努力注意捕捉自己兴奋点，进而将其升华为自己的兴趣点。

第八章

倡导创新精神

创新精神是指创新人格或创造性个性倾向，是创新人才发展的动力保证和精神品格。

第一节　顽强毅力

一个人事业要成功，特别是要做出比较大的创新贡献，需要有坚韧不拔的毅力，十年磨一剑的恒心，自强、自立、自信的奋斗精神，甚至还要面对失败的风险。失败是成功之母。那些出类拔萃的伟人之所以会取得成功，正是因为他们能正确对待失败，从失败中获得教益，从而踏上了成功的大道。做学问是不易的，取得成果更是不易的。它需要毅力、勤奋和热情，还要经得起挫折。许多有成就、有造诣的学者，都有一部奋斗经。我们只看到这些学者累累成果和受人尊敬的地位，而看不到他们走过的长期艰苦的探索过程。

华罗庚有一句名言："天才出于勤奋，聪明在于积累。"他还说过："在中学时，别人花一小时，我就花两小时。而到工作时，别人花一小时解决的问题，我有时就可能用更少的时间去解决了。"他的学生陈景润对基础知识下的功夫很深，像老工人熟悉机器零件一样熟悉它们，因此也可以像老工人把零件装成机器那样熟练地用它们写出新定理，组装出新反应，完成新实验。陈景润说过："做研究就像登山，很多人沿着一条山路爬上去，到了最高点，就满足了。可我常常要试9~10条山路，然后比较哪条山路爬得最高。凡是别人走过的路，我都试过了，所以我知道每条路能爬多高。"

学习是一项艰苦的劳动，学生应该承担合理的学习负担。任何人想要在某个方面取得成功，就必须付出艰辛的汗水，不能误认为学习是一件轻松自在的事。不同年龄的学生应该具有与其身心发展大致相当的学习负担。小学讲愉快，初中讲勤奋，高中讲刻苦，大学讲拼搏。一个完全不能承担学习压力的人，恐怕也很难承担社会的压力。这对国家、民族来说恐怕也不是幸事。

但是勤奋刻苦必须以能集中注意力为前提。注意力集中的程度决定着思维的深度和广度。科学史上思想深邃的巨人都特别能集中注意力。牛顿曾在思考时误把怀表当作鸡蛋放进水里煮。奥托弗里希回忆说："爱因斯坦特别能集中注意力，我确信那是他成功的真正秘诀。他可以连续数小时以我们大多数人一次只能坚持几秒钟的程度完全集中注意力。"这句话很精彩，它清楚地揭示出了优秀科学家与一般人的不同之处。

一个人集中注意力的能力既有生理因素，也有心理和社会原因。

生理因素包含先天和后天两类，许多事实均说明先天因素的重要，但是其中的科学原理尚待脑科学家们做深入研究。后天因素则比较明显，例如，适当运动之后，脑部供氧充足时比较容易集中注意力；又如科学研究已确定：血液中铅含量较高的儿童会出现注意力缺失等。因此，足够的休息、适当的运动和恰当的营养有利于集中注意力。

心理和社会的原因比较复杂。例如，做自己很有兴趣的事最容易集中注意力；又如古人说的"宁静致远"，过早地得到社会上的高知名度对学术研究不一定是好事。

钱学森有很强的毅力。钱学森经常说：要审时度势，办不了的事情你不要勉强，办得了的事情你要下定决心，坚持不懈，毫不放松。钱老的好友马博先生说他最佩服钱学森的，就是他的毅力，他认准一件事情一干到底，绝不半途而废。

有句话叫有志者事竟成。立志固然重要，但坚持毅力更重要，如果立而不行，行而不坚，坚而不久，那么"事竟成"就会变成"事难成"。只有懂得坚持，具有顽强毅力，才能一往无前，百折不挠，愈挫愈奋。

第二节　坚定自信

自信是可贵的创新品位。自信是发自内心的自我肯定。自信是一种积极的情感，有自信才会有勇气和力量，有毅力和动力；有自信才会执着坚持，坚定不移。

自信是非常重要的心理素质，自信心是积极的自我意识、自我体验、自我评价。一个人对自我的积极评价，是这个人能够成功的根本标志。自信是一个人自立自强的精神支柱，可以使人在困难面前永不屈服，可以使人在逆境中看到光明。

一、自信心是人生潜能发掘者

目前，我们对大脑的认识是远远不够的，人脑有149亿个神经元，9 000万个辅助细胞，能储存1 000万亿信息单位，相当于5亿册图书。显然，人脑目前远未开发。乐观的估计是90%的潜能未被开发出来，悲观的估计是95%左右的。人的潜能是巨大的，大多数人的开发微乎其微。

对大脑奥妙的认识上，人类大大地提前了一步。我们欣喜地看到，美国著名科学家凯奇已经获得了激动人心的发现，大脑细胞是会不断生长的。在刚刚过去的20世纪中，科学家一致认为脑细胞的发育和身体其他细胞有很大不同，大脑神经细胞不会再有增加。凯奇相信，成人大脑也会长出新的神经细胞，一旦人的行为发生变化，比如加强对自身锻炼，就会对神经的起源产生影响并改变大脑的"路线分布"，即便是成年人，也能对改变自身状况有所作为。

二、自信心是个性发展的最坚定的支持者

一个人的自信心本身也可看作一种个性，它支撑着其他个性的发展，帮助形成许多优秀的心理品格。自信心可以使个性心理趋向更加强烈，使心理特征(性格、气质)更为鲜明。

培养自信，就要正确对待失败。自信心面临的最大考验，是正确对待失败。不多几次的失败，一般能锻炼人，无损自信心。但一次又一次的失败，对自信心就是严峻的考验。

如何习惯失败，理性对待失败，走出失败阴影，从失败中学习，是现代社会健康人格的重要方面，是当代人必须具备的素质之一。现代社会是一个竞争更加激烈的社会，能力高强的人，也不会永远都是胜利者，往往是从失败中学到的东西，要比从胜利中学到的东西还要多。能正确总结经验教训，失败就是成功之母。常言道，失败是人格的试验田，失败是走上更高地位的开始。检验一个人的品格，最好的办法是看他失败以后能否激发潜在的力量，激发更多的智慧和办法，失败是增加了他的判断力，还是心灰意冷，停滞不前。

美国前总统尼克松有句名言，"人生有99个回合"。他总结自身几次大落之后又大起的经验时说："失败决不会是致命的，除非你认输；但你经历失败时，你就能正确看待你的弱点。"现代社会可以保证每一个人都有均等的发展机会，但并不能保证每一人都有成功的把握。对于一个不怕失败的人来说，成功了自然好，失败了也要能够承受，无论何时何地，都始终保持进取的动力和勇气。值得提出的是，十次、二十次从失败中吸取教训，可能并不会使你与众不同，但几百个教训的积累，却会使一个人走上完全不同的道路。

三、自信是人生成功的重要基石

自信是人生成功的第一要诀。自卑是第一大敌。自信使人自强，只有自信，才能使人的潜力才华发挥到极致，也只有自信，才能使人得到"高峰体验"。培养人就是培养他的自信，摧毁人就是要摧毁他的自信。自信是创造的天然伴侣，培养自信就是培育创造，损害自信就是扼杀创造，这是心理科学证明了的结论。科学上的重大发现，在初期往往难以被人理解。有自信才能勇于创新，不怕风险；缺乏自信，只能人云亦云，跟从潮流。

自信不是自大，不是自满，不是自负，不是要盲目肯定自己的一切。相反，真正的自信者总是敢于正视自身不足，敢于承认别人长处，具有理性平和、开放包容的心态，从而不断自我完善、自我提高。

因此，我们要不断强化"天生我辈必有才，天生我材必有用"的信念。阿基米德说过，给我一个支点，我能撬起地球。笛卡尔讲，给我广延和运动，我将造出这个世界。这些非常豪迈的语言，我们不能因为这些话出自这样的大科学家而说豪迈，出在青年人就说他狂妄。

第三节　创新激情

激情是一种发奋忘我、永不放弃的精神状态，是一种精益求精、争创一流的精神追求。激情唤起责任，激情创造奇迹，激情成就事业，激情激发灵感，激情开发才智，激情改变平庸。一个人只有永葆激情，才能不断超越自我，成就辉煌人生。

激情是一种积极心态，表现在工作中，就是要有一种不怕困难，不怕挫折的勇气，一种敢闯敢干、敢为人先的锐气，一种不达目标誓不罢休的豪气。作为优秀人才，对工作满怀激情，首先要热爱本职，只有打心眼里热爱自己所从事的工作，才能全身心地投入，认真履职尽责。

其次，要潜心研究，我们所提倡的激情，是遵循规律、讲求科学、注重效率的激情，而非头脑发热，脱离实际地蛮干。作为优秀人才，一定要善于动脑、勤于思考，自觉地把国家政策、上级精神和外地经验与本地、本部门的实际有机结合起来，制订出一套切实可行、符合实际的工作思路和工作目标，创造性地开展工作，推动事业发展。

再次要享受工作，工作激情是需要培养的。只有全身心地投入工作，把个人的智慧、才能和心血都倾注到自己所钟爱的事业上，用心干好每一项工作，这样才能真正感受到工作带来的身心愉悦和无比幸福，也才能滋养出绵绵不断、持久弥坚的工作激情。

所谓激情，就是要面对机遇，敢于争先；面对艰险，敢于探索；面对落后，敢于奋起；面对竞争，敢于创新。一种真正积极向上的精神，一种永不放弃的精神，一种永不言败的精神。人的情感是丰富多彩的，情感在创新认识中起着重要作用。首先，情感对认识活动有激励作用；第二，情感对认识对象有选择作用；第三，情感对信息知识有加工作用；第四，情感对认识成果有评价作用。只有重视情感作用，人的创新能力才有最基本的保证。

教育家卡耐基的办公桌上摆了一块牌子，家里的镜子上也挂了同样的牌子，麦克阿瑟将军在南太平洋指挥盟军的时候，办公室墙上也挂着一块牌子，他们的牌子上面都写着同样的座右铭："你有信仰就年轻，疑惑就年老；有自信就年轻，害怕就年老；有希望就年轻，绝望就年老；岁月使你皮肤起皱，但失去了激情，就损伤了灵魂。"这是对激情最好的赞词。培养发挥激情，我们就可以对我们所做的每一件事情充满信心。

人有了激情，就会爆发生命力，积极生活，努力学习。青春是什么？美国作家厄尔曼的一篇文章做了回答。青春不是一个年龄段，而是一种心态。青春不仅意味着红光满面，而且意味着激情燃烧；衰老也不仅意味着老态龙钟，而且意味着没有了追求。只要你有激情和追求，热爱生活，哪怕你80岁了，也还青春，还有激情燃烧的岁月。如果你麻木、厌倦、自卑、消沉，你即使18岁，也已经是一个"老翁"，没有了希望和诗意。

有人用两个字概括美国著名企业家鲍尔默的管理风格——激情。鲍尔默常讲："我是天生的激情派。激情对开辟企业是一种非常重要的素质。不仅仅是我自己，我的管理就是让我周围的人都有激情。"

激情不是瞬间的一个状态，而是一种文化。激情是吹动船帆的风，没有风帆，船就不能行驶；激情是成功的动力，没有动力，事业就很难有起色。激情是创新的源泉，没有激情就没有创新的灵感和冲动。创新的激情来自于兴趣。如果说激情是"火炬"的话，那么兴趣就是点燃激情的"火种"。因为追求自己的兴趣而充满激情，因为激情而享受快乐！

第四节　勤奋刻苦

勤奋在一个人取得成功的道路上往往起决定作用。一个太聪明的人往往一事无成，因为他不能专注于一件事情，他觉得干任何事情都行，因此在每一件事情上都没有下足够的功夫。取得巨大成就的人士，甚至于诺贝尔奖的获得者们往往并不是最聪明的人，但是他们无一不十分勤奋。当我们选择了基本正确的道路以及开始一个职业以后，能不能成功就取决于能不能脚踏实地，能不能专心致志、用尽全力、克服一切困难地去做好它，特别是在碰到挫折的时候，还能不能继续坚持下去直至最终取得成功。

创新是靠勤奋"锤炼"出来的。现代创新者，尽管经历有所不同，但却有着一个共同的特点，即勤奋。

并非所有勤奋的人都能像乔布斯那样取得事业上的成功，但像乔布斯那样的成功者必然都是勤奋的人。

每一位成功的现代创新者都具备坚韧不拔、刻苦钻研的素质。他们往往要花费十几年或几十年的时间才能取得一定的成果。在这段漫长的、默默无闻的时间里，他们要经历许许多多的失败与挫折，要能把十天半月地待在实验室里不出来当成家常便饭。

瑞典媒体曾对一位诺贝尔自然科学奖获得者有过如此描述:他为获得这项成果付出了大半生的心血。诺贝尔生理学或医学奖得主琳达·巴克说过："在漫长的研究历程中，我一直在努力尝试，进行过无数次试验，却没有任何值得欣慰的发现。当我在1991年发现了新的基因后，简直不敢相信这是真的。"

艺术家的这种追求是要付出代价的，罗丹说："我付出了青年的代价。"我想，这话包含了一个重要真理：天才就是长期的忍耐。上帝给了某人一些天赋，但如果你只靠天赋，也许你只能做到二流、三流，仅凭天赋无法达到顶峰，但它能引领你前往顶峰的路，就看你是否愿意去攀爬了。任何人都生活在世俗的环境中，各种障碍、各种诱惑围绕着他，他必须选择，这样或那样，富裕安逸的生活或坚守心灵的引导。罗丹说："一个人能够在自己的艺术中找到幸福，安稳的生活不一定是福，它足以消磨一个人的上进心，艺术生命可能因此被埋葬。"

罗丹被誉为米开朗基罗以来最伟大的雕塑家。当年很多熟悉罗丹的人都惊异于他住房的简陋，生活的简朴，他的回应是一句调侃的话："金钱来得太晚，来不及培养物质生活的情趣。"确实，罗丹到40岁后才成名。他埋首自己的艺术世界，不把外间世界放在心上，凡到过他工作室的人都发现，无论来了什么访客，他都能随时随地把注意力转回到雕塑上。

发明飞机的莱特兄弟被称作是"从小就养成了勤奋学习、勤于思考的好习惯"；法国化学家、生物学家巴斯德被称为"格外勤奋的科学工作者"；而乔布斯则被人们称为"神经高度紧张的工作狂"。从这些天才创新家的成长故事看，他们可能有不同的成功之路，但所有的成功之路都经历了无数艰难曲折，都是靠勤奋努力铺垫而成的。没有哪项伟大的发明是靠一时的聪明而创造的。

天才是有光环的，这光环容易使人们的视线总是会集中于创新者的"天分"和"运气"上。其实，我们在了解这些创新者的成功故事的同时，更需要认识为什么机遇会被他们紧紧地抓住。

成功固然离不开机会，但机会有时只为那些专一的创新者敞开大门。从这个角度看，每一位普通人其实都是潜在的"天才创造者"。也许平常人并不具备所谓的天分，但只要在事业上坚守专一、勤奋努力的精神，就能够走出属于自己的不平常的创新之路。

一个人的进取和成才，环境、机遇、天赋等外部因素固然重要，但更重要的是自身勤奋。缺少勤奋精神，哪怕天资奇佳的雄鹰也只能空展羽翅，望塔兴叹；有了勤奋精神，哪怕行动迟缓的蜗牛也能雄踞塔顶，观千山暮雷，望万里层云。未来永远掌握在自己手中，只有在人生的求知路上孜孜不殆，研精覃思，才会体验到世界的精彩与美好。

第五节　执着追求

人生理想并不是一个可以清晰描述的远大目标，它应该是一种对人生价值的执着追求，对有真正意义的高尚生活的追求。让我们看着下面两个关于科学家、企业家追求理想的故事。

第一个是关于杨振宁先生的故事。1946年，杨先生在芝加哥大学读研，那时研究生都很穷，有一次他在报纸上看到一则填写纵横字谜的广告，最高可以拿到5万美元奖金。当时参加比赛的多是家庭主妇，他想自己总比家庭主妇强，于是就和几个同学报了名。果然，两个月后主办单位来信，祝贺他们得到了最高分，但还有一组人跟他们的分数一样，所以要再填一个难度更大的字谜一决胜负。于是他们开始分工合作，杨先生的任务是把韦伯大字典里所有五个字母的单词都列出来。为此，他到图书馆通宵查字典，到早上五六点钟的时候，实在累得不行，想回去睡一觉。从图书馆出来的时候，看到地上有份《纽约时报》，大标题写着《汤川秀树获得今年的诺贝尔物理学奖》，他一下子猛然惊醒，责问自己："杨振宁，你在做什么？"此后，杨先生一直专注于物理学的研究，并成为二十世纪最伟大的物理学家之一。

第二个故事来自于《纽约时报》的一篇文章，是关于当今美国乃至全球IT界最有影响的企业家之一皮特·泰尔的。年轻时，泰尔为能进入斯坦福大学而展开竞争，接着为取得在斯坦福法学院学习的机会而竞争。在这些竞争中，泰尔都取得了成功。所以毕业后，他理所当然地想要通过竞争，成为联邦最高法院的书记员。但是这一次，他失败了。这次失败促使他放弃了成为书记员的最初设想，走出法律圈，成立了贝宝（PayPal）公司，后来又成为包括脸谱网（Facebook）在内的多家知名高科技公司的最早投资人之一。之后曾有人问他："没有进入最高法院，你是否暗自庆幸？"这个问题让泰尔陷入沉思。他发现，人们总是认为竞争中的优胜者能够脱颖而出，但是，在使自己变得更有竞争力的过程中，人们有时会错把最难达成的目标看成是最有价值的目标，把激烈的竞争看成是价值的代名词。他认为，我们并不应该只是满足于成为一个成功的竞争者，而应当努力成为一个出色的垄断者。因为在某个已有很多人从事、并且范式成熟的领域努力工作，你可能比别人做得稍好，但相比之下，开拓一片新的天地并完全掌控它，会更有价值。在这个全新的领域，你能对社会做出更大的贡献。

人生要有理想，要有追求，要有梦想。梦想是什么？就是使命和责任，就是激情和冲动，就是精神和气质。梦想是人类对美好的事物的渴望。人生就是追寻实现梦想的过程。只有当我们拥有梦想，才会点燃奋斗的激情；只有当我们拥有梦想，才会获得人生奋斗的力量。

对于梦想，世界著名大学哈佛大学校长福斯特对哈佛毕业生说过，就算你们觉得它不可能实现，也要记住，它至关重要，是你们人生的北极星，会指引你们到达对自己和世界都有意义的彼岸。你们生活的意义要由你们自己创造。为什么明知不可实现，也要去努力呢？那是因为彼岸的召唤。根本不去眺望彼岸正是我们的悲剧。人生不是结果，人生是一种体验，一种过程。人生就像一次旅行，在乎的不是目的地，而是沿途的风景，以及看到风景的心情。

梦想代表着开端，梦想意味着挑战，梦想成就希望。只要执着追求、艰苦奋斗、立足现实、面对未来，就能实现自己的人生梦想。

第六节 责任担当

什么是责任？责任是全体存在与发展的基本方式。什么是责任感？责任感是对责任全面深刻的认识和理解，是一种基本的文明素质。简单讲，责任是主体自我的一般规定，职业角色的基本表征，社会认同的主要依据，价值实现的集中体现。

责任是份内事情，应尽义务。负责任是人类最宝贵的品质。责任高于一切，责任胜于能力，责任激发潜能，责任体现忠诚，责任成就卓越。有无责任心，事关创新的成败。

责任是一切道德的基础。中华民族几千年传统美德，强调的都是同一个词——责任。面对国家，没有责任感，哪有尽忠之心？面对长辈，没有责任感，哪有孝顺之心？面对自己，没有责任感，哪有进取之心？

责任是一切动力的源泉。有责任感才会有远大的理想和抱负。责任出智慧，出勇气，出力量。人的每一项潜能都因为有了责任的驱动，才变得更强大。

责任是一种客观需要。公仆有为民服务的责任，领导有科学决策的责任，军人有保家卫国的责任，医生有救死扶伤的责任，父母有养儿育女的责任，儿女有赡养父母的责任，企业有创造产品的责任……

责任是一种主观追求。同样的工作，同样的条件，有人干得好，有人干得差，差别就在于有没有责任心。尽心尽责，再复杂的问题也能迎刃而解；漠视责任，再简单的工作也会出现差错。

责任是一种思想境界。平凡之中有伟大追求，平静之中有满腔热血，平常之中有强烈的责任感，要忠诚履责，尽心尽责，勇于担责。

责任是一种品格，一种素质，一种人文情怀。对社会有没有责任感，是检验人生境界高低的尺度。社会责任感不是抽象的，具体体现在对家庭、他人、集体、国家、民族的情感、态度、责任和义务上。人什么都可以没有，但是不能没有事业；人丢掉什么都可以，但不能丢掉志气；人忘了什么都可以，但别忘了自己的父母，别忘了自己的国家。对父母有责任，才能对国家、社会有责任。

武汉市鄱阳街有一幢建于1917年的6层楼房，该楼的设计者是英国的一家建筑设计事务所。20世纪末，也就是那座叫"景明大楼"的楼宇，在漫漫岁月中度过了80个春秋后的一天，它的设计者远隔万里，给这一大楼的业主寄来一份函件，函件告知：景明大楼为本事务所1917年设计，设计年限为80年，现在超期服役，敬请楼主注意。面对英国人的这封信函，我们还需要对责任感和良知说些什么呢？

世界上没有不承担责任的工作。职位越高，权力越大，责任越重。社会学家戴维斯说：自己放弃了对社会的责任，就意味着放弃了自己在这个社会更好的生存机会。

如何做个有责任心的人。在世界很多著名跨国公司里，他们的员工都有这样的认识：不仅尽职尽责做好份内工作，而且他们认为，公司里没有和自己无关的工作。凡是有利于公司利益的事情，他们都会在需要的时候积极努力地去干，凡是不利于公司的事情，他们都会在必要时候制止。

目前有些人，在承担责任上存在认识误区：

无用——"大家都不负责任，我一个人负责任也没用。"

吃亏——"别人对我不负责，我对别人负何责？"

唯上——"领导要求我就做，领导不说我不做。"

功利——"对个人前途有利的责任才算是责任。"

一个人待人处世，如果事事都从自己利益出发，那他是个只对自己负责的人，而不是对他人和事业负责的人，就不可能得到大家的认可。责任心强的人考虑问题往往从大局出发，始终不忘集体利益，设身处地为他人着想，为集体着想，所以很容易得到大家信任。

责任重于泰山，责任是最高价值。工作就是责任，职务就是责任，事业就是责任，创新就是责任。责任是第一位的，我们所有工作都要在责任中体现出来，在责任中落实下去。

第七节　胆识勇气

中国古代有句名言，"才学胆识胆为先"。实践证明，天下不缺有才华的人，但缺少的是有胆识的人。天下真正做大事的人，不一定都是精明的人、聪明的人，但一定是有胆识的人。天下大事一定要有胆识才能做得到，撑得住。美国教育家卡耐基说过，损失金钱损失很小，损失健康损失很多，损失胆量损失一切。胆识是承受生活中的一切艰辛，做一切事情的根基。据调查，许多能人、精明的人，为了成就他们的事业，常年学习和掌握的，是如何提高自己的胆识。他们说要全面提高素质，实际上就是如何提高自己的胆识。

这里讲的胆识实际上就是人的意志品质，也即中国古代所说的"勇"。有胆有识是谓英雄，有功有德是谓圣贤。刘邵《人物志》中有"英雄"一文，明确提出"聪明秀出谓之英，胆力过人谓之雄"的论断。就是说，所谓"英"即是聪明，所谓"雄"即是胆力。"英"与"雄"的关系就是"明"和"胆"的关系。聪明就是知，胆识就是勇，有胆有识还要有爱即仁。只有具有大爱之心，才会产生大智大勇，因为"仁者无敌"。

第九章

塑造创造心理

心理素质属于人的自然属性，对于人的思想品德、智力开发、身体发育，都是一种基础性因素，都是一种物质基础。

第一节 人类进入"精神病"时代

有关专家认为，人类已经从"传染病时代""躯体病时代"进入了"精神病时代"。联合国一位专家断言："从现在起到21世纪中叶，没有任何一种灾难像心理冲突那样，带给人们持久而深刻的痛苦。"联合国卫生组织对健康的定义为："健康不仅是没有疾病，而且是在身体上、精神上、社会上、道德上的美好状态或者完全安宁。"

急促的社会转型，生活节奏的加快，令人眼花缭乱的新生事物，都在给人们的生活带来巨大的冲击和无尽的烦恼。部分天性脆弱、心理承受能力较差的人，经不起方方面面的刺激，从而产生扭曲的心态、变异的心理，导致情感、理智和行为上的"错位"，进而发生自残或自杀事件。

据世界卫生组织统计，全球大约五分之一的儿童和青少年在成年之前，会出现或多或少的情绪和行为问题，主要表现为学习困难、缺乏自信、交往困难、抑郁症状乃至各种错误行为、自杀及暴力犯罪。据北京大学精神卫生研究所的统计，我国17岁以下未成年人有3.4亿，其中有各类学习问题、行为障碍者约3 000万。随着我国现代化进程和市场化进程的加快，生活方式、价值观念的转变和新旧文化的激烈碰撞，以及我国社会特有的大量独生子女教育问题，使学生面临的升学竞争和各方面压力越来越大，导致学生心理障碍尤其是情绪障碍呈猛烈上升之势。

据统计，在年满20岁以上的成年人中，抑郁症患者数量以每年11.3%的速度增长。"郁闷"一词已经成为目前大学校园最流行的语言，"贫困郁闷，找不到工作郁闷，学习枯燥郁闷，活动没有意思郁闷，失恋郁闷，生活单调郁闷，闲着郁闷，心里不痛快郁闷"等。

目前，青年的总体心态是健康的，但也有很多学生由于心理压力增大，在生活、学习、交流、成长、情绪等方面反映出来的心理问题日益突出。青年学生中由于心理问题或心理因素引发的休学、退学甚至自杀、凶杀等恶性事件呈上升趋势。

据了解，20世纪80年代中期，我国23.5%的大学生有心理障碍，90年代上升到25%，21世纪初达到30%。

据有关部门对全国近3 000名大中学生调查发现，42.73%的学生"做事情容易紧张"，55.92%的学生"对一些小事情过分担忧"，47.41%的学生"感觉人与人之间的关系太冷漠"，67.26%的学生"在心情不舒畅时找不到朋友倾诉"，48.63%的学生"对考试过分紧张，感到有些吃不消"。在物质生活越来越丰富的今天，许多教育专家认为，青年学生成长出现"三大三小"现象：生活空间越来越大，生长空间越来越小；房屋空间越来越大，心理空间越来越小；外界的压力越来越大，内心的动力越来越小。某小学心理测试，一位五年级学生发出"做人不如做动物，做动物不如去死"的感叹。

据某高校对27 000名学生的抽样调查，53%的学生认为自己心态压抑或比较压抑；53%的学生认为自己的心态烦躁或较烦躁，51%的学生认为自己空虚或较空虚；71%的学生认为自己的状态是得过且过。

2002年，两个年龄为13岁和14岁的少年购买了一桶汽油。因为他们与网吧的老板发生了争执，于是下决心要洗刷耻辱，他们报复的结果是24人被活活烧死。

某名牌大学的一位品学兼优的三好学生，因为在一次晚会上唱歌跑了调，引起同学的哄笑，便觉得无地自容而自杀。

某名牌大学同宿舍有两位年龄有差异的博士，年轻博士因学习好受到导师的青睐，年长博士妒忌，将年轻博士杀害后自杀。

北京某高校，在一个6人宿舍里，大家都轮流过生日，其他同学都过了，剩下这个家庭比较贫寒的学生，她的生日临近了，但其他同学似乎都没有表示。实际上，她们默默筹划好了一份厚礼，想给她一个意外的惊喜，而这位同学有想法却闷在心里讲不出来，就在生日当天早上同学要送礼物之前跳楼自杀了。

心理冲突会对个人身体和他人造成巨大的伤害。因为人的意识活动，尤其是强烈的、集中的意识活动，能促进中枢神经介质的明显改变，这种反复必然引起一系列生理运动的变异，同时影响人格的发育。健全的人格是统一的，不是分裂的。有些人表面看起来很活跃、很开朗，但实际很内向；有些人表面很随和，但内心有很多积怨。健全的人格应该是知情意行的统一。心理学研究表明，人的创造力发展，与他的整个人格发展是高度相关的，这里包括他所持的世界观、人生哲学、生活方式、伦理准则、思维模式等。教育理论专家对此做了深入分析，认为当前影响青少年心理冲突的主要原因有5个：日益追求物质享受；过分娇惯的"独生子女"人数增多；父母离婚率上升；媒体的影响越来越大；学校里和劳动力市场上的竞争越来越激烈。

随着社会发展加快、竞争加剧，青年学生心理问题日益突出。概括讲，主要有四大心理问题围绕学生：学习心理负担过重；人际关系障碍；青春期烦恼；升学就业困惑。心理问题的症结主要有两点：自卑不能自拔，自高不能得志。有的因为自我否定、自我拒绝而自杀；有的因考试受挫、恋爱失败而自杀；有的因现实不理想，行为放荡，玩世不恭而走上绝路。因此，我们要积极推进青年学生的心理健康教育工作，以全面推进素质教育为目标，以提高青年心理素质为重点，促进学生全面发展和健康成长。

第二节 明确心理健康标准

在当代青年学生健康成长过程中，必须加强心理健康教育。当前青年学生的思想问题主要表现在四个方面：一是政治方向；二是思想认识；三是心理健康；四是实际生活。其中思想政治教育是灵魂，道德教育是核心，法纪教育是保证，心理教育是基础。尽管心理健康问题归根结底是世界观、人生观、价值观问题，但两者的解决方法是截然不同的，我们不能把心理健康问题当作政治方向和思想道德问题来处理。心理健康教育要重在建设，重在发展，重在教育。心理健康教育要根据青年学生心理特点，有针对性地传授心理健康知识，开展辅导和咨询活动，帮助他们树立心理健康意识，优化心理品质，增强心理调适能力和社会生活适应能力，以缓解心理问题，帮助青年学生处理好环境、自我管理、学习成才、人际关系、交友恋爱、求职择业、人格发展和情绪调节等方面的困惑，提高心理健康水平，促进德智体美全面发展。

国外心理卫生研究成果显示，心理健康水准可分为：一般心理健康水准；高于一般心理健康水准；极端心理健康水准；低于一般心理健康水准；严重心理疾病。在这五种心理健康水准中，第一和第二种往往是大多数人所具备的心理健康水准，或者称为平均健康心理水准。而第三种则是理想的心理健康水准，第四种和第五种属于不良的心理状况。

1946年召开的国际心理卫生大会，提出心理健康的四条具体标准：一是身体、智力、情绪十分调和；二是适应环境，在人际交往中彼此能谦让；三是有幸福感；四是在工作和职业中能充分发挥自己的能力，过有效率的生活。

美国著名的心理学家奥尔波特认为，心理健康应该包括六条标准：一是力争自我成长；二是能客观地看待自己；三是人生观的统一；四是具有与别人建立和睦关系的能力；五是人生所需的能力、知识和技能的获得；六是具有同情心和对一切有生命的事物的热爱。

美国人本主义心理学家马斯洛提出了心理健康的10条标准：一是有足够的自我安全感；二是能充分了解自己，并能对自己的能力做出正确的估计；三是生活理想切合实际；四是不脱离周围现实环境；五是能保持人格的完整与和谐；六是善于从经验中学习；七是能保持良好的人际关系；八是能适度地发泄情绪和控制情绪；九是在符合集体要求的前提下，能有限度地发挥个性；十是在不违背社会规范的前提下，能恰当满足个人的基本需要。

第三节　保持良好心理素质

心理健康教育工作的主要内容包括三个方面：心理健康知识的教育；个性心理品质的教育；心理调适能力的教育。

就心理调适能力的培养来讲，当前具有现实意义的工作是教会青年学生调整心态。心态决定人生，心态决定命运。人生最重要的是快乐，不是获得名利之后的那种满足的快乐，而是对自己人生的一种认同。人生不要放弃自己快乐的权利，要不断发现快乐，创造快乐，享受快乐。记得歌德说过这样耐人寻味的话："人生是由无数小烦恼组成的念珠，达观者是微笑着数完这串念珠的。"所谓达观者，就是心胸开阔之人。一个人心胸开阔了，往往会凡事拿得起，放得下，那样烦恼就变成了快乐。而人生需要快乐，所以在生活中要想拥有快乐，每日里保持轻松平和的心态很重要。在工作、学习、生活中，快乐不易得、不常得。相反，不快乐却易得，而且常得。一帆风顺，未必前途光明；风和日丽，未必春天常在；心想事成，未必路路畅通；幸福美满，未必鲜花不败。古人说过："天下不如意者，十常居八九。"这是人生体验的真谛。快乐是一件大好事，没有快乐，要挖空心思制造快乐；发现一丝一毫快乐的因素，就要抓住它、放大它、发挥它；快乐不用要求别人，要自得其乐，自找其乐；快乐不用花钱去买，拿钱就能买到的快乐，绝对不是真正的快乐。而这种快乐一旦过去，随后而至的空虚和苦涩，会给人带来更大的烦恼。

青年学生保持良好的心理素质，首先要经常保持愉快、开朗、乐观、满足的心境，虽有悲、忧、哀、愁等消极体验，但能主动调适、适度表达和控制，喜不狂，忧不绝，胜不骄，败不馁。其次保持健康的自我形象，了解自己，接纳自己，自信乐观，为自己制定切合实际的生活及事业目标，不苛求自己，能扬长避短。第三要保持良好的人际关系，乐于与他人交往，能用尊重、信任、友爱、宽容、理解的态度和人相处，能分享爱和友谊，与集体保持协调关系。第四要具备挫折承受能力。建立正确的"失败"观念，能够对各种挫折进行客观冷静地分析，不逃避，也不完全归罪自己，并寻求及时的补救措施。

良好的心态、健全的人格是人的身心健康的重要标志，也是社会和谐的基本方针。在现代社会，工作和生活节奏加快，竞争加剧，人们的精神压力也随之加大。这既能够激发人们奋发进取、顽强拼搏的精神，也容易产生急功近利、心浮气躁的心态，特别是当个人遇到某种挫折时，甚至会产生厌恨、仇视的情绪。人们精神上的这些不健康因素一旦变成极端行为，就会影响社会的和谐稳定。因此，要加强自身修养、自我完善，塑造健全的人格和良好的意志品质，这是实现人的心理健康、心理和谐的文化源泉。

人的成功的标准不是名，不是利，也不是权，而是人的潜能的发挥。人生是一种体验，不是看你做了什么，而是看你怎么做。人生最重要的是快乐，此快乐不是获得名利之后那种满足的快乐，而是对自己人生的一种认同。和谐社会研究人的幸福指数，物质生活水平高未必幸福。幸福是一种感觉，幸福是一种心情。人生的意义，在世俗层次上就是幸福；在社会层次上，就是道德；在超越层次上，就是信仰。幸福是对生命的享受，对生命种种美好经历的体验。一个人内在生命力枯竭，就不会再有什么事情使他感到幸福。有位哲人这样解释圆满人生：事业无须惊天动地，有成就行；爱情无须死去活来，温馨就行；朋友无须如胶似漆，知心就行；金钱无须取之不尽，够用就行；生命无须长命百岁，健康就行。这对我们感悟人生将会有所启示。无为何入世，入世有所为。人生在世，要立志、立业、立言、立德。立志、勤奋、惜时，是我们人生的座右铭。人要有一种精神，人要有坚忍不拔的毅力，人要有抗干扰的能力。人生最大价值在于为社会的发展、人民的利益做出贡献。

第十章

建设创新团队

知识经济呼唤人的相容与合作。如果说农业经济、工业经济人们崇尚的是个人奋斗"单打式"的发展策略,那么知识经济是鼓励合作与交流的"网络式"发展策略。我们处在共生共存的时代,更加强调与人相容、合作共处。在当今时代,不懂合作的人,也就不懂真正的竞争,在强手如林的世界,最终会丧失竞争力和发展机遇。

奥斯特洛夫斯基曾说过:"不管一个人多么有才能,但是集体常常比他更聪明和更有力。"不论是在学校的优秀,还是毕业后的强大,个人在社会的生产生活中的力量是有限的,只有团队的力量是无穷的。蔑视团队精神,难成大事。中国人看重"天时""地利""人和","人和"的力量就是集体的力量,就是团队的精神。在工作中,往往没有最优秀的人,但却有最优秀的团队,团队能让你懂得谦虚,能催人奋进,能与人交流,能建立信任。世界不是"一个人"的世界,中国梦不是"一个人"的梦,是大家共同的梦!!

第一节 建设创新团队背景

所谓团队精神,就是大局意识、协作精神和服务精神的集中体现。团队精神的核心是协同合作,最高境界是全体成员的向心力、凝聚力,反映的是个体利益和整体利益的统一,保证团队组织高效率运转。

一、市场经济发展要求弘扬团队精神

市场经济是竞争经济，也是合作经济，竞争与合作不可分割，相辅相成。没有竞争就没有活力，但没有合作，竞争也无从谈起。无论是自然界还是人类，都存在一个相互依赖的系统。在这个系统中，重要的不是元素个体，而是个体之间的相互联系。相互竞争只是手段，共同获取利益，求得发展才是目的。由此，我们得到一个启示，市场竞争，固然有优胜劣汰，但所追求的应该不是"你死我活""独霸天下"的较量，而是"互利共生"的多赢。

当代社会竞争与合作共生共存，但是有些人错误地认为，有合作就没有竞争，有竞争就没有合作。学会竞争必须学会合作，合作能力就是竞争能力。工业社会崇尚人们单枪匹马，孤军奋战，但是信息社会、知识性社会，鼓励人们交流与合作，网络式地发展。

美国著名的麦肯锡咨询公司提出21世纪企业发展的"协作竞争、结盟取胜、双赢模式"新战略。这是一种适应知识经济需要的网络型战略。麦肯锡咨询公司咨询专家乔尔认为，对全球企业来讲，完全损人利己的竞争时代已经结束。在瞬息万变的市场中，任何一个企业，做到完全自给自足不仅不再可能，而且不再可取。合作是未来的价值，联营是未来的结构。从单纯的竞争到合作型竞争；从追求独家利润到互惠互利；从独赢模式到双赢模式、多赢模式。有位著名经济专家讲过，我有利，客无利，客则不存；我利大，客利小，客则不久；客我利相当，客则久存，我可久利。成功的经营就要始终处于一种互惠互利的状态。有些人做生意，太精明，老是怕吃小亏，结果吃大亏。

人们知道，竞争是市场经济的精髓，没有竞争就没有市场经济。因为竞争，才有生产效率的不断提高，才有生产组织形式的持续改进，才有社会财富的流通和人们生活水平的水涨船高。而竞争的原动力则是人们的逐利心理和行为。这只是问题的一个方面。其实，合作也是市场经济的必要条件，没有合作同样没有市场经济。因为合作，社会分工得以实现，人们得以各展所长，经济得以有效组织，人类社会得以超越弱肉强食，进入文明时代。不能排除合作者有自利的动机，但合作能够超越血缘关系普遍扩展、不断深入，则奠基于人们的利他心理和行为。

人们需要合作，缘于人类生存和发展的需要。人类是万物之灵，但个体的人又是大自然中的弱者。人类的祖先能够在物竞天择的生存竞争中脱颖而出，靠的就是团结合作；而利他合作也就在长期的自然选择中成为人类的生物禀赋。工业化的推进、市场经济的发展有利于合作，同时也把合作推向了新的高度。现代工业和市场经济是建立在社会分工基础上的。有分工，才有交换；有交换，才有市场。而有分工，就需要合作；有合作，才有社会化大生产。分工意味着专业化，意味着人尽其长、物尽其用。但若没有合作，无论个人、企业还是区域都难以发挥自己的优势，就不可能享受到分工的利益。

自利和利他都是人类的天性。片面强调利他，忽视个人利益，不会有效率；片面强调自利，忽视合作互助，也不可能有长期、可持续的社会福利提升。追逐利润，但不能唯利是图；鼓励竞争，但不能不择手段；推崇效率，但不能践踏公平。要尊重人们对自身利益的追求，也要弘扬利他合作精神；要建立和完善竞争机制，也要为开展合作鼓劲、搭台，从而使"我为人人，人人为我"，从自发走向自觉。

作为现代企业家要有组织协调各种力量形成"团队精神"的能力。农业社会的小手工作坊是靠个人手艺，师傅带徒弟；现代企业的领导人带领的是一支庞大而复杂的"团队"，是团队的"总队长"。如果没有全体员工的积极支持和参与，即使绝顶聪明的人也难以独自驾驭企业取得成功。只有像交响乐团指挥演奏出美妙和谐的交响乐那样，能组织、协调、指挥众人团结合作，共创企业未来的优秀企业家，才有可能取得成功。这是一种很高的技巧，是领导能力的关键因素。

"团队精神"是一种独特的企业文化，是企业凝聚力的灵魂。培养企业团队精神，就是培植一种共同实现企业目标的理念，这种共同理念是一种无形的推动企业前进的巨大力量。善于培育和引领团队精神，是企业家成功的一把钥匙。

二、科学技术发展要求弘扬团队精神

现代社会，重大科技项目获得者，往往是团体冠军，一个人干可能不成功，几个人干可能会成功，几个专业不同的人合干事情可能会惊天动地。特别是在学科交叉、技术集成、知识融合的背景下，个人的作用越来越小，成就事业的关键在于集体的力量。真正像爱迪生、牛顿一个人单枪匹马孤军奋战，在今天的成功范例已极少见了。

根据专家研究，一个成功的国家，并不是人才最多的国家，而是能够协作人才最多的国家。善于协调就等于善于竞争，比如说美国的微软公司在美国以团队精神著称，像Windows 2000这样的产品研发，有超过3 000名开发工程师和测试人员参与，写出了5 000万行代码。没有高度统一的团队精神，没有全部参与者的默契与分工合作，这项工程是根本不可能完成的。美国贝尔实验室取得了很多举世瞩目成就的根本原因，不在于这些科学家有多高的智商，而是这些一流科学家之间友好、愉快和有效的合作。哈佛大学校长陆登庭到北大发表演讲，他认为在国际化社会里，每一点新鲜见识的增长，均得益于世界渊博学者之间的合作。所以，合作是一种美德，是情商因素里最重要的部分。

科学发展的历史充满着合作精神。翻开人类科学发展的历史，我们就不难发现：一部科学发展史，就是人类合作的最好证明。尽管在历史上，也经历过个体和手工业方式的研究时期，但自19世纪末进入到现代科学技术发展阶段以后，出现了有组织的、规模庞大的研究活动。这个时候科学研究的主要特点是集体劳动与合作精神。

1985年诺贝尔生理学或医学奖获得者迈克尔·布朗在谈到他成功的秘诀时，特别强调"合作"二字。他说："我同戈尔茨坦教授合作了20年。彼此亲密无间，互相学习，取长补短。另外，还得到德克萨斯大学医学院遗传病研究中心的支持，得到了勤快学生的协助和医生的合作。这些都是很重要的因素。"他还说："搞现代科学研究，单枪匹马是不行的。合作，包括国际合作，是取得成功的重要途径。"

2008年诺贝尔物理学奖获得者之一的益川敏英是土生土长的日本人，英语都说不好，从来没有出过国，也没有护照，是真正的一个土包子学者。他是怎么获得诺贝尔奖的呢？他在京都大学的时候认识了一个叫小林诚的朋友，两人有共同的兴趣，就是研究自发对称性破缺。两人特点完全不同，个性完全不一样，形成了良好的互补，共同组建了两人团队。益川敏英每天晚上都在琢磨自发对称性破缺，想到什么第二天就告诉小林诚，两人就一同做实验，刚开始做实验时他们预测夸克的种类有4种，后来只发现了3种，因而陷入了困境，实验被中断半年。1972年的一天，益川敏英在洗澡时突发奇想，他大胆猜测会不会有6大种类，存在一个6元模型。他将这个想法告诉了小林诚，两人利用假期开始了2个月的实验，证明了确实存在6大种类。随后在2001年，美国和日本的物理学家又证实了益川敏英和小林诚实验的正确性，2008年他们获得了诺贝尔物理学奖。

在重大应用和国防科研中，这种合作的特点就更为突出。它不仅需要研究人员之间的合作，而且还需要不同学科以及研究单位、大学和企业的广泛的协作。例如，美国于1942年制订的曼哈顿计划，动员了15万人，耗资20亿美元，动用了全国三分之一的电力，用3年时间制造了原子弹。美国于1958年开展的"北极星导弹"研究计划，共组织了研究所、大学和企业公司11 000个单位参加。美国的"阿波罗计划"更是空前的，它共动员了42万人参加，其中有120所大学、2万家公司，耗资300亿美元，其规模超过历史上任何一个科学研究工程。

以上事实均充分说明，当代的许多重大科学研究项目，无论是基础研究，或者是应用研究，都必须实行紧密的合作。可以肯定地说，现代科学研究，不仅取决于天才，而且还取决于科学研究人员之间的有效合作。因此，作为一个创造性的人才，一定要具有合作共事的能力，这也是充分发挥个人创造才能的重要保证。

现在重要的创新活动已经很少靠个人单打独斗，更多的是跨学科"集群"式的创新，没有团队精神，协同攻关，集思广益，就很难产生很大的创新成果。个人只有融入到集体之中，才会有个人的全面发展。我们要非常关注培养人的团队精神，这是道德的要求，也是素质的要求，天时不如地利，地利不如人和，天时、地利、人和这三个成功要素中，人和是第一位的，天时和地利都要通过人和才能发挥作用。作为创新人才，不仅要有创新的精神和本领，也要有合作共事的意识和水平。懂团结合作是大智慧，会团结合作是大本事，真团结合作是大境界。

在这方面，应该向团结合作的我国"航天精神"学习。载人航天工程汇集了全国100多个行业、3 000多个单位的几十万科技人员，形成了规模空前的大协作体系。如果没有相互之间的默契配合、通力合作，神舟飞船就不可能升空。增强团结合作意识，要从日常的学习生活做起。同事之间应该经常交流沟通，互帮互学，学会正确的"争"、可敬的

"让"，在共事中共同体验合作的迫切感。

三、政治建设、政治舞台也需要弘扬团队精神

2008年6月7日，希拉里·克林顿发表演说，宣布总统竞选失败。一般来说，退选演说既不能流露出对对手的怨恨，又不能让自己显得灰溜溜，再加上希拉里个性很要强，演说难度可想而知。但实际上，演说正式开始前，她就受到了长达1分半钟的持续鼓掌欢迎，随后足足讲了30分钟，期间有几十次的掌声和欢呼，尽管是退出选举，但是仍然像一个胜利者一样。演说极为出色，内容可圈可点，给人们留下了深刻印象。其高雅的团结合作政治风度，尽显无余。以下是她演讲的部分内容：

"为往事叹息，会阻碍我们前进。生命短暂，时间宝贵，沉湎于空想的代价实在太大。面对现实，我们必须团结起来。这就是我全力支持奥巴马参议员当选下一任总统的原因。

"我们的战斗还将继续，我们的目标还没有完成，让我们继续用我们的能力、我们的热情、我们的力量、我们能做的一切，帮助巴拉克·奥巴马，让他成为美国的下一任总统。

"我在竞选中，曾经同他面对面辩论了22次。我对他很了解，我亲眼看到了他的力量和决心，他的优雅和勇气。

"作为人类，我们没有人是完美无缺的。这就是为什么我们彼此需要。当跌倒的时候，我们彼此扶持。当灰心的时候，我们互相鼓励。一些人会成为领导者，另一些人将紧紧跟随，但是没有人能够独自完成这一切。"

什么叫政治？政治就是政治家把自己的朋友搞得多多的，把敌人的朋友搞得少少的。什么叫经济？经济就是企业家把合作同行搞得多多的，双赢、多赢、共赢。如果把同行都变成了对手，变成了敌人，把自己搞成了孤家寡人，最终只能是四面楚歌，霸王别姬。什么叫科技？科技就是科学家组成创新团队，集思广益，多学科协同攻关。现在有句话讲得好，生存靠国家，发展靠自己，锦上添花靠朋友。

第二节　建设创新团队意义

目前，我们需要克服影响团结合作的三种思想障碍：一是"怕吃亏"。不能只想着自己的付出，还要想到自己在合作中的收获。二是"只想当主角，不愿当配角，或当了配角不出力"。实际上当好配角也可在一个领域做出好的工作。三是"只想个人奋斗，缺乏团队精神"。现代科学事业是集体事业。我们每个人实际上都在受惠于集体和他人的贡献，我们也应团结他人共同奋斗。

善于团结合作，这是一个人的基本功，是最重要的成功之道。记住一句话，"如果你周围的人都希望你成功，你肯定会成功；如果你周围的人都希望你失败，你迟早会失败。"

团队出力量，出凝聚力，出生产力，出战斗力。不团结就会抵消力量，变成内耗力。团结，逆境可以转为顺境，劣势可以转为优势。而不团结，顺境也会转为逆境，优势也会转为劣势。可以设想，如果在一个不团结的环境中，人人自保，人人自危，谁也不愿承担风险，也不可能改革创新。一个人有团结力、亲和力、号召力，是品德修养的集中表现，也是一个人人格和风格的集中表现。一个不珍惜团结、不善于团结共事的人，不适合当领导，更不可能当好领导。一个人事业成功，职务升迁，离不开周围同事支持。不少人出问题，背后都有不团结的祸根。善于团结合作，有团队精神，是一个人有本事的表现，不容易做到，而搞不团结合作，是一个人没本事的表现，很容易做到。相互补台，好戏连台；相互拆台，都会垮台。在困难面前，最不好的做法是互相埋怨，推诿责任。这往往是引发不团结的一个重要原因。其实，推诿是自己欺骗自己，更让人们看到你的失职，怀疑你的人格。

团结合作还有利于身心健康。茫茫人海，芸芸众生，天南海北，你我能在一起共事，这是一种缘分。要珍惜这种缘分，彼此以诚相见，愉快合作，每天高高兴兴上班来，心情舒畅回家去，这对身心健康大有好处。反之，台上握手，台下踢脚，凡事都要争个高低输赢，将会带来无穷无尽的烦恼。团结既是成功之道，在某种意义上讲也是养生之道。

第三节　建设创新团队方法

弘扬团队精神，建设创新团队需要掌握方法。

首先，要欣赏别人。学会欣赏，转换思维，看人先看长，千万别看人先看短。欣赏是真诚的流露，尊重的体现，把温馨送给别人的同时自己也受到了激励，播种的是关爱收获的是友谊。心理学研究表明，每个人都有感知别人对自己看法的能力。当你欣赏别人，或被别人欣赏之后，心情总是愉快的，情绪总是高涨的。一个人的爱心是从学会欣赏开始的，一个人的上进心是从发现别人的优点、长处开始的。当你不断发现周围和别人优点的时候，说明你在进步。当你发现周围的人都不如你了，变成自我欣赏之后，说明你的进步已经停止了。高看别人一眼，未必降低自己，低看别人一眼，未必抬高自己。但我们有些人总是高看自己低看别人，人际关系不容易搞好。创新团队大家互相盯缺点，就是缺点的集合体，大家互相看优点，就是优点的结合体。古人讲得好：容人、容事、容言，退一步海阔天空，让一步风平浪静。

美国心理学家威廉·詹姆士研究表明，一般情形下，人才仅发挥其能力的20%～30%就可以保住饭碗，而受到充分激励的人才其能力可发挥至80%～90%，甚至更高。

比如刘邦与项羽。刘邦在夺得天下后，曾总结过自己得天下、项羽失天下的原因，他说："如果说运筹帷幄之中，决胜于千里之外，我比不上张子房；镇守国家，安抚百姓，供给粮饷，保证运粮道路不被阻断，我比不上萧何；统率百万大军，战则必胜，攻则必取，我比不上韩信。这三个人都是人中的俊杰，我却能够使用他们，这就是我能够取得天下的原因所在。项羽虽然有一位范增却不能信任使用，这就是他被我打败的原因。"刘邦之所以战胜项羽，就在于他对待人才能够做到知人善任，能够十分有效地通过自身的高情商魅力，赢得张良、韩信和萧何等人忠心与拥护，并通过自身的经营凝聚成了十分强大的团队力量。相反，虽然范增死心塌地地追随并辅佐项羽，却得不到项羽的重用。两相比较，刘邦赢得天下也就是理所应当的事情了。

《论语》上说："君子周而不比，小人比而不周。"这就说到了两种不同的做人方式：君子不仅有学问和才能，情商也很高，与人普遍合得来，而不搞小团伙行为；小人是相对于君子来说的，这里的小人不是指坏人，而是指没有大局意识的低情商的人，看不到其他人的长处而喜欢搞小团伙，这在实际工作中普遍存在。

创新团队要营造一个相互欣赏的氛围。一个无锡的民营企业家，通过称赞员工的优点和承认其贡献，把关系全调整好了，调动了大家的积极性；凤凰卫视的董事长刘长乐每天上班的时候都要想办法找三句话来赞美他的员工，天天这样，既调动了大家的积极性又改善了自己的心情；外国人交往时，见面总是夸你几句，今天你穿的衣服好漂亮啊等等的，中国人也要学会赞扬，学会赞美。教育学有个原理叫激励教育，也叫赏识教育，有一句话"好孩子是夸出来的"，这句话非常有道理，人会因表扬而发奋，人会因激励而改变，所以一定要赏识，要激励，要学会表扬。

欣赏的心态是阳光的。这种心态，有一种喜悦之心、欣然之情。有了这种心态，看天，天杰；看地，地灵；看人，人勤。有了这种心态，就不会相信世界上会有不亮的天、地球上会有走不通的路。有了这种心态，即使冬天来了，也会说，春天还会远吗?即使无路可走了，也会说，路不都是人走出来的吗?即使有人犯错了，也会说，人非圣贤，孰能无过？这种阳光心态有一个稳定的基因：积极多于消极、乐观多于悲观、自信多于自卑。这种心态，在欣赏别人中展现了自身人格的魅力。

其次，要沟通别人。团结的基础是共识，共识的前提是沟通，沟通的关键是相互理解。你不是我，我不是你，彼此有不同看法很正常。重要的是通过沟通达成共识。现在有的团队团结不够，合力不足，往往不是制度原因，而是缺乏沟通。有些不同意见完全可以通过事先沟通、个别酝酿来化解矛盾，形成共识。但由于团队成员之间有成见，不能主动、不能经常坦诚沟通，导致矛盾积累，小矛盾变成大矛盾，能沟通的问题变得无法沟通。有的人比较有主见、有个性、有魄力，但缺乏协调配合的意识，导致团队内耗。团队成员之间要做到坦诚相见，相互配合。做到大事讲原则，小事讲风格，共事讲团结。做到敢于担当责任，彼此之间分工不分家，尤其是在工作重叠或分工的盲区，能够主动靠前一步沟通协调，主动补台，防止出现工作真空。

现代社会，除了经济资本外，还必须培植社会资本。所谓社会资本，就是通过沟通理性，通过谈天、讨论、辩论而发展出来的，虽然看不见，但明显感觉到的一种重要资源。比如，在任何一所大学，假如系与系、院与院之间，没有任何有关理想、价值等文化方面的沟通，这个大学肯定是一个不很活跃的学校，这个单位肯定是死气沉沉的单位。美国许多大学，之所以在学术上很有发展动力，就是因为有许多讲座、讨论和辩论，有很多横向的沟通。

在印度某地，近二三十年从未发生过任何种族冲突（这在印度是很少有的），原因是他们有一个古老的传统——沟通。不同宗教的领袖每周都要聚在一起喝茶、谈天，而且鼓励大家参与。这样，即使出现暴力，也容易化解。这就是社会资本在发挥作用。

第三，要包容别人。包容不是示弱，而是示强，是自强的表现。包容不只是对别人大度和接纳，更重要的是自我克制，自我战胜。

今天的时代已不是唯我独尊的时代。越是谦虚，越是包容，越体现自信；越是自负，越是追求权利，就越是不自信。包容需要自信，才不会计较得失，才能宽容他人。包容不是回避矛盾，而是设身处地为他人着想。

在中国文化中，包容的真正的内涵是厚德载物，海纳百川，不同而和，和而不同。在英文中，包容可以解释为一种忍耐力，是尊重他人信仰行为的能力或行动。2005年联合国教科文组织通过的《人权与文化多样性》的文件中指出，"容忍"是21世纪国际关系中必不可少的价值观念。

包容是一种非凡的气度，一种宽广的胸怀，更是一种高贵的品质，一种崇高的境界。从政治上讲，这种包容性表现在对自由的追求和对自由权利的维护上。从社会上看，这种包容包括能够宽容人的偶然过失，理解人偶然的误解，保护人的人格尊严，鼓励创新、与众不同等。

从社会学角度看，包容指的是社会要素的聚集、荟萃、疏理和组合，由此实现社会和谐。

胡适先生曾讲："容忍是一切自由的根本：没有容忍，就没有自由。""人类的习惯总是喜同而恶异的，总不喜欢和自己不同的信仰、思想、行为。这就是不容忍的根源。"这些都含有非常深刻的道理。当然，毫无原则的宽容和容忍也是不应当的，对于践踏基本社会正义和人类良知的行为，一定要坚决反对和斗争。但我们也不能不承认，在现实生活中，宽容精神总是比不宽容更为难得。1993年，世界宗教大会从各国文化经典中找到了一条最基本的伦理共识："己所不欲，勿施于人"。这一原则，充分表达了人类应当互相宽容、互相尊重的精神。

能忍是一种修炼。一个输不起的人，往往是一个赢不了的人；一个不能忍的人，往往是一个没有精神追求的人。试想，当年韩信如果没有"鸿鹄之志"在支撑，能强忍"胯下之辱"吗？"风物长宜放眼量"，看得远、想得深、摆得正，就没有过不去的坎，就能沉得住气、吃得了亏、受得了罪。"事不三思总有败，人能百忍自无忧"，能忍，再沉闷的日子也有内心里的一米阳光，再艰难的岁月也只不过是一片浮云。

从伦理学角度看，包容指的是人与人、人与社会的道德规范，严于律己，宽以待人，社会以人为本，人以社会为本。社会越是以人为本，人越是要以社会为本。

从政治学角度看，包容指的是团结一切可以团结的力量，发挥一切可以发挥的积极性。

当今由于全球化和现代化带来了巨大的商品流动和社会流动，尤其需要加宽"河床"，以容纳加大加速的流量。

团结合作要有包容心，应当容忍异己的东西，尊重不同的声音，承认多元的环境。一个好的团队成员导就像一个好的乐师、画师和厨师。乐师的本事是能用不同的音律编排出优美动听的乐曲；画师的本事是能用不同的颜色描绘出绚丽多彩的图画；厨师的本事是能用不同的味道烹调出美味可口的佳肴。如果世界上只剩下一种音律，一种颜色，一种味道，再好的乐师、画师和厨师也无济于事了。

对得罪过自己、伤害过自己的人不要耿耿于怀，怀恨在心，甚至置死地而后快。人的宽恕都是相互的，你不宽恕别人，也就得不到别人的宽恕。冤冤相报何时了，苦苦相逼何时消！所谓"君子报仇，十年不迟"，并不能体现什么英雄气概，不值得提倡。

佛教在劝诫人时经常说，自己活也要让别人活，要想自己活得好，也要设法让别人活得好。如果只想自己活，不让别人活，那自己也活不好，甚至活不成。

美国南北战争历时四年，同胞相残，双方死亡总数达62万人，是立国时美国人口250万的1/4。如何让内战伤痕不留给后代？战争接近尾声，林肯总统便于1863年12月8日发表了《大赦与重建宣言》，宣布赦免所有叛乱者。北军统帅格兰特也在受降仪式上宣称："昔日我们是敌人，战争结束我们又是同胞兄弟！"说到做到，美国阵亡将士纪念碑就包括了南北双方阵亡将士。每年5月最后一个星期一定为阵亡将士纪念日，是美国一年10个法定假日之一。

社会问题虽然不可能一劳永逸，但把旧怨宿仇历史陈债尽量宽容化解，乃是保持社会稳定重要前提。

在美国每个人可以任意选择不同的观念、信仰、生活方式，保持自己的习俗和礼仪。比如，丈夫可能是个共和党人，但他决不能逼迫民主党的妻子改变政治立场。在日常生活习惯和平时事物处理中，这种包容精神更是屡见不鲜，司空见惯。

包容不是无限制的迁就，现实工作中有三种人是绝对不能容忍，不能包容的。第一，是双面人。这种人喜欢玩办公室政治。他对老板一个版本，对同事一个版本，对属下又是一个版本。这样的人，不管多聪明，不能用。

第二，是负面人。这种人对任何事情都要抱怨，对任何现实的东西都不满意。这种人也不能用。因为正面的能量可以传染，负面的能量传染得更快。

第三，冷面人。是对什么都不在意，玩世不恭，没有任何激情的人。这样的人对什么都打不起精神，最好也不要用他。

包容还体现在多元文化、多元视角上。美国前总统里根在竞选总统的时候，他的竞选班子给他拍了一个专题片，这个专题片表现了一个什么情节呢？在美国南卡州一个小镇上，一个12岁小姑娘抬着头和里根对话，小姑娘说："里根先生，我准备投你一票。"里根很高兴，马上蹲下来了："小姑娘，你为什么要投我一票啊？你的理由是什么啊？"小姑娘说："4年前，你当美国总统的时候，我们这个小镇上我能买到的冰糕冰激凌只有三种，你当了4年美国总统后，我们这个小镇上我能选择的冰糕冰激凌已经达到14种，所以，我要投你一票。"大家知道，12岁小姑娘还不具备选举权，但这个片子确实帮了里根大忙，无论走到美国哪一个州，一播放，就受到异乎寻常的欢迎，说明什么呢？用什么来判断一个领导人的政绩呢？文化的多元化，多元视角。和谐社会也好，和谐世界也好，对和谐这两个字的字义可以这样理解，"和"字，一个"禾"边，一个"口"，代表人人有饭吃；"谐"字一个"言"字边，一个"皆"，皆言，代表人人有话说。人人有饭吃是经济民主，人人有话说是政治民主。和谐社会这两个重要目标都包括了。

包容别人，还要克服嫉妒心理。

嫉贤妒能是几千年小农意识的反映，在本质上是对自己进步丧失信心的表现。嫉贤妒能的判断是：自己无论怎样努力，也不可能达到嫉妒对象的水平或成就，只好采取嫉妒别人、破坏别人、拆别人台的行为。这种嫉贤妒能的心态不克服，就会对人的发展带来极坏的影响。

嫉贤妒能的心态不是坏人专有的心态，一些好人也难免产生这种不好的心态。一般情况下，有两种情况，最容易产生嫉贤妒能的心态。一种是已经取得突出成就的人，往往容易对后来居上的人产生嫉贤妒能的情绪；另一种是业绩平平的人，对身边脱颖而出的人，也容易产生嫉贤妒能的情绪。只有注意克服这两种情况，才能保证人才的健康成长。因此，已经取得突出成就的人，不要压制后来居上的人；业绩平平的人，不要嫉妒脱颖而出的人。

现代社会，人才要得到发展提高，必须文人相近、文人相亲，相互学习，相互欣赏。切忌武大郎开店，嫉贤妒能；切忌秋后算账，给人穿小鞋。我们要善于欣赏他人，高看他人未必降低自己，低看他人未必抬高自己。

立己必先立人，达己必先达人。自己的成功与他人的成功是密切相关的。帮助别人就是帮助自己，周围的人都能成功才是最大成功。如果一个人只想自己成功而从不想别人成功，甚至想把自己的成功建立在别人不成功的基础上，以别人的不成功为代价来换取自己的成功，那是不可能的。

英国一直流传着这样一个故事。19世纪末的时候，有一位英格兰议员去苏格兰做一次重要的演讲。车子到了苏格兰乡村时，突然天降暴雨，车子陷在泥泞里，他急得跺脚，可车子怎么也出不去。下去推车也没有用。一个过路的小伙子见状就跪在泥里，往车底下垫木头、垫石头，从自己家拉来大牲口，用了九牛二虎之力，把这个车子弄出去了。

这个议员很感动，想给他一点报酬，小伙子淡淡地拒绝了。他说，我不要任何报酬。议员说，这样吧，我来资助你一个心愿，有什么愿望，我一定帮你做到。小伙子说，我这一生就想做一个医生，但是我们家太贫穷了。议员说，那好吧，你去考医学院，如果你考得上，我一直资助你到大学毕业。这个小伙子果然以很优秀的成绩考上了医学院，这个议员也履行了他的诺言，资助他完成了学业。

至此，这个故事看似结束了。又过了几十年，到了上个世纪初，温斯顿·丘吉尔在摩洛哥得了急性肺炎，什么药都治不好。大家四处找药，突然发现，有一位医学天才叫作亚历山大·弗莱明，这个医生刚刚发明了一种新药——盘尼西林。大家找来了盘尼西林，把丘吉尔的病奇迹般地治好了。几年之后，丘吉尔成为英国首相。发明盘尼西林的亚历山大·弗莱明，恰好就是当年苏格兰乡村的那个小伙子，而那个资助他完成学业的人恰恰就是丘吉尔的父亲。

善有善报，恶有恶报，这不是宗教迷信，而是合乎逻辑的结果，你愿意帮助别人，别人也会愿意帮助你，你善待别人，别人也会善待你。

第四节　发挥领军人才作用

推进创新团队建设，应当很好地处理团队和个人作用的关系。长期以来，我们一直强调集体团队作用，不大提个人作用。但从科学史来看，个人作用是不可磨灭的。创新领军人才所起的作用不仅仅是解决了某个难题，获得某项成果，更重要的是他们的思想、智慧和方法对整个人类和科学发展的推动作用。

我们应当很好地认识创新领军人才的作用。千军易得，一将难求。一般人才固然重要，但并不难得，难得的是站在科技教育制高点上的拔尖人才。一个拔尖人才，可以带起一支学术梯队，形成一门优势学科，创造一个名牌专业，特别是，一个高素质的优秀拔尖人才，可以决定一个人才群体一路不败的命运，带动一项重大核心技术的突破乃至一个产业的兴起。我们应当有基本的人才队伍，但如果没有领军人才，就像画龙没有点睛，没有神韵。有位著名学者说过一段耐人寻味的话，办一流大学就好比唱京剧和歌剧，一定要有名角、名旦。有名角才有名段，有名旦才有京剧。一流大学是和一流的人才联系在一起的。山东大学20世纪50年代在青岛处于鼎盛时期，就是因为以文史见长，有一批享誉全国甚至世界的学术大师，比如中文系有高亨、高兰、陆侃如，历史系有童书业等等。

一所大学，一个系，一个教研室，人才不在多，而在精，有一两个拔尖人才面貌就会发生突变。牛津大学因为罗素的哲学成就而成为当时世界哲学的研究中心。美国的普林斯顿大学当年就因引进了爱因斯坦，加州理工学院就因引进了两位诺贝尔奖获得者而逐步发展成为世界名校。德国洪堡创立的柏林大学聘请了黑格尔、谢林、雅可比等一批世界级大师，最后成为了欧洲最好的大学之一。

创新领军人才的条件有五个：第一，有很强的创新能力，能开创某一新领域，而不是跟着别人亦步亦趋；第二，有很高的学术声誉，在自己研究领域是公认的学术领袖；第三，有很宽的知识面，而不只是具有某一个很窄领域的知识；第四，有很强的组织协调能力，带领队伍去攻关、去拼搏；第五，有很好的学术道德，很强的团队意识。概括地讲，要有领导能力、学术眼力、管理能力、人格魅力、胆识魄力。

所谓领导能力，是由创新领军人才的作用决定的。随着社会分工水平和专业化程度不断提高，创新团队要想多出创新成果，就要集成大量不同方面的信息和专业技术知识，并对信息和知识进行深度处理加工，进而协作创新。只有拥有领军人才，把握创新方向，凝聚团队力量，才能取得重大创新成果。也就是说，创新领军人才不单单是科研骨干，也不单单是行政领导，而必须是专家角色与领导者角色的叠加，是一个创新团队的核心和灵魂。从技术带动能力上看，创新领军人才作为学术和技术带头人，其对于创新的理解和判断要与创新团队成员分享，并且要为团队成员提供有效的指导和帮助；从个人影响力上看，其创新影响力和人格魅力须能辐射到整个创新链条。而这一切，高度依赖创新领军人才的领导力。

创新领军人才的领导力可以分解为"四力"：前瞻力、影响力、决断力、控制力。

前瞻力，是指创新领军人才能够洞察把握专业技术领域和宏观环境的发展态势，指明团队的发展方向和远景；注重对后备人才的发掘和培养，打造结构合理的人才梯队。

影响力，是指创新领军人才能通过不断提升和完善自己的思想素质、道德情操、行为规范、综合素质来吸引和引领团队成员为团队目标而奋斗；通过健全相关体制机制，充分调动团队成员的创新积极性和创造性。

决断力，是指创新领军人才能够通过正确决策，确保团队战略的实施和战略目标的实现；在遵循科学发展规律的前提下，敢于创新、勇往直前。

控制力，是指创新领军人才能够驾驭组织、控制战略方向和战略实施过程、控制团队成员的期望与行为，激发巨大的团队协同效应。

所谓学术眼力，就是指创新领军人才必须具有战略眼光，能够准确把握学科发展的方向。科技创新具有很强的探索性和风险性，只有那些站在本学科前沿，具有宽广知识面、较强创新意识和敏锐眼光的人才能居高望远，认准方向，并以此形成所在团队共同奋斗的愿景，凝聚和带领团队创新进取，少走弯路。领军人才的"眼力"还体现在对于后备人才的发掘上，能否为自己所在的团队源源不断地补充新鲜血液，建立起结构合理的人才梯队，直接关系到团队的战斗力和可持续发展。

所谓管理能力，就是创新领军人才必须具有较强的组织、协调和沟通能力，用先进的管理理念管理团队。科技发展到今天，特别是在应用领域，个别天才科学家单打独斗就能取得重大创新突破的时代已经过去，要产生重大成果，需要汇聚不同人才的智慧，需要多学科的交叉融合，发挥团队的整体合力。创新领军人才只有尊重团队中不同性格、不同专长的人才，合理定位，用人所长，减少由于人际关系等原因产生的内耗，打破障碍，通畅交流，凝聚人心，众志成城，充分发挥各类人员的积极性和创造性，才能产生1+1>2的团队效应。

所谓人格魅力，就是创新领军人才必须具有良好的思想素质和道德情操。一个人的思想、语言和行为等综合体现出来的一种人格凝聚力和感召力，直接影响着他的领导力。创新领军人才应该率风气之先，垂道德之范，志存高远、淡泊名利，心胸宽广、任人唯贤，包容个性、兼收并蓄，力排浮躁、杜绝虚假，以坚持真理的勇气、海纳百川的胸怀，积极营造民主讨论、平等待人的学术氛围。这些体现个人魅力的思想和精神会形成团队的价值理念、行为规范，成为一种团队文化和支撑团队发展的不竭动力。

所谓胆识魄力，就是指创新领军人才要敢于创新、勇往直前。科学研究没有平坦的大道，创新从来不是轻而易举、唾手可得的。领军人才需要在遵循科学规律的前提下，敢于向现有学说及权威提出怀疑和挑战，勇于打破常规思维和方法，善于出新出奇；需要长期积累，坚韧不拔，厚积薄发。佩鲁兹对血红蛋白结构研究于1939年开始，到1959年才获重要成果；布勒纳1963年开始线虫研究，1974年才有第一篇论文，这类例子不胜枚举。面对科技创新道路上的艰难险阻，领军人才只有具备"敢为天下先"的勇气和"十年磨一剑"的毅力，才能带领团队取得骄人的成绩。

创新团队的领军人才要有开阔的胸怀和气度，善待后来人，善于培养超越自己的人，而不是孤芳自赏的孤家寡人。作为一个学术带头人，不仅要知识学问渊博，而且要胸怀开阔，虚怀若谷，容得了"异己"的说法和想法、思想和行为；不仅要学识见解深邃，而且要气度非凡，不徘徊于得失之间，不计较蝇头小利；不仅要精益求精、开拓创新，而且要心态平稳，允许别人特别是后来者或年轻人超越自己。当然，宽容并非没有原则，大度决非藏垢纳污，谦让更不是止步不前、不求进取。这里有一个度或分寸问题，如何掌握，要靠实践智慧。不光带头人这样做，群体的每个学者都应该这样做，如此便能形成和谐融洽的人际关系。高尚的道德情操将使学科群体呈现优良舒畅的环境和氛围，从而促进学术的持续进步和发展。

搭建培养吸引领军人才事业的大舞台，是重要举措。瞄准学科和产业发展的前沿，对接国家的战略需求，加强重点学科专业、重点实验室、重点科研基地、精品课程等载体建设，用事业大舞台引进人才、留住人才，为各类人才提供成长、成功的机会。特别要打破论资排辈，为科研单位领军人才提供特殊政策，不仅政策要特殊，而且标准要特殊，任务要特殊，防止盲目攀比。优秀人才特别是海外人才的引进，有条件的可以全职用，有的也可以采取海外养鱼方式，不求所在，但求所用。特别要加大公开招聘的力度，特殊人才设置特设岗位，不受学校岗位数量、等级、结构、比例的限制。高校科研单位还要建立相关领域的领军人才库，对重量级的人才要主动出击，积极争取。还要研究人才成长规律，在人才起步时候，要设立专项的启动经费，用学位培养等方式加以扶持；在成熟期要支持他们承担重大项目，提升学术地位，特别在创造高峰期，要发挥他们带队伍的作用，把握学科方向的重要作用。

不但要突出领军人才，还要重视创新团队建设。现在一些举世瞩目的重大科学问题，几乎都是跨学科问题。科学和技术的融合成为当今世界科技发展的重要特征，许多学科之间的边界将变得更加模糊，未来重大创新将更多地出现在学科交叉领域，学科之间、科学与技术之间的相互融合、相互作用和相互转化更加迅速。科技发展呈现出群体突破的态势。尽管当代科技的构成不同、功能各异，但是它们都基于不同层次的理论与方法，它们相互联系，彼此渗透交叉，整个科技群体构成了协同发展的复杂体系。因此，学科建设和重大项目攻关、技术转移过程的系统构成和技术整合，都需要加强团队精神和群体合作。基本原则是："项目带动，优势组合，规范权益，共同发展。"

建设创新团队，需要强调团队结构。阿里巴巴的马云说，最理想的团队是"刘备+五虎上将+诸葛亮"。但是这种配对是千年不遇的。在现实中是什么团队呢？更多的是"唐僧+孙悟空+猪八戒+沙和尚"。这个团队也不错，唐僧能力比较差，但是方向很清楚，就是要去取经；孙悟空本事很大，但老犯错误；猪八戒属于工作不努力，每天享受生活，但是很会巴结领导，让领导很高兴的人；沙和尚是很好的职业经理人，每天什么都不问，努力工作。这样的团队其实是我们生活中真实的团队，这种团队最后经过九九八十一难，也能取到真经，最后获得成功。

第十一章

加快学科创新

　　学科是高校发现、应用、传播知识的基本单元，是实现各类办学功能的基础。教学、科研、服务社会、文化传承创新都以学科为基础。高校的实力、竞争力、水平靠学科支撑，也靠学科创新成就代表体现。

　　当前，我们国家正处于产业结构转型升级的深度变革期，各类战略性新兴产业快速发展，传统产业也在转型升级，与之形成对比的是，我们人才培养结构的调整优化，远远落后于经济社会发展对人才的需求，社会需要的人，我们有时候培养不出来，培养出来的人，有时候却出现结构性就业过剩，"需求导向"的人才培养模式，还没有完全建立起来，需要我们主动面向经济社会主战场，加快学科专业调整步伐，大力培养经济社会发展的急需、适用人才。

第一节　学科创新背景

一、创新驱动发展

　　党的十八大指出，我国实施创新驱动发展战略，以全球化视野谋划和推动创新，提高原始创新、集成创新和引进消化吸收再创新能力，更加注重协同创新。创新发展包括制度创新、技术创新、管理创新、商业模式创新。

二、新技术革命

新技术革命是一个老名词，最近又出现了一个新名词叫"第三次工业革命"。自从2013年6月《经济学人》杂志发表后引起广泛关注，这两个名词的核心内容都差不多，都是泛指快速发展的技术和科学带动经济发展和社会进步。

那么，新技术革命有哪些特点呢？

第一个特点：科技发展的综合化。综合化体现在三方面：（1）自然科学和社会科学相互渗透。如数学、计算机和经济学的相互渗透就变成了计量经济学，激光遥感和计算机的相互渗透被应用于考古地质勘探。（2）多学科的交叉。在第一次工业革命和早先的工业革命当中，一项技术往往基于一项学科。蒸汽机是机械，半导体是电子，后来又有了机械和电子的结合——机电一体化，后来又有了光学和机械电子的结合——光机电一体化，按照这样的命名逻辑的话，现在有一些技术和学科根本没有办法命名。比如海洋科学，它里面有地质、生物、水文、气象、物理、化学，我们没有可能以机电一体化这样命名的方式来命名这样一种学科，以前是两个学科或三个学科的交叉，现在是许多学科的交叉。（3）两门学科之间的交叉形成边缘学科，比方说生物物理、物理化学等。

第二个特点：科学技术发展的高速化。具体体现在三个方面：（1）新发现、新发明大大增加；（2）产品更新大大加快；（3）新发明、新发现转化成直接生产力的时间大大缩短。

第三个特点：科学技术生产力的提高。

目前举世公认的"创新型国家"有美国、日本、芬兰、韩国等20多个国家，它们的共同特征是：创新综合指数明显高于其他国家，科技进步贡献率在70%以上，研发投入占GDP的比例一般在2%以上，技术对外依存度指标一般在30%以下。科技生产力提高已提升到国家核心竞争力的高度，创新所带来的机遇和挑战，使综合国力竞争日趋激烈。

创新驱动发展和新技术革命对学科创新提出新的要求。

第一，高校的学科创新应该比以往任何时刻都要更加重视面向经济社会发展主战场。一句话，强化服务。一所一流大学不但要在文化知识传播上有重要地位和影响，更重要的还要在经济社会主战场上有重要地位和影响。高校要凝聚力量，整合资源，相互协作，在推动经济社会发展中担当重任。

第二，高校的学科建设应该比以往任何时候都更加注重多学科交叉、产学研合作。一句话，强化协同。现在已经很少再有一个高校、一个学科在技术上有重大突破，甚至都很少有高校本身做出重大的技术突破，所以，我们必须要协同。学科建设要着眼国家产业结构调整，积极对接国家战略要求，瞄准行业共性技术，以学科群、人才群和信息群对接产业群，实现学科链转化为技术链，技术链转化为产业链，集群化推进产学研合作，为"成长产业"提供人才和技术储备。

斯坦福大学为世界贡献的诺贝尔奖并不多，但是斯坦福大学贡献了硅谷和乔布斯等传奇，被认为是人类最有活力的地方。它所贡献的一个个的产业链、一个个的公司都是我们人类今天需要的。很多世界上的大公司，都是斯坦福的学生在做，不仅自己做，而且还把整个产业链拉动起来。整个产业链拉动了，世界经济就被带动了。

我们的大学搞产业，没有一个能够拉动产业链的，科研成果搞点小名堂，搞不了大东西。高校协同创新重点放在有助于国家或地方社会经济文化发展的原创性的产业链，要有核心竞争力的技术成果。

第二节　遵循学科规律

所谓遵循学科规律，就是要正确处理符合社会需要与遵循学科建设规律关系，准确把握学科建设方向。满足社会需求是学科建设的基本要求，但满足社会需求不是上功上利，不是赶时髦。长期以来由于资源配置问题、评价体系问题，有些高校盲目跟风，学科建设遍地开花，什么时髦上什么，不考虑可行性，也不考虑后果，培养的学生社会不需要、不认同，造成人才和资源浪费，强调社会需求，一定要和学校实际结合。

提高质量是高等教育的生命线，提升人才、学科、科研三位一体的创新能力是提高教育质量的灵魂。我们要从全面提高教育质量的高度精心谋划学科创新。要把学科创新作为深化内涵建设的重要抓手，提高人才培养水平，增强知识创新能力，推动教师队伍建设。

学科专业本身有其固有规律，培养人的方向和对学生潜质的要求不一样，所以，要顺应学科规律，并在选择学生和培养过程中充分体现。哥伦比亚大学新闻传媒学院院长说他们最为看重研究生对新闻有没有敏感性，同时对数学不要太精通，如果本科不是学新闻传播的就更好了。这应该是新闻人才培养规律。新闻敏感性是职业前提，数学不要太精通，主要出于感性思维和理性思维具有一定冲突性的考虑，而本科没有新闻传播学基础则更能跳出思维定势，发挥综合优势。

第三节　彰显学科特色

高校间的竞争，很大程度上是办学特色的竞争，而办学特色的基础就是学科特色。特色是学科建设的灵魂，形成特色、突出特色和发扬特色是提升学科核心竞争力、获得领先优势和建设世界一流学科的重要途径。

所谓彰显学科特色，就是坚持从学校学科建设的基础和实际出发，有所为有所不为，面向科学前沿、行业产业、区域发展的重大需求，集中自身优势，办好一批特色学科。学科建设战略上要讲"有所为有所不为"，战术上要讲"有所不为有所为"。有所不为往往要比有所为更难。即使"有所为"方面，我们也要讲"有先为、有后为"，学科建设不能齐头并进，因为在有限资源条件下，只有舍得放弃，才能集中力量，做强自己。学科发展要集中在优势学科、特色学科和社会需求的学科上。不属于这个目标的，就应该舍弃。从这个意义上讲，学科增加是一种发展，学科减少，重新优化组合，强势更强了同样也是一种发展。学科发展不能盲目扩张，盲目铺摊子。要以核心强势学科为圆心，向周边拓展，发展支撑学科，派生新的学科，把没有明显优势的学科整合到强势学科支撑体系中去，实现重点学科与非重点学科、新兴学科与传统学科统筹发展。

随着知识领域的拓展，知识结构的细化，"知识板块"的重构和社会需求的凸显，新学科正在不断增加。大学作为一个知识交融之所，人才集中之地，派生新学科不单是一种任务，实际上也是各种知识体系相互作用的必然结果。派生的新学科越多，一定程度上证明知识领域拓展越广，知识结构细化越深，知识板块碰撞重构能力越强，越能满足社会需求，这是一个大学有活力的表现。从这个方面来讲，当然是新生学科越多越好。但是学科成长有它的自身规律，必须有自己的理论体系和开创性的知识领域，不能是只有新概念、新名称、新形式的"空壳"，从而影响学科的整体优化布局，阻碍大学的内涵建设。纵观科学发展之历史长河，新生学科大多是由基础学科派生、衍化而来，因此加强基础学科的建设成为发展新学科的重要途径。基础学科不强大，新生学科也就缺少了力量之源和发展后劲。钱学森先生说过，基础学科是科学技术中的最高层次，因此，不加强基础学科建设，不把基础学科做强做实，发展新学科也就无从谈起。特色学科、重点学科要做强，新兴学科、应用学科要"出新"，传统学科要搞活。

彭显特色还要按照需求导向要求，主动对接国家经济社会发展的重大现实问题，进一步明晰学科建设的重点，形成科学合理的学科布局，推动资源有效集聚，促进知识创新和知识服务有机统一。

第四节　重视学科交叉

多学科交叉融合是科技创新的源泉和新兴学科的生长点。当今世界，科学前沿的重大突破，重大原创性科研成果的产生，大多是多学科交叉融合的结果。

学科发展要注意扬长避短，培育学科群，形成良好的学科发展生态。现在的学科发展在边缘交叉领域最能形成突破点。因此，学科创新必须进行学科交叉。因为社会与自然领域是一个整体，人为地把它划分成许多学科，造成每个学科的能力都有限。打一个比方，一把筷子很难折断，单个筷子很容易折断。一棵树挪出来长不好，但是在森林里面相互影响、相互帮助，争着抢着长，互相帮助长，就长成参天大树了。学科综合集成是有选择的综合交叉，把各个学科的知识进行最优化的组装，使其具有无穷的可能性和无限的潜能。

信息时代，学科综合、跨学科合作是主流。运用交叉力量，构筑学科群落，构建高水平跨学科研究平台，这是高校的核心竞争力。学科交叉点往往是科技发展前沿，学科间横向交融无疑是一个新的学科创新增长点。如日本将运动学、工程学、医学等融汇成人体运动工程学，从工程技术角度成功地解读了人体在运动过程中的生理变化规律，解决了怎样的方向盘高度能带来最佳驾驶舒适度等难题，推动了汽车工业和制造业发展。

什么是交叉学科呢？交叉学科就是两门或两门以上的学科理论、方法所形成的新学科，包括一级学科、二级学科等之间的交叉。据统计，国际上较为成熟的学科大约有5 550个，其中交叉学科有2 600个左右，占47%。从20世纪初期以来对诺贝尔自然科学奖（涵盖物理、化学、生理学或医学）的统计分析可以看出，重大的理论突破和发明，很多是学科交叉的产物。诺贝尔奖1901年开始设立到现在，历经一个世纪。如果以25年作为一个周期，那么，在第一个周期和第二个周期的50年间，交叉学科的获奖数分别占获奖项目总数的36%和35%；而在第三周期和第四个周期的50年间，这一比率分别增加到42%和47%。重大发明，如1945年的半导体晶体管（贝尔实验室），是物理学家、化学家及电子专家协同攻关的结果。

21世纪的重要新兴学科化学生物学、化学遗传学等就是化学与生物学和医学交叉渗透的产物，化学的工具和方法被用于研究生物和医学问题，分子生物学的手段也被用于解决化学问题。还有计量经济学、计量地理学、生物信息学、生物医学、纳米科学与技术、生态学、人口学、环境伦理学、管理科学等等都是多学科交叉融合的产物。通过学科交叉与融合，往往形成了新的研究领域、新的研究方法和新的研究成果，不仅促进了新兴学科的产生和发展，而且促进了人才知识结构的更新，思维方式的拓展，提高了人才培养、特别是研究生的培养质量。

第五节　打造重点学科

学科建设要强调凝练一流的学科方向，构筑一批综合型、开放式、国际化的学科，彻底改变当前高校学科建设中"一片高原、没有高峰"，甚至是"一片平原"的状况。

学校有优势、有潜力的学科要纳入重点学科建设。学科资源配置不足与学科资源配置分散是高校共同面对的问题。当前解决资源配置分散比不足更为紧迫。学科资源的统筹和整合是学校办出特色、提升水平的必由之路。我们要集中优势资源，突出重点，打造重点学科，突出重点学科在配置资源中的集聚作用。各类科研资源、教学资源、人才资源，优先向重点学科配置。在重点学科平台上，实现学科与专业、课程、师资、实验设施等资源的有机结合。具体讲，就是将来骨干专业建设、精品课程建设，更多从各个层面的重点学科中产生。

在学科建设上，我们要造峰，优先支持一批可以尽快进入国内乃至国际一流的重点学科。美国加州伯克利大学原来有化学院、工程学院等14个学院，下设100多个学科系，各个学科发展非常均衡，每个学科水平都很高，就是没有一个学科是真正的世界一流，特色不明显，因而始终进入不了世界一流大学行列。当时，他们提出的口号是：每个领域都要保持全美前三名，后来发现这不可能。于是，他们调整发展战略，集中力量，重点发展原子生物工程，要求学校的每个系都尽量去和原子生物挂钩，以形成自己的特色。经过几年努力，终于促进了劳伦斯发明了加速器。正是由于发明了加速器，加州伯克利大学拿了17个诺贝尔奖，伯克利的生物原子工程学科成了全世界第一，加州伯克利大学因此世界闻名。

打造重点学科，要抓好重点指标，紧紧抓住学科队伍、创新平台、重大项目、重大成果这些核心指标，尤其是在人才培养、学科研究、社会服务等方面努力做出重大成果和标志性成果。还要把握重点环节，强化"两个两头"：一个是着力强化薄弱环节与优势特色这两头，把"短板"补长，把"亮点"做得更亮。另一个是着力强化"顶天攀高"与"立地服务"这两头，瞄准学科前沿，为学科发展和科技进步做贡献，围绕重大需求为经济社会发展做贡献。

第六节　建立发展机制

高校要建立学科建设新机制。建立学科重点发展机制，就是要集中有限的资源，重点发展特色优势学科，打造学科品牌、学科高峰。建立学科淘汰机制，就是优胜劣汰，对于质量不高、缺乏后劲或不符合学校办学定位的学科，要舍得放弃，防止有限资源空耗浪费；建立学科重组机制，就是要构建合理的学科生态，形成以主干学科为核心，相关学科相互配合支撑的学科群，促进学科交叉，发展新兴学科；建立学科投入机制，就是要研究新的机制和政策，把更多资源投入到领军人才和创新团队建设上，学科建设的核心不是设备而是人才。学科建设资源投入结构更优化，改变学科建设经费过多投在仪器设备上，导致重复购置、低效使用的恶性循环。香港科技大学等高校迅速崛起，靠的就是舍得花钱聘请一流的教授学者；建立学科评价机制，就是形成公平竞争、择优汰劣、滚动投入内部评价机制，切实提高学科建设的产出投入比，支持学科竞争力要素综合。学科竞争力主要包括学科带头人、学科梯队、人才培养、科研项目、学术水平、科技成果六个要素。学校要支持学科交叉融合，加快培育学科群体优势，增强学科可持续发展能力。

第十二章

推进创新教学

所谓创新教学，就是教学信息化，《国家中长期教育改革和发展规划纲要（2010—2020年）》指出，信息技术对教育发展具有革命性影响，要以教育信息化带动教育现代化。

第一节　教学信息化的重要意义

近年来，大规模网络公开课程（Massive Open Online Course简称MOOC）以斯坦福大学校长称为"教育界海啸"的方式在全球蔓延，广泛提供可以免费获得的互动式高等教育。在互联网变革世界商业模式的时代，MOOC正在利用这一力量为高等教育带来翻天覆地的变化，借助专业团队负责教学和考试设计，增加教学各方互动，开展学生在家上视频课、到校做作业、与师生交流讨论的反转式教学模式，使教育机构能够影响的受众达到空前规模，使教授们可以同时给成千上万学生上课，学生完全根据个人情况掌握学习进度，教学及其相关评估检测系统不受时间空间限制全天候运行，使全球各地师生有更多机会选择和分享优质教育资源，掌握科学技术的最前沿进展。2014年以来，国内部分高水平大学正在积极探索开展与国外MOOC的合作，不断取得新的进展。

一、教学信息化的重要作用

新时期的教学信息化，不仅是我们已经熟悉的计算机、网络教室、多媒体运用，以及学校和教学管理的数字化。更为重要的是，数字化教学资源的开发和广泛使用；数字空间和时间的极大拓展；课堂教学和教学管理的根本变革；教师评价和学生评价新方式的建立与完善等。

二、教学信息化是一场深刻的教学改革

众所周知，信息技术是当今世界创新速度最快、通用性最广、渗透力最强的高技术，也是对人类生产生活方式影响最为深刻，对世界文明影响最为深远的大趋势。工业革命已经200多年，但世界上仍有相当多地区没有实现工业化，而互联网问世只有20年，几乎覆盖了整个地球。

自20世纪80年代以来，我国教学信息化经历了三个阶段：

教学信息化发展的第一个阶段，是以个人计算机的出现为标志的，那个阶段，信息技术对教育的影响，主要是在学校教学管理方面，包括成绩处理等等开始应用，当然也包括各种程序语言的教学。

教学信息化的第二个阶段，它的标志是互联网和视窗软件的广泛应用，个人计算机开始大量进入家庭，真正变成了个人计算机，有了互联网，出现了一批新媒体，包括搜狐、新浪等等，更重要的是出现了MSN、QQ和电子邮件等新的沟通方式，课堂教学中开始使用投影、白板、PPT等软硬件。

从2010年开始信息化进入第三阶段，它的标志是云计算、平板电脑、智能手机的普遍应用，使无处不在的学习和大数据分析成为现实。

教学信息化是教育理念和教学模式的一场深刻革命，迫切要求教与学的"双重革命"。具体地讲，推动三个方面转变：从"以教为中心"向"以学为中心"转变；从知识传授为主向能力培养为主转变；从课堂学习为主向多种学习方式转变。这是教学信息化的本质特征。

第二节　教育信息化趋势

世界发达国家高度重视教学信息化建设。美国《2010年国家教育技术计划》提出建立一个基于信息科技的21世纪个性化、多样化学习模式，通过信息技术在学习、教学和评估系统的应用，提供更具吸引力的网络学习环境和技术工具，帮助学习者（包括个人和群体）进行知识和技能的学习，提供个性化的学习内容和方式，以适应特定的学习需求和提高学习效果。

日本2010年发布了《教育信息化指南》，从学习、使用、提高教师指导能力等多个方面推出信息化运用。韩国2011年推出了"智慧教育战略"，决定投资20亿美元开发电子教科书，建立云网络，进行教师再培训，而且宣布到2015年所有学校的纸质课本将全新被电子课本所取代。2012年，英国在大幅度缩减各项预算的背景下，唯独增加了信息化预算，目的在于要进一步加大信息化资源共享共用程度。

目前，我国开通了"中国大学视频公开课网站"，涉及文学艺术、哲学历史、经营法学、基础科学、工程技术、农林医药不同课程内容以视频公开课上线，供全社会免费学习。于此同时，国内外一些高水平大学已经开始着手按"高校协同、机会均等"的理念建设移动学习平台，争取将移动终端（平板电脑和手机）的学习管理系统，建设成为能够为师生提供优质服务的互动教学平台。

据了解，香港城市大学的图书馆从内容到功能已经发生了质的变化，馆内藏书量急剧减少，而教学资源极大丰富；图书馆的普通阅览功能大大弱化，而作为学习共同体的功能日益强化。在香港城市大学，学生在学期间的所有学习资源几乎都进入了移动电脑。澳门大学专门将一座实验大楼改造为学习共同体大楼，供信息化条件下师生的学习。

第三节　信息化教学目标

信息化教学目标，是为学生提供更具多样性的学习渠道和学习资源，使学生学习更具有弹性和自主性。随着信息化条件下的教学改革，教师超负荷工作的状况将大大缓解，教师学术竞争力将大大提高，传统课堂教学将发生根本性变革，学生自主学习自我发展将蔚然成风，案例式、互动式、讨论式学习将成为必须。

信息化条件下的教学将涉及四个层面的变化：

一、信息化条件下的教师教学

信息化条件下的教师教学，关键在于研究如何实现教学信息的转化，掌握科学的教学方法。现在学校开设的公共课和专业课，主要问题是现实感不强，教学方法有待改进。

信息化条件下，传统的以教师讲述为主要特征的课堂教学完全可以由学生在任何地方、任何时间完成。当然，信息化后的课堂教学仍然十分必要，它将主要表现为师生互动，同学交流，乃至共同完成练习与作业等。

网络是信息化条件下实施学校教学的基本条件，网络运行情况将如同供水、供电一样重要。校园网络的高质量运行和无障碍接入是信息化条件下教学工作得以正常进行的必要前提。

根据复旦大学提供的国外名校网络公开课为何受到学生欢迎的调研报告，哈佛大学、耶鲁大学等世界名校的公开课风靡网络，比如《公平和正义》《幸福的心理学》等。复旦大学研究显示，超过九成的学生知道网络公开课，超过六成的学生曾经收看过，其中人文社科类的公开课最受学生欢迎。

给大学生印象最深的是哈佛大学教授的公开课，哈佛教授的教学方法受到学生认同。他们主要是十分善于从现实生活中寻找和运用生动的案例，又能从思想家的高度为学生分析解读这些案例背后的深层次理论。所以，哈佛大学教授讲课，你不会感觉他在说教，或者他把观点强加给学生。哈佛教授先抛出案例，让学生自己分析评价，用尽量多而不同的观点启发学生，最后引导学生走向最终的理论解释。在一种互动性很强的氛围中引导学生自己研究探索判断，形成对问题和社会现象的正确看法。

法国有一堂人文教育课，主题是讨论美国"9·11"事件。老师先不讲观点，准备了20种观点材料分发给学生，让他们表示赞同或反对的意见，并说出为什么赞同或反对，老师做最后总结。这堂课上的生动活泼，学生的主动性、选择性和观点的多样性，都充分得到展示。教师最后总结能使学生深深信服。老师的总结是，"9·11"事件是当代世界不平等的一个结果，是对大国主义行为的一个反攻。这个结论比我们还马克思主义。

这里，有个问题值得注意研究。哈佛大学公开课的教师，并不是他水平有多高，理论有多深。事实上，国内高校很多教师都能达到甚至高于他的水平，但综合素质和讲课技巧方法远不如人家，尤其是在教学理念、教学风格方面有较大差距。

教学理念、教学风格不是一个纯理论问题，而是一个文化问题，是一种文化差异。我国高校现在也开设了一些精品课、示范课，据了解，学生满意度比较低。原因在于教师的教学理念和教学方法落后。

面对知识持续变动的信息化时代，教师的角色需要调整，他不再是一个单向传递知识的圣人，而是和学生一起共同学习的合作伙伴。他引导启发学生，帮助学生打开思路，开阔视野，增加信心。

过去我们说教学相长，在互联网时代，这种方式已经转向了互动，教师的角色已经由组织者转向学习伙伴。教师组织大家一块学习，尤其在大学里面，这一点体现得非常明显。所以，大学开始对以教师为中心的传统教学方式进行改造。比如美国有网络视频公开课，这对学校、老师显然就造成了影响。同样是讲公正，哈佛教授桑德尔公正视频课讲得非常好。中国学生就会以桑德尔的标准来要求自己的老师，如果老师还是原来的那种教法，学生肯定看不上，那么老师就得想办法让学生能喜欢自己的课，那就要提高水平。像墨尔本大学、悉尼大学都在进行教室空间结构的改造，不再像原来那样：上头是讲台、黑板，下头坐着学生。很多学校已经变成民主式的，比如说几个圈，老师在这几个圈里游走，四面墙上全有黑板或者电子屏幕，谁都可以演示一番。学习的空间发生改变，变成教师和学生互动的一种网上空间。

目前，许多大学也策划建设有利于学生自学和合作学习的新型图书馆，那些图书馆不光是存书，而且就是学习的场所，可以随时调动各种信息。在这种情况下，必须将以知识转移为特征的社会参与、自主学习方式整合进高等教育。否则，被淘汰的人就是你，落伍的就是这所学校。所以说社会在变化，教育也必须变化。

现在，哈佛大学课堂上学生学到的是分析问题的方法。因为每个人踏上工作岗位后，都不会只遇到课堂上分析的那些问题，现实中的新问题会层出不穷，培养了分析问题的方法，就培养了独立思考、解决问题的能力。

在教师启发引导下，当学生思维发生改变的时候，学习方式就会发生改变，把学习知识变成一种能解决实际问题的能力训练。有位曾在哈佛大学读博士的教师讲，在哈佛大学学习时，我每天看很多案例，看完后还要使劲琢磨老师到底会有什么问题来问我们，这样下来最累的就是脑子，经常这样训练，不断跟别人的思维进行碰撞，分析解决问题的能力就得到了很好的培养。

在当今社会，我们每个人面对的都将是全新的、不可重复的事情，因此哈佛的教育要求学生们放弃经验，去做那些你原本以为做不到的事，一切皆有可能。哈佛教给学生的是如何思考，而不是具体的知识。思考就是要学生提出好的问题、假设，然后去努力回答，经常保持这样的一种紧张感，还要挑战对方的假设，否定自己原有的意见，然后做出更深入的思考。

因此，信息化条件下教师教学，应当借鉴哈佛大学等世界名校的经验，运用案例式教学方式，强调启发、讨论、互动、研究，学生是在矛盾冲突中进行探讨分析的，在那里不会有标准答案，教师千方百计让学生明白，只有想出跟别人不一样的东西才能赢。

二、信息化条件下的学生学习

印度国家信息学院有位教授曾经做过一个实验。印度贫富差距很大。印度的贫困指数排世界第131位，印度的富翁总数排世界第8位，而30%的农民的孩子上不起小学。

印度有很多贫民窟，贫民窟的孩子上不起学，有的经常扒着学校的门往学校里面看。这个教授就思考，如何把贫民窟的孩子和学校联系起来呢？他突发奇想地在学校的墙上掏了一个洞，然后在洞里放了一台电脑，电脑里装了一些学习的软件，只能操作不能拿走，教授在洞里安装了摄像装置，以便实验观察。教授观察到贫民窟的孩子很快发现了墙上的洞以及洞里的电脑，那些连文字都不认识的孩子面对一台电脑时会做出什么事情呢？刚开始那些孩子只是瞎动一气，有人无意中动了一下鼠标，发现动这个东西的时候电脑屏幕上就会有变化，所以有的孩子都感到非常惊奇。然后那些孩子有事没事就到这里来，来了以后就互相琢磨，这个是干什么的，那个是干什么的，这个是怎么回事，那个是怎么回事。后来他们进入到那些学习的软件中，开始跟着软件学习了。就是这些根本不懂英文的孩子们，通过这么一个电脑，在自己教自己的过程中，他们的英文水平开始往前发展，最后他们能够使用部分英文，甚至能够跟做这个实验的教授对话，而这一切的变化都没有老师的指点。

这位教授把这样的一个研究公布出来以后，这项工作得到了世界银行的资助，很快就开始在印度做大量的推广，在墙上凿洞，里面放电脑，让贫民窟的孩子在电脑上玩一些东西。

看到印度教授这个实验以后，我们在想：学校的前途在哪里？将来学校是不是可能被解散？经过第三次工业革命，现在技术的发展让我们学习的内容无处不在，随时可以获得。现在我们的孩子在那里拼命背书，而他们将来的生活和工作真的需要那些东西吗？电脑就在旁边，随时上去查不就完了吗？爱因斯坦若是背字典、背百科全书，还能有那样伟大的发明创造吗？

现在有远程学习，后来又有了电脑学习，现在又开始了手机学习。知识的获得已经变得非常便捷。以此我们设想，学生的学习，尤其是训练创新思维，随时随地都可以组织一个案例分析沙龙进行探讨和碰撞。

信息化的教学变革，强化了学生"学"的过程。教学的重心是"学"，而不是教，教的目的是为了不教。成功的教育应该是培养学生自主学习的方法，具备自主学习的能力，养成终身学习的习惯。

三、信息化条件下的管理考核

学校要建立与信息化条件相适应的现代教学管理考核体系。主要依靠网络技术的在线功能实时考核；依靠教师学生的主观客观结合考核；依靠课堂动态表现和考试成绩静态数据的动态静态结合考核。考核将贯穿于整个学习过程，考核的科学性、客观性将极大提高。

对教师的考核，主要看他对课程开发、教学资源建设所做的贡献，看他获取教学资源的能力，看他组织教学的本领，看他课程团队和课程建设的效果。

对学生学习的考核，要看其自主学习的态度、自主学习的效果和自主学习的能力，要看其对课程内容掌握的程度，对课程延伸内容涉猎的情况，还要看其在课堂教学中，参与师生互动、互助学习的变现情况等。判断学生是否优秀的标准也将更加全面，要看其发展欲望是否强烈，学习态度是否积极，学习能力是否高超，思考习惯是否养成，提出问题、解决问题的能力是否出众等等。

毫无疑问，信息化条件下的教学变革，无疑有助于引导学生养成"自主读书+勤于反思+独立判断"的习惯，有助于将他们培养成为有理想、爱学习、会思考、能发展的人。

四、信息化条件下的课程建设

课程建设永无止境。课程开发、课程资源建设将成为现代大学经常性、最重要的建设内容。课程开发主体也将日益多元化，教师不再是课程资源开发的垄断者。

伴随信息化教学的开展，当前急需开发一系列教学软件，提供学生利用网上资源进行学习。学校要做好以下四项工作：第一，学校要将进一步充实网络课程资源，教学计划、思考题、参考书目、学习资料、PPT等课件、教学案例尽可能上网，让学生提前接触学习内容，提高教学时间的效率。第二，提倡教师建立教学博客，扩大师生之间的互动。第三，为了适应学习空间和学习方式的变化，我们强调课程资源的整合——理论课程与实践性课程的整合，课堂内外的学习资源的整合，显课程和潜课程的整合，不同类型教学方式的整合，提高理论课程学习的针对性。第四，实施本科生导师制，不仅推进了学生的研究性学习，而且为新型学习方式提供了有力的保证。建立教师办公时间制度，即教师要安排固定的时间在自己的办公室，以便学生根据自己的需求找老师提供帮助。

课程是一切教学活动的总和，课程改革是教育发展新的生长点，是教学目标实现的途径。培养创新人才，关键在于课程改革。只有着眼课程领域的创新，才能突破教育创新的"瓶颈"。

第十三章

创新课程体系

第一节　创新课程体系要素

课程是需要多层次设计开发的，课程体系创新要从关注学科发展到关注学生的发展。针对学生实际，根据时代要求和学校资源条件，通过校本化的设计，提供给学生。

一、课程结构调整

调整课程结构，合理确定学科基础课、专业基础课、通识课以及多元课程的比例，构筑科学的、符合经济与社会发展需要的课程体系。

根据对学生的知识和能力结构要求，整合、规范必修课程；根据学生不同的学习兴趣，增加选择性的教学内容，丰富选修课程；促进教学内容与生产活动实践相衔接，加强实践课程，开发活动课程。

调整课程结构还需要着力打造学科研讨课、学科前沿课、通识教育课等新型课程，形成批判性思维训练课程体系。学科研讨课帮助学生树立学习旨趣，学会质疑，学会发现，完成学习性转换和适应性转换；通识教育课程开阔学生学术视野，培养文化自觉和科学精神，促进形成独立人格和价值观。学科前沿课程帮助学生认识学术新领域、新发现、新方法，自主提出问题、分析问题和解决问题。

通过课程结构调整，让学生在保持知识广度的同时，也保持必要的知识深度；在给学生最为基本的知识、能力和技能方法训练的同时，鼓励学生广泛涉猎，在不同学科专业的自由徜徉中形成自己的学术旨趣。

二、课程体系设置

每个专业的课程设置，都是人才培养目标的体现。我们的课程设置存在缺陷。有的专家对国外著名大学金融学课程设置做过对比分析，发现国内大学仅有8门课程与国外著名高校的相关课程是一样的，三分之二的课程是国内大学没有的，开不出来，甚至没听说过，这些绝大多数都是与市场需求紧密相关的应用型课程。

有关专家还对比了国内高校与麻省理工学院在计算机和航空航天这两个专业的课程设置。首先，麻省理工学院课程设置的广度更广，体现了更为直接更具前瞻的应用价值。对计算机专业，麻省理工学院不仅计算机科学本身课程很全面，而且还涉及计量生理学、人类智慧演化、电子边疆的道德与法律议题、机器学习、电磁学、物流与运输规划方法等相关领域的知识；而对航空航天专业，麻省理工学院不仅设置了飞行管理、航线班次规划等直接指向的应用课程，而且还有涉及太空生物、医学工程与生命支持系统、太空政策研讨等更具有前瞻性的应用课程。另一方面，麻省理工学院课程设置的深度也更深，更加注重知识基础性。比如，仅就计算机专业的演算课程而言，国内高校大都只有一两门课，但麻省理工却细化为分散式演算法、高等演算法、进阶演算法、随机演算法、电脑动画演算法等多门精细化课程。

三、课程内容选择

我们有些专业教师常年讲一门课，每年拿出那本可能发黄的备课笔记，重复同样内容。一些十几年前编写的教材，现在再版，内容不变。我们现在教学内容陈旧，存在着两个问题：

第一个问题，过分重视陈述性、事实性和记忆性内容的教学，忽视原理性、策略性、发展性和创造性的教学。

第二个问题，过分重视确定性的内容，忽视不确定性、前沿性的内容；教学内容缺乏对学生智力发展的刺激性和挑战性，难以激发学生学习兴趣，难以培养学生创新实践能力。

大学强调科研要反哺教学，这种反哺作用最直接的体现，是最新的科研成果要出现在课程上。大学教师必须搞科研，这是课程教学内容必须适应学科发展的必然要求。

高水平的科学研究是高质量教学的重要支撑。新西兰的《教育法》规定只有科研活跃的教师才能从事教学工作，我们对教师也应有这样的要求。高校教师要善于通过科研掌握科技和学术发展的前沿动态、发展趋势和最新方法，把科研成果转化为教学内容，构建科研反哺教学的长效机制。同时，高校要改进科研评价方法，改变重论文轻实践，重论文数量轻论文质量的倾向，强调科研对人才培养的贡献度，促进科研、教研与人才培养相结合。

四、课程学习考核

课程考核方法往往影响到学生的学习态度。应试教育考核是依靠最后一次试卷测试，而且有标准答案。如果一个学生通过考前几天突击复习，就可以拿到高分，这很难让他每堂课都认真听讲。国外很多课程的考核主要依靠平常的作业和小测试，引导学生必须重视平常的课程学习。

五、课内与课外关系

课内与课外，也是第一课堂与第二课堂的关系。第一课堂效果有限。现在我们设计课程教学，很少考虑第二课堂。实际上，第一课堂与第二课堂有机结合，往往可以发挥更好的育人功能。特别对于实践类课程，第二课堂尤为重要。课内与课外如何衔接，这是需要认真研究的重要课题。如果课内是学科教育，课外是思想教育，课内课外两张皮，是不会有实效的。

第二节　持续推进课程建设

课程是创新人才培养的基础平台。要通过持续推进课程建设，构建一个基础厚实、开放度高、选择性大的学校课程教学体系，帮助学生掌握扎实的基础知识和养成良好的创新思维。

完善课程体系。要继续推进基础教育课程改革，减少授课总量，降低教学难度，减轻学生过重的课业负担，加强学生的实践体验、探究创新和个性学习，强化基本创新素养和基本创新技能的培养；职业技术教育要建立以就业为导向、以能力为本位、与产业结构相适应，有利于创新型技能人才培养的课程体系；高等教育要坚持宽口径、厚基础、人文与科学精神交融的教学改革方向，建立跟踪创新前沿、有助于学生拓展创新视野和提高专业研究能力的课程体系。努力克服目前学校普遍存在的重数理、轻人文，重学业、轻艺术、轻技术的现象，努力加强各学段科学、技术、人文和艺术教育，发挥人文教育、艺术教育、技术教育对创新素质培养的重要作用。

增强课程的开放性和选择性。高等教育和职业教育要着重加强建设面向学术前沿和实践前沿的各类课程，吸收行业企业参与学校课程建设，鼓励将最新科研成果引入教学；有条件的高中与高校要合作共建高中拓展型与研究型课程，在高中及以上阶段学校继续扩大跨校间的课程学习；高中阶段学校及高等院校应加强面向学术前沿和实践前沿的学术性、实验性课程和研究性课程建设，努力提高课程的可选择度；高校要进一步完善学分制，增加选修课和提升选修课程质量，鼓励和扩大校际选修课程；职业教育要推进弹性学制和工学交替，给有创新兴趣和能力的学生以更大的自主学习、实践、发展空间。

树立现代课程观念。传统教育课程重视课内教育活动，忽视课外教育，造成课内教育与课外教育的脱节。现代课程观念是一种新的课程观念，它把学生在学校期间获得的所有教育性经验作为课程内容，学生在学校期间所获得的教育，不仅仅只是学校课程表上的教学计划，也不仅仅只是某些学科或学科知识的总和，而是包括学生在学校期间接受的所有教育因素、教育影响、教育力量、教育途径。按照现代课程观念，课程不再是外在于学生的一种客观的知识体系，而是一种经验体系，包含了学生"经验"过的或者感受过的经验的成分；课程教育不单纯是一个认知的过程，还包括了学生的情感、态度、价值观及行为等因素；学生在课程中学习到的不只是教学大纲、教材和课堂所讲授的内容，而且包含隐含在教材、教师授课活动、课堂环境、学校物质环境、学校精神文化环境等等之中的隐性的课程因素。

因此，我们要注重课内教育价值目标与课外教育价值的统一整合，运用统一的价值目标和理念对学校教育内容进行整体设计与开发。

增强人才培养过程的实践性对于应用性很强的工程类、社会科学类专业来讲，实践性是专业之本。增强实践性，简单来讲，就是要增大实践性课程的比重，增多学生接触社会、了解行业的机会，让学生学会动脑，也学会动手。

加拿大大学特别注重学习与实习并重的合作教育模式。在这种模式下，学生在校学习与真实工作环境交替进行，从而获得有价值的工作经验并选择适合自己的职业道路。一般情况下，大学生在毕业之前都要进行这种合作教育20个月。目前，加拿大每年有近万名大学生分配到1 500个单位参加工读合作教学。

要让学生、家长、社会特别是老师都认识到，书本知识是知识，实践中的经验教训是更重要的知识；上课读书是学业，实践训练是更重要的学业；获得奖学金的是好学生，被企业认可重用的更是好学生；考试成绩好的是好学生，创业好的也是好学生。因此，我们要改变传统的教育课程观念，把学科型的课程体系转变为能力本位的课程体系，根据实践要求构建课程体系。

第三节　哈佛大学核心课程体系

大学课程改革是大学保持生机和活力的重要手段。哈佛大学非常重视通识教育课程创新，从艾略特至今，哈佛大学始终没有停止这种课程创新改革。

一、"核心课程""核心课程体系"的基本概念

核心课程是指课程体系中居于核心位置的、具有生成力的那部分课程，它与课程体系的其他部分形成有机的、内在的联系。"课程体系"是指学生在某受教育阶段接受的课程总和。哈佛大学核心课程体系改革实质是以通识课程体系为核心的调整，后期的改革涉及与专业课程的相互融入性调整。

二、哈佛大学核心课程体系的特征

从艾略特至今，哈佛大学核心课程或核心课程体系改革大约经历了五个时期。不同时期哈佛大学的核心课程体系改革有不同侧重，体现出了不同特征。

1. 艾略特的课程体系创新特征：打破了传统教会教育范式，通过建设选修课程丰富了大学课程，为学生成长成才提供了崭新的教育环境，开启了美国现代高等教育课程模式的新时代；在哈佛确立了核心课程教育理念；在哈佛确立了选修课制度。

2. 洛厄尔的课程体系创新特征：将课程改革由通识教育推进到了专业教育领域；充满了学习与创新精神。学习国外先进制度，将课程改革与人才培养模式结合得更为紧密，融入了教学环境、教师、教学管理等课程元素。

3. 科特南的课程体系创新特征：对通识教育课程体系构成进行了硬性规范，建立了通识教育与专业教育相结合的人才培养模式的课程性范式；进一步扩大了通识教育核心课程选课的范围，使哈佛大学核心课程门数得到增加。

4. 博克与罗索夫斯基改革的特征：扩大了核心课程体系类别构成，厚重了哈佛大学通识教育核心课程体系；给学生更多自由选课机会而又不失课程体系结构的稳定性；专业课程进入到通识核心课程体系。

5. 劳伦斯与科比改革的特征：通过制定各类标准，使"新课程"改革更为规范；打通通识课程与专业课程的界限，相互进入各自的课程体系。

第十四章

创新管理规范

哈佛大学校长在350年周年校庆时讲，哈佛最值得夸耀的，不是获得了多少诺贝尔奖，而是进入哈佛的每一颗金子都会发光。因此可以讲，衡量高等教育的第一标准就是看人才培养水平。而育人水平的高低，很大程度上取决于教学质量。

第一节　把握教学质量内涵

什么叫教学质量？狭义上的教学质量，主要指通过学校教学活动使学生身心发生积极的变化。广义上的教学质量，主要指学校对学生身心素质产生重要影响的一切要素与活动总和的品质。

这里的要素，包括与学校教学活动相关的人、财物、时间、空间、信息等资源。这里的活动，包括目标设置、资源配置、过程运行、过程控制与反馈调节等。

由此可见，学校教学质量其实就是过程质量与结果质量、产品质量与服务质量的有机统一。

学生发展结果是产品质量，教学运行是过程质量，教学管理是服务质量。现在，评价大学教学质量的指标很多，国际公认的指标有学生考试成绩、学生满意度、学生就业率等。

一般讲，教育教学质量包括三个核心要素：一是学生，这是教育教学的主体。教育教学活动应着眼于激发学生的学习潜能，完善学生的知识结构，增强学生的社会适应能力、竞争能力；二是教师，这是教育教学的主导。教师是教学的组织者、知识的传授者。教师的"教"应该为学生的"学"服务，不能让学生的"学"服从于教师的"教"；三是课程，这是教育教学的载体。课程包含教学内容、教学方法、教材和实验室等环节。课程建设应该体现教师主导性和学生主体性的有机统一。

现在教育界很多有识之士已经在大声疾呼：教育应该"认祖归宗"，要回归教育自身，特别是要"把提高质量作为教育改革发展最核心最紧迫的任务"。应该看到影响大学教学质量的因素有很多，其中的关键因素还是教师。没有教师的质量就没有学生的质量，也没有科研的质量和社会服务的质量。

第二节　加强高校管理规范

加强管理是高校工作的应有之义。管理出质量，管理出效益。高校要办出水平，办出特色，必须高度重视管理工作。

一、高校管理存在问题

目前，高校管理方面还存在不少问题和矛盾，严重制约了学校的快速发展。主要表现：一是管理制度不够健全，如目前学校各项资金管理制度、设备管理制度、创收分成制度等比较陈旧，跟不上学校跨越式发展需要；二是管理制度不够科学，如现有的管理体制还不能完全调动院系和部门的办学积极性，不能充分调动干部、教职工干事创业的积极性和主动性；三是管理技术手段比较落后，如目前学校信息化建设水平和信息共享程度低，信息系统没有有效整合；四是管理干部的素质还有待进一步提高。

上述问题的存在，表明学校管理工作总体上比较粗放，从一定程度上讲，已经到了不推进改革、不强化管理就不能全面、协调、可持续发展的境地。当前，要建设创新型大学，更需要进一步强化管理，创新体制机制，全面提高管理水平，切实解决学校管理存在的突出问题和主要矛盾，建立健全适应现代大学运行所需的管理体制机制，向管理要效益，为学校跨越科学发展提供有力的支撑。

二、 高校管理的重要性

管理是人类生活特有的现象。管理通过组织与协调他人的共同活动收到个人单独活动所不能达到的效果，并通过配置有效的资源从而实现预定的目的。马克思曾在《资本论》中指出："一切规模较大的直接社会劳动或共同劳动，都或多或少地需要指挥，以协调个人的活动，并执行生产总体的运动所产生的各种一般职能。"这里的"指挥"讲的就是"管理"。

管理可以说是一切组织正常发挥作用的前提条件，任何一个有组织的集体活动，只有通过管理，才能按照正确的方向进行。组织是由各个要素组成的，各自独立的组织要素，只有通过管理，使之有机地结合在一起，才能使组织正常地运行与活动。在一个组织中，没有管理，就无法彼此协作地进行工作，甚至会影响这个组织的存在。组织系统越庞大，管理问题也就越复杂，对管理水平要求也就越高。管理的重要性还表现在实现组织目标上。任何一个组织都是有目标的。组织只有通过管理，才能有效地实现组织的目标。通过有效的管理，可以放大组织系统的整体功能。在相同的条件下，由于管理水平的不同会产生效益、效率的差别，"事半功倍"与"事倍功半"讲的就是这个道理。

管理既有科学性，又有艺术性。管理的科学性，是指管理是有理论和规律可循的，可以通过学习来掌握管理知识。管理科学作为社会科学的一种，是长期以来人们在管理实践中经验的总结和发展，有着共同的基本规律和原则。管理的艺术性，是指管理不仅要靠理论，靠原则，还要靠人格魅力、灵感和创新。不同的环境，不同的组织，不同的个人，其所运用的管理也是不一样的。管理就像一台运转的机器，要遵循它的运作模式，同时又需要有人来改进和维护。新的方式，新的手段，新的环境，新的做法都会产出不同的产品。所以讲，管理是科学，但同时也是一门高超的艺术。

三、 高校管理的特殊性

与其他组织的管理相比，高校管理有其特殊性。大学最初的功能是传授知识。中世纪欧洲大学诞生以后的数百年中，大学仅仅是传授知识、造就人才的场所。从19世纪开始，德国柏林大学进行了创新，高举起"教育与科研统一"的旗帜。20世纪初，从美国威斯康星州立大学开始，提出了高校为社会服务的任务。现代大学成为具备培养人才、科学研究和社会服务三大功能的综合体。基于大学的三大功能，高校管理体现出以下特点：

（一） 高校管理是以知识为中介的活动过程，是知识管理。高等学校三大功能中的教学是知识的传播，科研是知识的创新，服务是知识的应用，都是以知识为媒介的。在高校，教师和学生是知识的载体，是知识创新的重要力量，他们共同构成知识的积累、流动、共享和创新系统，高校管理通过对高等知识资源的开发和有效利用，通过知识获取、知识共享、知识创新和知识应用，提高高校的创新能力，从而最终实现高校的三大功能。

现代管理学的奠基人彼得·德鲁克讲："在知识经济时代，真正的控制性资源和生产决定性因素不是资本，也不是土地和劳动力，而是知识。"高校是知识密集型组织，知识是高校的核心，这既是一种资源，也是一种挑战。高校竞争力的最根本来源是知识。只有把知识作为高校管理活动的焦点，才能提高核心竞争力。

（二） 高校管理的主要对象是学生和教师，是知识分子。作为教师和学生，主要是从事学术性活动和学习，这就决定了他们工作学习的个体化程度比较高，需要进行创造性思维。高校管理的一个十分重要的任务，就是要调动教师和学生自身的积极性和主动性，并为他们创造有利于人尽其才、才尽其用的环境条件。同时，只有师生间、教师间、各学科各专业间的协调配合，形成统一目标，才能更好地发挥组织优势、综合优势。

（三） 高校是一个具有文化属性的系统，高校管理是一种文化管理。高校文化包括学校教学、科研所需的物质设施和物力环境在内的物质文化，学校各种规范性、系统性的规章制度在内的制度文化，学校成员共有的价值追求、理想信念、心理状态、道德情感、思维方式、行为规范、人际关系在内的精神文化。这三个层面的文化融为一体，互为影响，共同作用于高校的方方面面。对外形成高校的社会影响力、吸引力，对内则影响生活其内的成员形成共同的信念，产生组织凝聚力。育人是高校的基本职能，而育人的关键在于高校是否形成了育人的优良文化环境。

（四）高校是社会服务组织，高校管理受到社会环境的影响和制约。高校管理具有开放性。一方面，高等学校不断为社会培养人才，并在此基础上为经济社会发展提供服务；另一方面政治、经济、文化等因素影响学校教育。高等学校与社会的这种密切关系，决定了它在管理上的开放性。高校要充分利用社会环境中的一切积极因素，促进实现学校的教育目的和发挥对社会服务的作用。我们一方面要把大学建设融入社会主义现代化建设的伟大事业中，为现代化建设服务，实现大学自身的价值；另一方面，要抓住经济社会发展中的一切积极因素和有利时机，推动高校又快又好地发展。

四、 高校管理原则

管理是科学，科学的意义在于求道；管理是技术，技术的价值在于增效；管理是艺术，艺术的生命在于创造。

管理是技术，解决怎么去做；管理是艺术，力求做得更好。

管理可以表述为容易的事做精，手上的事做细，精细做成规范，规范形成制度。

管理也是一种文化。高校管理具有文化属性。高校管理不仅是知识管理，更是文化管理。金钱具有吸引力，事业具有凝聚力，文化具有持久力。

积极创新管理模式，坚持人本管理，狠抓过程管理，强化管理细节，突出绩效管理。

（一）坚持人本管理。科学发展观的核心是以人为本，牢固树立以人为本理念，尊重人、理解人，为了人、开发人，发展人、提高人，温暖人、体贴人。把发展作为根本前提，把依靠人作为根本途径，把尊重人作为根本准则，把为了人作为根本目的。实现人性化管理、人情味服务。

（二）狠抓过程管理。过程管理主要是通过对每个过程环节进行控制管理，从而达到全面管理。过程管理与管理"流程"不同，"过程"注重抓大放小，"流程"注重事无巨细，过程管理更强调对全程的全面把握和对关键点的监督。没有过程的管理，没有过程质量的保证，就不会有结果的质量。我们提出的工作目标，最终能否实现，关键在于我们能否对实施过程加以严格管理。可谓"评判看结果，关键在过程"。

（三）突出绩效管理。绩效管理是一种提高干部的绩效、开发团体和个体潜能，使组织不断获得成功的管理思想和管理方法。绩效管理是对传统管理模式的一种突破，它要求对每一个岗位进行分析，明确岗位职责、绩效目标，实施目标考核，并将考核结果应用到实际工作中去。不重视绩效管理，不讲绩效考核，就很难提高效益。比如，绩效的评价与成本管理密不可分，讲绩效一定要进行成本核算，但我们目前在很多领域还缺乏成本概念，经营意识淡薄。

（四）强化细节管理。细节决定成败。细节管理就是将管理细节具体化、责任明确化，并抓好落实。努力做到事事有人管，件件有落实。当前，我们管理中还存在基础管理薄弱，调控力不强的问题。为此，我们要改变过去粗放管理的模式，通过加强对细节的管理，从战略、决策、计划、执行、考核、反馈等方面下功夫，全面提升管理水平。

五、人事管理创新

教师是大学教书育人、创新知识的主要承担者，他们工作积极性和创造潜力的发挥决定着高校发展和学生成才。有研究成果显示，斯坦福大学之所以能够脱颖而出，其关键因素是在教师管理上的成功。尤其在1955—1975年20年间，聘任了150名世界知名教授，并创造条件，确保他们在教学和研究岗位上发挥出潜力。

要在以下四方面加强高校人事管理和改革：

（一）进一步完善教师聘任制度。有人批评我国高校师资队伍近亲繁殖现象严重，不少院系都快成为一个家族组织，这个家族不是血缘的家族，是"学缘"的家族，是科学的家族组织，这对学术创新的消极影响很大。所以，要面向整个社会，用公开方式在整个学术市场上选人。在此基础上，要分类开展人事管理工作。如上海大学率先实行教授分级制度，即合同制雇员、长聘教授、终身教授三个级别，对不同的人、不同的阶段，有不同的要求和评价办法，目的是要激发教授工作积极性，增强他们工作的动力，这是对人事管理很好的尝试。

（二）进一步强化竞争激励机制。我们要研究制定符合高校教师工作岗位特点的考核评估制度，明确岗位标准对教师的要求，按照贡献大小和岗位标准给予薪酬，通过制度安排，营造适度的竞争环境，吸引、培养和稳定优秀人才。

（三）进一步明确人事管理的重点。特别要重视对领军人才的管理。大量统计表明，一个组织中大约20%的人可起到80%的作用，而另外80%的人只起20%的作用。少数几个学科带头人就能带动一个学科的发展，并促进学校的整体发展，为数不多的学术大师，往往代表了学科甚至学校的水平。

（四）进一步活化高校人才流动机制。要在竞争的基础上，促进高校人才开放式流动，实现由"内流动"到"内外流动"的转变，打破高校、科研院所、企业的人才围墙，遏制"近亲繁殖"，改善高校人才结构和提高队伍素质。科学的人事管理，不是靠钱来炒作人才，也不是"挖墙角"，而是用高超的人事管理，吸引培养和集聚优秀人才，并最大限度发挥他们的潜能。

第三节　正确开展教学评价

传统教学评价看知识多少、技能快慢，重视考查量和速度。而现代教学评价中，更多的是基于能力的考查，强调测试被考查者是否具有在具体、真实的情景中分析问题、解决问题的能力，是否具有语言综合运用能力和科学探究能力等高层次认知能力。传统教学评价，更关注常模参照，即水涨船高，要在学生中分出三六九等。而现代教学评价更多侧重于标准参照，比如，12岁的学生跳高跳过1.3米就可以算作优秀，至于跳1.31米还是1.35米，在结果上并无差别。这就可以杜绝那种将所有学生捆绑在分数"战车"上的不良导向。传统教学评价侧重于甄别与选拔，而现代教学评价则侧重于诊断、反馈与改进。

高校教师教学评价在国内外都是一个永恒的话题，是高等教育教学质量保障体系中一个不可或缺的重要组成部分。一般来说，大学的教学评价包括评价制度的建立、方法和形式的选择、内容的设计及结果的使用。其中，评价内容的确定最为重要，也最有争议。长期以来，对于"高校教师的教学评价究竟应该检查什么"，一直存在着不同的观点。这方面，哈佛大学、麻省理工学院、普林斯顿大学等美国著名大学为我们提供了示范经验。

第一条经验，是将评价内容贯穿于整个教学过程。

要想全面、客观地评价教师的教学质量，必须对教学中的每一个环节都进行认真检查。如，在课前准备上，要求教师将反映教学准备情况的纪实性材料集中起来，交给校教师教学评价委员会，作为反映教学质量的基础档案或佐证材料；在课程教学上，评价内容涉及教学态度、教学方法、互动情况等10多个方面；在课外辅导上，重点了解教师在课下是否向学生提供了批改作业、答疑指导等全方位的帮助。可以看出，美国著名大学的教学评价关注的是教学全过程，这与"教师教学评价就是对课堂教学的评价"的狭隘观念形成反差。实际上，从大学教学的特点来看，许多重要的工作都需要教师在课下做，没有课前的精心准备以及课后的及时辅导，不可能获得良好的教学效果。

第二条经验，让评价内容关注学生学业收获。

他们把学生对于教学的亲身感受作为教师教学考核的重要内容，不单纯评价"教师做得如何"，比如，在学科理论知识的掌握上，他们在学生评教中问到："教学过程是否使你提高了分析能力"，"课堂讨论能否提高你的解决问题能力"，"学习这门课以后，你的学科知识增加了许多吗"。这些评价内容都是对教学质量的直接检验。在学习课程的兴趣上，他们在评教中问到："教师设置的问题是否能把你带进研究的乐趣之中"，"你是否渴望获得该课程更多的专业知识"，"课程是否激发了你在课下探讨问题的愿望"。这些问题把学生在学习过程中的心理情绪作为判断教师教学效果的重要指标。在学习的独立性和创造性上，他们在教学评价中问学生："教师的讲授能否使你对教学内容产生新的想法"，"教学内容是否可以引起你的创造灵感"，"你在课程学习中是否敢于提出自己的问题"。反观我们的大学，评价内容集中在教师的教学表现，极少提及学生在教学中的进步与变化。如果教学评价不考查学生的学业成就，只看教师是否达到了预定的标准，并不能保证教学评价结论的全面性，也无法客观判断教学质量的高低。

第三条经验，把评价内容转向具体教学行为。

他们所采用的教学评价标准具有明确的观察性含义，比如，是否允许学生发表不同或相反的学术观点，是否有效激励和引导课堂讨论，教师的教学是否能够激发学生课后阅读专业书籍的兴趣，教师给出的论文评语是否对学生有具体的帮助，教师提供或介绍的课程材料是否完整和领先等。对于教师在这些方面做得怎样，学生完全可以做出客观评价。相比之下，我们的教学评价内容缺乏可观测性，"教学观念""教学能力""教学态度"等"术语"，经常出现在学生评教的表格当中，许多学生只好凭感觉给教师打印象分。从这一点看，美国大学对教学内容的评价的确要比我们务实得多，评价项目显示出很强的操作性，对教师教学表现的评价更符合真实情况。

第四条经验，学生学习评价突出自主学习。

重视老师的教，轻视学生的学，是传统教学观念下形成的顽疾，至今仍然主导着教学。教与学的问题实际上是两个方面：一个方面是教什么、怎么教和教得怎么样；第二个方面是学什么、怎么学和学得怎么样。近几年来，我们的教学改革主要强调前者而忽视了后者。也就是说，只重视"教改"，而忽视了"学改"。为此，我们要改变重教轻学的现象，必须解决三个问题：教学本质、教学理念和教学原则。

首先是教学本质。教学本质回答的是教学是什么。传统的认识是：教学是"教师把知识、技能传授给学生的过程"。这种传统认识有5个局限：教学局限于教书，教书局限于课程，课程局限于课堂，课堂局限于讲授，讲授局限于教材。我们理解的教学就是"教学生学"，教学生"学会""乐学""会学"。其中会学是核心，要会自己学，会做中学，会思中学。

第二，是教学理念。教学理念回答的是教学为什么。传统的认识是：教是为了"教会"；学是为了"学会"。我们提倡的教学理念是"教为不教，学为会学"。"教为不教"有两层含义："教"的目的是"不教"，"教"的方法是"大教"，"教"是为了"不教"，是我国当代著名教育家叶圣陶先生的名言。这种"教"是教学生"学",这种"大教"是善教。

第三是教学原则,教学原则回答的是教学主要是学。教学的效果在于学。要放弃传统的"以教论教"观念,坚持"以学论教"的评价原则。也就是说,"教得怎么样",要通过"学得怎么样"来评价。

教学的重心是"学"而不是"教",教的目的是为了不教。成功的教育应该是培养的学生掌握了自主学习的方法,具备了自主学习的能力,养成了终身学习的习惯。

对学生学习的考核,首先要看其自主学习的态度、自主学习的效果和自主学习的能力;其次要看其对课程内容掌握的程度,对课程延伸内容涉猎的情况;最后,还要看其在课堂教学中,参与师生互动、互助学习的表现情况等。判断学生是否优秀的标准,要看其发展欲望是否强烈,学习态度是否积极,学习能力是否高超,思考习惯是否养成,提出问题、解决问题的能力是否出众等等。

以上四个方面的教学评价,需要我们进一步完善评价内容,改进评价方法,形成科学可行的教学评价体系,让教学评价的项目与教师的教学行为一一对应起来,使评价的结果具有明确的含义,从而能够为教师规范行为,改进教学提供具体的指导信息,以此提升教学水平。

2014年初,由北京师范大学中国基础教育质量监测协同创新中心发布的"区域教育质量健康指数"或许能够给我们一个答案。

该评价指数打破了以往只是通过考分、成绩、排名来评价教学成果的做法,采用多元评价体系系统评价教育教学效果。这个系统包括品德行为指数、学业成绩标准达成指数、高层次认知能力指数、学业成绩均衡指数、艺术体育兴趣指数、学习压力指数、教师教学方式指数、学校归属感指数、校长课程领导力指数、亲子关系指数、师生关系指数、学习动力指数等。以往容易忽视的"学习压力"指数、"学校归属感"指数、"亲子关系"指数、"师生关系"指数,第一次出现在公众视野和考评维度之内。

以世界一流大学教学评价的示范经验以及北京师范大学研究成果看,我国传统的教学评价主要是终结性的,注重评价的评定和选拔功能,忽视评价的诊断和改进功能。评价方式以考试为主,以记忆性的书本知识为主要内容，侧重定量分析，注重最终结果。这种评价方式难以适应对学生学习能力的评价，因而在一定程度上不利于这种能力的发展。

从多元智能理论的角度看，正确的教学评价强调评价内容的多元化，注重考查学生综合素质的发展，关注学生创新精神和实践能力的发展，对学生在学习过程中所表现出来的情感、学习策略、合作精神等因素进行全面的综合评价，而不仅仅是关注学生的学业成绩。这种评价方式注重学生的差异性，注重学生个体发展的独特性，能够激励学生发挥多方面的潜能，发挥其智能强项。

正确的教学评价应以促进学生发展为宗旨，应该是多样化、个性化的，应该通过各种渠道，采取多种形式，在不同的学习情境下，考查学生掌握知识和应用的水平能力。正确的教学评价具有如下四个特征：（1）重视学生创新思维能力的发展；（2）注重学习过程的评价；（3）注重评价主体的多元化和评价方式的多样化；（4）更加重视质性评价方式。

第四节　深化高校综合改革

当前，改革进入到深水区，好解决好克服的问题大多已改革，剩下的都是难啃的硬骨头，改革起来越来越难，牵一发动全身，这些硬骨头都是关系到改革发展的核心问题、关键问题。

一、认清高校综合改革重大意义

深化高校综合改革是破解制约高校纵深发展中的矛盾问题的内在要求，是我国实施创新驱动发展战略、加快经济文化强国建设的现实需要。我们要敢于下深水、涉险滩，勇于破藩篱、扫障碍，进一步增强改革的紧迫感和责任感，树立问题意识，坚持问题导向，以问题倒逼改革，以开放倒逼改革，向改革要活力、要动力，着力打造与经济文化强国相匹配的高等教育。

二、 明确高校综合改革方向

（一） 要把握好方向，改革的路子要对，想清楚改什么，不改什么，我们所要改的，是高等教育在理念、服务、质量和体制等方面还不能很好地适应中国特色教育制度、教育发展规律和经济社会发展需要的薄弱之处；我们所不能改的，是党的领导，马克思主义在意识形态领域的指导地位，办学的公益属性。改革的方法要对，教育改革是不能"试错"的，要尊重规律，树立底线思维，避免出现颠覆性错误；教育改革也不能急功近利，必须着眼长远，扎实推进。

（二） 要突破瓶颈。要打破制约人才培养的瓶颈，让每门学科都体现于人，让每位教师都热爱教学，让每堂课都吸引学生；要打破制约科学治理的瓶颈，着力推进落实高校办学自主权，完善高校内部治理结构，加快实现教育治理体系和治理能力的现代化；要打破制约服务社会的瓶颈，进一步练好内功，进一步加强协同创新，在服务国家战略和经济转型发展中做出更大贡献。

（三） 要激发活力。高校改革，关键在人。要加强改革相关政策的宣传解读和舆论的正确引导，及时回应有关各方的关切，广泛凝聚改革共识；要尊重教师主体地位，广泛吸取意见建议，健全人民参与改革的各种机制，把教师群体的智慧凝聚到改革上来；要抓住评价这个"牛鼻子"，改革政府对高校的评价和高校对教师的评价，着力改革重科研轻教学、重数量轻质量、重短期轻长期、重个人轻团队等倾向。

三、 把握高校综合改革重点

高校综合改革重点是聚集人才培养、特色发展、产教融合三个方面。

（一） 要守住人才培养的生命线，提升教学质量。要从招生选拔的源头开始抓好人才培养，打破"一考定终身"，把一次高考的决定权重，合理解析到高中三年，给予学生更多选择机会；破除"单一标准"，以多维知识评价取代"单一总分标准"，更加注重增强学生知识结构的综合性和知识学习的应用性；克服一刀切，针对研究型人才和应用型人才不同的选拔培养特点，采取不同的选拔方式。高校要创新一流本科教育发展模式，参照国际质量标准加强专业建设；通过制度安排，把教师的人和心都拉回课堂，引导教师把教书育人作为自己的天职，激发教师的主观能动性，想方设法增进师生之间的交流。

在高校综合改革中，我们还要重新设计教学改革。重视教师的教，轻视学生的学，是传统教学观念下形成的顽疾，至今仍然主导着教学。教与学的问题实际上是两个方面，一个方面是教什么、怎么教和教得怎么样；一个方面是学什么、怎么学和学得怎么样。这些年来，我们的教学改革主要强调前者而忽视后者，只重视"教改"而忽视"学改"。为此，守住人才培养生命线必须改变重教轻学的认识误区，在"学改"上多下功夫，多做文章。

（二）要促进高校内涵发展"有特色"，从一列纵队转向"多列纵队"，按学科门类，将高校划分为综合性、多科性、特色性三类；按承担人才培养和学术研究功能划分为四类：学术研究、应用研究、应用技术、应用技能。构建分类标准体系，加强高校"高峰""高原"学科建设，重点建设国际学术前沿学科及一批高水平的标志性成果。

（三）要坚持开放联动，以产教融合的思路，推进应用性人才培养和现代职业教育发展。要深入分析行业要求，创新教育培养模式，贯通"中职—专科高职—应用本科—专业学位研究生"纵向体系，形成一批行业特色鲜明、专业设置与职业岗位联系密切的职业教育高校，以行业和岗位要求为导向，推动应用型本科高校的专业设置，建立覆盖专业硕士与专业博士、行业与学校共同参与、相对完整的高层次应用型人才培养体系；着力构建紧密对接行业产业需求的教学标准修订和应用机制、人才需求发布机制，专业调整快速响应机制。积极探索产业、行业全程参与人才培养的新模式，以行业需求制定人才培养标准，以行业先进技术优化课程教学内容，以行业优秀人才优化教师队伍，依托行业共建研究基地，培养学生创新实践能力。

国外成功产教融合模式通常有4类，一是大学融入企业，如美国硅谷高新技术企业云集，斯坦福大学和加州大学融入其中，北卡罗来纳州三角科技园是全球高水平生物制药研发高地，北卡大学深入其中；二是以大学为基地吸引企业，如英国华威大学，校园里有成百家工程中心、实验室和研发中心，都是校企合作或由跨国公司直接设点，师生与行业企业近距离甚至零距离接触，校企各方既可联手研发，也便于企业公司熟悉毕业生就业能力，还可以送企业员工进校培训，一举多得。再如卢森堡大学金融学院，在人均GDP十万美元以上的富国，并没有高薪聘请全球最好的经济学、金融学、财会学、统计学教授，而是把金融学院直接交给卢森堡银行家协会，从学生选拔到教师配置、课程安排、实习安置、论文指导、将来就业，一条龙地由银行家协会帮助设计，所以本国学生趋之若鹜，据说国外留学生申请要排三五年队，该院从2003年设立至今短短十年，就迅速成为欧洲新大学典范；三是政府引导和搭建平台，如日韩的技术研究组合和官产学研结合；四是混合型集群，像欧盟的教育、科研、创新构成"知识三角"，有效整合产学研，推动创新实验室、企业、研究机构和大学组成创新集群。

四、 深入落实立德树人根本使命

党的十八大报告明确指出，把立德树人作为教育的根本任务。国家教育中长期改革发展纲要，把育人为本德育为先作为21世纪重大教育战略主题提了出来。这不仅规定了教育的方向，而且提出了人才培养要求。

事实证明，德不可能自然形成而需要立，人不可能自发成才而需要树。立德是为了树人，而树人更要立德。因此，当前我们要加强社会主义核心价值观教育，基础是做人教育，只有解决好做人问题，核心价值才有牢固的基础。才能把立德树人根本使命贯穿教育教学全过程。

在全世界所有国家中，我国是对学生进行思想品德教育、政治理论教育用时最久、开设课程最多、投入最大的国家，然而效果不佳。可以说是事倍功半，投入产出不成正比。反思起来，我们在德育中，忽视了中国优秀传统文化教育，忽视了做人的教育，忽视了现代社会文明中交往方式教育。

今天，我们在世界各地创办了几百所孔子学院，而国内的学生都不读孔子、老子，不了解《论语》《道德经》，这是非常荒唐的事。我们对学生灌输了一大堆关于政治观、世界观、人生观、价值观等方面的大道理，但学生却不懂得人际交往的基本规则，不知道如何对待父母，对待师生，对待领导，对待朋友，一旦进入社会，到处碰钉子，交学费。

著名历史学家傅斯年在任台湾大学校长时，要求学生必须细读一个学期的《孟子》，读一个学期的《史记》，读孟子是为了知道怎样做一个堂堂正正的中国人，读《史记》是为了更好地了解中华民族的历史。我们不要总认为，今天提出的观念、口号才是最先进的东西，而古人提倡的观念都是陈旧过时的。像忠孝仁义礼智信这些观念并没有过时，对今天的做人教育道德教育有很多好处。

我国教育缺乏总体目标和系统设计。基础教育进入应试教育怪圈，高等教育进入功利主义泥潭。用句极端话讲，学前教育是以听话为目的的教育，基础教育是以分数为目的的教育，高等教育是以知识为目的的教育。这种教育，把学生变成了听话的木偶、考试的机器和知识的容器，实际上，这是对教育本质的歪曲。

现行的教育过于知识化，把注意力集中在知识传递上，用冷冰冰的语言传递着硬梆梆的知识，忽视了活生生的人，忽视了人的道德，人的情感。因此，我们要着力解决好当前教育中"立德"问题，尊重教育规律，回归育人本原，我国传统文化认为，教育应该构筑三层楼塔：第一层是知识，第二层是道德，第三层是心灵。这样教育出来的人才有德性，才健康。

五、 深化内部治理结构改革

当今世界，大学的核心竞争力不是其规模、名声、资产，甚至也不在于拥有多少名师大家，这些因素都很重要，但又不是最本质的。如果管理混乱，一盘散沙，各自为战，内斗内耗，人心涣散，那再有多大的家底也经不起折腾。从这个意义上讲，大学最核心的竞争力在管理。而管理的核心在于制度。要通过建立大学制度建设有效协调党委和行政的关系、学校和院系的关系、教学与科研的关系、教师与学生的关系、中心工作与后勤保障的关系，使各办学要素有机统一，形成合力，实现治理结构和治理能力的现代化。

现代大学制度主要是两个方面，一是大学的体制设计，二是大学内部制度安排。主要是内部治理结构，特别是内部制度。决策权是内部治理结构，特别是内部制度。党委会，这是不能动摇的。不管什么组织都要各按其位，各司其职，各尽其能，发挥作用。在内部治理结构改革中，需要处理好以下关系：

（一）党委领导下的校长负责制要处理好党政关系。

（二）教代会要处理好学校与教师关系。

（三）学术委员会要处理好行政与学术关系。

（四）理事会要处理好学校和社会关系。

六、 完善教师队伍管理机制

教师队伍建设是大学的主体工程、固本强基工程。大学可能有若干个工程，但始终要把教师队伍建设作为第一工程，这个工程做好了，大学的水平就上来了。什么是大学？教授就是大学，教授始终代表着大学，有好的教授就有好的大学，没有好的教授就建不成好的大学。过去有一句话叫作"一个好的校长就是一所好的大学"。其实好教授才是好大学。教授的空间是无限的。好的教授就是好的大学，在任何一所大学里，教授都有资格代表大学。什么是好教授？习近平总书记提出，要有理想信念，要有道德情操，要有扎实学识，要有仁爱之心。

（一）切实加强教师队伍思想教育工作。知识分子中最为常见的弱点，就是傲视民众的精英思想或贵族心理。最常见的问题就是不认同，喜欢争论；不满意，喜欢批评；不平衡，牢骚满腹；不善团结，容易内斗。新形势下，知识分子的独立性在增强，更加注重个人发展。往往个人认同大于学科认同，学科认同大于学校认同，学校认同又大于国家认同。这种现象不仅在中国，在美国等发达国家的大学也是如此。大学面临的问题，是怎样使知识分子的个体目标与国家长远目标相一致，既尊重个人，同时又能形成团队，发挥团队作用。既能激励个人的成长，又能把个人的发展与国家利益很好地结合起来。

在我国大学，有两种现象，一种是越是在重点学科、重点单位、人才济济的地方，知识分子矛盾越是尖锐严重，另一种现象，知识分子作为单个个体，育人名师，为人楷模，但几个这样的人搞到一起，可能马上会变得剑拔弩张，势不两立，有的名家学者风度也会荡然无存，知识分子工作难度就在这儿：文人相轻，互不服气。

尤其要加大青年教师思想政治建设力度。目前，40岁以下青年教师占高校专任教师的60%以上，是高校教师队伍的中坚力量。他们思想活跃、眼界开阔，与学生年龄接近，接触较多，对学生思想行为影响更直接。要坚持政治培养与业务提高相结合，抓好理想信念、职业道德、学术诚信教育，加强教学科研能力培训，搭建社会实践平台，引导青年教师了解国情、民情，自觉做到学为人师、行为世范。

（二）加快推进人事、收入分配、评价改革。充分激发教师队伍的创造性和积极性。改革收入分配制度，让更多教育经费"用到人头上"，探索以岗位任务为导向的协议工资制等灵活的薪酬机制；改革考核评价制度，完善针对不同类型、不同岗位教师的分类管理办法，使每一类型、每一岗位的教师都有明晰、可预期的发展空间。

第十五章

培养创新教师

创新型教师培养创新型人才。实践证明，只有懂得创新且善于创新的高水平教师，才能教出勇于创新、能够创新的高素质学生。斯坦福大学校长约·亨尼斯曾经讲过一句话，他说，"中国大学未来面临的挑战是如何吸引优秀的师资，而不是优秀的学生"，因为"中国拥有世界上最优秀的本科生"。

第一节 实施名师工程

一、引进高层次人才

要在比较短的时间内提升办学水平，引进人才是个好办法。国内许多大学做得很好。比如苏州大学，这个学校有24个一级学科流动点，26个博士后流动站，在全国省属高校中排名第一，其中有5个学科进入了世界学科排名（ESI）前1%的行列。这5年学校发展很快，主要原因是5年累计引进高层次人才500多名，其中引进院士2名，青年千人计划11名，长江学者4名，国家杰出青年人才8名，累计投入6个亿。

哈佛大学著名经济学家索洛夫斯基曾讲，从教育规律来说，哈佛大学成功的一个至关重要的因素，就是聘请高素质的教师。在美国流行一句口头禅：有好的教师才有好的大学。因此，挖人、选聘最好的教师和评定终身教授，就是大学教师队伍建设的最重要内容。哈佛大学面向世界招聘教授，要求聘任的教授在其学术领域里位居世界前三名。很显然，有了这样著名的教授，就不愁没有领先于世界的研究成果，他们决定了哈佛大学在世界大学名列前茅的学术地位。

二、培养留住人才

从长远角度看，要注重培养人才和留住人才。培养并留住人才关键是要给他们广阔的事业发展空间和实现价值的舞台，要通过理想的引导、事业的支持和生活的关心留住他们，防止水土不服。特别要关注青年教师的培养，给他们压担子。这里所谓压担子，不是简单工作量的增加，更不是把青年教师当作劳动力，哪里缺哪里填，而是把他们放在应放的位置，养用结合。不仅是要用还要养，为他们的可持续发展、自我提升提供帮助，创造一个公平公正的竞争平台。现在大学有一个现象，现在的教育资源向一些教授堆积倾斜，科研项目很多，科研经费很多，可以说一辈子都做不完，一辈子用不完，被戏称为学术"老板"、学术"包工头"，而青年教师承受很多竞争压力。因此，我们要为青年教师提供公平竞争、脱颖而出的舞台。

三、研究学习教育理论

教师必须学习和研究教育学，钻研教材和教学方法。现在大学中有一个通病，就是只重视专业知识的训练，以为有了专业知识，就可以教好书。大量事实说明，不懂教育学和心理学，是不可能取得良好教学效果的。

不懂教育学、心理学的教师只能当教书匠，不能称其为师，要当教师必须精通教育理论。我们许多教师没有接受教育学、心理学训练，往往在教学中按照自己的成长背景，发展模式来克隆学生，复制自己，造成对学生的误导。对于一个教师来讲，专业理论和教育技能，犹如一架飞机的两翼，缺少任何一翼都是不可能翱翔的。

四、创新人事管理制度

实行分类管理评价，彻底改变对教师一刀切的评价制度和管理办法。现在第一线教师还是很困惑，即使在同一所学校里，无论是评价标准还是评定岗位，我们的观念事实上没有真正改变。我们怎么样来制定不同类型不同岗位教师的分类管理办法，让每一类教师都有明晰的可预期的发展空间，让每一类教师每一类教职员工都感到自己的努力是有盼头的，努力就会有盼头，发展就会有希望，这可能是我们建设特色名校要考虑的东西。

目前高校教师分为两类：一类以重点高校为主，骨干教师热衷于科研，不愿意承担教学任务，最多只承担研究生教学任务。另一类是新升本科院校的相当部分教师，满足于做"教书匠"，对科研有畏难情绪。这两种情况都是高校教学、科研两张皮的典型现象。对于前者，重点要解决"重研轻教"的问题；对于后者，重点解决没有功力和能力去搞科研的问题。

据了解，现在高校本科生培养面临的一个普遍问题是，教学、科研都强的教师不多，科研强的一般教学弱，要么不上课，要么课时少，仅一个"为本科生上课64学时"的要求就把一批教授拒之名师门外。

有的表现更加明显，就是四个"没有"，即没有教改项目、没有主编教材，没有教学成果，没有教学论文；而教学强的，一般科研弱。因此，许多高校没有国家和省级教学名师。为此，我们要探索并建立"科研教学一体化团队"，努力实现教研互动、教研相长。特别是要把教授给本科生上课作为一项基本制度，将承担本科教学任务作为教授聘任的基本条件。

因此，对不同类型教师的科研、教学要求要分类考核，不同年龄段的教师要有不同的安排。年轻教师科研潜力大，动力足，而且处在学术提高、经验积累阶段，要在科研上多承担任务；而中、老年教师，学术上有了一定的成果，教学经验更丰富，科研能力可能下降了，应该承担更多本科生教学。

创新人事管理制度，还要剪断教师队伍"近亲繁殖"的"基因遗传链"，广开才路，做到兼容并包和博采众家之长。为了铲除"近亲繁殖"的"土壤"，教师队伍的构成，实行"三三三制"，即本校毕业生占三分之一，国内其他重点大学的毕业生占三分之一，招聘有国外留学背景的占三分之一。

五、完善教学能力培养机制

教师教育教学能力不是与生俱来的，需要构建系统的培养机制。这里有两个紧密相关的问题：一是教师有没有相应的学术底蕴来实施教学。当前的问题是，青年教师承担了大量的教学任务，不少人入职头两年的教学工作实际上是"教学实习"。二是同教学相关的教育学和心理学的教学业务知识转化力度不够，有些教师自己也会感觉存在"瓶中有水，但就是倒不出来"的问题。

国外有些大学的作法具有参考价值，比如，刚入职的青年教师，在上讲台前必须参加一系列教学方法、综合知识、教育心理等课程学习，然后通过资格考试和试讲，才有资格走上讲台。

六、依托科研平台、科研项目

创新人才培养口号喊得再响亮，不具体落实到科研活动中去，总会缺少支撑。所以，我们要大力倡导和推进科教结合协同育人，发挥高水平科研平台、好的科研项目和优秀科研团队在培养拔尖创新人才方面的支撑作用。要坚持科研和教学资源共享共用，向学生敞开高水平的专业实验室，并安排科研人员作为指导教师，让学生参与进来接受科研锻炼，培养自己的创新思维和创新能力。另一方面，也要大力营造宽松和谐的创新氛围，鼓励学生独立思考、潜心探索、敢于质疑、自由表达，激励学生树立不畏艰难、勇于创新的精神品格。

在教育教学过程中激励学生创新。包括加大创新学分比例，增加优秀学位论文、毕业设计、科研成果、专利技术等在学生学业成绩构成中的比重，引导学生自觉去主动创新，自由探索。要加强校外实习基地建设，强化产学研合作，尽可能多地为学生提供动手操作的机会和参加社会实践的机会，让学生在实际工作中寻找创新的源头，用自己的专业知识去解决遇到的实际问题。

第二节　明确教育价值

现在，社会上对大学教师的批评主要集中在三个方面：

一是教学不潜心。教师们的兴奋点集中在争项目、搞科研、忙赚钱上，一流教师争项目、二流教师做科研、三流教师搞教学。学生期待的大牌教授只搞科研不上课，要上课只上研究生课，不给本科生上课，原本应是高校中心任务的教书育人实际上被边缘化了。

二是工作不专心。不少教师头绪太多、精力分散，部分教师热衷于"赶场子""做社会明星"，一些理工科教师忙于经营自己的公司，教师在学校工作时间很难达到规定的不少于4/5。

三是师德修养不上心。一些教师人文修养不深，师德境界不高，不注意自身形象，为人处事上格调不高。导致这一状况原因很多，既有社会大环境的影响，也有高校管理上的问题。但根本上还是大学教师的价值取向有问题。

培养教师正确的教育价值追求，需要明确以下认识：

一、树立立德树人的理念

教师要牢固树立中国特色社会主义理想信念，带头践行社会主义核心价值观，自觉增强立德树人、教书育人的荣誉感和责任感，学为人师，行为世范，做学生健康成长的指导者和引导人。

教师要进一步牢固树立立德树人的责任意识，把思想品德、实践能力、创新精神和人文素养的培养贯穿于人才培养的全过程，以优良的道德风范去引领学生，以渊博的学识去教育学生，以优秀的人格魅力去感染学生，着力提高学生与祖国同行、为人民奉献的社会责任感，把个人青春梦想融入伟大的"中国梦"，努力成为对国家、对人民、对社会有用的人才。要着力构建科学高效的思想政治教育体系，不断提升辅导员队伍的职业化和专业化水平，提升学生工作的精细化水平，进一步形成全员育人的良好局面。

二、激发教师育人意识

激发教师育人意识，要让教师理解教和学的过程是一个价值过程，树立正确的教育价值观。

比如在一次青年教师教学比赛中，观摩的学生对一名年轻的教师做了如下评价。他知识很渊博，理论功底很充实，口才也很好，形象也不错。但他上课只顾自己讲，不和我们交流，其实哪怕是一个眼神看看我们，哪怕是在讲到某个问题的时候停下来给我们思考的时间，我们都会喜欢他，更认同他讲的道理。这番评价引起我们对教师教育价值观的思考。一个教师就是一本活的教科书，和谐的师生关系，教师的人格魅力本身也是一种隐性的教育体验。对于教师的培养，我们不仅要教给他们教学之"术"，更要教给他们为师之"道"。

三、增强教师教书育人的责任心

一名合格的大学教师，"人在课堂，心在课堂"是基本要求，而且大量扎实的课程准备是必要的工作保障。然而，现在不少教师，人在课堂，心在课外，更不要说花费时间备好课了，还有些教师在课外与学生零交流。

不可否认，当前一些不合理的评价体系和机制，也助长了有些教师重科研轻教学，重自己轻学生的问题。然而，从根本上讲，不管何种激励机制，都不如、也不能替代教师内在的使命感、责任感。我们的教学对象已经发生了代际性的变革，这一代大学生的学习动力、学习方式、学习目的都对课程教学提出了严峻挑战。有的学校甚至出现了学生的"选课攻略""选课学导论"之类的东西，专门用于指导学生选一些轻松、容易拿到高分的课程，这确实挫伤了教师的积极性。有位青年教师讲，他曾经面向学生开设了一门"发展经济学"的课程，并精心设计了一系列讨论、展示环节，根据教学进度设置了相应的课程作业。此后，另一位教师也开设了类似的课程，但大多是照本宣科。结果全班80多名学生中，40多名学生"投奔了"后者。留下的选课者，大多是已确定了保研、出国，或者没有实习压力的学生。为什么呢？因为第一位教师对学生要求严格。

这种情况不能完全怪学生，学生也是受到一些浮躁风气的影响，但他们还是具有很强可塑性的。我们要认真研究如何引导学生热爱专业、追求真才实学，需要在日常教育中动脑筋、下功夫，引导学生用发展的眼光培养自己一生的软实力和硬本事。

四、提升教师教学和学术能力

许多学者探讨教师教学学术发展时，都着重将教师个人的教学发展与教学学术的成长结合起来，对于如何促进大学教师的教学学术发展，也同样涉及如何发展好的教学与如何激发教师对教学的学术探究。麦金尼曾对何谓"好的教学"、何谓"学术性的教学"做出区分："好的教学"是那些促进学生学术学习及其他正面学习结果的教学方式与策略；"学术性的教学"则是采用学术的方法来教学，教师认为自己必须在教学和学习的学术知识基础上发展教学专业，譬如，教师需系统反思自己的教学，运用课室评估技术评估教学成效，与同事讨论教学问题，阅读并应用教学和学习的研究文献。麦金尼认为所有投入教学职业的大学教师都应该成为"好老师"并"实践学术教学"。

（一）发展"好的教学"。好的教学可从课程与教学的设计入手。首先，大学教师应着重培养学生学会寻找和应用多样信息来解决复杂问题的方法。其次，对课程纲要应精雕细刻。再次，实施多元评估策略。"好的教学"的特点是引导学生进行探究，而不是让学生被动接受与听讲。此外，发展"好的教学"需要学生更为主动地参与到学习中。

（二）发展学术性教学。如何发展大学教师的学术性教学？学者们的观点包括两方面：将教学作为一个探究过程，以及重视将个人的探究结果公布于众。另外，大学教师与同行的合作，也是学者们提及最多、被认为最重要的发展策略。大学教师参加课程与教学的培训课程，了解更多以学生为中心的观点以及更为有效的教学实践，这些对教师的教学学术发展都有促进作用。此外，大学教师与学生的交流也会令教师从中受益，改善与丰富自己的教学。

作为一个具有正确教育价值观的优秀教师，应努力做到以下几点：

1. 有高度的教学热情，热爱教学工作，关注教学效果，改进教学方法，提高教学技能。认真备课、认真上课、认真布置考试，认真反思教学效果。

2. 有广博的专业知识。要有深刻的思想，有跨学科的知识，不仅要前沿，要跨学科，还要了解实践要求。

3. 有正确的教学方法。讲课要经过精心准备，不能照本宣科。对教学内容要烂熟于心，信手拈来。教学过程、教学内容的安排要符合学习的认知规律，让学生有掌握知识及运用知识的能力。

4. 有深厚的基本理论。基础理论是课程的核心，最基本的东西要反复讲，要与应用问题、前沿问题有机结合起来。

5. 有科学的思维方法。教学主要是培养学生科学思考，通过观察生活提出问题，引出基本概念。让学生明白概念是自然而然提出来的，不是天上掉下来的。让学生经历一个思考的过程，而不是把正确的观点或结论直接端给学生。教学教的是思想，研究问题的方法，解决问题的能力。单纯的知识不会运用，也会很快忘记。

6. 有教育技术的深刻认识。多媒体教学有其优势，但不能夸大技术的作用。教学的思想、实物与实验的演示、现场参观学习等是技术无法替代的。教师要有自己的思想，不能让多媒体"喧宾夺主"。多媒体是工具，一节课最重要的问题不是应用多媒体的技术问题，而是如何组织这堂课的教学。这堂课要讲什么，怎么讨论，自己脑子里要清清楚楚。

7. 有现代的知识观念。知识关注的是现成的答案、现成的公式、现成历史事件的归纳，而智能关注的是未知的世界，是求知的过程。学生学习知识固然重要，但更重要的是学生在获取知识过程中所得到的获取知识的能力。

教学的主角应该是学生，大学课堂不仅仅是传授经验的"知识课堂"，更应该是一种"生命课堂"。要给学生讲人生的理念、道理等，把知识传授和生命教育融合在一起。

对于一般教师来说，要想达到这样的境界，似乎有些困难。但在实际教学中，切实做到"三要六忌"。一要重视备课环节。备课时，教材是脚本，教师是导演，导演要对脚本进行再创作，才能编排出一场场精彩的戏，学生作为演员，才能更好地投入其中。二要重视课堂组织。在课堂上，教师既是导演又是演员，自己要演好戏，还要让学生看懂，关键在于要让学生听得进去、看得明白、想得清楚、记得牢固。三要重视讲台形象。所谓教师的讲台形象分为有形和无形两种，有形在于教师的仪表，无形在于教师的内涵，内涵又在于真功夫。所谓"六忌"则是忌背讲稿、忌避重就轻、忌简单提问、忌走捷径、忌不拘小节、忌不良习惯。其中，以忌背讲稿为例，讲课要根据准备好的素材和思路临场发挥，如果一味地按部就班，课堂容易僵化，学生很容易失去听课的兴趣。

第三节　培养职业精神

所谓职业精神，就是把本职工作当作事业全身心投入奋斗，当作学问全身心学习研究。一般讲，人走向社会的第一步，首先是要成为一个称职的人、称职的员工、称职的公务员。人要在职业中获得更大的成功，获得更大快乐，必须把谋生职业看作终身事业，具备职业精神。

对待本职工作有四个层次：第一个层次，把本职工作看作上级对职业角色的规范；第二个层次，把本职工作看作出于职业责任的要求；第三个层次，把本职工作看作是职业良心的活动；第四个层次，把本职工作看作幸福快乐的体验。毫无疑义，职业精神是本职工作的最高层次，最高境界。

如何对待本职工作，有三种态度：

把本职工作当事业，甚至生命，敬畏肩上的担子，有一种很强的责任感、使命感。

把本职工作当职业，上班是为了养家糊口，为了饭碗，是谋生手段和方式。

把职业当副业，成了第二职业，打自己的"小九九"，忙自己的"小生意"，种自己的"自留地"。

态度反映境界，态度决定状态，三种不同的态度，反映了不同的世界观。

现在有个认识误区，认为职业等于事业，把职业和事业混为一谈。其实两者是有本质区别的。职业是低层次的，是谋生手段，是饭碗，事业是高层次的，是人生价值的体现；职业是岗位的外在规范要求，事业是内心自觉执着追求。说白了，职业是要我干，事业是我要干。

　　从学业到职业，是人的社会身份的转变；从职业到事业，则是人的精神境界的转变。职业是社会分工，事业是自我实现；职业是功利的，事业是超越的；职业是被动的，事业是主动的；职业是一时的，事业是终身的；职业是机械的，事业是创造的。一个人如果有强烈的事业心，高度的责任感，把职业当作事业，就会产生工作激情，达到累并快乐着，辛苦并享受着的思想境界。举个例子，什么叫世界一流大学？很多世界一流大学实验室晚上12点以前是不熄灯的，甚至彻夜通明。麻省理工学院很多教授都是24小时通宵不回去的。麻省理工一个搞人工智能的教授很有名，但是他老婆死活要跟他离婚，真离了。离婚的理由就一条：你不爱我，爱实验室，别的什么缺点都没有。这位教授爱实验室超过爱他老婆，我们有多少教授爱实验室超过爱自己老婆？无论从事什么工作都是要有职业精神的，认真做事，努力做事。有位哲人曾经说过，世界上只有三种人：为生计而忙碌的人；为满足欲望而苦心经营的人；为自我实现不懈奋斗的人。第三种人就是有职业精神的人，有事业心的人。

　　培养职业精神，我们要做到以下几点：

　　第一点，要大力推进职业化建设。职业化过程是按照职业要求改造自我的过程，将外在要求内化为自我修养。真正的职业化，不在于干什么，而在于怎么干。职业化既是一种内在的精神动力、信念信仰，也是职业的孜孜以求，精益求精。以此为生，以此为业，具有自觉的职业化意识，高尚的职业化精神，良好的职业化素养，专业的职业化能力，规范的职业化行为。在人的职业生涯中，奉献比索取更重要，幸福比名利更重要，事业比职业更重要。

　　如果把工作看作谋生的职业饭碗，就可能"做一天和尚撞一天钟"，既不会有创造的冲动，也很难在工作中享受创造的幸福，只有把职业作为事业，才能激发出工作的激情，激发出创造的激情，享受创造的快乐，享受创造的幸福。

　　成就一番事业，就要有一颗事业心。现在的"跳槽风"是"事业心"的最大杀手。应当讲，跳槽的成功者也有自己的幸福：职位越跳越好，薪水越跳越高，地位越跳越显眼，一时也很有幸福感。然而，跳槽的幸福感像跳槽一样，来得快，也去得快。在跳槽者眼中，职业仅仅是一种谋取利益的手段，他对自己工作不可能再有奉献精神，更难以产生创造的激情。

第二点，要培养强烈的事业心。事业心主要取决于自身内在因素。包括自觉性、责任心、进取意识等。

有了自觉性，无论有没有压力，无论领导在场不在场，无论何时何地，从事什么工作，都能去认真做事，表现出发自内心的高度自觉。

有了责任心，就能千方百计的成事。责任心是以强烈的历史使命感和担当精神，敢于啃硬骨头，敢于涉险滩，冲破思想观念的障碍，冲破利益固化的藩篱。责任心是对自己所担负工作的清醒认识，任劳任怨，脚踏实地，想方设法把事情做好。

有了进取意识，就能不断提高工作标准，不甘落后，永不放弃，永不言败，保持蓬勃向上的朝气。实践发展永无止境，解放思想永无止境，改革开放也永无止境；改革开放只有进行时，没有完成时，停顿和倒退没有出路。改革面临的矛盾越多、难度越大，越要坚定与时俱进、攻坚克难的信心，越要有进取意识、进取精神、进取毅力。

世界上，历史上，那些拥有职业精神人的共同特征，就是对事业的真挚热爱和崇高的职业精神。居里夫人是世界科学家中唯一一个两次获诺贝尔自然科学奖的。爱因斯坦在她墓前致悼词时，没有一句称赞她两次获诺贝尔奖的科学成就的话，而是通篇颂扬她献身科学的伟大精神。居里夫人克服了无数困难，经历了无数次失败，最后终于提炼出镭。成功后她没有申请专利，而是把技术无私告诉别人。正如她女儿所说的，她是奉献所有，而毫无索取，她女儿在她职业精神的感召下，同样获得了诺贝尔奖。

马克思在《青年选择职业时的考虑》一文中有一段感人的名言："如果我们选择了最能为人类福利而劳动的职业，我们就不会为它的重负所压倒，因为这是为全人类所做的牺牲，那时我们感到的将不是一点点自私而可怜的欢乐，我们的幸福将属于千万人，我们的事业并不会显赫一时，但将永远存在，面对我们的骨灰，高尚的人们将洒下热泪。"

第三点，要勇于担当责任。积极作为，敢于担当。要有"泰山压顶不弯腰"的本色，敢于对困难问题叫板，敢于向不良习气叫板。责任是主体自我的一般规定，职业角色的基本表征，社会认同的主要依据，价值实现的集中体现。责任是一种思想境界。平凡之中有伟大的追求，平静之中有满腔热血，平常之中有强烈的责任感。有责任才会有远大的理想抱负。责任出智慧，出勇气，出力量。人的每一项潜能都因为有了责任的驱动，才变得更强大。一个人具备职业精神，才能做到忠诚履责，尽心尽责，勇于担责。

我们要积极倡导责任的价值取向。权利和责任的相伴相生，只讲权利不讲责任的社会不可能存在，只讲权利不讲责任的公民最后将会丧失权利。只讲追求自己完全自由，不想为公共利益服务的人，最终不会享有自由。在历史的长河中，只有那些不为眼前的利益所诱惑，把目光投向远方的人；只有那些不为一己私利，勇于承担社会责任的人；只有那些咬定青山不放松，任尔东南西北风的人，才算是真正具备职业精神的人，才能真正创造出中国梦的正能量。

第四点，要焕发教学热情。对教学要有一种真正积极向上的工作激情。以一流标准、一流态度、一流作风扎扎实实把教学工作做好。激情不是一个瞬间状态，而是一种文化积淀。这种激情，主要表现在面对机遇，敢于争先；面对艰险，敢于探索；面对落后，敢于奋起；面对竞争，敢于创新。激情创造奇迹，激情激发灵感，激情开发才智，激情改变平庸，激情成就事业。一个人只有永葆激情，才能不断超越自我，成就辉煌人生。

世界魔术大师胡安在回答是什么使他取得如此巨大成功时，他说是激情，是渴望看到观众在表演结束时眼中流露出的不可思议与赞叹，是渴望带给观众快乐的使命，就像是在体内燃烧的火焰，并用这种火焰去感染别人。

美国成功学大师卡耐基把激情称为"内心的神"，认为一个人成功的因素很多，而首要的因素就是激情。做好本职工作，需要有激情，攻坚克难更要有激情。有了对事业的激情，人的潜能就能最大限度地调动起来。

第五点，要培养正确人生观、价值观。人生就是要奉献，活得有价值，有意义。马克思在讨论人同动物区别的时候，曾做过这样的论述：人和动物都是一种生命活动，但这是两种不同的生命活动。动物是一种生存的生命活动，人是一种生活的生命活动。动物按照它的本能的生命活动就叫生存，人是一种有意识的、有目的生命活动，就是生活。马克思认为这种区别在于两个尺度，动物只能按照自己的本能生存，因为动物只有属于它自己物种的那一个尺度，而人有两种尺度，人既有物种的尺度，又有人的内在的、本质的、固有的尺度。

人生本来没有意义，努力工作会使人生变得有价值、有意义。价值本来是一个经济学术语，但它是决定人生一切的东西。人生假如没有价值，人生就无从谈起。

人生奋斗的根本目的，就是取得成功。对于成功的标准，不少人从未思考过，或者从未想清楚。许多人把财富、地位和名气看作成功的标准。可是有谁知道，财富有多少才是多？地位有多高才是高？名气有多大才是大？其实，人生成功的根本标准：一是创建功业，二是培养人才，只有事业发达，人才兴旺，才叫功德圆满。

人生在世，为人处事，待人接物，要摆正自己的位置。千万不要把自己当个人物，千万不要把自己当作精英，千万不要老是自我感觉好。其实人的最终结局都是一样的，只是你自己看复杂了。说句俗话，千万不要把自己当回事。人性的弱点在于往往来自平凡而又鄙视平凡，往往本身平凡却又自命不凡，这是应当引起我们注意的。

我们要清醒地认识自己，客观地评价自己，正确地调控自己。为人处世，首先要知道自己是个什么样的人，有什么优点和缺点，有什么特长和潜能，懂得自己适合干什么，不适合干什么，对自己扮演的社会角色有一个明确的定位。人生应该专心致志做自己应该做的事，不与别人有任何计较。任你红尘滚滚，我自清风朗月，面对世俗芜杂之事，一笑了之。

想不开的时候，到两个地方想想，一个地方火葬场，人的结局都一样，人生不过如此，最后都爬烟囱了。另一个地方是大海边，在一眼望不到边的大海面前，自己太渺小了，只是沧海一粟，离开大海，很快被蒸发掉。

人生天地间，无论你如何年轻，如何坚强，如何伟大，人生就是一个短暂的过程。生命是一种期待，我们的生命就是在期待中很快消失。有句话：眼睛一闭一睁，一天过去了，眼睛只闭不睁一辈子过去了，这是对人生苦短的幽默。

人生很短暂，所以需要我们珍惜人生，看淡人生，淡泊名利，把职业当事业，树立正确的价值取向。有价值有意义的人生。有五句话讲得十分到位：

第一句话，人生很短暂，但要是卑鄙地活下去，那就太长了。

第二句话，人生很渺小，但要是有价值地活下去，那就很伟大了。

第三句话，我改变不了生命的长度，但可以增加生命的厚度和宽度。

第四句话，我可能改变不了世界和社会，但可以改变自己的志向和方向。

第五句话，我可能成不了伟人，但可以成为一个有价值、幸福快乐的人。

还有一首诗写得非常经典：

> 我不能改变容貌，但能展现笑容。
>
> 我不能改变天气，但能改变心情。
>
> 我不能改变风向，但能改变风帆。
>
> 我不能预备明天，但可以把握今天。
>
> 我不能控制别人，但可以把握自己。
>
> 我不能样样顺利，但可以事事尽力。

作为教师要找准定位，找到人生价值取向。做一些在退休了、年老时候值得回忆、值得怀念、值得跟子孙们说、值得留念的事情。想一想，这个成果是我做出来的，那件事是我干的，这个学生是我的教育引导才浪子回头的。

衡量人生是否成功，不在于功名利禄的获得，而在于价值目标的实现。首先，你怎么看自己，你对自己的人生是否感到自信和满意？是否认为发挥了自己的才华，干成了有意义的事情？是否实现了人生的目标，没有虚度年华，枉此一生？其次，别人怎么看你？自我感觉再好，自我评价再高，如果别人不承认等于白搭。商品的价值是通过交换实现的，人的价值是通过与人交往实现的，不管是商品还是人，对别人有用才有价值。如果你个人价值的光芒能够照亮学生，学生能从你的成功中分享到一份好处，这才是真正的成功。一个人成功不成功，不在于身前有多少美丽的光环，而在于身后有多少人喜欢他、怀念他、感恩他。

第十六章

培育创新文化

创新文化在大学文化体系中处于核心地位，体现着大学的办学理念、组织使命、精神品格和特色，是决定大学兴衰的文化之魄。创新文化是一种精神，一种氛围，一种感召，一种价值取向。在方向上追求与时俱进，在学术上提倡探索超越，在精神上崇尚民主自由。

第一节　大学文化软实力

什么叫文化？文化是人类创造的物质财富和精神财富的总和。文化有四个功能，即创造性功能、传承性功能、凝聚性功能、升华性功能。对于民族，文化是灵魂和旗帜；对于城市，文化是形象和软实力。

大学是人类文化发展到一定阶段的产物，在长期教育和办学实践中，大学和文化已经逐渐融为一体，形成了一种独特的社会文化形态——大学文化，其根基在学术，其核心和灵魂在精神，大学是一个以求真育人为核心的文化共同体，大学传统实质上就是大学的文化和精神传统。

什么叫软实力？20世纪90年代，美国哈佛大学教授约瑟夫·奈首创了"国家软实力"的概念。他认为，一个国家的综合实力是由硬实力和软实力两大要素构成的。硬实力是指资源力、经济力、科技力、国际力等刚性的力量，而软实力则是指政治导向力、文化认同力、思想吸引力、国民亲和力、外交影响力等柔性的力量。这两种实力相辅相成，密切结合，构成了一个国家的综合实力。

大学在现实中其功能和作用的大小，取决于这所大学的实力。大学的实力可细化为硬实力和软实力。

所谓硬实力，就是体现一所大学现实作用的直接可以量化、可以比较的基本功能。这包括以下几个维度：一是大学的投资、规模、面积、基本设施和条件等。二是大学的科学技术促进现实生产力的基本指标。一所大学的存在和发展，很重要的就在于它能否解决社会发展的难题，推进生产力发展和社会进步。三是大学的学科和毕业生在社会和市场上受欢迎的程度。

所谓软实力，是指一所大学独特的历史文化底蕴和影响力、吸引力、美誉度。这包括：一是这所大学的历史文化传承。每所大学创办的文化脉络、思想传承都不尽相同，这是其是否厚实有气场的一个重要体现。二是这所大学独特的办学理念、基本制度和学术氛围。三是这所大学在社会中的影响力和美誉度。这是一所大学综合实力的体现，是一所大学对人类文明和社会进步长久贡献的体现。

硬实力和软实力当然是相互联系密不可分的。没有办学条件现代化、成果的转化和学科的市场占有，说软实力当然会是纸上谈兵。但必须指出的是，相比较硬实力，软实力更能持久地发挥大学的作用，它对人类文明和社会进步的影响将更长远、更有意义。

一般认为，世界上的许多"创新"都源于人们对未知世界的"好奇"心理，力求认识自己以外的全部世界。我们应该保护这种源于"好奇"心理去"探索未知"和"创造未来"的创新冲动，使之永存于世，成为确保大学成为人类社会的知识权威和最富有创造力的学术殿堂的不竭动力。但是，必须指出，"创新"更重要的是源于高度的社会责任感和以天下为己任的报国之心，其灵魂是一种"自强不息"的奋斗精神。还要看到，当今世界正处在大发展大变革大调整时期，世界多极化、经济全球化深入发展，综合国力竞争和各种力量较量更趋激烈，创新正在日益成为经济社会发展的主要驱动力，知识创新更成为国家竞争力的核心要素。在这种新的时代背景下，大学作为科学技术第一生产力和创新人才第一资源的重要结合点，在国家经济社会发展中具有不可替代的地位和作用。为了掌握国际竞争的主动权，我国应当顺应当今时代的潮流，发扬以改革创新为核心的时代精神，把充分发挥我国大学在深度开发人力资源和实现创新驱动发展中的重大作用，作为应对当今世界面临新的严峻挑战的战略选择。因此，在当代中国，大学不仅要注重养成君子的人格理想，还要培养一批拔尖创新人才，这是加快创建世界一流大学和高水平大学的步伐，增强我国大学核心竞争力，为提升我国综合国力贡献力量的关键所在。

培育大学创新文化，需要打造文化软实力。当今社会，世界竞争日趋激烈，越来越多的现代大学，在大力发展物质硬实力的同时，无不越来越重视文化软实力的重要作用，并将其纳入大学发展战略。事实证明，任何大学都需要两条腿走路：一条腿是物质硬实力，一条腿是文化软实力。一所大学发展，如果软实力不行，硬实力就没有牢固的思想基石，硬实力发展就没有后劲。纵观世界大学发展历史，我们会发现，重视大学文化建设，通过文化提升师生素质，培育大学精神，是当今世界大趋势。

从这个意义上讲，文化是现代大学赖以生存和发展的重要根基和血脉，文化可以展示形象，文化可以吸引人才，文化可以出生产力，文化可以创造财富。

改革开放30多年，我国大学发展是历史性的跨越，取得了巨大成就。今天，站在关键的历史节点，站在实现中国大学教育梦全新的发展起点，我们要清醒地看到大学发展存在的问题：忽视文化软实力是大学发展最大软肋，精神文明建设是最薄弱环节，尤其当前，打造大学文化软实力，需要弘扬优秀传统文化，大力推进立德树人。

文化是民族的血脉，是人民的精神家园，是人类文明的思想火炬，是社会进步的动力源泉。"文"的本义是各色交错的纹理，有文饰、文章之说，引申为包括语言文字在内的各种象征符号，以及文物典章、礼仪制度等；"化"的本义为变易、生成、造化，所谓万物化生，引申义为改造、教化、培育等。"文化"合在一起讲，最早见于《易传》，所谓"观乎天文，以察时变；观乎人文，以化成天下"。"人文化成"，简言之，即"文化"。也就是说，文化一旦形成，就能发挥"化人"的作用。文化通过纵向影响和横向影响来化人，前者正是传统文化的作用和力量。从这个角度说，任何人都要受到传统文化的浸染和熏陶。

中华民族的文化创造，经过五千年的历史演进和积累，已形成一条波澜壮阔、起伏跌宕的文化长河。春秋战国时期，诸子立说，百家争鸣，奠定了中华传统文化博大精深的内容体系，体现了中华民族优秀的智慧结晶，塑造了中华民族独特的精神品格，为我们留下了珍贵的历史文化遗产。儒家倡导民本仁政的治国理念，法家主张信赏正罚的管理方略，道家追求取法自然的人生理念，墨家宣扬兼爱交利的社会情怀，兵家阐发知己知彼的军事谋略，还有名家的辩论智慧、纵横家的外交策略、农家的尊重劳动、阴阳家的相生相克、小说家的考察民情、杂家的兼容并包等等，都已积淀为民族传统、民族文化和民族精神，为中国历史进步、社会发展注入了强大动力，做出了积极贡献。

今天，人们越来越深刻地认识到中华文化积淀着中华民族最深沉的精神追求，是中华民族生生不息、发展壮大的丰富滋养。譬如"天人合一"的观念，非常有利于人与自然保持和谐统一，对于纠正当前人与自然对峙的弊端具有重要启示意义；"知行合一"的观念，对于健全现代人格也有启示作用；"义利之辨"的观念，划定了追求物质利益的道义底线，可以帮助人们甄别正当利益与不当利益；"情景合一"的观念，既给人以审美意味，也可以为一些耽于物欲的现代人提供借鉴。

需要注意的是，中华传统文化所崇尚的道德分为不同层次。儒家经典"初学入德之门"的《大学》，开篇即是"大学之道，在明明德，在亲民，在止于至善"，将道德修养列为首要纲领，然后提出了格物、致知、诚意、正心、修身、齐家、治国、平天下八个条目。这八个条目所代表的人生境界实质上是三个层次道德的统一，也就是基本道德、中德、大德三者统一。其是，修身是基本之德，以格物、致知、诚意、正心为前提；齐家是中德，即以自己的人格力量引导和感召周边人，在自己的周围实现和谐有序；治国平天下则是大德，所谓大德，正如宋代大儒张载所言："为天地立心，为生民立命，为往圣继绝学，为万世开太平。"

儒家所崇尚的道德不仅理论完备、自成体系，而且注重知行合一，强调道德实践。儒家的道德学说不限于学理范畴，更重要的还在于它是可以变化气质、提升生命境界的生活哲学。儒家认为，人有两种生命：一是生理生命，二是德性生命。生理生命短暂，德性生命永恒。如果两者发生冲突，应以生理生命去成就德性生命，这就是儒家一直倡导的"杀身成仁""舍生取义"。如何更好地在安身立命的价值观层面发挥以儒学为主导的中华优秀传统文化的积极作用，是我们当前加强思想道德建设应深入思考的问题。

优秀传统文化说到底是养成、浸润、生成、升华，而不是制造，更不是拔苗助长。大学应为优秀传统文化发酵池提供条件，营造浓郁的文化氛围；应有自己的核心价值，有自己的学术底蕴，有自己的文化内涵；大学的一砖一石，都应有厚重的文化积淀和文化记忆。大学应围绕立德树人目标进行文化建设，着眼于守护大学传统、弘扬大学精神、构建大学制度、树立创新价值、推进管理创新、美化校园环境、丰富师生活动，优化配置硬件系统和软件系统，以打造大学文化软实力，来打造大学核心竞争力。

中华文明绵延数千年，有其独特的价值体系。中华优秀传统文化已经成为中华民族的基因，植根在中国人内心，潜移默化地影响中国人的思想方式和行为方式。构建具有中国特色的大学文化是我们的一种哲学思考和新的探索，为了把这个构想落到实处，我们大胆地提出："尊师重道，崇德修学，自强不息，爱国奉献"是当代中国大学生应当坚守的精神传统；"关爱学生，严谨笃学，学为人师，行为世范"是当代中国大学教师应当坚守的道德风范；"守卫文明，立德树人，求真创造，自由独立"是当代中国大学人应当坚守的核心价值；"以人为本，亲民济世，引领社会，实现和谐"是当代中国大学人应当坚守的崇高目标。

第二节　确立创新价值观

创新文化是以创新为主导的价值观，其精神层、制度层、物质层等要素均有利于创新行为的文化。创新目标与创新动机、创新精神、创新意识、创新思维等构成创新文化的精神层；支持和激励创新的体制、机制、规范、模式等要素组成了创新文化的制度层；创新的外在客观环境、运行平台和各种硬件设备构成创新文化物质层。创新文化的各个层面有着紧密的内在逻辑联系，缺一不可。

正确认识和全面把握创新文化特征，是大学鉴别、判断、规划和建设创新文化的前提。研究不同组织、各种层次的创新文化，可以发现具有下述三个共同特征。

开放性。创新文化是开放性的文化，它在广泛的交流、碰撞中汲取一切外来文化中促进创新的积极因素，并内化为自身文化的合理成分。

多样性。广泛吸纳世界各国优秀教师和学生，多民族文化在学校受到尊重并实现交流、碰撞与融合；不同学科的价值理念和思维方式相互借鉴、取长补短。单一文化，缺乏不同价值观念、思想意识、行为习惯、群体风气的冲击与碰撞，难以形成促进创新的土壤和氛围。

和谐性。大学文化是多层次、多要素构成的文化系统，要使不同文化因素成为促进和激励创新的合力，意味着和谐性是创新文化的一个基本特征。创新文化的和谐不是一团和气，不是无原则的妥协，而是和而不同，是围绕创新的百花齐放、百家争鸣。

改革探索大学基层学术组织，体现大学制度创新文化。教学活动的开展、科研活动的组织、青年教师的培养都要依赖于基层学术组织。新中国成立以后，我国大学的基层学术组织经历了沿袭建国前的组织形式、照搬苏联的组织形式、改革开放后不断探索的组织形式等三个阶段。目前，在全国范围内，符合当今高等教育实际、得到大家普遍认可的大学基层学术组织形式还不明确。但可以肯定的是，以教研室为唯一基层学术组织的形式无法满足创新型人才培养和高水平大学建设的现实需要。这种基层学术组织形式太过单一，无法根据研究兴趣将教学科研人员有效地组织起来开展高水平的科学研究，也无法充分履行学科建设和研究生培养与管理的责任。正是由于这些原因，打破以教研室为主体的基层学术组织形式，探索并建立多样化的基层学术组织是自上世纪80年代以来我国高校内部一直在推进的重要改革内容。

我国大学早在上世纪50年代就开始设立专门的研究机构，特别是改革开放以后，各种形式的研究机构日益增多。然而，这些研究机构除个别外，绝大多数形同虚设，没有学术活动，没有合作研究，没有机构网站，没有年度报告，内部人员仍然是各自为战。究其原因，主要是没有出台一个正式的基层学术组织设立、考核和管理的办法，学校对这些"基层学术组织"的要求也不明确，相关的资源配置也不到位。实践证明，只有当这些基层学术组织具备了以下特点，它们的作用才能得到发挥，它们的地位才能真正确立。第一，明确基层学术组织是集人、财、物为一体的实体，具有一定的资源配置权和处事权；第二，基层学术组织应具有相对的稳定性；第三，基层学术组织应该成为一个可被组合的模块，在需要时，可与其他一个或几个基层学术组织组合为一个基地、平台、重点学科、重点实验室或跨学科的研究中心。

目前，我国高校正在加快转型，向高水平大学迈进，科学研究和研究生教育在办学中的地位日益突出，因此，探索既有利于组织教学，又有利于组织科研和进行研究生培养的最佳基层学术组织形式显得极为重要。在基层学术组织重建过程中，必须坚持以下几个原则：第一，应该充分考虑校情，不可以一刀切；第二，绝大多数基层学术组织应该置于学院领导之下；第三，明确基层学术组织负责人的责任、权力以及聘用、考核办法；第四，将按学院和基层学术组织配置办学资源制度化。

此外，还要积极创造条件，有重点地组建几个能够进行机制体制创新探索、引领学校高水平发展的协同创新中心。在基层学术组织重建过程中，还要注意总结高校已有研究机构的成功运行经验，找出存在的突出问题，以期通过推进基层学术组织建设，落实教授治学责任，浓郁校园学术文化，提升教学科研质量。

第三节　倡导研究性教学

倡导研究性教学是培育学生创新素质，促进创新文化建设的关键。教学与课程是创新型人才培养的基础平台，要通过研究性教学和课程建设，构建一个基础厚实、开放度高、选择性大的课程体系。研究性教学是一种将研究融入教学过程的教学模式，强调知识活动的统一，教师的教学与研究的统一，知识发现发展与教学融为一体，学生既学习现有知识，也参与发掘新知识。探索与研究是学生成为创新型人才的桥梁，根据学生身心特点和要求，将探索研究引入教育教学，让每位学生在探索和实践过程中感知创新。加强科研与教学的整合，将学科建设和科研成果及时反映到课堂教学之中，将科研训练纳入教学环节之中，鼓励学生参与科技创新。提倡启发式教学，努力把探索、创新、个性学习的时空还给学生。建立课外科技创新实践体系，鼓励学生根据课程要求和个人兴趣开展探索与科研活动。增强课程的开放性和选择性，着重加强建设面向学术前沿和实践前沿的各类课程，吸收企业界参与课程建设，鼓励把最新科研成果引入教学。

倡导研究性教学，要求教师教学方式的转变，从单边静态走向多维动态。

（1）"以人为本，以发展为本"，"动脑、动手、动情"。

（2）把"备课"改为"设计"：不求多而求精、不求细而求活、不求快而求新、不求静而求动。

从知识点走向问题阈。

（1）区分问题的类型：认识（真理）问题、价值（观念）问题、操作（实践）问题。

（2）区分问题的性质：一般问题与学科问题；表象问题与实质问题等。

（3）掌握发现问题的途径：实践归纳、理论推演和文献综述。

（4）发现研究问题的着眼点：

一是从教学内容（或学科内容）所标示的重点和难点中寻求与发现所探究的问题；二是从大多数学生感兴趣且有争论的教学内容中寻求与发现所探究的问题；三是从与相关学科知识背景相联系的学生日常生活和社会文化生活中寻求与发现所探究的问题；四是从模拟科学家的实验过程、验证学科中相关的定理、结论或原理的过程中寻求与发现所探究的问题；五是针对具体的教学情景，学生在相互交流和讨论中所引发的有价值的疑难和矛盾中寻求与发现所探究的问题；六是直接从相关文献翻阅和学习中寻求与发现所探究的问题，等等。

第四节　推进管理创新

推进管理创新，要促进创新文化建设的任务内涵。推进教学管理创新，要求鼓励学生提问、讨论，激发学生学习探究的兴趣，培养学生独立思考、大胆表达的习惯。在评价上更加注重学生的学习态度、方法、过程和能力。推进科研基础设施开放共享，建设创新大平台。瞄准科技创新前沿和经济社会发展的重大战略要求，构建跨学科、跨部门、跨单位的创新组织。推进教育评价体系创新，完善学校创新能力评价体系，定期开展以创新教育为导向的质量监控。借鉴国际质量认证体系和企业的规范标准，完善全方位的、过程与结果并重的评价机制，建立体现创新人才培养要求的教育质量标准。

推进教学管理创新。一是课堂教学管理创新。在提高每一堂课质量上下大功夫，教师要备好每一堂课。现在中小学教师备课抓得很紧，而大学教师由于个性化、学术化的特点，所以备课方面的管理有难度，但难度大不等于不管理。要检查教师上课是不是能够把该专业领域最前沿的研究成果传授给学生。现在教师讲课中知识陈旧现象还是比较严重的，这是在误人子弟。我们要检查教师能否给学生开出高质量的选修课程，开出必需的课外阅读书籍和论文，这些都是大学教师上好课必备的要素。

二是专业教师管理。作为大学教授，上课是第一位的。一份有关美国大学教师的工作统计显示，一周工作量平均为教学8.5个小时，科研2.98小时，指导2.47小时，显然教学和辅导学生所占用的时间占绝大多数。要建立教授为大学生上课的管理制度，岗位聘任、技术职务晋升、学科带头人的选拔等各个方面，都要与能否上讲台授课挂钩，强化教书育人的导向，引导专业教师把主要精力放在教学和指导学生的成长上。据调查，不少大学生反映，希望教师特别是专业教师、学术骨干能够更多地关心学生的学业，他们报考该校该专业，就是冲着几位崇拜的名教授，结果到毕业还没有见到过这些教授。

大学的基本功能是教学。教育部2013年对全国高校教授上讲台的比例进行了统计，发现在一些重点的中央部属高校，有些教授因为科研任务繁重，不能保证给本科生上课。教育部要求，教授在两年内必须要给本科生开一门基础课，如果科研任务过多不能授课，将转为"研究员"，"教授"称号将被取消。

三是学习环境管理。要注意现在学生在学习上出现了一些浮躁和急功近利心态。如只关心实用性知识的学习，特别是计算机、外语，热衷于考各种各样的证书，当然这本身不是一件坏事，但问题是不少学生对专业基础性课程不感兴趣，轻视政治理论课程，做作业、做毕业论文只是从网上下载拼凑，选修课首先考虑教师是否宽松。这就是学风问题。这种风气如果不扭转，对学生的成长成才非常有害。加强教学管理，就是从考试环节、教学实验环节、课外活动环节等入手，营造积极向上、勤奋严谨、追求卓越、开拓创新的学习风气。

推进科研管理创新，一要加强资源整合。要着眼于国家和城市发展的重大项目，优化配置创新资源，实现创新资源的集成共享，形成攻关合力。我们要借鉴国际科研管理经验，创新科技活动组织方式。要打破传统的以学科为核心、力量局限某一院系的科研组织模式，按照项目实际要求，对各种重点实验室、研究室、研究中心、工程中心、研究所、研究院等进行调整、合并，破除学校内部院系之间、实验室之间和研究人员之间的科技资源和成果相互封锁，推进学科交叉，发挥科技资源更大的效益。

二要完善学术管理。要按照科研项目管理的流程，建立科学的制度，并按制度严格管理，提高科研效益。特别是要分类指导，完善对科研人员的学术评估体系：理论研究应以研究成果（论文）的数量及质量为基本指标，任何一项成果均应在世界同行研究水平上进行客观公正的衡量；技术研究应以专利申请数及授权数作为基本指标；推广应用成果应以经济效果、社会效益作为衡量指标，并尽可能量化，从政策上引导教师开展不同类型的科技创新。

三要倡导学术道德。学术道德是社会道德在科学技术活动中的体现，主要是指科研活动中科技工作人员的道德规范、行为准则和应具备的道德素质，这是科技人员价值追求和理想人格的具体反映，表现在如何处理个人与个人、个人与集体、个人与社会之间的关系。高校教师的学术道德现在已经成为社会关注的热点。如果这个问题反复成为社会的热点，这将是高等教育的悲哀。重塑大学的学术形象，这是我们高等学校和教育工作者的共同责任。解决办法之根本在于遵守学术规范。一方面要引导教师严格自律，另一方面也要强化教师学术行为的监督机制。

科学道德的核心是诚实。美国科学院提出了四个"核心价值"，即诚实、有怀疑精神、公正、易与国家合作和开放。其中，居于首位的是诚实。

根据不久前英国《泰晤士高等教育》发布的2012—2013年度世界大学排名，荷兰全部14所大学中，有12所跻身世界顶级大学前200名。荷兰连续两年成为仅次于美国和英国拥有顶级大学最多的国家。荷兰人口只有1 600万，比北京少一半，国土面积只有4.2万平方千米，它能够得到这样的殊荣，14所大学有12所进入世界顶级大学前200名，这无疑是对其高等教育的最高褒奖。2004年，荷兰大学联合协会发表《荷兰科研人员行为准则》，对科研人员从社会价值、经济价值和自身价值进行行为规范，概括为：严谨、可靠、可控、公正和独立。尤其重要的是，该准则对判定学术造假行为进行了尽可能准确和详细的说明。

第五节　实现高校国际化

国际化是世界各国教育提高水平,实现跨越发展的必由之路。我们要把推进教育国际化作为提高教育质量，深化教育内涵建设的重要抓手。

一、世界高校国际化现状

目前，世界发达国家高校正在加速推进国际化进程。美国加州大学洛杉矶分校，一年级新生来自36个国家，不同的文化、语言和思维方式，启示人的创新能力。法国中央理工大学正在实施课程改革，学生必须完成一年海外实习，才能获得学位。韩国高丽大学今年启动了一个全球企业家项目，把一般留学生项目和实习项目结合在一起，并特别鼓励学生到发展中国家学习，拓宽全球化视野，为学生创造良好的创新环境。

二、 我国高校国际化现状

我国对扩大教育对外开放、提高教育国际化水平做出新的部署，加快中外合作办大学步伐。我国高校国际化程度大幅度提升。北京大学化工学院聘请了世界上最好的工学学院与其共建，现在居世界前30位，走的是国际化道路。密歇根大学的工学在世界上有很大影响，特别是机械学科，密歇根大学和上海交大合作，在上海交大设立了密歇根学院，现在上海交大密歇根学院的机械学科成为中国第一，走的也是国际化道路。浙江宁波的诺丁汉大学，过去三本招不到学生，突破二本后开始大量招一本学生，很重要原因就是这所大学采用中外合作办学思路，课程全部采用英文讲授。

上海纽约大学由华东师范大学和美国纽约大学合作办学，旨在培养具有国际视野、符合时代特征的国际化创新型人才，建成一所世界级的研究型大学。该校注重科研体验和开放式探索。采用思辨式和讨论式的教学方法，本科阶段实施文理通读教育，学生进校时无需明确专业，二年级结束前选定专业。

三、 高校国际化内涵

建设高水平大学，一定要站在国际高等教育大平台上审视自己，谋划自己。 有没有国际化视野和高度是不一样的。战略眼光和战略高度对高校发展起着实质性影响。我们不能把高校国际化看作国际交流的迎来送往，也不只是国际学生的进进出出，而是从学校自身办学思想、队伍建设、教育目标、培养模式、教学方法出发，根据世界高等教育发展的基本规律，学习借鉴世界知名高校先进办学经验，从国际高等教育发展视角来思考我国高校发展。

什么是高校国际化？主要包括三点：一是要具有国际视野，站在世界高度，面向世界观察考虑教育，走出象牙塔，融入世界经济社会发展大循环中去；二是要参照国际先进标准，改革高校教学、科研和管理模式，培养具有国际视野，通晓国际规划，能够参与国际事务和国际化人才；三是要引进世界优秀人才和国际优秀教育科研资源，提升高校学科建设和人才培养水平。

推进高校国际化，还需要认真研究制订高校国际化指标，高校国际化主要指标有以下五项：外国留学生百分比、外派交换生和交流生百分比、外国文教专家百分比、专业教师访学三个月以上百分比、全外语教学和双语课程的比例，其中外国留学生百分比是国际上通行的衡量一个国家和地区高等教育国际化的主要指标。这五个指标是衡量高校推进国际化的基本指标。提高这五个指标，对整个学校办学水平，特别是专业、课程、师资，以及学校文化、学校管理，都提出了目标化要求。

四、高校国际化问题

目前，高校国际化面临困难和问题：（一）认识不到位，往往把目光仅仅放在送多少人出国，招收了多少留学生，没有看到高校国际化对提升整个高等教育水平作用；（二）缺少能对国际知名高校产生较强吸引力的合作平台，缺少高水平大学和学科专业；（三）由于语言障碍，学科专业造诣不高，缺乏能够开展国际教育交流与合作的师资；（四）政策环境不配套，管理和服务能力离教育国际化要求还有较大距离。

五、高校实施国际化思路

在全球化背景下，高校人才培养质量与高校国际化水平之间关系越来越密切。我们要进一步提高认识，坚定信心，脚踏实地，拓展国际视野，制订发展规划，统筹教育资源，搭建合作平台，营造交流环境。通过实施高校国际化发展战略，深化内涵建设，提升办学水平，推进人才培养模式改革。当前需要做好以下工作：

（一）培养具有国际视野的创新型人才。培养国际化素质的学生，就是要让我们的学生具有国际视野、世界情怀和跨文化沟通能力。加强国际理解教育，推动跨文化交流，增进学生对不同国家、不同文化的认识和理解。还要下决心培养一批能够到国际市场上就业，并具有相应工作能力的国际化人才。不仅"985"和"211"高校的学生应该具有这样的能力，高职高专的学生，也完全可以具有这样的能力。

（二）建设国际化课程体系，积极引进国际先进的课程体系和专业教材，加强国际化课程的开发，重点建设双语教学课程，选用原版教材，开设涉外课程，运用国际标准授课，让学生直接吸收世界先进知识。

（三）实现师资队伍国际化。目前，我国高校具有国际竞争力的学术带头人和高水平创新团队严重缺乏，高校教师队伍国际化程度不高，海外教育背景的教师比例比较低，真正具有国际竞争力的高层次创新团队凤毛麟角。因此，要加大从国外高水平大学引进高水平人才的力度。引进人才，不仅要注重科研能力，还要求带来国际化课程。要支持优秀教师赴海外一流高校，师从一流学者，开展一流项目。

（四）加强中外合作办学，继续扩大办学数量，但更要提高质量。要在更宽领域、更深层次开展国际合作与交流，支持中外大学间的教师互派、学生互换和学分互认。坚持自主办学与联合培养相互促进，与境外高水平大学建立人才培养与科学研究的合作平台，实现优势互补。选择国际同类型、同层次的高水平基础研究和高技术研究，防止经济利益至上，防止与国外低水平大学合作，也要防止盲目攀高。中外合作办学要充分体现办学定位功能，发挥国际合作办学辐射示范和带动作用，引入国际办学标准，用增量改造存量，使高校办学水平和教师素质达到国际水平。

（五）引进优质教育资源。一是吸引国外知名高校、科研机构以及企业，合作设立教育教学、实训、研究机构。鼓励高校开展多种形式的国家交流与合作，办好若干所示范性中外合作高校和中外合作办学项目。通过中外合作办学，体验审视国外大学教学、科研和管理经验，推进管理体制、教学模式、课程体系、招生制度等改革，积极思考人才培养模式。

二是在坚持教育主权基础上鼓励中外合作办学。支持部分公办普通高中选择和采用部分中外融合课程，借鉴国际先进模式推进课程改革。允许职业院校与国外优质行业组织合作办学，促使产业人才培养对接国际需求，实现产学研用有机融合。

三是参与国际教育测评与标准制定。有选择地参与国际公认的教育质量评价标准则评，探索把基础教育专业质量"绿色指标"等标准推向世界的方法，提升整个教育国际话语权。

四是推动高水平大学海外办学，加强教育国际交流，广泛开展国际合作和选拔优秀学生进入国外高水平大学和研究机构学习。

五是建立完善国际教育服务体系。创设国际教育质量保障联盟等国际性组织，开展国际认证服务。

第十七章

营造创新环境

培养创新人才，需要营造创新环境，真正使人才有用武之地而无后顾之忧，有苦练内功的功力而无应对内耗的压力，有专心谋事的成就感而无分心谋人的疲惫感。

第一节　包容学术环境

包容是一种社会文明，是一种政策环境，对多元权力的尊重和容忍。包容是大度宽容，厚道厚重。心胸开阔，襟怀坦白，容人、容事、容言。

重大的原始性创新成果往往孕育、诞生于宽松、自由的学术环境之中。为什么著名的剑桥大学分子生物实验室能成为12名诺贝尔自然科学奖得主的诞生地？这个实验室之所以成为全球拥有诺贝尔自然科学奖得主最多的研究机构，主要应归功于它在营造宽松、自由的学术环境方面采取了下述的做法：

（1）面向世界广纳人才，兼容并蓄。在实验室里既有H.赫胥黎这样科学世家后代，也有M.F.佩鲁兹、A.克鲁格和S.布雷纳那样的犹太人，还有J.D.沃森那样急性子的美国人以及C.米尔斯坦那样逃离政治迫害的避难者。

（2）重视科学家的工作，而不在乎他们的性格和研究风格。这里既有J.D.沃森、F.H.C克里克、S.布雷纳等才华溢于言表者，也有M.F.佩鲁兹、F.桑格等性格随和与低调者，他们风格迥异而互补。

（3）既不在意发表论文的数量，也不在乎在什么杂志上发表，而看重扎扎实实、有长期深远或重大意义的研究。科学家们并不急于发表多少论文，如S.布雷纳于1963年开始线虫研究，到1974年才发表了第一篇有关发现线虫中控制细胞死亡的关键基因的论文；J.E.苏尔斯顿喜欢按照自己的方式做研究，不发表很多文章，也不追求论文发表到特别显眼的杂志，在他近四十年的科学生涯中发表的三十多篇论文，主要刊登于《发育生物学》《遗传学》这样的专业杂志。

（4）研究经费主要由实验室主任申请，研究人员无需为经费发愁，可以把全部精力集中于科学研究。正是如此良好的学术氛围才孕育出了一大批具有诺贝尔奖级的创新性成果和诺贝尔奖得主。

一、包容不同学派

任何人都不应当以真理化身自居，压制不同观点，对不同观点、不同意见、不同学派、不同风格，如何判断评价，地位高低、权力大小、人数多少，这些都不是裁判的标准，只有实践和时间才是最公正的裁判官。要形成尊重和善待新生事物的文化氛围，不要轻易怀疑、武断否定任何一个看似"天方夜谭"的想法，而应热情鼓励和积极支持各种新想法、新尝试、新发现、新发明，特别是听取和保护那些脱离主流、有悖传统的观点和意见。

"当我们处于少数人群的时候，接受考验的是勇气；但我们处于多数人群的时候，接受考验的是包容"，这是美国宗教领袖斯克曼的名言。我们这个社会最为缺乏的是对于人与人之间差异性的认同，对于少数人思想与行为的包容。这种缺憾的文化环境影响创新型人才的培养。

创新意味着要打破常规，对自己否定，对权威质疑。在创新道路上，面对的不仅有和风细雨，更可能是雷电交加。在现实生活中，把敢于冒尖者看作是"冒失"，把打破常规者看作"异类"，把富有个性者当成"不成熟"现象不少。

历史上杰出的科学家大多具有超凡的天赋和智慧，他们推翻约定俗成的公理，质疑理所当然的结论，提出异想天开的构想。这些科学家提出的新思想，常常被看作"异端邪说"，受到压制。伽利略发明了望远镜，而人们却骂他是学术骗子，几乎把它置于死地；爱因斯坦提出了"相对论"，却被人攻击为"犹太人危害世界"的阴谋；莱特兄弟发明了飞机，开创了人类航空史上的新纪元，而当初也遭到美国科学界和舆论界的封杀，被迫移居法国继续他们的飞行试验。

自古以来，那些具有非凡创造力的科学家，大多是在逆境中奋斗的，夭折的比存活的要多，不得志的比得志的要多。不少杰出人才的价值是在其死后才被人发现的。时间越是久远，他们的价值越加充分地体现出来。

二、包容失误失败

这是鼓励探索、激励创新的重要文化环境。包容失误失败，是对科学规律的深刻认识，是为科学发现、发明提供一个应有的宽松环境，是遵循科学技术发展的规律，鼓励更多的人去探索，去创造。任何真理都不是一次完成的。探索真理的过程就是一个不断战胜错误，从相对真理走向绝对真理的过程。在探索过程中形成的阶段性认识，都是不完善或不正确的，如果一出现失误就指责、就怀疑、就封杀，那就等于堵塞了通向真理的道路，使任何研究探索、改革创新都不能进行。在自然科学研究中要允许失误和失败，在社会科学研究中也应当允许失误和失败。越是原创性的研究，失败的风险就越大，我们不要简单地以成败论英雄。对真理的追求和认识是科技发展的永恒活力和动力，是一个曲折但又生动鲜活的历史过程。失败多于成功，这是科学发现、发明、发展的规律，就像跳高运动员需要经过千百次的失败，才可能越过一个新的高度一样，科学家也需要经历无数失败的痛苦，才能摘取成功的花环。要容忍失败，即使再伟大的成功者，其失败的次数还是要超过成功的次数。不少诺贝尔奖获得者都是经历了许多次失败之后才换来了成功。

美国普林斯顿大学数学系主任怀尔斯，作为一个高薪引进的著名教授，从1991年到1997年竟然一篇论文也没有发表。但不鸣则已，一鸣惊人，他用7年时间解决了一个350年来没有人解决的数学难题——"费马大定律"。他的名字一夜之间传遍了全世界。怀尔斯教授的成功，给我们两点启示：第一，他坚持不懈，坚定不移，板凳甘坐十年冷，文章不写半句空，克服了急功近利的心态。第二，7年时间，怀尔斯没有公开发表一篇研究文章，没有出过一本学术著作，而普林斯顿大学竟然没有扣发他的工资，没有让他下岗。学校的包容为怀尔斯的成功提供了条件。

1982年诺贝尔物理学奖获得者、美国康乃尔大学教授威尔逊曾经面临被解雇的危险。他研究相变理论，连续4年未发表1篇有分量的学术论文。校方因此准备将他解雇，这一提议获得多数校董的支持。只有1967年诺贝尔物理学奖得主贝特教授持有异议，他认为威尔逊的研究难度极大，需要长期的、持续的研究，但一旦取得突破，那就是了不起的成果。贝特说服了校方，让威尔逊继续留任。第二年，威尔逊的研究取得了突破，发表了一系列高水平的学术论文，随后获得诺贝尔奖。

我们对创新失败者（哪怕是暂时的受挫折者）的物质补偿和精神关怀也很不充分，不少高等院校和科研院所的"激励机制"基本上是只认结果，不认动机和过程，更有个别院校甚至做出这样的规定：几年之内出不了成果的教师和研究人员一概走人，体现出对失利者的极度不宽容。

曾经有人问到剑桥大学怎么会出这么多诺贝尔奖获得者，剑桥大学校长笑着说，剑桥最近这位获奖者，他的领域从来没有人看好，我们等了他14年。日本诺贝尔化学奖获得者田中耕一，在获奖前几乎没有发表什么论文，仅有几篇，也是发在不很重要的杂志上。

中科院一位院士讲，他拿了国家科技进步一等奖花了13年，国家科技进步三等奖也用了9年时间。瑞士钟表驰名世界，经过上百年才形成了特色，如果急于求成，只能出小成果，难有大创新。

实践证明，越是原创性的研究，失败的风险就越大。我们不要简单地以成败论英雄。对真理的追求和认识是科技发展的永恒动力，是一个曲折但又生动鲜活的历史进程。创新要容忍失败，即使再伟大的成功者，其失败的次数远要超过成功的次数。不少诺贝尔奖获得者都是经历了许多次失败后才换来了成功。

没有失败就没有创新，越是有突破的东西，越有创新性的产品，就会经历越多的失败。创新之所以难，就在于创新并不是都会成功，它肯定有风险。美国硅谷的成功，是因为它允许失败。而且它对失败的评价跟别的地方不一样。硅谷的风险家，他去投资一个项目，就会问，你失败过没有？如果说失败过，对你的看法就很好，说明你曾经创新过，说明你更成熟，他就愿意投资，尤其是原始创新。

三、包容年轻人才冒尖

纵观古今中外的历史，青年人开拓创新、为人类做出巨大贡献的例子比比皆是。牛顿发现万有引力定律时年仅23岁，爱因斯坦26岁创立相对论，华罗庚25岁便成为著名的数学家……在人类攀登科学高峰的征程中，无数的青年才俊以其强烈的求知欲和坚忍不拔的探索精神，最终摘取了丰硕的果实。因此，我们要反对论资排辈，不论资历深浅，地位高低，在真理面前人人平等，在竞争机会面前人人平等，不要让年轻人才有碰到"天花板"的感觉。任何物质产品都有保鲜期，人才同样存在一个保鲜期。对于年轻人才，应当在他们处于精力的最高峰、进取心最高峰和创造力最高峰时委以重任，把他们用好、用足、用活，这样才能取得最佳人才效益。当一个年轻人才最具创造力、最能干事、最需要支持时，却得不到必要的支持，要"帽子"没"帽子"，要经费没经费，要条件没条件。而当他们移出创造力的最高峰后，名分、地位和各种优惠政策却落在头上，可惜此时他已失去了创造的冲动，即使心有余也力不足了。

青年人最肯学习，思想最不保守，历来是社会中最有朝气、最富有创造性、最富有开拓精神的群体。"自古英雄出少年"，这是从社会进步史、科技发明史中得出的结论，也是人才成长的一般规律。大器晚成者当然也有，但只是特殊领域中的特殊现象。当今世界，在科技更新周期最快、竞争最激烈的领域中，如信息技术、软件技术、网络技术、基因技术等领域，领军人物大多是青年才俊。

现在年轻人才面临很大竞争压力，在科研项目、科研经费等资源分配上，有的教授资源在不断堆积，科研项目一辈子做不完，科研经费一辈子用不完，被戏称为"学术老板""学术包工头"，而年轻人才面临很大竞争压力，如何为年轻人才提供一个公平公正的事业发展平台和脱颖而出的舞台，这是当前迫切需要解决的问题。对成长中的年轻人才应当多一点偏爱，多一点袒护，使他们逐渐成熟起来，强壮起来。

四、包容人才个性

创新不能靠人海战术，而是靠有个性、有创造的创新人才。

人才是人不是神。任何人都是优点和缺点、长处和短处的集合体。一个人的优点和缺点往往在一条直线上，优点的延长线就是他的缺点。比如一个勤于学习、善于思考、有独立见解的人往往固执；一个处事果断、勇于负责、很有魄力的人有时失之鲁莽等，人才的与众不同不在于他没有缺点，而在于他具有常人所没有的优点和特长。

对于人才，我们要善于发现和发挥他们的长处。每个人最大的成长空间在其最强的优势领域，一个人才的奇迹都是在最适合自己的岗位上和最能发挥自己优势的领域中创造出来的。我们只有充分发挥一个人的特长、优势，才可能使他成为一个卓越的人。

创新人才有都独特个性，有些是偏才、怪才。统计资料表明，世界上每一万人中会有一个古怪的人，每一万五千人中会有一个彻头彻尾的"怪人"。历史上很多做出划时代贡献的发明家往往是"怪人"。英国《精神病理学研究成果》表明，涉及人类历史上很有影响的各学科领域的300多个人物中，经研究发现，天才和精神病恰如一对孪生兄弟，天才中多有精神病症。政治家中有17%，科学家中有18%，思想家中有26%，作曲家中有31%，画家中有37%，文学家中有46%。他们中不少人都是特立独行，我行我素，具有鲜明的独立意识和反叛精神，有的像陈景润，不善言辞，不善交际，甚至不懂人情世故；有的清高、孤傲、不合群；有的甚至给人以狂妄、离经叛道的印象，这个时候特别需要我们有心胸，能容忍这些奇才、怪才。

对于奇才怪才，我们要包容他们的独特个性，尊重"孤独的思考者"，宽容学术上的"狂妄者"。曲阜师范大学曾有一位"最怪的教授"陶愚川先生，与学术界同仁从无联系，甚至跟本校、本系的同事都不来往。但陶先生写的巨著《中国教育史比较研究》一面世，就震动了学术界。对于这样的"怪才"，学校领导很开明，采取了最合适的方法来对待他，在专家楼里破格安排了一位年轻职工做他的邻居，每天去看看他是否需要帮助，使这位孤单老人得以安心治学。

创新人才个性发挥，需要有善待个性的环境。多一点兼容并包，少一些求全责备，创新人才个性张扬就能得到如鱼得水、如帆得风的环境，有锋芒也不会受到打压和否定，而是受到保护和鼓励。

第二节　开明领导环境

任何一个地方，一个单位的发展都要经历三个阶段：人治阶段，靠人管人，靠一把手的人格魅力、能力水平毕竟有限，没有规范的管理往往是随意的；法治阶段，靠制度管人，基于规范的管理往往是稳定的；德治阶段，靠道德和文化的力量管人，在这个阶段，做错了事，马上自我谴责，做对了事，认为是天经地义的。我国目前还是人治环境，正在建设法治和德治环境。因此，要面对现实，营造领导环境。

一个人的成长离不开环境，包括政治环境、文化环境、舆论环境、政策环境、人际关系环境等等。这些环境因素对人的成长、成才、成功都很重要，但人们往往忽视了"领导"这个因素。其实，领导就是你的环境，特别是一把手是你最重要的环境。如果一个单位的一把手，他们没有创新思维，就很难发展自己的创新思想。如果他们思想很解放，很有眼光，很有创新意识，那么很多创新人才、创新成果就会源源不断地产生出来。我们常常看到这种情形：有的人在一个领导手下工作，唯唯诺诺，无所作为，就像一条虫，活得很窝囊；而到了另一个领导手下，就像变了一个人似的，生龙活虎，奋发有为，就像一条龙，活得很精彩。同样一个地方、一个单位，某个领导主政时，长江后浪推前浪，源源不断出人才，好像有取之不尽的人才资源；而另一个领导主政时，却举目无才，所有的人才都被镇住了、埋没了，几年也出不来一个人才。

好的领导环境就是要为部下和同事创造舞台，创造机会，创造明天，使他们有用武之地，无后顾之忧。好的领导环境有三个特点：

第一个特点，好领导是可遇不可求的。在你的成长经历中，如果能遇上一个英明的领导，那真是"三生有幸"，机遇难得，或许从此改变了你的命运，奠定了你一生成功的平台。反之，如果遇上一个不开明的领导，你非常无奈，不仅会埋没你的才华，甚至会耽误你一生的前途。

第二个特点，好领导就是一所好学校。他用不着每天都给你上课，教育你，提醒你，但他为人处事的准则，他的思路、行为和作风，随时随地都在影响着你、改变着你，不知不觉中你开阔了眼界、增长了知识。与高明者为伍，自己也会高明起来。

第三个特点，好领导给人好感觉。首先是安全感，不武大郎开店，妒贤嫉能；不秋后算账，给人小鞋穿。第二是成就感，人家在你单位工作，让他感受成就有他一份，价值得到体现。第三是荣誉感，领导以部下为荣，部下以领导为荣，你这个单位就是一个具有高度凝聚力的荣誉团队。

领导环境是无形的，它时时刻刻都在滋润着你，呵护着你，但置身其中并不感觉它的存在。而当换了一个不开明的领导时，人们才发现周围环境一下子变得严峻起来，恶劣起来，此时你才明白，失去一个好领导意味着什么。

营造领导环境，尤其要营造一把手环境。一把手是一面旗帜，是一种导向，是一个环境。一个地方、一个单位的工作成效，很大程度上由一把手决定。一把手是领头人，是当家人，是核心，是灵魂。一把手的素质，决定事业的兴衰成败。俗话讲，强将手下无弱兵，将帅无能，累死千军。拿破仑说过：一只狮子带领一群绵羊的队伍，可以打败一只绵羊带领一群狮子的队伍。

一把手就像是一台戏里的主角。一场精彩的好戏，必须有一个得力的主角。如果主角不给力，再好的剧本也会演砸，配角和跑龙套的再卖力，也不会演出好戏来。

优秀的一把手应当具备以下素质：

1. 优秀的一把手应当有理想信念，超前思维。在复杂情况下，能够凭借自己的坚定信念和价值判断，独立思考和选择。

2. 优秀的一把手应当知人善任，分工授权。英明的一把手从来不是大权独揽，包打天下。而是善于分工授权，充分发挥领导团队的集体智慧和整体优势。

3. 优秀的一把手应当宽宏大量，公平公道。切忌心胸狭隘，记恨记仇。

4. 优秀的一把手应当高度负责，严格自律。不但要有高度的事业心和责任感，而且要有高度的党性修养和严格的自律。

第三节　宽松人才环境

一、善待犯错误人才

人非圣贤，孰能无过。如果一个人才犯过一次错误就被列入另册，打入冷宫，永远不予信任和重用，那是多大的人才浪费！列宁说：战败的军队善于学习。失败的教训往往比成功的经验对人的教育更深刻、更难忘。一个犯过错误的人，一旦汲取了教训，可能变得更聪明、更成熟，增加了免疫力，以后走的弯路会更少一些。今天为了民族复兴，我们更应当有"解放全人类"的气魄和雅量。要善于调动一切积极因素，善于起用一切可用之才，并尽可能把各种消极因素转化为积极因素。

二、善待有争议人才

人们看人，历来是"横看成岭侧成峰，远近高低各不同"。对一个人有不同看法是很正常的。越是地位重要、人们寄予厚望的人，往往议论越多；越是改革创新型的人才，往往争论越大。各个单位的一把手，在选举中得票都不是最高的。

用人要注意公论。在民意调查中得票很低的人，说明群众威信不高或形象不好，不宜重用。而在民意调查中得票最高的人，往往也不是最佳人才。真正有希望的人可能在有争议的人中。民意调查带有很大的随机性，不可不信，不可全信。任何真理都有一定的适用区间，一旦超出适用区间，真理就会变成谬误。知情是参与的前提，如果知情面很窄，参与面很宽，其结果必然是范围越广，失真度越高。因此，民意调查的结果只能作为粗略的参考，不能作为精确的依据。如果以民意调查的得票多少为序来选取人才，看起来很民主，其实是"民主"有余，科学不足。

对于有争议的人才必须冷静地加以分析：哪些人有意见？有什么意见？这些意见正确不正确？是出于公心还是出于私心？如果一有不同意见，就搁置不用，那可能埋没了真正的人才，耽误了改革创新事业，助长了平庸之风。

三、善待不驯服人才

大凡有本事的人容易心高气盛，他们富有才气和锐气，也多少带有点傲气和狂气，有时表现得不那么听话和驯服。而有些领导者总是喜欢那些比较听话的、乖巧的人才，而对那些不大听话、不够驯服的人才则予以排斥、冷遇，甚至想找个机会去"治治他"。这是一种很不开明的行为。

选人才不是选奴才、养宠物。用人才的目的是为了干事业、出成果，而不是仅仅为了让他听话、讨自己欢心。如果有两个歌唱演员，一个虽然不大听话，但演唱水平很高，出场能卖座，观众很喜欢；另一个虽然很听话，但演唱水平不高，出场不卖座，观众不喜欢，作为一个剧院老板聘任哪一位呢？当然是前者而不是后者。在选人用人上，必须秉以公心，事业为重，唯才是举，听话出活的人才要重用，不大听话能出活的人才也要容纳。

四、 善待年轻人才

任何物质产品都有保鲜期、保质期，人才同样存在一个保鲜期、保质期问题。对于人才，应当在他们处于精力的最高峰、进取心的最高峰和创造力的最高峰时委以重任，把他们用好、用足、用活，这样才能取得最佳的人才效益。

初出茅庐、血气方刚的年轻人才，他们有棱有角，敢想敢干，"初生牛犊不怕虎"，有时处事毛躁，难免"洒汤漏水"，说话也会得罪人。二三十岁的年轻人没有点狂气，不说点大话成不了大器，当然，四五十岁的人还整天说大话也就不堪造就了。年轻人即使犯了错误，上帝也会原谅。作为领导者对成长中的年轻人才应当多一点偏爱，多一点祖护，多做一些补台的事情，使他们逐渐成熟起来、强壮起来。

在年轻人才遇到困难和挫折时，领导者要敢于挺身而出，为他们保驾护航。如果不设法遮挡住他们的"伤口"，而是任人捅来捅去，那么一个很有希望的人才就可能夭折了。

中央电视台的广告经常用两句广告词来鼓励年轻人，一个是年轻没有什么不可以。第二个是思想有多远，我们就能走多远。确实应该有一种让年轻人脱颖而出的环境。现在不只是年轻人自身的问题，是我们给他们创造一个什么样的环境，给他们什么样的引导的问题。

人事制度改革尤其要重视年轻人才的培养，要解决三个问题：

一是观念问题。比如，对年轻人才是不是求全责备。长者眼中的年轻人总是不很成熟，因为年轻与成熟两者本身就是一对矛盾。又比如，怎么全面正确地看待年轻人才。年轻人才肯定会有缺点，但要看是什么样的缺点。如果是世界观、品德、意识上的问题，这就很麻烦；如果是能力的问题，是发展过程中的问题，就要允许人家改正，提高。年轻人才可能有些不成熟，但早压担子早成才，只有把他放在岗位上，他才会很快成熟起来。对年轻人才，要看主流、看发展后劲、看发展潜力。

二是作风问题。有的领导对年轻人才做什么事情都不放心，不放手，个别的甚至还很霸道，那么年轻人才要冒出来就很困难了。年轻人才如果积极性高，能力强，想多做点事，这位同志就会想，他是不是迫不及待啦，意识是不是有问题；如果这个年轻人才小心翼翼，样样都"缩着"，这位同志又会想，能力是不是有问题啊，真是左右为难。

三是方法问题。现在不少单位对年轻人才"养"而不"压"，没有把重担子压上去，是"圈养"而不是"散养"。"散养"是让他到外面去跌打滚爬，在岗位上"真刀实枪"地干。"圈养"是这里"圈"一阵，然后再让他去那里"圈"一阵，好像经历很多，但全是蜻蜓点水、镀金，全靠别人"喂食"是很难成熟的。衡量一个单位主要领导的工作，一个地方的组织部门、人事部不仅要看其业务工作的实绩，而且要看优秀青年人才是不是一批一批地培养出来。这个地方如果优秀中青年人才总是出不来，长期以来"手下无强将"，这个单位的领导再能干，也不是一位好领导，这个组织人事部也不是一个好的组织人事部门。

第四节　科学政策环境

一是不求人才为我所有，但求人才为我所用。这已是普遍的共识。在人才调动有很多困难的情况下，把人才的刚性引进和柔性引进结合起来，用他的知识，用他的才干，用他的智力。

二是不求岗位名气大，但求工作平台适合。从工作实际来讲，我们要建立一些有特殊性的，有独创性的，适合人才发挥作用的，具有我们产业特色的工作平台、实验室等。

三是不求生活条件优越，但求创业环境最优。从组织角度来讲，应当为高层次人才提供方便的、便捷的、特殊的生活待遇，这是应该的。但从人才方面讲，很多高级专家、博士，他们更多的不是考虑这些问题，而是希望在基本条件具备的情况下，创业环境的最优化。这也向我们提出了应当如何为他们创造最优工作环境的问题。

四是不求引才政策多少，但求规定说到做到。制定多少政策，这不是主要的，关键的是已经出台的政策，已经明确的规定，要说到做到，抓好落实。

五是不求人才秉赋一律，但求工作业绩突出。人才的秉赋是不一样的，个性也是不一样的，不能强求一律。我们追求的应该是他们的工作业绩是否突出，工作是否出成果。

六是不求引进人才数量，但求人才作为管用。引进了多少人才很重要，但引进的人才不能用来当摆设，最重要的是让人才发挥作用。

七是不求人才来源渠道，但求有真才实学。人才只要有真才实学，可以是从国外引进的，也可以是本地培养的。对引进人才来了以后的工作条件、生活条件，给予一次性的补贴或是倾斜是可以的，但要从长计议。到了这个平台后，大家都是人才，就应给予公平的平台，公平的竞争，公平的评价，在待遇上不能悬殊太大，"不能引来女婿气走儿"。

总的来讲，对海外留学人才，对高层次人才要引得进、留得住、用得好。人才引进要以事业引进、以政策引进、以项目引进。事业就是建设中国特色社会主义伟大事业。政策就是涉及到人才创业的一系列政策，涉及到高层次人才工作条件和生活条件的政策，体现其社会价值和报酬的政策。同时还要靠项目，以一些能够让高层次人才发挥聪明才智的重大项目为支撑。人才要留得住，就要搭建平台，提供必要经费，营造工作环境、人文环境、感情环境、生活环境等。人才要用得好。对高层次人才政治上要充分认识，工作上要支持鼓励，生活上要特殊照顾。

第十八章

创造成功机遇

机遇是创新人才成长的首要因素。机遇是客观的，把握机遇是主观的。把握机遇能力就是创新人才创造成功机会的能力。创新人才成长的实践证明，弱者等待机遇，强者争取机遇，智者创造机遇。

第一节　成功首要因素

柳传志和联想，马云和阿里巴巴，是中国人在这场世界性创新浪潮中创造奇迹的两个代表。30年前，柳传志带领11个人和20万元资金，从中科院所在中关村的一间小平房起步；今天，联想已经成为全球第一大PC厂商，全球500强企业。15年前，马云创办了阿里巴巴；今天，阿里巴巴的估值已达1 000亿美元。他们的成功，除了自身独特的企业家气质外，更重要的在于，他们成功抓住了信息产业革命的机遇，成功抓住了中国改革开放后无比广阔的市场机遇。随着世界现代化的进程和新科技革命与产业变革的兴起，可以相信在未来，怀着梦想创新创业的人，机遇会越来越多。

机遇是一个人成功、成才的首要因素。人生成功固然离不开个人奋斗，但也离不开机会。一个人虽然有报国之心，远大报负，但没有一个能够充分发挥潜能的人生机遇，还是没有用的。人生有很多机遇，很多机遇不知不觉突然来到。但机遇偏爱有准备的人。能力强的人善于抓住机遇，素质高、具有高度智慧的人更善于创造机遇。人和人的机遇是不一样的，有时可以把握机遇，有时可以丧失机遇。人的成功和机遇关系甚大。

除了首要因素外，人生成功还有如下四个要素：

第一个要素是遗传素质。专家认为，人的能力组成中，遗传素质能占到50%以上，一个人能不能成才，父母基因十分重要，这是物质条件。

第二个要素是教育。同样的人、同样的孩子，如果一个有好老师教，一个没有好老师教，差别很大。有人做过研究，如果一个人不靠老师传承知识，这个人即便很聪明，这一生顶多能搞清楚四则运算，可能有时连四则运算都搞不清楚。

第三个要素是环境。环境就是生存的客观状态。生活在上海和生活在西藏喜马拉雅山的山沟里，环境差别很大，影响很大。有时不是不聪明，而是环境基础太差。

第四个要素是个人努力。个人后天的努力十分关键。无论遗传素质多好，多大的天才，如果个人不发奋努力，也将一事无成。

现在有些人经常抱怨：我运气不好，我命不好，我命太苦了！这不是运气不好，不是命苦，而是你把握机会的能力不行。

现在有三句话说得很漂亮，第一句话，天赋是基，爹妈给的，先天的。第二句话，勤奋是力，必须努力奋斗，天上不会掉馅饼。第三句话，机遇是缘，是机缘，是缘分。机遇对每一个人是均等的，公平的。这三句话，天赋是基，勤奋是力，机遇是缘，就好比"人"字笔画的三个方向，暗示着有三种能力左右着人的成败，第一种，自然属性中的天赋力量；第二种，社会属性中的环境力量；第三种，精神属性中自我努力的力量。这三种力量，展开在人生的整个过程中，自始至终都是相互作用，互为因果的。环境中的机遇有偶然性，遗传中的天赋有先天性，我们能够把握的只有自我努力。

人的发展、人的成功、人的成才就像一场足球比赛。一场比赛大部分时间足球队员在场上传球带球，很难分出胜败，为什么呢？大家都在等待机会，寻找机会，创造机会，临门一脚，就是进球那一瞬间。有的球赛，场面很好看，得势不得分，就不进球；有的球赛场面很一般，甚至很被动，抓住机会一个防守反攻，进球了。足球令人疯狂的魅力在这，人生发展的道理也在这。有人过程很辉煌，却没进球；有人过程很一般，他进球了，后来，他总进球。就像我们说某某人他条件很好素质很高，他就是没有发展，没有进步，或者说没有被提拔；某某人条件很一般，但是他后来进步了，他发展了，被提拔了，后来总是在提拔。前提是：正确的时间，你要出现在正确地点，还要办正确的事情。

第二节　关键在于情商

中外无数成功人才成长证明，情商是人生成功的主要因素。

情商的含义不外乎包括两个层次，一个是怎样认识自己、对待自己和控制自己，另一个是如何看待别人、理解别人和对待别人，并处理好彼此之间的关系。

情商高的人主要表现在两个方面，一是能够正确地认识自己，友好地对待自己，理智地控制自己，进而稳妥地把握所遇到的一切机会；二是能够客观地看待别人，豁达地理解别人，公正地对待别人，能够和谐地与别人往来相处，得到的必定是别人的支持。

人与人相处共事，要协调好彼此的关系，靠的主要是情商而非智商。想到或想不到，反映的是人的智商。做或不做，则体现的是人的情商。这就是为什么人要取得成功，情商比智商重要的根本原因。

智商很重要，情商更重要。智商决定职业，情商关系成败。一个人的成才成功，不仅在于有没有智慧，比智慧更重要的，是能不能与人团结合作，取得别人的理解和支持。一个不会团结，不会包容，不会欣赏，不会感谢的人，必然到处碰钉子，即便是人才也受不了大用。

据调查，我国青少年尽管初步具备了一些现代性思想品质，比如愈来愈鲜明的主体意识、竞争意识、效率意识、公平意识，但在科学精神、人文素养、公德意识、心理素质等方面还有欠缺，还有待于完善提高。在现代社会，开发学生的非智力因素尤为重要。一个人成才有智力因素和非智力因素两方面，往往是非智力因素起主导作用。我们现在强调创造力培养，创造力本身包含许多非智力因素。一个智商很高的人，可能是性格很脆弱、依赖性很强的人；但一个创造力很强的人，必须意志坚定，不怕困难，在困难面前百折不挠。

在前人研究的基础上，美国哈佛大学心理学戈尔曼教授把情商概括为以下五个方面的内容：

第一，认识自身的情绪。认识情绪的本质是EQ的基石，这种随时随地认知自身感觉的能力对于了解自己非常重要。了解自身真实感受的人才能成为生活的主宰，否则必然沦为感觉的奴隶。

第二，妥善管理情绪。情绪管理必须建立在自我认知的基础上。这方面能力较差的人常受低落情绪的困扰，而能控制自身情绪的人则能很快走出命运的低谷，重新奔向新的目标。

第三，自我激励。自我激励包含两方面的意思：通过自我鞭策保持对学习和工作的高度热忱，这是一切成就的动力；通过自我约束以克制冲动和延迟满足，这是获得任何成就的保证。

第四，理解他人情绪。能否设身处地理解他人的情绪，这是了解他人需求和关怀他人的先决条件。

第五，人际关系管理。恰当管理他人的情绪是处理好人际关系的一种艺术。这方面的能力强意味着他的人际关系和谐，适于从事组织领导工作。

情商有三大要素：情感、表达和调控。

情感。情感是指一个人在自己已形成的思想意识的支配下，对当前面临的事物的切身体验或反应。一般来说，情感具有较大的稳定性和深刻性。但在特定情况下，人的具有稳定的社会内容的高级情感也可能以鲜明的、爆发的形式表现出来，表现为一种情绪，这种情绪常常超出理性的控制范围。

表达。人的情感始终是处在一个动态的过程中，不仅表现在个人自身情感会随着时间和环境而变化，而且还表现在人的情感的外在化，即自我表达和对他者的表达上。一个人不善于表达自己的情感，往往把各种情感压抑在心里，这有时会很危险。如果总把愤怒、悲伤、委屈等情感压抑在心底，时间久了就可能会造成情感堵塞现象，让自己变得沉默寡言、愤世嫉俗，甚至会让这种心理的情感问题转化为生理的失调，乃至导致某些疾病的发生。而对别人表达情感，要找到适当的表达方式，恰当地把握分寸，否则就是情商低。对于领导干部来说，你公众场合的一个眼神、一个姿势、一个动作、一句话等都能产生积极或消极的影响。

调控。判断一个人情商高低，不但要看他有多少、多大、什么类型的情绪、情感，看他是否采用适当的方式、程度来表达，还要看他是否能够自主、从容地调控。儒家讲"发乎情，止乎礼"，就是指对情感的表达和调控。古人肯定人的情感的存在，并且也鼓励情感的表达，但在情感的表达过程中要掌握一个度，即不能越过礼仪的规范，由此可以造就活泼和谐的人际关系。情感有积极情感与消极情感之分，积极情感有乐观、坚强、勇敢、宽容等，消极情感有悲哀、懦弱、嫉妒、怕事等。任何一个人都既有积极情感也有消极情感，只是在比例上有所不同。

美国哈佛大学提出的情商教育理论，是对传统教育理念的挑战。情商教育理论认为，人生成就最多20%归诸智商，其他80%归诸情商。情商主要包括：自信心、意志力、自我情绪控制、合作精神、团队意识、思考方法等。谁的情商开发得好，谁的优势就大，成功机会就多。情商的培养是对人性的一种提升和健全人格的完善。情商教育目标就是具有充实的精神世界，正确的价值观、正确的人生态度、合适的兴趣动机，同时也要有完美的情感生活和健全的心理环境。情商实际就是一种精神状态，一种人格特征，一种做人处事的道理。一个人的素质像冰山一样，浮在水面上容易看得到的是学历、文凭、专业、知识，真正决定一个人成功的是责任感、价值观念、毅力和协作精神。

有位诺贝尔奖获得者认为，他人生最重要的东西是在幼儿园学到的："把自己的东西分一半给小伙伴们；不是自己的东西不要拿；做错事要表示道歉。"2000年2月西方出版的《百万富翁的智慧》一书，对美国1 300名百万富翁进行调查，在谈到成功秘诀时，几乎没有一个人把成功归于才华，而都强调诚实、有自我约束力、善于与人相处、勤奋。

世界经合组织调查了世界数十位著名跨国公司总裁，他们都认为21世纪人才必备的素质：责任心、主动性、创造性、灵活性。有项权威调查表明，绝大多数诺贝尔奖获得者智商处于中等或中等偏上，他们取得重大科学成就的重要原因，是孜孜不倦的追求，坚持不懈的努力，执着的工作。

20世纪90年代初，联合国科教文组织举行21世纪人才素质国际研讨会认为，21世纪人才要通过三张证书，即学术性、职业性、事业心证书。强调没有事业心证书，学术性、职业性证书潜力难以发挥，变得没有任何实际意义。

因此，我们必须将教育的视野从智力领域扩展到非智力领域，致力于发现和开发蕴藏在学生身上潜在的创造性品质，培养坚韧不拔的意志、艰苦奋斗的精神、团结合作的作风以及适应社会生活的能力，尤其是要从传统的专业知识技能教育伸展到青少年的精神世界，更多地关注青少年的理想信念、道德人格、伦理规范、思维方式的教育。

第三节　把握机会能力

机遇人人想抓，但真正抓住机遇并非易事。为此，我们要提高把握机遇能力：第一，要有抢抓机遇的准备。机遇偏爱有准备的头脑。要加强学习，调查研究，通过考虑，超前谋划，才能慧眼发现机遇，有效把握机遇，成功驾驭机遇。机遇来之不易，机遇稍纵即逝。面对机遇如果不思进取，麻痹懈怠，就会错失机遇，贻误发展。

第二，要有抢抓机遇的意识。机遇是客观的，抓机遇是主观的，抓机遇的本事就是抓发展的本事。快人一步，抢占先机，步步主动。慢人一拍，亦步亦趋，处处被动，结果与人家拉大差距。兵贵神速，机不可失。快一步海阔天空，慢半拍山穷水尽。面对市场竞争，面对未来发展，我们绝不能慢半拍甚至慢几拍，决不能不思进取，反应迟钝，思想僵化，畏首畏尾。对于工作的具体方案和改革发展的决策，特别是机遇性决策，超前性决策，一定要不争论，认准就干，在实践中统一认识。一个重大的抢抓机遇的超前决策，都是在意见不一致时候决定的，意见一致是在事情成功之后。真理不是越辩越明，要通过实践来证明。

第三，要有积极应对风险挑战的精神。风险挑战与机遇并存，机遇往往是潜在的，风险挑战都是现实的，应对得当，就能在风险挑战中抓住机遇；应对失当，有机遇也抓不住。

第四，要耐得住寂寞。不要机会来了临时抱佛脚，机遇需要等待，需要储蓄。时间就像一列火车，匆匆向前飞驰，我们上车后就一直在等待，幼年时等待成长，成年时等待爱情，中年时等待成功，太阳落山的时候，我们又在等待着终点站。

等待的过程是安静的、沉默的、艰苦的，但等待绝对不是守株待兔、无所事事，在等待过程中你需要储蓄巨大的能量，做好一切应对机遇的准备，去争取成功。

明朝开国皇帝朱元璋原来是个穷和尚，经过自己不懈的努力，逐步积蓄力量，一步步积累，到最后成为拥有万里江山的帝王。他在等待成功的过程中不断积蓄力量，"广积粮，高筑墙，缓称王"，最后促成他的"飞跃"。哲学中的"量变引起质变"就是其理论依据。"滴水成川"，"不积细流无以成江海，不积跬步无以至千里"也都说的是同一道理——厚积薄发。没有量的积累，哪来质的飞跃？如果空等时机的到来，竞争也就无此必要。若是如此，世上的人都成了"守株待兔"的慵懒样子，到了夕阳西下的时候，头发花白了，却是什么成就也没有。因此，正确处理等待、积蓄、争取和成功的关系非常重要。在人才成长的过程中是如此，科学家献身事业的过程更是如此。

获得2005年度诺贝尔生理学或医学奖的巴里·马歇尔，经过长期的实验研究，顶着学术界的一片反对声，冒着生命危险，亲自吞食细菌，终于发现了引起胃炎的致病菌——螺旋杆菌。他的这项科研成果在等待了20多年后才被全世界科学研究的最高权威机构所承认。

等待的过程，要耐得住寂寞，承受得了失败，要相信，乌云不会永远笼罩天空，阳光总会重耀大地。然而，这需要时间。马歇尔最后等来的是巨大的成功，是一片晴朗的天空。马歇尔的经历，留给我们后来者许多思考。科学来不得半点虚假，急功近利、华而不实是成才成功的大敌；在成功者的眼里，真正的等待是长征前的二万四千九百九十九里，是贝多芬创作《月光曲》前的巧遇，是一种积蓄力量、把握时机的成功前奏。

第五，有预见性的敏锐性。就是通常所说的具有"商业头脑"。在市场竞争中，企业没有强大的技术力量是不行的；但是，只有强大的技术力量还不够，还有可能败于技术力量弱小而具有敏锐商业头脑的对手。最典型的例子莫过于比尔·盖茨的"当机立断"和IBM的"错失良机"。20岁的盖茨从报摊一本杂志的封面上看到革命性的新微电脑装备MITS阿尔塔（Aitair）8080，他立即感到应该为那台单纯的小机器发明一种程序语言，预见到个人计算机革命才刚刚开始，将来个人电脑的普及对软件的需求将无穷无尽。可以说，这个天才少年预见到一个广阔的新兴科技领域的出现。IT产业的龙头老大IBM却认为PC机没有前途，仍然坚持搞大、中型计算机加网络终端的方向，结果丢掉了IT行业的头牌地位。对于企业领导者而言，具有预见性和发现市场的敏锐性，具有把握机会的能力和当机立断的魄力，是头等重要的。

第六，全力以赴抓机遇。机遇稍纵即逝，好机遇胜过一大堆计划，机遇是客观的，抓机遇是主观的，抓机遇的本事就是你抓自己发展的本事。

机遇，并不是宣扬迷信，绝大部分生物学和医学上的新发现都是意外得出的，或至少含有机遇的成分，特别是那些最重要的和最具革命性的发现。

比如冯·梅林及明科夫斯基两人在研究胰脏在消化功能过程中，用手术切除了一个狗的胰脏。过后，一个实验助手发现这只狗的尿招来了成群的苍蝇。他将此事报告了明科夫斯基，后来他们分析尿样发现其中含有糖，正是这一发现，使我们认识了胰岛与糖尿病的关系，以后又用胰岛素来治疗糖尿病。这样的例子可以举出成百上千个。我们不能坐等机遇，也无法有意制造这种捉摸不定的机遇。法国伟大的细菌学家Pasteur说过："机遇只偏爱那种有准备的头脑。"机遇只提供机会的作用，必须由科学家去认出机会、抓住机会，这是一种了不起的本领。"留意意外之事"是一切科研工作的座右铭。

人生关键就是几步，说白了，最关键的就一步，一步上去了步步才能跟上。抢占先机，抢先一步，你步步主动。慢人一拍，亦步亦趋，你处处被动，结果就和人家就拉开了差距。中国乒乓球队有句名言：人生能有几回搏。机会来了，就要奋力一搏，全力以赴。

第七，拥有坚强意志品质。有位拿到世界冠军的运动员谈起他的田径教练时说，教练总让他们练冲刺和中长跑，在他们累得筋疲力尽、双腿麻木的时候，还冲着他们大喊：再跑一圈，再跑一圈。因为训练多一份付出，对抗才多一份收获。在一圈又一圈的奔跑中，他逐渐懂得，"再跑一圈"不仅是对身体的训练，更是意志品质的磨练，这也成了他的价值追求和人生信条，坚信自己所相信的，才能在绝望中看到希望，才能在挑战中把握机遇。

这个故事揭示了一个道理，那就是：不管你处在人生的高峰还是低谷，机遇终究掌握在你手中。当你经过长途跋涉、身心疲惫时，只有坚持"再跑一圈"，才能冲出困境、跨越极限，迎来意想不到的新机遇，迈向人生旅程的新起点。

第八，认真做好每件事。每件事对你都是一个机会。有一个"蝴蝶效应"说，亚马孙雨林里的一只蝴蝶，轻轻扇了一下翅膀，搅动了周围的空气，推动了空气的流动，不久在遥远的海面上，掀起了一股巨大的台风。"蝴蝶效应"给了我们什么启示？一件微乎其微的小事，却可能造就一个意想不到的结果。

美国前国务卿鲍威尔是牙买加血统黑人，他在美国参加的第一个工作是擦地板。他很聪明，找到一种擦得又快又好又不累的姿势，老板经过长期观察认为这个黑人青年又聪明又能干，马上提拔了他。后来鲍威尔在他自传中说他参加工作的第一个经验，就是认真做好每件事。

美国希尔顿饭店集团的老板原来是个站前台的服务员。有一天天很晚了，来了一对老夫妇要住宿，他一看没房间了，天晚了老夫妇也回不去了，马上腾出自己房间趴在前台睡了一夜。第二天老夫妇一看，非常感动，认为这个年轻人很善良，又有责任感，但年轻人万万没想到，老夫妇正是希尔顿饭店的总裁，家族没有子女，后来经过考察，认定他做了接班人了。认真做好每件事乃至小事，对任何人都是一个潜在的发展机会。

第九，选准发展方向。在大学期间，同学之间没有多大的差距。但毕业后五年、十年、十五年，差距就明显拉大。有人功成名就、事业辉煌，有人事业平平，一事无成。为什么呢？关键是你没选好自己的发展方向。就像我们登泰山一样，首先知道泰山的高峰在哪，房屋在哪。方向不明，你爬不上泰山。人生是最难走的路，人生之路，既弯弯曲曲，又坎坎坷坷。当你回顾你人生所得所失的时候，你就会发现，从同一个起点走来的我们，为什么人生境遇会有那么大的差别，有人就像郁郁葱葱的参天大树，有人就像草地上的矮矮小草；有人怀抱幸福，有人一派凄凉；有人万人仰慕，有人早已被人遗忘。为什么同一片天，同一个地，同样的风雨，同样的气候，人生境遇会有那么大的不同，关键是要把握好，要选好自己的发展方向。

第十九章

人文创造价值

当今时代，人文创造生命信念和生命价值。社会转型，价值多元，文化多向，道德缺失，诚信缺失，急需人文精神，呼唤人文素养。

第一节　深思透视社会现象

第一个现象，人文精神衰落。有一则微博这样写道：当今社会，养二奶的越来越多，养奶奶的越来越少；出书的人越来越多，读书的人越来越少；耍手腕的人越来越多，耍手艺的人越来越少；未婚同居的越来越多，婚后同居的越来越少；肚子大的人越来越多，肚量大的人越来越少；知道周迅的越来越多，知道鲁迅的越来越少。

有个大学教授给大学生做报告时问："当今社会最缺什么？"大家齐声回答："缺德。"有人说，现在什么都是假的，只有骗子才是真的。美国《读者文摘》刊登了这样一篇文章，题目是《还有人拾金不昧吗？》。文中说，有人搞了1 100个钱包，每个钱包里放了50美元，兑换成各个国家的货币，同时钱包里放上钱包主人的姓名和联系电话，到世界各个国家扔到公共场所，看能还回来多少。结果是，挪威和丹麦归还率100%，新加坡是90%，澳大利亚、日本是70%，美国67%，英国65%，法国60%，荷兰50%，德国45%，俄罗斯43%，菲律宾40%，意大利35%，墨西哥21%。遗憾的是，没有到中国来。假如到中国来，大家认为归还率是多少呢？有位德育专家问了几十个人，说假如你捡到钱包会怎么处理？这些人回答比较一致，说假如丢钱包的人就站在我旁边向我要，没有办法，还给他。如果不在我旁边，我肯定不还。还有人说，假如这个钱包大家看见了都不捡，我也不敢捡，如果我捡了就钻到别人的套里去了。

第二个现象，人文知识贫乏。一所地处偏远的小学在上美术课，讲台上放着一尊断臂维纳斯的石膏塑像。前来视察教学工作的教育局长走进教室，问一位学生："这个塑像怎么没有胳膊？"学生怯生生地回答："不是我弄坏的。"老师一旁赶忙解释说："这塑像买回来的时候就是残的，没胳膊。"校长不好意思地打圆场说："学校经费紧张，买的是次品。"局长很生气，对校长说："再穷不能穷教育，下次一定要买好的，有胳膊的……"

第三个现象，民族精神弱化。在全球化背景下，民族意识弱化，国内不少地方民族节日逐步淡化，中秋节变成了月饼节，端午节变成了粽子节。根据某小学调查，问小学生中秋节是干什么的？回答：吃粽子。老师说，不对，中秋节是纪念一位叫屈原的人，知道他是谁吗？学生回答，他是香港歌星。传统节日不过了，热衷于洋节，圣诞节、复活节、感恩节、情人节。

儒家文化是我们的民族文化，我们不重视，亚洲许多国家像日本、韩国、新加坡等却非常重视。新加坡前任总理李光耀讲，西方用西方价值观影响我们，我们就用儒家文化抵制他，他也没办法。"先生"这个词在儒家文化中很珍贵，在中国无论什么人都可以称为先生。在日本，只有三类人可称为先生。这三类人是老师、律师、医生，其他人都不配，当首相也不配。如果早上省长遇到幼儿园老师，首先是省长先鞠躬，道一声"老师，早上好！"人家就是这样尊重知识、尊重文化、尊重人才。

日本有一位叫稻盛和夫的企业家，被誉为"经营之圣"，创造了两个世界五百强：京瓷和第二电信。当年日航面临倒闭，七十多岁高龄的他临危受命，受首相拜托，零工资出任日航总裁，出乎人们意外的是，他竟然用一年的时间就让日航复苏，而且赢利一千四百亿日元。有人就问稻盛和夫，您靠什么创造了这一奇迹？稻盛和夫说，我靠中国的孔孟哲学。

第二节　理解人文素养内涵

什么是人文素养？主要指"文""史""哲"三方面的知识，其中的"文"，指广义的文学，包括文学、艺术和美学；"史"就是历史；"哲"，就是哲学。一个人有了人文知识，并不等于具备人文素养，只有让人文知识进入到人的认知本体，渗透到生活与行为当中，才算有了人文素养。人文素养的内涵是综合的，很实在，很具体，是一种巨大的、无所不在、潜移默化的力量，可以把人的文化品位、审美情趣、心理素质、人生态度、道德修养、爱国情怀、精神世界、价值观、人生观等都包括进去。

西班牙著名思想家奥尔加特·加塞特曾指出："在我们这个时代，文化的内容大多源自科学"，"但它并不属于科学事实，而是一种生命信念"，是时代赖以生存的思想体系。

正、反两个方面的经验教训告诉我们，"人文"不仅是一种精神境界，更是一种生命信念，其核心是人的生命意义和价值。我们不仅要正确认识和处理人与自然、人与社会、人与他人和人与自己的基本关系，树立正确的世界观、人生观、道德观和自律观，更应懂得生命的意义和价值，既要有丰富的物质生活，更要有高尚的精神境界。

人文素养主要包括三点，第一，优秀的文化，第二，经典的哲学，第三，人类基本的价值理念。你不熟悉文化，不可能有基本的表达能力，你不熟悉中外历史，一张嘴就会出错，你不掌握经典哲学和人类基本价值理念，一出门会走偏路，甚至一辈子生活在黑暗之中。

人文素养是做人的精神品格。人文文化是一种自省的文化，人文关怀体现了高度的文化使命感。人文精神是真、善、美的人类理想体系，是"人之所以为人"的内核蕴含。培育人文素养，目的在于促进人作为生命主体、精神主体的自我完善，在"如何做人""做什么样的人"人生重大课题上深层思考。

人的精神世界主要有三大支柱：科学、艺术、人文。科学追求的是"真"，给人以理性；艺术追求的是"美"，给人以感性；人文追求的是"善"，给人以悟性。人文既有深刻的理性思考，又有深刻的情感魅力。

一个人的精神世界不能没有科学、也不能没有艺术、更不能没有人文。

因此，我们要加强语言、文学、历史、哲学等人文学科的修养，提升人文素养。语言是思维工具，文学是想象，历史是记忆，哲学是思维的结果。

没有语言思维、没有语言修养，语言魅力就缺乏力度。爱因斯坦说："一个人的智力发展和他形成概念的方法，在很大程度上取决于语言。"德国一位哲学家也说过："失去语言我们将一无所有。"他们的话揭示出语言在一个人发展，一个国家发展上的重要性。

你讲的话人家要认同、理解、接受。有位学者在国外大学演讲，演讲后有人提问，你们什么时候把毛泽东照片从天安门上拿下来，这位学者没讲生硬的大道理，话语体系具体实在，回答得很得体。他说，永远不会拿下来，为什么？第一，毛泽东是个民族英雄，多少人为了救这个民族，前仆后继都没成功，但他带领人们走出来了。第二，毛泽东是个思想家，比如"为人民服务""实事求是"等思想，告诉人们怎样做人怎样做事。第三，毛泽东是个才子，他的文章，他的书法，他的诗词非常优美，中国人是重才的，对这样的人才是很敬仰的。他没说，毛泽东是伟大的革命者，他没说毛泽东全心全意为人民服务，是彻底唯物主义者。在国外讲，要考虑你的受众听众，他的世界观是什么，你的观点是让别人接受。怎么讲，用什么语言，你要动脑筋。

著名作家王蒙在他的著作写道：1946年他16年岁时，听到国民党和共产党两位要员的谈话。前者的讲话官声官气，装腔作势，文理不通，一片陈词滥调。而后者却为民立言，润物启智，充满着新思路、新观念、新名词，令人振聋发聩。他从二者讲话的鲜明对比中看到政党的前景和政权兴衰。王蒙说："一个政权的衰落是从语言的腐烂上开始的。"

人文素质的高低，不取决于人的社会地位的高低，不取决于人的学历层次的高低。云南大学马加爵杀了四个同学，他在反思犯罪事实的时候，有一个细节是：他从来没有写好过作文，语文成绩一直不好，那马加爵怎么进的云南大学？马加爵是广西人，参加广西壮族自治区的奥林匹克数学竞赛时他拿了个一等奖，单一的数学好掩盖了马加爵的情感世界和精神世界。

相当长一段时间以来，我国公民语言素养的现状不容乐观，体现在一些人日常对汉字使用的随意，对汉语言文化失去敬畏之心，体现在一些人对于民族文化认同感和崇敬感的减弱，体现在经典文本中蕴涵的审美与道德内涵的被忽视。当前年轻人普遍存在文字使用不规范、逻辑思维水平低下、母语情节弱化等问题。一字一世界，一笔一精神。书写是对语言文字最高的崇拜。在信息化、快速化背后，对于汉字，不少青少年学生写不好、不想写、不会写。汉字是中华文化的重要载体，弘扬中华优秀传统文化，就不能不重视汉字在文化传承方面的重要作用。有位博士生，英语说得呱呱叫，电脑玩得也很熟练，让他把文章翻译成中文，却找不到词汇，这个潜在的危险是致命的。

没有文学思维，就缺乏广度。文学核心意义是展现人类灵魂的高度，创造真善美的理想境界。著名学者王国维巧用文字思维，论述治学有三种境界：一是"昨夜西风凋碧树，独上高楼，望尽天涯路"；二是"衣带渐宽终不悔，为伊消得人憔悴"；三是"众里寻他千百度，蓦然回首，那人却在灯火阑珊处"。学习也要有这三种境界。首先，学习要有"望尽天涯路"那样志存高远的追求，耐得住"昨夜西风凋碧树"的清冷和"独上高楼"的寂寞，静下心来通读苦读；其次，学习要勤奋努力、刻苦钻研，下真功夫、苦功夫、细功夫，即便"衣带渐宽"也"终不悔"，"人憔悴"也心甘情愿；再次，学习贵在独立思考、学用结合、学有所悟、用有所得，在学习和实践中"众里寻他千百度"，最终"蓦然回首"，在"灯火阑珊处"领悟真谛。

文学，就是使看不见的东西被看见。假如有一个湖，湖岸上有一排白杨树，这是我们平常感受到的现实世界。事实上另外还有一个世界，那就是白杨树在水中的倒影。我们如果只知道有岸上的白杨树，而不知道有水里的白杨树，那么做出来的很可能是一个片面的、单层次的、简单化的价值判断。

没有历史思维，就缺乏厚度。历史、现实、未来都是相通的。历史是过去的现实，现实是未来的历史。今天的一切都是昨天历史的延续，无限的过去都是以现在为归宿，无限的未来都是以现在为渊源。历史与现实之间不是单向的运动，而是从历史到现在和从现在到历史的双向运动。人们总是根据过去认识现在，根据现在了解过去。历史可以使人明智，历史可以提供借鉴，历史可以增强一个人的民族自豪感。学习历史，不仅让我们获取历史知识，更重要的是掌握历史学看问题的方法，从而转变成改造世界的现实力量。

历史是一个民族、一个国家形成、发展及其盛衰兴亡的真实记录，是最好的老师。不知过去，无以图将来。你能看到多远的过去，就能看到多远的未来。未来学家阿尔文·托夫勒说，如果我们不向历史学习，我们就将被重演历史。习近平总书记指出，具有历史文化素养，最重要的是具有历史意识和文化自觉，即想问题、做决策要有历史眼光，能够从以往的历史中汲取经验和智慧，自觉按照历史规律和历史发展的辩证法办事。我们需要镜鉴启迪，需要从历史这部教科书中汲取继往开来的力量，吸吮中华民族漫长奋斗积累的文化养分，增厚历史文化底蕴，提升历史素养。

西方有人说，中国应该改变历史宣传的角度，不要再搞屈辱史的宣传，应该跟上时代潮流。此话是片面的、错误的。忘记历史就意味着背判。历史是客观存在的，历史是最好的教科书。一个没有历史记忆的民族是没有前途的。今天我们对历史的回顾，并不是耽搁在历史的苦难上唉声叹气，而是要从历史中塑造民族精神、民族魂，认识和把握中国社会发展规律，激励人民继续前进的信心和勇气。鲁迅先生说："唯有民魂是值得宝贵的，唯有他发扬起来，中国才有真进步。"

中国绘画大师徐悲鸿的代表作中，有许多取材于中国古代的典籍，如《田横五百士》就取材于司马迁的《史记》，《九方皋》《愚公移山》取材于《列子》。如果没有丰富的历史知识，对历史故事的含义不能做深刻的理解，徐悲鸿要想完成这些重大历史题材的创作、画出有震撼力的伟大作品，显然是不可能的。

没有哲学思维，就会缺乏高度。哲学是我们认识世界的科学方法，它好比黑夜中的星斗、大海中的灯塔。如果缺乏哲学思维，分不清真善美，就不可能成为人才。

哲学，表面上看，好像是"无用学"，不解决任何具体问题；实际上，哲学能帮助解决所有问题，是"大用学"。它既能让人窥一斑而知全貌，又能让人见一叶落而知天下秋。所以，哲学好比阳光。学习哲学，能让人看事明明白白，不被假象所骗，不被表象所惑；做事清清楚楚，不会糊里糊涂搭错车。

哲学既能帮助人们面向现实问题，更能帮助人们仰望天空。对人的发展而言，哲学具有独特的价值和功能，它可以提升人的素质，使人变得富有理性，使人有坚实的人生信念和理想，使人能够进行复杂的思维，使人的言行富有条理。在哲学的熏陶下，人们会变得不仅有知识而且有文化；不仅有理智，而且有智慧，不仅有考量，而且有心灵；不仅有世俗的效率，而且有人文的关怀。

世界如今变得五彩缤纷，令人眼花缭乱，唯有哲学可以给你一双慧眼，让你根据自己的理智，把万千世界看得真真切切。

第三节　重视人文素养作用

语言、文学、历史哲学等人文学科在人的发展中具有举足轻重作用。正像哲学家培根所说的那样，历史使人聪慧，诗歌使人灵秀，数学使人精细，自然科学使人深沉，伦理学使人庄重。

一个人只有高技能，没有人文底蕴，充其量是人手，而不是人才，生存尚可，发展乏力。没有坚实的文化积累，开阔的文化视野，深厚的文化素养，即便有足够的聪明，也不是"大聪明"，也不是"大视野"，将来也不会成为大器大才。特别是高层次的道德感、社会责任感主要依靠文化来积淀。文化的根本在"化"，这个"化"就是内化、融合、升华、超越。要把正确做人做事的道理渗透到人的灵魂里面，人为什么活着，人怎样活着，这是自然科学所不能解决的问题。因为人活着，生命太需要得到支撑的东西，生活太需要得到鼓励的东西。

因此讲，人文是一种精神富有，是一种从内心深处流淌的思想，是不可缺少的基本素质。我们知道，有文凭不一定有水平，有职称不一定能称职，有资历不一定有能力。但我们可能不知道：有智商不一定有智慧，有知识不一定有思想，有文化不一定有教养，有见解不一定有见识。人生道路能否走好取决于人的素质，文化素质对人生道路具有决定性的影响，余秋雨先生曾经说过一句话："人生的路，靠自己一步步走去，真正能够保护你的，是你自己文化的选择，真正伤害你的，也是文化的选择。"

在构成人的发展的知识、技能和人文素养"三维"中，人文素养的缺位，已使知识和技能难以发挥有效作用，即使学有所成的学生，也有弱势不足。而现代社会对人的全面性和平衡性的要求，决定了人文素养在人的成功不可或缺。知识、技能、人文素养是人成长的三个要素，构成了一个稳定而富有活力的"三脚架"；奠基着基础，影响着现在，支撑着未来。而在这三者中，人文素养具有纽带和导向的作用，既是汲取知识的动力，也是技能运用的方向。如果缺少了人文素养，再多的知识也只能是一纸空文，再好的技能也许对社会并无多益。因此，人文素养在人的成长中的核心地位不容小视。

篮球运动员姚明，在美国打职业联赛9年。美国职业篮球联赛总裁大卫·斯特恩这样评价：姚明是一个有礼貌、有良好教养的年轻人，在赛场上和社会活动中，他是中西两个文化之间的桥梁。

大家喜爱姚明，不仅是因为球技，从他身上，世界看到一代中国青年所具有的文化气度。有文化学者讲，人本来是散落的珍珠，随地乱滚，文化就是那根柔弱又坚韧的细线，将珠子串起来成为社会。这不仅体现为一种生活理念，更体现为一种价值观，这样的文化素养，才会塑造令人尊重的现代公民。

一位纳粹集中营的幸存者，当上了美国一所中学的校长，每当一位新老师来到学校他就交给那位老师一封信，信中这样说：

亲爱的老师，我是集中营的生还者。我亲眼看到人类所不应当见到的情景：毒气室由学有专长的工程师建造；儿童由学识渊博的医生毒死；幼儿被训练有素的护士杀害；妇女和婴儿被受过高中或大学教育的人们枪杀，看到这一切，我怀疑：教育究竟是为了什么？我的请求是：请你帮助学生成为具有人性的人。你们的努力绝不应当被用于制造学识渊博的怪物、多才多艺的变态狂、受过高度教育的屠夫。只有在能使我们的孩子具有人性的情况下，读写算的能力才有其价值。

知识固然重要，人性比知识更重要。人性是共同相处、共同生存、共谋发展的基础。一个充满人性的人，共同生存能力强；一个缺人性的人，共同生存能力弱，人性是共同生存的基础，共同生存是人性的体现。

在第二次世界大战时，有一个记者问英国首相邱吉尔："莎士比亚与印度哪个更重要？"印度当时是大英帝国在海外最大的殖民地，人口最多，土地最广。邱吉尔首相回答："宁可失去五十个印度，也不能失去一个莎士比亚。"人类之所以伟大，现在看来，不是因为他能够征服世界，主宰世界，而是因为他拥有文化，拥有精神。

文化的力量是最强大的、最坚韧的。日本占领台湾50年，连说台湾话（闽南话）都是非法的，所以在台北那时候听不到中国话，全说日语。但是文化是割不断的，所以当1945年日本投降后，一夜之间台北满街都是闽南话。

这里，需要特别要强调的是，人文素养在创新人才培养中具有重要作用。诺贝尔奖获得者最多的美国加州理工学院认为，自然科学只能提供知识，而不能提供智慧，什么叫智慧，智慧是知识和判断的总和。为了取得智慧理工科出身的人必须学习人文科学。我国专家学者也认为，理工科出身的人只能当老师，不能当大师，要当大师，必须借助人文学科。著名数学家苏步青是一位文学修养极好的优秀诗人。美国的莫尔斯是电报的发明者，却是一位曾担任美国画家协会主席的著名画家。这些例子说明，成就一个大师，必须以综合的全面知识为基础，以全面的人格修养为基础。

美国苹果公司总裁乔布斯有个经典观点，我愿把我所有的科技活动去换取和苏格拉底相处的一个下午的时光。建筑大师梁思成先生提出，建筑师应有哲学家的头脑，社会学家的眼光，工程师的精确，心理学家的敏感，文学家的洞察力，但最重要的，他应是一个有文化修养的综合艺术家。

工程师过去仅仅是工程技术行业的人员，但是21世纪合格工程师不仅要有工程技术知识，而且要学习人文环境、自然环境、公共政策，要学会跟政府打交道。一个21世纪合格工程师必须回答好四个问题：1. 会不会做，这是技术要求，最起码的；2. 值不值得做，这是经济学的要求；3. 可不可以做，这是法律学的要求；4. 应不应该做，这是生态环境和伦理学的要求。21世纪合格工程师必须学过自然科学、技术科学、人文科学、社会科学，这样才是一个合格的工程师。

在现代科技革命条件下，人的文化背景越宽厚，融会贯通能力越强，越容易接近科学前沿。什么叫天才？哲学家怀特认为，天才是一个人的心灵中产生了有意义的综合。竞争诺贝尔奖的选手需要深厚的人文底蕴和文化内涵，需要大思路、大智慧、大视野。爱因斯坦的相对论，与其说是物理学上的重大发现，还不如说是他用其深邃的哲学眼光提出的伟大理论。歌德、席勒、贝多芬都受到康德哲学思想的熏陶，贝多芬音乐在本质上是康德哲学的旋律化或音响化。

第二十章

推进德育创新

推进德育创新是提高高校德育科学化水平的要求。当前，高校德育工作更多还停留在经验型、感知型层面，对新形势下学校德育工作的变化规律认识和把握还不充分，对青年学生思想观念和行为方式的快速变化还不适应，对新形势下开展德育工作的有效方法、手段、途径缺乏创新。

推进高校德育创新，必须以全球化眼光，通过顶层设计和制度安排，实现德育目标和价值取向的现代化，体现其战略性；通过提高德育的科学含量和专业化水平，增强其科学性；通过创新德育工作方法、载体增强其有效性。

今天，高校德育工作的社会条件已不大一样了，我们有些做法过去有效，现在未必有效；有些过去不合时宜，现在却势在必行；有些过去不可逾越，现在则需要突破。"不日新者必日退。""明者因时而变，知者随事而制"，做好高校德育工作，比以往任何时候都更加需要创新。

第一节　认识意识形态复杂

胡锦涛同志指出，经济工作搞不好要出大问题，意识形态工作搞不好也要出大问题。意识形态领域安全是最大的国家安全。在世界当代史上，因意识形态问题导致国家兴亡和政权更迭的例子屡见不鲜。意识形态工作关系国家的生死存亡。一个没有军事实力的国家，一打就败；而一个没有意识形态防线的国家不打自败。一个政权的瓦解往往是从思想领域开始的，思想防线被攻破了，其他防线就很难守住。我们必须把意识形态工作的领导权、管理权、话语权牢牢掌握在手中，任何时候都不能旁落，否则就要犯无可挽回的历史性错误。

历史和现实反复证明，能否做好意识形态工作，事关党的前途命运，事关国家长治久安，事关民族向心力和凝聚力。

当前，我国意识形态领域的主流是好的。随着党和国家各项事业的开拓前进，马克思主义指导地位不断巩固，中华民族伟大复兴的中国梦这面精神旗帜高高扬起，全民族的凝聚力、向心力进一步增强，中国特色社会主义自信更加坚定。但也要清醒地看到，意识形态领域情况复杂、斗争尖锐。西方敌对势力始终不愿意看到我国的发展壮大，认为中国的成功会威胁到它们的战略利益、制度模式和价值观，想方设法对我国牵制遏制和西化分化，千方百计地开展施压促变活动，处心积虑地进行思想文化渗透，不遗余力地推销西方的政治理念、制度模式和价值观。同时，我国改革进入攻坚期和深水区，各种社会矛盾和问题相互叠加、集中呈现，现实社会问题与思想认识问题相互影响，各种力量和思潮竞相发声，"异见分子"与境外敌对势力遥相呼应，妄图从内部搞乱中国、搞垮中国。意识形态领域尖锐复杂的斗争，现实地摆在我们面前。

从目前实际情况看，意识形态斗争愈来愈激烈。第一，现在国际上思想交锋、思想交流、文化交融日趋频繁，西方把中国崛起看作是对它的价值观和统治体系、治理体系的一种挑战。第二，随着改革开放的不断深入，那些腐朽的思想文化将沉渣泛起。

从具体的表现来看，西方对我们在思想战线的围攻一刻都没有放松。仅仅从舆论斗争来看，虽然美国之音的汉语广播已经停了，但英语广播还在继续，此外自由亚洲、NHK、KBS、BBC、法国之声、法国国际广播电台、德国之声，对中国形成一个半月形的包围地带，这些电台、电视台对中国广播，总共有31个转播台、174个频率，每天用中国的五种方言（包括普通话）对大陆进行80个小时的广播。为了争夺意识形态的主导权、话语权，这些西方资本主义国家花多少钱都在所不惜。

美国军情局在上世纪50年代就发布了对华的《十条诫令》，随着中美关系的起伏，《十条诫令》还在不断进行调整。我们来看看前三条就可以看出其核心内容。第一条，尽量用物质来引诱和败坏他们的青年，鼓励他们蔑视、鄙视、进一步公开反对他们原来所受的思想教育，特别是共产主义教条。替他们制造对色情奔放的兴趣和机会，进而鼓励他们进行性的滥交。让他们不以肤浅、虚荣为羞耻。一定要毁掉他们强调过的刻苦耐劳精神。第二条，一定要尽一切可能，做好传播工作，包括电影、书籍、电视、无线电波……和新式的宗教传播。只要他们向往我们的衣、食、住、行、娱乐和教育的方式，就是成功的一半。第三条，一定要把他们青年的注意力，从以政府为中心的传统引开来。让他们的头脑集中于：体育表演、色情书籍、享乐、游戏、犯罪性的电影以及宗教迷信。

现在全国一年取缔的色情网站，80%来自西方，其中51%来自美国。点击率最高的100个网站中94个在美国，13个根服务器中10个在美国。美国的信息追踪系统、监控系统发达得令人难以想象。现在美国对50亿部手机同时进行跟踪，据说还成立了一个天网公司，每天有十几万人人工整理这些信息。美国掌握了网络，掌握了信息，占据了在话语权上的主动地位。互联网已经成为舆论斗争的主战场。这绝对不是危言耸听。美国前国务卿奥尔·布莱特曾经讲过，"我们要利用互联网将我们的价值观送过去，送到中国去。有了互联网，对付中国就有了办法。"

美国前总统克林顿公然宣称：美国不是用原子弹、导弹、核武器，摧垮世界上第一个也是最大的社会主义国家苏联的，我们靠的是意识形态、价值观、文学艺术，这些使苏联解体。今后，美国还会继续用这样的方式，实现自己的全球战略目标。

以美国为首的西方势力不愿看到马克思主义在世界的胜利，不愿看到社会主义中国在东方的崛起，他们用军事手段打压，打压不了就对社会主义国家进行演化。二战结束后，杜勒斯就提出："人们的头脑和意识是可以改变的，我们可以悄悄地用杜撰的价值观将那里人们的价值观取而代之，并迫使他们相信杜撰的价值观。怎么做？我们可以在苏联寻找与我们观点一致的人，寻找可以帮助我们的人和盟友……"

西方一直试图用对付苏联的办法对付中国。兰德公司专家毫不掩饰地说，对付中国比对付苏联难多了，我们仅用了"西化""分化"这"两化"就搞垮了苏联，但要搞垮中国，光靠这"两化"还远远不够，最少再加上"四化"，即让中国老百姓对政治淡化，让党政干部在市场经济大潮冲击下腐化，把中国领袖丑化，让马列主义在多样化意识形态下融化。现在，有的人否定社会主义制度优越性，主张推行多党制，搞资产阶级的所谓"民主"；有的否定党的领导，鼓噪"军队国家化"；利用互联网传播大量抹黑中国的信息、谣言；还有的企图在中国复制颜色革命。有些人甚至是党的高级领导干部在西化中当了俘虏，根子就在理想信念发生了动摇，背叛了共产主义理想信念。正如一名死刑犯临死前说的那样："人一旦丧失信念，就像一头疯狂的野兽，不是掉进深谷自取灭亡，就是被猎人开枪打死。""生和死原来离得这么近，近得只有一线之隔，而架着这条线的就是理想信念。"

目前，我国意识形态领域斗争主要表现在以下方面：

一是世界范围内各种思想文化交流、交融、交锋更加频繁，国际思想文化领域斗争深刻复杂，西方国家把我国发展壮大视为对价值观和制度模式的挑战，加紧对我国进行思想文化渗透，我们在意识形态领域面临的斗争和较量是长期的，

二是敌对势力利用人民内部矛盾插手干预。现在很多矛盾还是人民内部矛盾，问题在于把个别问题扩大化，单一问题复杂化，将一般问题政治化，最后把矛头指向党的领导和社会制度。"大学生毕业后成为蚁族""小悦悦被汽车轧了之后路人漠视"，都成为境外敌对媒体对我们制度抹黑的依据。

三是国内所谓的"意见领袖"对社会问题歪曲解读。现在有些"意见领袖"发表负面言论，对社会问题解读，对社会导向产生消极影响。国内一些错误观点时有出现，有的宣扬西方价值观，有的专拿党史国史说事，有的以"反思改革"为名否定改革开放，有的否定四项基本原则。

四是国外一些非政府组织以交流合作名义拉拢影响。我们现在与国外非政府组织交流扩大了，国外一些非政府组织组织草根运动和松土运动，给我们执政基础松土。特别是利用基金会对学术交流活动施加影响。

五是各种各样信息在互联网上传播影响社会情绪。亚洲上空游弋着几十颗西方国家的通讯卫星，近百套境外卫星节目覆盖着我国版图。世界上每天播送的新闻有90%来自西方媒体。互联网上的主导语言是英文，占80%以上，中文只占3.7%。我国意识形态安全受到巨大威胁。

六是思想道德领域出现了一些不容忽视的现象，一些人理想信念不坚定，一些腐败落后思想文化沉渣泛起，拜金主义、享乐主义、极端个人主义有所滋长，等等。

因此，我们在集中精力进行经济建设的同时，一刻也不能放松和削弱意识形态工作。在这方面，我们有过深刻教训。一个政权的瓦解往往是从思想领域开始的，政治动荡、政权更迭可能在一夜之间发生，但思想演化是个长期过程。

我们要深刻认识经济基础对上层建筑的决定作用，深刻认识上层建筑对经济基础的反作用，既要有硬实力，也要有软实力，既要切实做好中心工作、为意识形态工作提供坚实物质基础，又要切实做好意识形态工作、为中心工作提供有力保障；既不能因为中心工作而忽视意识形态工作，也不能使意识形态工作游离于中心工作。意识形态工作一定要把围绕中心、服务大局作为基本职责，胸怀大局、把握大势、着眼大事，找准工作切入点和着力点，做到因势而谋、应势而动、顺势而为。

高校是社会思潮的码头，社会上刮风下雨，高校就伤风感冒。高校现在表面上比较平静，但是在意识形态领域的碰撞、交锋从来没有停止过。

高校处于意识形态领域前沿。各种思想文化在这里交流融合，各种社会思潮在这里交锋较量，各种信息资讯在这里交汇扩散，对高校师生的思想观念、价值取向和行为方式产生了深刻影响。应当肯定，高校意识形态领域总体态势是积极健康向上的，广大师生的理想信念进一步坚定，民族复兴中国梦引起强烈共鸣，对以习近平同志为总书记的党中央高度信任、衷心拥护，对党对国家事业发展前景充满信心。同时也要看到，长期以来，西方敌对势力把高校作为西化分化的重点目标，把青年学生和知识分子作为重点对象，与我争夺阵地、争夺青年、争夺人心。面对这种情况，高校思想理论建设还存在一些不适应的地方。比如，有的高校思想理论建设仍显薄弱，存在重专业学习、轻思想政治教育的现象。一些高校思想政治理论课缺乏针对性和吸引力，相关教材建设和教学改革有待深化。有的高校党组织缺乏阵地意识和担当精神，对错误思想观点不敢管理、不敢斗争，等等。

现在高校师生思想主流是好的，但师生思想多元化倾向也比较明显。有的将西方学术思想和政治观点作为"普世价值"，片面评价中国社会的现实。有的将马克思主义的学术性和意识形态性截然分开，否认马克思主义的指导地位。有的质疑党委领导下的校长负责制，宣扬大学要远离意识形态等。高校始终是意识形态最活跃、最敏感的地方，主要表现在三个方面：

高校是思想文化交锋的最前沿。高校是意识形态工作的重点，是境内外敌对势力思想渗透的重要目标。渗透的主要特点有三个：第一，渗透的力度加大，主要集中在高校；第二，渗透的形式更加多样，主要是以公开合法形式潜移默化；第三，渗透的范围正在扩大，从原来以教师为主，扩展到学生。从高校具体情况来看，渗透的主要对象是四个：重点大学的大学生；高级知识分子；青年教师、科研骨干；民非组织和激进的民间维权人士。

高校是多元文化表现最为集中的地方。随着经济体制深刻变革，社会结构深刻变动，利益格局深刻调整，师生思想观念也在发生深刻变化。高校思想文化思潮出现了多样化的特点，既有主流意识形态，也有非主流意识形态，有的是处于中间状态的意识形态，甚至也有反主流的意识形态。就文化来讲，第一是先进文化，第二是健康文化，第三也有落后文化，第四还有腐朽文化。高校要按照建设社会主义核心价值体系的要求，发展先进文化，支持健康有益的文化，改造落后文化，抵制腐朽文化。我们要回答这样一个重要课题，如何在构建社会主义核心价值体系中，使先进文化，主流意识形态在包容中实现引领，在共存中巩固主导，这是一个难度非常大的任务。

高校是人才和教材国际化开放度最高的地方。教育的开放，既有利于学习借鉴国外先进教育理念、管理经验、教育模式、教学内容，但也不可忽视负面思想文化的影响。现在高校教师队伍中，海外归来人员增多，高校引进了很多留学归国人员，有些受西方文化影响较深的教师，热衷于介绍西方文化，热衷参与网上自发讨论的有关民主、反腐败、贫富差距这些话题，发表不少负面言论，这些思想情绪正在影响学生。同时不少专业大量引进使用西方原版教材，其中包括不少社科类的教材，有的代表西方的意识形态，西方的价值观念，学生在学习知识同时，或多或少受到其中西方思想文化的影响，如果缺乏正确的引导，势必产生消极的影响。

高校意识形态工作具有特殊的复杂性。西方敌对势力意识形态渗透的主要手法，就是混淆视听、搞乱思想，把个别问题扩大化，把简单问题复杂化，把一般问题政治化，最终把矛头指向中国共产党的领导和社会主义制度。高校往往是学术问题与意识形态问题交织，学校内部问题与社会问题交织，现实问题与历史问题交织，正确的改革方向与不完整的实施过程交织，正当的利益诉求与不理性的表达方式交织。

因此，做好高校意识形态工作，既要旗帜鲜明，又要非常慎重；既要尊重差异、包容多样，更要坚持社会主义核心价值体系，用社会主义核心价值体系引领社会思潮。

具体讲，要做好以下四项工作：一是加强马克思主义理论学习教育。巩固马克思主义在高校意识形态的指导地位，要求我们必须深入开展马克思主义理论学习教育。要组织党员干部和广大师生深入学习马克思列宁主义、毛泽东思想，原原本本研读经典著作，掌握基本原理和科学体系，增强运用马克思主义立场、观点、方法分析解决问题的能力。中国特色社会主义理论体系是当代中国的马克思主义。要突出抓好中国特色社会主义理论体系学习教育，深入学习邓小平理论、"三个代表"重要思想、科学发展观，自觉用马克思主义中国化的最新成果武装头脑、指导实践、推动工作。党的十八大以来，以习近平同志为总书记的党中央就治党治国治军、改革发展稳定、内政外交国防提出了一系列新思想新观点新论断，丰富和发展了中国特色社会主义理论体系。要把学习贯彻习近平总书记系列讲话精神作为深化高校思想理论学习教育的重点，融入课堂教学、纳入党课团课，用讲话精神统一广大师生的思想和行动。要围绕抓好课堂教学、教材编写、教师队伍建设三个关键，全面深化思想政治理论课教育教学改革，切实推动党的思想理论"三进"工作。实施高校思想政治理论课建设体系创新计划，组织编写、统一用好马克思主义理论研究和建设工程重点教材，加强卓越马克思主义理论人才、新闻传播人才、法律人才的教育培养，启动大学生思想政治教育质量提升工程，积极探索行之有效的教育方法和教育模式。

二是创新意识形态工作话语体系。话语体系是意识形态传播的基本载体。习近平总书记在全国宣传思想工作会议上特别强调了加强话语体系建设、改进传播方式问题。我们要结合高校实际，进一步创新意识形态工作话语体系，提高马克思主义意识形态的说服力和感召力、传播力和影响力。要注重用中国的理论、中国的学术、中国的文化解读马克思主义中国化的最新成果，形成中国特色、中国风格、中国气派的话语体系。特别是要针对西方学术话语占据主导的现状，发挥高校人才优势和学科优势，增强责任感、紧迫感，深入总结提炼我们在探索中国道路中创造的新思想新经验新做法，着力打造融通中外、具有普遍适用性和广泛接受度的新概念新范畴新表述，讲好中国故事，传播好中国声音。要实施中国特色新型高校智库推进计划，建设一批能在国际舞台发出中国声音的国家智库；实施"走出去"计划，推进积极参与中外人文合作交流对话，围绕中国发展和全球性重大问题开展合作研究，在深度参与国际对话中提升中国话语权、掌握主动权。

三是创新思想政治工作方式。我们面对的是思维活跃的青年人，思想政治工作要更富有时代气息、更富有生机活力，以理服人、以情动人，以鲜活事例、先进典型感染人、鼓舞人、引导人、塑造人。要研究时代新情况和师生新特点，善于利用新兴媒体、社会实践、校园文化润物无声地影响师生。建立思想政治工作分析机制，定期分析社会舆情、师生思想动态和学校意识形态工作，有针对性地进行引导和引领。组织高校师生广泛开展社会实践活动，深入基层参加生产劳动，开展调查研究、学习考察、志愿服务，进一步了解国情、社情、民情，正确认识国家前途命运，正确认识自身社会责任。

四是创新高校新闻宣传方式。建立教育部门、宣传部门、新闻媒体三方互动宣传机制，充分运用新技术，创新学校媒体传播方式，推动教育信息公开，提升教育信息传输能力，占领信息传播制高点。完善高校新闻信息发布和新闻发言人制度，把握时、度、效，改进新闻宣传的文风作风，增强高校新闻发布的社会效果，及时全面准确地反映高校改革发展成就。

五是创新高校网络思想政治教育。新媒体具有快捷的群际传播和社会动员能力，既为宣传党的路线方针政策、传播先进文化拓展了新载体，但也会使网络流言的传播产生"蝴蝶效应"，将许多偶发的细小矛盾汇聚引发为群体事件，将局部问题扩大为全局问题，将一般性问题演变成政治性问题。

2010年12月，由一个突尼斯商贩之死掀起的社会冲突视频被发布到互联网上，持续发酵，从而引发大规模社会骚乱。最终导致统治长达23年的总统本·阿里倒台。突尼斯事件及随后爆发的茉莉花革命和北非、中东大乱局，既是美国新兴媒体战争效果的经典体现，也是其未来更大规模运用这一战争样式的实际检验和预演。

近年来，中东、北非的一连串国际群体性事件表明，全球正加速进入网络政治时代。在网络快速发展的时代，如何把握住网络信息传播规律，创新网络思想政治教育方法，积极发挥网络文化正能量，有效应对网络负面信息消极影响，加强网络舆论引导，做到现实与虚拟双管齐下，网上与网下齐头并进，是大学生思想政治教育工作面临的现实考验和紧迫任务。

第二节　探索德育科学规律

大学生思想政治教育科学化，就是要深刻认识和掌握德育工作规律。什么是规律？规律是事物发展过程中本身固有的、本质的、必然的、稳定的联系，反映了事物的本质与必然性。掌握规律，就是掌握主动。德育工作是有规律的，那些在实践中反复被运用，证明是科学的、有效的做法，成熟的经验，就是德育工作应该遵循的规律。探索高校德育规律，需要深刻总结高校德育经验。近几年，高校德育工作行之有效的主要经验是：

一、提高认识

充分认识德育工作的重大意义。如果比作打仗，德育工作就是占领制高点；如果把教学和科研比作骨和筋，德育工作就是气和神。我们应当坚定不移地把德育工作置于学校工作的首位。

二、确立核心

学校德育工作的核心是思想政治建设，主线是理想信念教育。在思想建设上，要始终坚持马克思主义世界观、人生观、价值观；在道德建设上，要始终坚持集体主义、爱国主义、社会主义；在文化建设上，要始终突出思想建设的作用和功能。人文教育、艺术教育、心理素质教育、中华传统文化教育，固然对学生的理想信念有一定的作用，但绝对不能代替思想政治教育。

三、重在落实

德育工作要重在建设，狠抓落实。德育工作要虚功实做，虚事实办，软件硬做，软硬兼施。要把德育的目标、内容、政策、载体由虚变实，把德育工作的体制、机制、队伍、投入由软变硬。虚指标要量化，软意识要强化，软任务要硬化。

四、大局意识

德育工作必须树立大局意识，增加宏观含量。德育不能以自我为中心，自我循环，自我封闭。要为教学科研服务，为改革发展稳定服务，为学生全面发展服务。德育工作的成效，归根结底要看德育工作在推进人的全面发展中的作用。

五、继承创新

继承是前提，创新是动力。加强与改进，继承与创新，两者都是互相统一、相互促进的。只有在改进中加强，在继承中创新，在创新中提高，德育工作才能跟上新形势。贴近实际，深入人心。

六、处理关系

正确处理改革、发展、稳定之间的关系。德育工作要为改革、发展、稳定提供强有力的思想保证。在战略上，改革是第一位的，以改革求发展是积极的发展，以改革求稳定是积极的稳定。在战术上，稳定是第一位的，发展的速度、改革的力度，要取决于稳定所能承受的程度。没有稳定，就谈不上改革发展。但不改革、不发展，学校就没有活力，事业就没有前途，利益就没有盼头，人心不稳，也就没有真正的稳定。

探索高校德育规律，需要把握大学生思想政治教育形势深刻变化：大学生思想政治教育面临的外部环境、社会条件、工作条件发生的深刻变化，大学生思想意识的生成特点、表现形式、传播规律发生了深刻变化，大学生的思想观念、道德选择、价值取向发生了深刻变化。这三个深刻变化，对实现大学生思想政治教育科学化水平提出了新的更高要求。

德育工作是一门科学，认识和把握德育规律并不是一件简单的事情，对德育规律认识有一个逐步深入的过程，对德育工作科学化水平有一个逐步提高的过程，需要我们在长期实践中不断探索，不断深化，不断总结。现在，高校德育工作的环境、对象、方式发生了很大变化，必须在总结经验的基础上，进一步加强和改进，更好地促进大学生健康成长、全面发展。从实践维度，我们应当遵循以下德育工作规律：

当代大学生是一个健康成长的群体。当代大学生在社会转型中思考，又在思考中变化，他们是具有较强的接受新事物的意识、独立自主意识、平等意识、法律意识，公民意识，渴望被尊重、被理解、被信任、被容纳，我们应当认同、遵从、宽容、理解。

当代大学生是一个时代环境塑造的群体。环境塑造是基础。当今时代，世界多极化，经济全球化，文化多元化，要求我们从政治、经济、文化和社会各方面环境因素影响中，注意环境塑造的基本规律，特别要从改革开放环境中看到当代大学生成长进步的时代烙印，增强了时代环境教育的影响力、感召力。全球化、科技化、市场化、数字化时代环境有它伟大一面，也有渺小一面；有令人欣喜若狂一面，也有令人担忧一面。这是这个时代显著特点。全球化、科技化、市场化、数字化的巨大杠杆使我们获得巨大物质财富，但提出的问题闻所未闻的，提出的挑战也是前所未有的。所以，德育要认真研究时代环境塑造的基本规律。

当代大学生是一个需要加强理论教育的群体。理论教育是灵魂。育人首先育德，育德先育魂。要求大学生坚定理想信念，明确历史使命，明白政治方向，明白做人道理，必须用中国特色社会主义理论体系和核心价值体系教育大学生。我们要创新理论教育模式，在建设团队中构建新型学习组织，在互动参与中增强政治思想共识。这种政治认同、价值认知不仅要体现在思想上，也要反映在情感上，激发大学生的情感共鸣，展现理论体系的真理力量，展现核心价值体系的人文力量。

当代大学生是一个需要引导发展的群体。引导发展是根本。教育具有人本价值。要以人为中心，突出人的发展，这是教育的本源价值，是马克思主义关于人的发展思想的最高境界。要尊重学生主体的主体性，尊重学生的差异性，尊重学生的权利和责任，尤其要尊重学生主体地位，了解学生主体需求，激发学生主体创造力，引导学生成长成才。

当代大学生是一个需要推进自我教育的群体。自我教育是关键。现代德育要充分尊重人的价值，人的价值分为自我价值和社会价值。人的自我价值在于人的自我发展、自我完善、自我实现、自我超越，人的社会价值在于个人对社会的贡献。人的双重价值是相互依存、相互促进，前者是前提，是基础，是本质，后者是人的价值的提升和拓展。德育是社会要求，也是大学生自我发展、自我生存的要求，因为任何教育只有转化为自我教育，才能真正达到教育的效果。

第三节　注重学生思想研究

面对大学生思想观念的多样多元多变，德育工作要充分考虑大学生思想道德状况的独立性、层次性、差异性，深入研究思想行为变化的特点。

研究分析大学生思想特点，需要正确认识和处理好以下关系。一是主流与支流的关系。主流决定支流，支流在一定条件下也会干扰和影响主流。要把握好主流，同时关注支流，争取实现某些支流向主流转化。二是显流与潜流的关系。表现出来的、引人注意的、明显的是显流；没有被发现的、正在酝酿的处于萌芽状态的东西，就是潜流。我们要有见微知著的本领，及时洞察发现潜流。对那些学生中蕴藏的积极的、符合社会主义市场经济的意识、理念、行为等"潜流"，要积极引导；对那些消极的、落后的、不健康的潜流，要保持警惕，及时掌握，力争消除在萌芽状态。三是常流与变流的关系。常流是正常的、便于掌握的情况。变流是具有盲目性、杂乱性、突发性、不可预测性特点。突发性事件是变流的主要产生源，容易成为热点、难点问题。这三个关系相互交织，复杂多变，要正确认识和处理。

从当代大学生成长阅历和发展走向看，主要有以下特点：

最新特点是，"高、大、快、强"。所谓高，就是开放程度高；所谓大，就是信息量大；所谓快，就是思想变化快；所谓强，就是个体意识强。

突出特点是，主体性、独立性、选择性和观点的多样性。他们注重自我感受，善于独立思考，希望在平等交流中追求真理，喜欢在对社会现实思考中选择真知。在行为中，追求自我支配自主决策；在生活中，追求自立自强；在精神中，追求自我价值实现。

心理特点是，生理成熟期前移，心理成熟期后移，心理矛盾增多，心理承受能力脆弱，身心发展不同步、不协调现象比较普遍。

发展特点是，政治需求更加现实，文化需求更加多样，成功需求更加强烈，社交需求更加广泛。更多采用生产力标准看问题，更多采用市场经济标准去评价人，更多采用与国际接轨的标准去审视周围的事情。

当代大学生与以往大学生不同特点是，拥护改革开放、追求成功富裕。

当代大学生存在主要问题是：缺乏对重大问题的深层次思考，政治自觉性和坚定性有待加强。他们虽然政治认同感强，但在重大政治问题上认识比较模糊肤浅，在真信、真学、真用、真做上存在较大差距。

缺乏远大理想，价值取向多元功利。往往用效益观念看待事物，用经济规则参与社会，价值主体自我化，价值取向功利化，价值目标短期化。

缺乏知行统一的认识和实践，认知与行为背离。往往用集体主义要求别人，用利己主义满足自己；对社会和别人要求高，对自己要求低；要求别人尊重自己，却不能以礼待人；强调自我满足，关注自我感受，自我评价大多高于社会评价。

缺乏艰苦生活磨炼和坚强意志品质，对适应社会发展和应对严峻挑战准备不足，缺乏吃苦耐劳精神。

据一项大型社会调查，用人单位对大学毕业生素质更多意见集中在思想品德上：一是自我中心主义，唯我独尊，不善于与人协作共事；二是心态浮躁，不愿意到生产和销售第一线，只想在办公室搞管理或到实验室搞科研；三是缺乏对企业的忠诚，动不动就想跳槽，只认收入，也不管事业是否有前途，不顾企业对自己培养付出的心血；四是缺乏意志力，工作中遇到难题不是迎难而上，而是知难而退，回避矛盾，把难题扔给别人。有的外企主管说，现在大学生的责任感和专业能力不适应国际化企业要求，已经影响到他们的管理人才本土化战略。

第四节 推进核心价值引导

习近平总书记高度重视价值体系和价值观问题，强调要把培育和弘扬社会主义核心价值观作为凝神聚气、强基固本的基础工程。加强社会主义核心价值体系和核心价值观教育，就是弘扬主旋律，传播正能量。

当前，做好这项工作，尤须把握两个方面。一是发挥道德价值的作用。大力宣传中华美德及其在当代的创造性转化、创新性发展，不能盲目地、不加区分地去迎合西方的道德价值。二是发挥中华优秀文化的作用。中华文化是中华民族区别于其他民族的独特精神标识。如果连这个标识都模糊了，我们的价值体系、价值观就守不住了。

十八大提出培育和践行社会主义核心价值观的战略任务，在国家层面倡导富强、民主、文明、和谐，在社会层面倡导自由、平等、公正、法治，在个人层面倡导爱国、敬业、诚信、友善。这"三个倡导"是社会主义核心价值观的基本内容，为大学生塑造正确的世界观、人生观、价值观提供了遵循的基本依据。

爱国，是国家和民族的基本道德要求，它是一种对祖国的强烈和真挚的情感，一种为祖国勇于担当和奉献的精神，它是维护民族团结、凝聚民族力量的纽带，是一个国家、民族生生不息、发展壮大的力量源泉。

敬业，是职业道德的基本要求，是指恪尽职守、热爱劳动、乐于奉献，是一种积极向上的人生态度。

诚信，是市场经济存在和发展的道德前提，它是一切道德的基础，也是一个社会赖以生存和发展的基石，是社会和谐稳定的必要条件。

友善，是人类生存和发展的基本价值要求，是社会交往的基本道德规范，是和谐、团结与合作的重要基础。

价值观是人类在认识、改造自然和社会的过程中产生与发挥作用的。人类社会发展的历史表明，对一个民族，一个国家来说，最持久、最深层的力量是全社会共同认可的核心价值观。核心价值观，承载着一个民族、一个国家的精神追求，体现着一个社会评判是非曲直的价值标准。

对青年学生进行社会主义核心价值观教育，是因为青年的价值取向决定了未来整个社会的价值取向，而青年又处在价值观形成和确立的时期，抓好这一时期的价值观养成十分重要。这就像穿衣服扣扣子一样，如果第一粒扣子扣错了，剩余的扣子都会扣错。人生的扣子从一开始就要扣好。青年学生要从现在做起，从自己做起，使社会主义核心价值观成为自己的基本遵循，并身体力行大力将其推广到全社会去。

青年学生树立和培育社会主义核心价值观，要着重进行以下教育：

我们要广泛开展社会主义核心价值观学习教育，在结合、融入上下功夫，紧密结合大学生的思想实际和接受习惯，把"三个倡导"融入他们学习、生活的各个方面，体现到高校的各项规章制度、行为规范中。要准确把握国家、社会和个人价值追求的统一，着力引导大学生树立爱国主义精神和改革创新精神，强化法制纪律观念，增强艰苦创业、勤劳节俭意识，把社会主义核心价值观植根于思想和行动之中。

核心价值引导要融入教育全过程，要切实解决价值取向问题。在这个问题上，一定要旗帜鲜明，观点明确。没有明确的价值取向，似是而非，非牛非马，核心价值引导就是空话，无从谈起。在思想观念多元多样多变的今天，明确究竟坚持什么，反对什么，褒扬什么，贬斥什么，确立时代的价值坐标，激发前行的道德力量。

在核心价值观上，哪些东西要坚持，哪些高压线不能碰，我们要有清醒的头脑。改革开放以来，价值观的转变大致经历了三个阶段。第一阶段：20世纪80年代突破一元价值观；第二阶段：20世纪90年代，多元价值观并立；第三阶段：21世纪初，一元与多元价值观严重矛盾和冲突。

在当前市场经济多元价值体制下，我们必须坚持在多元中有主导，在多样中有主体，在多变中有主线。我们要根据核心价值体系的要求，推进教育思想转变：不仅要重视学生学什么，更要重视学生怎么学；不仅要重视学生思考什么，更要重视学生怎么思考；不仅要重视学生做人，更要重视学生怎么做人。要把专业教育提升为通识教育，把通识教育提升为能力教育，把能力教育提升为品格教育，把品格教育提升为核心价值教育。

2011年9月，在一年一度的新加坡教育部工作蓝图大会上，新加坡新任教育部长王瑞杰在关于教育变革的演说中表示，新加坡未来的教育方向将由"能力导向"转向"价值导向"。新加坡的教育导向一直随着时代要求不断更新，从1959年起的生存导向，到1979年以后的效率导向，再到1997年以后的能力导向。这位教育部长强调，我希望让教育系统变得更加以学生为中心，更加关注全面教育，更加强调价值观和品格发展。我们可以将这个概括为"学生中心、价值观导向"的教育。要给予学生自信心和自我意识，培养他们坚韧不拔的意志力，即培养学生的"自我价值"；要培养学生在多元种族、多元文化的社会，尊重、负责、关怀和赏识他人，即培养学生的"道义价值"；要培养学生成为坚强、有毅力、有知识、有见闻，国家有难，能奋起捍卫祖国的好公民，即培养学生的"公民职责价值"。

当前，针对大学生价值观问题，核心价值引导需要突出以下教育。

一、中国梦教育

青年人朝气蓬勃、富有梦想。实现中华民族伟大复兴的中国梦，是每一个中国人的梦，更是青年一代的梦。这个伟大梦想，终将在广大青年的接力奋斗中变为现实。现在，我们比历史上任何时期都更接近实现中华民族伟大复兴的目标，比历史上任何时期都更有信心、更有能力实现这个目标。距离实现这个目标越近，我们越要加倍努力，越要动员广大青年为之奋斗。

中国梦是一种追求，一种理想，不是抽象口号和空洞提法，具有丰富内涵：

第一，梦想是有历史性的。在封建社会，封建帝王的梦想是把自家统治传至千秋万代，所以叫万岁。在资本主义社会，资本家的梦想是利润最大化，资本家追求超额利润，工人追求反压迫，反剥削。新民主主义革命，我们的梦想是推翻三座大山。建设中国特色社会主义，我们的梦想是国家富强，民族振兴，人民幸福，所以梦想是有历史性的。

第二，梦想是有层次性的，个人、群体、国家梦想是有层次的。西方心理学家马斯洛曾经提出人的层次需要理论。他把人的层次需要分为生存需要、安全需要、归属需要、尊重需要、审美需要、自我实现需要。韩国女总统朴槿惠说她在人生最苦难的时候有一个力量支撑着她，那就是读了冯友兰先生的《中国哲学史》。冯先生在这本书中提出了著名的人生四境界说，最低是自然境界，高一点是功利境界，再高一点是道德境界，最高是天地境界。每个人有自己的梦想，每个群体也有自己梦想，国家好、百姓好，大家才会好，这是我们共同的梦想。

第三，梦想是有具体内涵的。最深刻内涵，我们国家要举什么旗，走什么路，我们的民族要成为一个什么样的民族，要在整个世界树立一种什么样的形象。所以梦想是有非常深刻的内涵，而不是抽象的和空洞的。

第四，梦想是有现实基础的，今天的中国梦，是百年来中华民族一种抗争的过程、革命的过程、建设的过程，改革的过程，深刻体现我们这个民族这样一种追求所达成的现实条件。在这个基础上我们才能够在今天提出来"国家富强、民族振兴、人民幸福"的梦想。

实现中国梦必须走中国道路，这就是中国特色的社会主义道路。这条道路来之不易，它是在改革开放30多年的伟大实践中走出来的，是在中华人民共和国成立60多年的持续探索中走出来的，是在对近代以来170多年中华民族发展历程的深刻总结中走出来的，是在对中华民族5 000多年悠久文明的传承中走出来的，具有深厚的历史渊源和广泛的现实基础。中华民族是具有非凡创造力的民族，我们创造了伟大的中华文明，我们也能够继续拓展和走好适合中国国情的发展道路。

实现中国梦必须弘扬中国精神。这就是以爱国主义为核心的民族精神，以改革创新为核心的时代精神。这种精神是凝心聚力的兴国之魂、强国之魂。爱国主义始终是把中华民族坚强团结在一起的精神力量，改革创新始终是鞭策我们在改革开放中与时俱进的精神力量。全国各族人民一定要弘扬伟大的民族精神和时代精神，不断增强团结一心的精神纽带、自强不息的精神动力，永远朝气蓬勃迈向未来。

实现中国梦必须凝聚中国力量。这就是中国各族人民大团结的力量。中国梦是民族的梦，也是每个中国人的梦。只要我们紧密团结，万众一心，为实现共同梦想而奋斗，实现梦想的力量就无比强大，我们每个人为实现自己梦想的努力就拥有广阔的空间。

二、理想信念教育

理想指引人生方向，信念决定事业成败。没有理想信念，或者理想信念不坚定，精神上就会"缺钙"，就会得"软骨病"，就可能导致政治上变质、经济上贪婪、道德上堕落、生活上腐化。中国梦是全国各族人民的共同理想，也是青年一代应该牢固树立的远大理想。中国特色社会主义是我们党带领人民历经千辛万苦找到的实现中国梦的正确道路，也是广大青年应该牢固确立的人生信念。

理想动摇是最危险的动摇，信念滑坡是最致命的滑坡，我国是用共同理想信念维系国家，维系社会的，如果没有共同理想，就像一盘散沙。然而一个时期以来，有的人理想幻灭、信念动摇，精神迷失，对这些都不信了，或是忘记了，都不讲了，或是不敢讲了。现在理想状况不容乐观，有人讲，理想，理想有利就想；前途，前途有钱就图。甚至有人极端错误地提出，理想是远的，信念是空的，权利是近的，金钱是实的；要抛弃远的，放弃空的，抓住近的，捞取实的。

严峻复杂的社会形势要求坚定理想信念。我们目前面临激烈的政治竞争和文化竞争，面临西方敌对势力西化分化我国的战略图谋，面临西方发达国家经济科技占优势压力。

改革开放形势要求坚定理想信念。改革开放三十多年，我们取得了巨大成就，但头脑要清醒，要有忧患意识。

有个比方很形象，目前中国在经济上是一架正在六七千米高度飞行的飞机。这个时间摩擦力是最强的，摩擦力最强也预示着危险系数最大，耗能耗油也是最大的。而且这个时间最大的一个特点所有的人包括乘务人员都不舒服，都被紧紧地束缚着，没有服务。但是我们希望飞机能够冲过这个高度，进入到平流层。当进入平流层的时候，一切都舒服起来了，规则对我们的束缚变得舒缓起来了，各种服务也跟上来了。

中国人均GDP在2011年是第一次超过了5 000美元，经济学和管理学所讲的"中等收入陷阱"问题立刻就摆在我们面前。人均GDP到5 000美元以后再到达1万美元这期间，如果冲过去，就说明迈过陷阱，如果冲不过去，始终在这个位置徘徊的话，就叫作"进入陷阱之中"。历史上亚洲的日本、韩国、香港地区、台湾地区和新加坡都冲出了中等收入的陷阱，阿根廷、智利、巴西等拉美的很多国家在10年、20年前都已经超过了人均5 000美元，但是直到现在还一直陷在中等收入的陷阱当中。

我国发展取得了历史性进步，经济总量已经跃升到世界第二位。作为有着13亿多人口的国家，中国用几十年的时间走完了发达国家几百年走过的发展历程，无疑是值得骄傲和自豪的。同时，我们也应清醒认识到，中国经济总量虽大，但除以13亿多人口，人均国内生产总值还排在世界第80位左右。中国城乡低保人口有7 400多万人，每年城镇新增劳动力有1 000多万人，几亿农村劳动力需要转移就业和落户城镇，还有8 500多万残疾人。

目前，我国仍面临着深层次矛盾问题，困难挑战前所未有，短期问题和长期问题交织，结构性问题和体制性问题并存，国内问题和国际问题互联。现在一些社会热点问题广受关注，老百姓对贫富差距、官员腐败、物价上涨意见很大，而且仇富、仇官、仇警已经形成了一种偏激的社会心态。

老百姓对诸如行业分配不公平、食品安全、官员腐败等意见很大，这类问题都是社会主义市场经济发展中出现的一些问题。现在改革发展难题很多，矛盾很多，这本身并不可怕，为什么？有发展就会有矛盾，不发展矛盾会更多。我们要全面地、辩证地看待有些问题和矛盾。一位哲学家讲过，人们饥饿是只有一个烦恼，吃饱以后，就会产生无数烦恼。前者是生存的烦恼，后者是发展的烦恼。改革开放以来，绝大多数的人收入都有提高，生活都有改善，按常理人们应该是高兴满意的，但出人意料地带来不少心理不平衡，不少"无名之火"，不少意见，方方面面都有看法，都有问题。

为什么经济发展了，老百姓生活水平提高了，老百姓还有这么多意见，还有这么多社会矛盾。分析起来主要有以下原因。

第一个原因：我国改革开放已经高度多样多元。

改革开放最大特点就是我们把人类几乎所有实践模式的积极因素都引进中国，使社会充满了活力，促进了社会发展。但带来的最大问题就是各种实践模式之间的矛盾和冲突。当代中国无论是所有制体系、生产体系、分配体系到管理体系都是高度多元。多元化是进步也是挑战，但多元化必须是在可以掌控的范围内，否则就会出现很多社会矛盾和社会冲突，有的甚至非常广泛和深刻。所以，中央非常强调加强社会管理。

第二个原因：三大潮流已经产生巨大影响。

第一个潮流是全球化潮流，全球化使中国前所未有地加入到世界现代化进程中，不得不最大限度地向世界开放；第二个潮流是市场化潮流，市场经济带来了思想的解放和人的解放，造成了全新的生产、生活和交往方式，改变了中国社会的经济基础；第三个潮流是信息化潮流，信息化改变着世界上的一切，使所有的人面临信息爆炸和有效信息匮乏的双重矛盾，造成了新的盲目性。这三种潮流现在不可阻挡地汇聚到中国，深刻地改变中国的社会发展，出现了很多社会问题、社会矛盾。这些都是需要我们在坚定理想信念中去深刻认识和着力把握的。

第三个原因：社会矛盾已经进入多发高发时期。

当前，社会矛盾多发、高发，甚至比较尖锐。因为老百姓利益要求空前多元化。人民的根本利益、长远利益是一致的，但具体的利益有着太多的不一致：比如，在征地拆迁时，农民希望补偿多一点，但开发商不愿意多给，你多了我就少了。在农产品价格上，有人算过一笔账，我国一年能产一万多亿斤粮食，如果一斤粮食的收购价涨一毛钱，这对农民绝对不是小数，但农产品涨价对城镇化低收入居民意味着什么？

这些例子都说明，矛盾几乎都是由于利益要求不同引发的。所以温家宝同志用做蛋糕、分蛋糕打比方，他认为做大蛋糕是政府的责任，分好蛋糕是政府的良知。今天很多矛盾其实就是在分蛋糕过程中分出来的。我们的蛋糕已经做得不小了，老百姓日子过得比改革开放30年前好多了。但大家得到的不一样多。所以科学发展观解决的主要是发展问题，而构建和谐社会解决的主要是分配问题。这个问题非常复杂，但对于执政党来讲，又是非常重要的。蛋糕做得再大，如果分得不好，照样会出大问题。

为什么经济发展了，老百姓生活水平提高了，老百姓还有这么多意见，还有这么多社会矛盾。从最近国际社会变化看，埃及、突尼斯、利比亚政权都倒了台，沙特、巴林、也门、阿尔及利亚、叙利亚都出现大规模抗议，叙利亚形势危急。通过中东变化，我们需要理解，政府和老百姓之间关系和谐或不和谐，原因是什么？这是一个特别重要的事情。

20世纪90年代时候，当时我国有位领导人问，为什么老百姓会拿起筷子吃肉，放下筷子骂娘？生活改善了，越改善越对政府不满，生活水平越提高，老百姓越有意见。大家看，现在是发展中国家抗议游行多，还是发达国家多？肯定是发达国家多。

产生以上问题主要原因是改革开放已经高度多样多元，全球化、信息化、市场化三大潮流已经产生巨大影响，社会矛盾已经进入多发高发时期，在这种形态下，我们尤其强调坚定理想信念，坚持用邓小平理论、"三个代表"重要思想、科学发展观武装青年学生头脑，把理想信念建立在对科学理论的理性认同上，建立在对历史规律的正确认识上，建立在对基本国情的准确把握上，增强对坚持党的领导的信念，永远紧跟党高高举起中国特色社会主义伟大旗帜。

我们历经千辛万苦开创出来的中国特色社会主义道路，是当代中国最为自信自豪的伟大创举。在这条道路上，我们书写了改革开放精彩的"中国故事"，创造了加快发展的"中国奇迹"。要从理论与实践、历史与现实、国内与国际的联系上，讲清楚坚持和发展中国特色社会主义的历史必然、重大意义和基本要求，讲清楚中国特色社会主义的鲜明特色和显著优势，把广大青年学生团结凝聚在中国特色社会主义伟大旗帜之下。

党的十八大以来，习近平总书记围绕坚持和发展中国特色社会主义，发表一系列重要讲话，在改革发展稳定、内政外交国防、治党治国治军各个方面，提出了许多富有创见的新思想、新观点、新论断、新要求，进一步丰富和发展了党的科学理论。习近平总书记系列讲话，具有丰厚的历史智慧，丰富的思想养分，是大学生提升理论素养、把握发展大势，确立人生坐标的生动教材。要组织大学生认真学习研读系列讲话，准确领会基本内涵，深刻把握贯穿其中的立场观点方法，做到知其言更知其意，知其然更知其所以然。要把学习贯彻习近平总书记系列讲话精神，作为深化高校中国特色社会主义学习教育的重点内容，融入课堂教学，纳入党课团课，帮助青年学生及时学习掌握，用讲话精神统一思想和行动，不断增强道路自信、理论自信、制度自信。

三、做人修养教育

学会做人是人生永恒主题。一个人如何做人，在上学时解决了，不等于走上工作岗位后解决了；今天解决了，不等于明天解决了；一个人一辈子都有一个如何做人的问题。

在中国，做人是一门大学问，是贯穿人生的一大主题，也是对人进行道德评价的一个概率尺度。如果一个人不会做人，不忠不孝，不仁不义，势必成为国人不耻的败类。

学会做人，就是依照一定的社会规范，使每个人按照他所承担的社会角色恰到好处地做人做事。其中，道德规范是最基础的规范。在社会道德规范的作用下，知道什么是荣，就形成了道德理想；知道什么是可耻，就形成了道德良心。道德理想使他意识到应该去做什么，道德良心使他意识到不应当去做什么。学会做人就是要守住人类道德底线，守护灵魂深处净土，守望人性本质光辉。

学会做人是核心价值的基础。做人问题不解决，核心价值就没有根基，就不牢靠。

做人教育，必须全面提高大学生道德素质。国无德不兴，人无德不立。要坚持育人为本、德育为先，加强大学生社会公德、职业道德、家庭美德、个人品德教育，引导大学生向往和追求讲道德、尊道德、守道德的生活。诚信是道德建设的基础，要加强诚实守信教育，引导大学生形成守信光荣、失信可耻的道德观念。要广泛开展学雷锋、学习道德模范等道德实践活动，形成爱学习、爱劳动、爱祖国活动的有效形式和长效机制，弘扬中华传统美德，弘扬时代新风，帮助大学生提高道德实践能力尤其是自觉践行能力。志愿服务是美好的道德行为和重要的道德实践，要广泛开展大学生志愿服务活动，引导他们在服务他人、奉献社会中提升道德素质，形成向上的力量、向善的力量。

学会做人，最重要的是实现崇高人生境界。人生境界是一个人生的意义和价值，是一个人的人生态度，包括这个人的情感欲望，志趣，爱好，向往，追求，是浓缩一个人的过去、现在、未来而形成的精神世界。人生有四个层次境界。第一个层次，做能够自立的人，帮助自己做事；第二个层次，做有情义的人，帮助熟悉人做事；第三个层次，做有道德的人，帮助陌生人做事；第四个层次，做有信仰的人，帮助国家、民族乃至世界做事，这是人生追求的最高境界。世界文豪托尔斯泰曾说过，凡是以追求自己的幸福为目标的人，是坏的；凡是以博得别人好评为目标的人，是脆弱的；凡是以使他人幸福为目标的人，是有德行的。

境界，并非虚无缥缈，更非遥不可及。境界的提升，就在你的身边，就在点点滴滴，就在每时每刻，就在你的每一次选择。

境界，既是如何做事，更是怎么为人。境界就是你的人生目标，就是价值观念，就是生活态度，就是你生命旅途中的每一个脚印。境界体现在人生选择上，不是舒适安逸，不是名利地位，而是超越自我，胸怀天下的价值追求，是勇于担当，志在四方的人文情怀。

境界不是你得到了什么，而是你付出了什么，境界不是你个人的贫富荣辱，而是国家民族的盛衰兴亡；境界不是你的智商、学历和才干，而是你的善良、诚信和正直。境界的提升，是一个人加强内在修养、不断战胜自我的过程，需要从我做起，从现在做起。

学会做人要培育人品。有了好人品做保证，做人才有底气，做事才有硬气。看淡人生，宁静致远，淡泊名利，无欲则刚。稳定的价值标准和一贯的行为准则，是一个人世界观、人生观、道德观等思想观念的综合体现。在人的所有素质中，人品是第一位的素质，相对于其他素质，人品更具有基础性、贯穿性、真实性、可靠性，更能说明一个人的本质。一个人知识能力不够，可以补充提高，而人品人格一旦定型定位了，改起来很难。如果人品靠不住，其政治立场，政治态度都是不可靠的、不可信的，随时都会起变化。人品有问题，他可能对社会、对组织、对任何人都会产生危害。

学会做人，需要培养做人精神。当代社会，突出问题是物质与精神的失衡，崇尚物质、技术、功利。物质追求在社会生活中占统治地位。这样发展下去，人就会精神匮乏，道德沦丧，成为没有精神生活和情感生活的动物。

其实，我们每个人都生活在三个世界里，即物质世界、精神世界、情感世界。物质世界，人们追求的是一种富裕；精神世界，人们追求的是一种自由；情感世界，人们追求的是一种温暖。物质是基础，情感是依靠，精神是支柱。很多现代人把所有希望都建立在物质基础上，而忽略了情感的依靠和精神的支柱。

现在整个社会的价值观念扭曲了：活着就是为了成功，成功的标志主要是金钱和权力。更多的钱，更多的权，更多的物质利益。于是整个社会都患上了焦虑症：没有成功的人拼命争取成功，已经成功的人盯着更大成功。

几年前，中央电视台《对话》节目邀请中美两国即将进入大学的高中生参与。其中，美国的12名高中生都是当年美国"总统奖"的获得者，国内的高中生也是被北京大学、清华大学、香港大学等名牌大学录取的优秀学生。在"价值取向考察"环节，中美学生的表现形成强烈对比，令人震撼。面对主持人给出的智慧、权力、真理、金钱和美5个选题，美国学生几乎惊人一致地选择了真理和智慧，而中国高中生除了一个人选择了"美"之外，其他人都选择了金钱和权力。

人活着要靠物质支撑，但怎样去活，要靠精神支撑，要营造自己的精神家园。人生追求无非两种，一种是追求物质，一种是追求精神。古希腊哲学家柏拉图说过，追求物质，就是追求平凡；追求精神，就是追求神圣，追求崇高。少年时多一些幻想，青年时多一些尝试，中年时多一些淡定，老年时多一些厚重。在社会转型，文化多元，价值多向世态下，如何发现自己，掌握自己，发挥自己，知道自己的幸福是什么，价值在哪里。倾尽所能追寻幸福，实现人生价值，营造精神家园，是人生思考的重大课题。

做人还要坚守底线，自觉自律，不犯糊涂。对待权利，有权比没权好，可如果有了小权，还想着大权，那你会犯糊涂；对待金钱，它是有用的，可如果把它看作万能的，那你就会犯糊涂；对待美色，能娶个漂亮老婆当然是好事，可如果看见漂亮女人就心动，甚至想占为己有，那肯定会犯错误。人既不能犯糊涂，有时也要装糊涂。郑板桥说过，难得糊涂。一个人由糊涂到聪明是不容易的，再由聪明到糊涂更是难上加难。凡事论曲直，路窄林深，装傻冲楞其实是大智所愚。以糊涂表现做人的胸襟气度，以聪慧展现做事的果断敏锐，是许多人才成功的规律。

四、民族精神教育

中国是有着悠久文明的国家。在世界几大古代文明中，中华文明是没有中断、延续发展至今的文明，已经有5 000多年历史了。我们的祖先在几千年前创造的文字至今仍在使用。2 000多年前，中国就出现了诸子百家的盛况，老子、孔子、墨子等思想家上究天文、下穷地理，广泛探讨人与人、人与社会、人与自然关系的真谛，提出了博大精深的思想体系。他们提出的很多理念，如孝悌忠信、礼义廉耻、仁者爱人、与人为善、天人合一、道法自然、自强不息等，至今仍然深深地影响着中国人的生活。中国人看待世界、看待社会、看待人生，有自己独特的价值体系。中国人独特而悠久的精神世界，让中国人具有很强的民族自信心，也培育了以爱国主义为核心的民族精神。

民族精神教育，要讲清楚中华民族在5 000多年的文明发展进程中创造了博大精深的中华文化，中华文化积淀着中华民族最深沉的精神追求，包含着中华民族最根本的精神基因，代表着中华民族独特的精神标识，是中华民族生生不息、发展壮大的丰厚滋养；中华优秀传统文化是中华民族的突出优势，是中华民族自强不息、团结奋进的重要精神支撑，是我们最深厚的文化软实力；中国特色社会主义植根于中华文化沃土、反映中国人民意愿、适应中国和时代发展进步要求，有着深厚的历史渊源和广泛的现实基础，中华民族创造了源远流长的中华文化，中华民族也一定能够创造出中华文化新的辉煌。

社会主义核心价值观植根中华文化沃土，是社会主义基本价值原则与我国优秀传统文化的有机统一。中华文化积淀着中华民族最深沉的精神追求，包含着中华民族最根本的精神基因，蕴藏着丰富而宝贵的思想道德财富。比如，天下兴亡、匹夫有责的理想抱负，厚德载物、自强不息的执着进取，海纳百川、虚怀若谷的博大胸怀，筚路蓝缕、以启山林的开拓精神，艰难困苦、玉汝于成的顽强意志，诚信为本、敬孝友善的道德追求，等等。这些都是对大学生进行社会主义核心价值观教育的丰厚资源。我们要充分运用优秀传统文化教育学生，增加高校优秀传统文化课程内容，通过举办论坛讲座、开展普及活动等方式，引导青年学生多阅读一些经典名篇，多了解一些文化传统和文化的现代发展，坚守中华文化立场，礼敬自豪地对待中华文化。

全球化背景下，我们要继承优秀民族文化传统，弘扬民族精神，教育大学生既要有世界眼光、国际意识，又要有民族自尊心、自信心；既懂得保持民族价值规范体系，又能融入世界优秀文化中。民族精神是我们民族根系，是我们民族的大树，任何时代精神、外来精神都要嫁接在这棵大树上才能成活。加强民族精神教育，需要强化国家意识，加强国家观念、国家意识、国家安全、国家自强教育；强化文化认同意识，加强民族历史、革命传统、人文传统教育；强化公民人格意识，加强社会责任、诚信守法、平等合作、勤奋自强教育。

在全球化背景下，教育学生做一个有根的世界公民。

20世纪80年代，邓小平同志高瞻远瞩，以"教育要面向现代化，面向世界，面向未来"的开放姿态，初步勾勒了中国教育与世界接轨、培养国际化人才的宏伟蓝图。党的十八大报告提出加强社会主义核心价值体系建设，倡导建立"爱国、敬业、诚信、友善"的公民核心价值理念。《国家中长期教育改革和发展规划纲要（2010—2020年）》也明确指出：要借鉴国际上先进的教育理念和教育经验，促进我国教育改革发展，提升我国教育的国际地位、影响力和竞争力。适应国家经济社会对外开放的要求，培养大批具有国际视野、通晓国际规则、能够参与国际事务和国际竞争的国际化人才。这是在当今教育国际化潮流下，中国教育面向世界、面向未来的必然选择，同时也意味着，在高等教育阶段，加强世界公民教育，培养开放性的人才，理直气壮，大有可为。

真正的教育是使受教育者要有圆满的理性。好的教育者，更像是一个布道者，以力行公益的心态，不带任何倾向地去传播知识和真理，传播现代公民意识，给学生爱的教育、自由的理念、契约精神、阅读习惯、独立的思考判断能力，而不仅仅是培养他们的记忆力。只有这样的教育，才能培养出文明理性的具有公民意识的民族。

现在，越来越多的高等教育领域的有识之士意识到：通过相应的知识、技能和价值观教育，培养负责任的世界公民，已经成为现代教育的终极使命。他们有的著书立说，有的发声于网络，更多的人是在身体力行。他们面向莘莘学子，以放眼天下的情怀来修正自己斗室之内的言说，为了一个梦想付出了不懈的努力。这就是：每个炎黄子孙既是中华优秀文化的承续者，又是懂得国际规则并愿为全球的未来采取行动的世界公民。在这个梦想中，狭隘的民族主义、极端沙文主义没有存身之地，而人类共同的价值观念和尊重世界多样性的选择才是沧桑正道。

复旦大学附中2014届13班学生张鹤竹，随学校团队去美国纽约长岛一所教会学校进行了两周的学习交流活动。回国后，写了一篇感人至深的《美国，我是中国人》的体会文章。文章如下：

交流回来后，一个父亲的朋友说，这次你去美国交流，可能会对你的人生观、世界观、价值观有一定影响吧。我嘴上说是，心里却很茫然，真的有吗？我并没有觉得有多大影响啊。不久，和同学闲聊，有不少人计划到国外读本科，然后扎根在国外，拿到绿卡，过上更好的物质生活。这时，我才发现从前也在身边同学一个个奔向新大陆的浪潮中有过这种念头的自己，确实是完全坚定不再有以扎根西方发达国家为目标的念头。

的确，在美国短短的两个星期，我见到了这世界上物质水平发达的极致，我寄宿的美国家庭住在长岛富人区，城堡一样的别墅很美很大，自家的领地上有小森林、游泳池、篮球场、喷水鱼池、儿童游乐场，草坪比我们学校的还大。他们的城市比我们更好，他们的学生用我们十分之一的努力就可以考进哈佛大学和耶鲁大学。但我对这些东西竟然毫无任何想象中的心驰神往。

对物质生活的享受是有诱惑力，但这又怎样呢？我是中国人，我不属于任何别处，别处的一切繁华与我无关。我不想用什么语言去说我对我的民族有多少深情，我只觉得我是这民族的一部分，这民族也是我的一部分。我以后必然会去国外进修学习，也可能因为工作而旅居国外，但一定只是旅居而已。我在国外，或许是为了学习先进的世界顶尖的科技，或许是为了做学术研究工作的必要。我可以为了世界的进步发展服务，但我一定不要在另一片土地上为了给自己讨更好的生活而为另一个民族服务。

想到这里，我突然感觉到我的"三观"可能确实是被改变了一些。我心里开始有了一种明确的想法——我将来所做的工作，它某种程度上的终极目的都是为我的国家服务，使我的国家变得更好。中国如果还穷着，那我即使离开中国去了美国，成了美国人，过上流社会的富裕生活，我也还是一个穷人，永远都是穷人，因为我永远都是中国人。

记得电视上有一个挺火的节目，一个贫穷农村的孩子被换到一个大城市里的富裕家庭生活，两周时间过去，观众们都认为这孩子定然不愿再回家乡了。然而节目到尾声时，孩子再自然不过地说："我要回家，地里的麦子熟了。"我现在完完全全能理解这孩子心中对家乡和城市的那种感受。城市再好，他也只是过客。只有家乡的麦子永远摇曳在他心尖上。

民族精神教育，在小学低年级，以培育亲切感为重点，开展启蒙教育，培养热爱中华优秀传统文化的感情。在小学高年级，以提高感受力为重点，开展认知教育，引导学生感受中华优秀传统文化的丰富多彩。在初中阶段，以增强理解力为重点，提高对中华优秀传统文化的认同度，引导学生认识我国统一的多民族国家的文化传统和基本国情。在高中阶段，以增强理性认识为重点，引导学生感悟精神内涵，增强对中华优秀传统文化的自信心。在大学阶段，以提高自主学习和探究能力为重点，培养文化创新意识，增强传承弘扬中华优秀传统文化的责任感和使命感。

五、社会责任教育

《国家中长期教育改革和发展规划纲要（2010—2020年）》指出，着力培养学生服务国家、服务人民的社会责任感。什么是责任？责任是主体存在与发展的基本方式。什么是责任感？责任感是对责任的全面深刻认识和理解，是一种基本的文明素质。简单讲，责任是主体自我的一般规定，职业角色的基本表征，社会认同的主要依据，价值实现的集中体现。责任是第一位的，责任是最高价值。有责任感才会有远大理想抱负。责任出智慧、出勇气、出力量。人的每一项潜能都因为有了责任驱动，才变得强大。当代大学生应该担当社会责任。平凡之中有伟大追求，平静之中有满腔热血，平常之中有强烈的责任感。忠诚履责，尽心尽责，勇于担当。

中国人喜欢《泰坦尼克号》这个电影。船行大西洋撞上冰山，危险在即，千钧一发，船身都倾斜了，但船长、船员把妇女儿童送到救生艇后，毅然返回自己的工作岗位，做好了殉职的准备，视死如归。生死关头体现工作责任。船尾几个演奏舞曲的音乐家，穿着燕尾服，站都站不住了，努力保持身体的挺直，平稳地、优雅地演奏着乐曲。危难危急时刻体现职业责任。主人公露丝和杰克已经掉落在冰冷的海水中了，俩人抱着一块小浮木，这块浮木太小，仅容一人生存。作为男子汉的杰克做出了选择，毅然松开双手，渐渐沉向无底的大海。这一刻感天动地，全世界都为之落泪，"答应我，你一定要好好活下去"，成为道德世界的最强音。大难临头体现爱情责任。真正的爱情使人崇高、伟大、奉献，并给人以力量。

大学生要积极倡导责任的价值取向。权利和责任相伴相生，只讲权利不讲责任的社会不可能存在，只讲权利不讲责任的公民最后将丧失权利。只讲追求自己完全自由，不讲为人民服务的人，最终不会享有自由。

天下兴亡，匹夫有责。大学生应当树立崇尚真理的价值追求，舍身取义的道德情操，报效国家的社会责任，培养以天下为己任的责任精神。具体讲，对学习要有强烈的责任感；对社会要有高度的命运感；对历史要有神圣的使命感；对时代要有紧迫的发展感；对良心要有鲜明的荣辱感。国家重于家庭，家庭重于个人。有使命、有激情、有动力，才能成为有责任的大学生。

六、 生命教育

人最宝贵的是生命。生命承载了智慧、力量和一切美好的情感。从生命的角度透视，教育应该首先关怀人的生命，关注生命的价值和人性的完善。教育的目的应该是帮助生命的正常发展并实现生命的意义。在本质上讲，教育本应该就是生命教育。

人的全面发展的基础和前提，就是必须保证其生命安全和身体健康。人世间最宝贵的莫过于生命，生命无价，生命对每一个人只有一次。人的一切活动和价值都以生命的存在和延续为根基，没有生命就没有一切，保护生命就是保护生产力。生命教育要体现保护生命高于一切的意识，体现"以人为本，生命至上"的价值取向，树立关爱生命的情感观、生命至上的价值观、尊重生命的道德观，以学生为本，尊重生命，爱护生命。

教育的起点是"人"，教育的终点也是"人"，人是教育的主体，主体教育的最大价值就是实现人的价值，提升人的品质。

生命教育，是一种全人的教育，它尊重人的生命存在，培育人的主体精神，反映教育的丰富内涵，促进生命的全面发展，让生命因接受教育而精彩，让教育因尊重生命而深刻。

让生命教育富有生命力，就在于激发人的潜能和能动性。生命教育点燃的就是人的发展的"干柴"。

生命教育着眼于全体学生身心的和谐发展，为学生的终身幸福奠定基础，着眼于学生个性的健康发展，为提升学生的生存能力和生命质量奠定基础，着眼于增强学生在自然和社会中的实践体验，为营造健康和谐的生命环境奠定基础。帮助学生建立生命与自我、生命与自然、生命与社会的和谐关系，学会关心自我，关心他人，关心自然，关心社会，热爱生命，提高生命质量，理解生命的意义和价值。

生命教育旨在培养具有科学精神和人文素养的一代新人。生命教育应遵循以下原则：（1）认知、体验与实践相结合；（2）发展、预防与干预相结合；（3）自助、互助与援助相结合；（4）学校、家庭与社会相结合。

现代社会物质生活的日益丰富和社会环境的纷繁复杂，使学生极易产生生理心理问题，心理压力加大，心理矛盾增多，心理问题多发易发。再加上由于生理发展过程中出现的困惑得不到及时指导，对无法预料而且时有发生的隐形伤害往往难以应付，导致学生心理脆弱、思想困惑、行为失控现象。

因此，我们要引导学生认识生命，生命是人存在于社会的唯一载体；珍爱生命，每个人的生命只有一次；敬畏生命，人类尊严与自信的本体；欣赏生命，谱写青春与活力的印记；善待生命，科学与幸福生活的旅程。

人生在世，在自然环境中会遇到许多不可抵挡的地震、海啸、暴雨、泥石流等灾难，生命是非常脆弱的，"生命就在呼吸之间"。即使没有疾病，谁能保证自己会有明天，谁能保证眼前所有一切还能持续。我们要面对现实，重视眼前，珍惜今天，高质量地过好每一天，精彩地过好每一天，幸福地过好每一天。

七、现代公民教育

荷兰哲学家斯宾诺莎说过：人，并非生而为公民，却是被造就为公民。教育是实现人的全面发展和个性发展的直接途径，更是造就公民的主流渠道，教育者对此责无旁贷。

公民意识教育内涵广博，它涵盖了权利与责任教育、国家与民族教育、平等与公正教育、自由与法制教育、道德与文明教育等人类文明思想的各个方面，公民意识教育作为辐射面广、渗透性强的公民的基本要求和基本取向，应该由我们共同努力，共同宣扬。公民意识的实质是强调一个人在社会、国家中所处的地位及个人对自己政治地位和法律地位的自我认识。公民意识教育是以现代公民的本质特征为基本内容和基本目标而实施的各项教育活动的集合体，其核心是要使受教育者正确地认识、积极而负责地参与国家和社会公共生活，以发展国家和社会为己任。

今日中国，民主法治、自由平等、公平正义的理念正在越来越多的头脑中萌发，我们要在重新审视过去的教育价值观的反思过程中，坚定"今天的教育是培养未来社会的公民"的理念。我们应致力于让每个个体在教育的熏陶下，养成现代社会合格公民的意识，通晓一个普通人在现代社会应当做些什么，不能做什么，怎样才是有意义的人生，进而上升为坚定的理念，大家共同担当谋求人类社会更好地发展与进步的使命。

教育的首要责任不是培养科学家、学者，而是培养现代公民。教育的目的不是简单地传授知识，而是建立一种新的文化，包括对世界的生活态度、思维方式、价值取向。现代公民要树立国家利益至上价值观念，团队合作价值观念，诚实守信价值观念。现代公民素质包括：对社会具有正确的价值取向，对国家具有责任感，对他人富有爱心，善于处理人际关系，遵守社会准则。现代公民教育首先要抓好基本的公民道德修养。要学会承担责任，讲诚实信用，懂感恩报恩，善于团结合作。要成为好的接班人，首先要成为好的建设者，要成为好的建设者，首先要成为好的公民。

第二，加强公民素质培养。培养合格公民，唯有通过教育。公民素质是多方面的，有研究者提出了"核心素养"概念，并将其分为社会参与（包括公民道德、社会责任、国家认同、国际理解）、自主发展（包括身心健康、自我管理、问题解决与创新）和文化素养（包括语言与沟通、科技与信息、人文与审美）三个方面。只有在这三个方面全面发展的人，才可能具备核心素养，并成为合格的公民。公民不一定都是专家，但专家一定是公民。所以教育是针对全体公民的教育，而非针对少数具备专家潜质的人的教育。全面发展的人并非在所有专业领域都有上乘的发展，但必须在有助于公民生存质量的基本水平方面获得全面的发展。

第三，加强公民意识培养。是不是个好公民。从整体上来看，公民意识内在的具有政治、法律、社会伦理三个方面的内容：从政治层面来讲，主要包括公民的主体意识、爱国意识、参与意识和监督意识等；从法律层面来讲，主要包括公民的身份意识、规则意识、权利意识、义务意识、平等意识和自由意识等；从社会伦理方面来讲，主要包括公民的责任意识、合作意识、宽容意识和道德意识等。

阿根廷最著名高度学府布宜诺斯艾利斯大学日前出台一项新规，就读该校的学生要想拿到毕业证书，必须从事一定时间的社区义工和慈善工作。

布宜诺斯艾利斯大学校长鲁文·阿鲁说，这项措施从2013年入学的新生开始实施。根据规定，该校所有学生在获得毕业证书前，必须进行至少40个小时的社区工作或进行和专业相关的免费教育工作，否则不能获得毕业证书。阿鲁说，大学应该是改变社会的工具，而不仅仅是给年轻人学习深造的课堂。布宜诺斯艾利斯大学要求学生在毕业前从事社区义工和免费教育活动，一方面是希望学生通过参加慈善活动更好地认识阿根廷社会存在的各种问题，帮助那些需要帮助的穷人，同时也能让这座阿根廷最著名的高等学府更加接近底层民众，让民众受到布大教育的熏陶和帮助，从而改变他们的困境。

阿鲁强调，课堂教育固然重要，但社会才是学生真正的课堂。布大希望通过这种方式培养出合格的社会中坚和优秀公民，而不仅是少数精英。

美国的高中毕业生要想顺利毕业，要想进入大学，必须拥有作为志愿者在社区进行服务性工作的经历，参加这种"义务劳动"的时间要达到规定的标准。一位美国大学的系主任曾经说，他录取学生的时候，非常注重"志愿者服务时间"这个指标。他说，一个孩子能否关注他人的命运，关注社会的需要，是这个孩子今后能否有大的造诣的前提条件，不管他研究的是什么专业，他都需要把为人类工作当成目标和动力。

八、 心地善良教育

心地善良，就是与人为善，以邻为友，知耻明礼，洞察是非。为人处世，待人接物，应当心地善良。

心地善良，首先要养心。就像播种前的土地整理一样，只有把土地整理好了、养肥了，才能让种子顺利地生根发芽、开花结果。明代学者王守仁说："种树者必培其根，种德者必养其心。"养心就是努力使自己的精神境界宽广、厚重、平和。《易经》有言："地势坤，君子以厚德载物。"一个人的精神境界真能像大地一样宽广厚重，就可以做到"不以物喜，不以己悲"，纷繁嘈杂的事物表象就难以搅动他内心的宁静了。其次是向善。既然我们的心灵像田地，那就得适时播下善的种子。善的外延非常丰富，人世间一切美好的东西皆为善；其内涵可归结为崇高的理想信念、高尚的道德情操、正确的世界观、理性的行为、坚强的意志。用孟子的话说就是"四端"之心，"仁之端"的恻隐之心，"义之端"的羞恶之心，"礼之端"的辞让之心，"智之端"的是非之心。俗话说："栽什么树苗结什么果，撒什么种子开什么花。"有善心才能有善行，有善行才能有善果。

同时，还要注意控制和调节欲望。正常的、合理的欲望是推动人类社会进步的原动力，但是，放纵欲望，膨胀自我是一切罪恶和不幸的根源。德国哲学家叔本华说过："人是受欲望支配的，当欲望没有满足的时候你是痛苦的，当欲望满足以后你又会感到无聊。人生就像钟摆一样，在无聊和痛苦中左右摇摆，所以幸福是不可能的。"叔本华这番话固然有消极成分，但也一针见血地指出人的弱点。

其次，要少私寡欲，知止知足，去甚，去奢，去泰，节制过度的耳目口腹之欲。老子认为，绚丽的色彩会让人眼花缭乱，嘈杂的音乐会让人耳朵失聪，过多的佳肴会让人胃口败坏，过度的游猎会让人心神狂荡，过分追求奇珍异宝会让人操行失控。所以必须节制过度的欲望才能去祸免咎，保持身心健康，长久平安。

第三，要善待他人。作为一个受人尊敬的人，应当是有声有色工作，有滋有味生活，有情有义交往。工作场合，上下有序，没有规矩不成方圆，八小时之外，生活圈子要多一点亲切随和，多一点轻松幽默，多一点人情世故。尤其要善待年轻人，善待犯错误的人，善待不听话的人。

第四，要助人为乐。愿意帮助他人的人会收获更多的幸福。一般认为，人们会因为我们帮助了他们而喜欢我们。心理学研究发现，人们会更喜欢自己帮助过的人。通过帮助别人，我们能够获得持久的意义和快乐。其实，帮助别人就是帮助自己，周围人都能成功才是最大成功。帮助别人成功，帮助别人幸福，你才能走上幸福之路。如果一个人只想自己成功而从不想别人成功，甚至把自己成功建立在别人不成功的基础上，以别人不成功为代价来换取自己成功，那是永远得不到幸福的。善有善报，恶有恶报，这不是宗教迷信，而是合乎逻辑的结果，你愿意帮助别人，别人也会愿意帮助你，你善待别人，别人也会善待你。有句话讲得到位，当每个人的内心都怀抱着一种善良愿望的时候，很多这种善良的举手之劳会让人与人之间变得更温暖一点。

第五节　创新德育方式方法

方法是我们想问题、办事情的思想和方式。德育方法对头，事半功倍；德育方法不对头，事倍功半，甚至事与愿违。创新德育方法，就是要把握规律性，增强实效性，回到基础，回到生活，回到实践，回到人本。

一、德育方法创新重点

第一，重视学科德育。卢梭曾经说，最好的教育，就是学生看不到教育的发生，即实实在在影响着他们的心灵，帮助他们发挥了潜能。过去我们更多强调正面教育，强化显性课程。但隐性德育的作用和潜能远未得到重视。比如，学科德育问题，不少教师在课堂教学中还停留在穿靴戴帽式的牵强附会，或贴标签式的空洞说教。我们所追求的隐形的学科德育就是注意挖掘学科中蕴含的丰富育人资源，说事明理，因势利导，把德育目的隐藏在教育内容之中，让德育在学科教学中自然而然进行。

第二，重视生活德育。著名教育家陶行知先生讲，没有生活做中心的学校是死学校，没有生活做中心的教育是死教育。日常生活实践在教育中具有春风化雨、润物无声的养成功能，我们要把思想教育同日常生活结合起来，充分发掘生活中的积极因素，引导学生探究生活的意义，思考人生的价值。德育如果脱离生活中的油盐酱醋，远离学生每一个成长进程中发生的细碎琐事，忽略了学生内心尊重、认可、发展、求知的需求，偏离了贴近学生、贴近生活的教育原则，德育就只能成为一种形式、一种空洞的说教。因此，德育要坚持"生活即德育"的理论，坚持用学生的视角、学生的语言回应学生的思想困惑，注重学生在情感体验、实践体验中产生的思想共鸣和共识，使教育变得有血有肉，入情入理。

第三，重视网络德育。数字化生存已经成为我们生活的一部分，网络成为像空气一样无处不在的"第三空间"。对于德育来说，网络也将日益成为与专业学习的第一课堂和课外实践的第二课堂并驾齐驱的"第三课堂"。今天的大学生是互联网的天空下成长起来的一代，有一种说法是数字原住民。我们面对至少三方面的重大挑战：第一个挑战，如何占领大学生德育的第三课堂，在第三课堂是不点名不考勤不计学分，但是学生的到课率特别高，就在这第三课堂里，没有我们的类似的第一、第二课堂的教师，这一块的缺失就助推了网络意见领袖的影响。网络上有些意见领袖是别有用心的，有些意见领袖是不冷静不客观的。第二个挑战，怎么适应大学生社交连线技术，对现实生活各方面的全覆盖，广泛性，内容多样性，影响双向性，现在的学生信息量大，越来越热衷于社交网站。第三个挑战，如何实现网络环境下对主流思想的连线。现在不少学生不听新闻，不看报纸，不听广播，传统的主流媒体的报纸、电视、广播对大学生的吸引率和影响率大大下降，多项调查显示，各大贴吧论坛等互动社区已经成为学生进行校外交流的主要渠道，而这些就变成学生自己认定为主流思想。

对此，我们必须提前应对，实现三个课堂的资源整合，优势互补。

第四，重视开放德育。依托校企合作教育办学特色，整合校内外育人资源，对接社会人才需求，让学生深入社会实践，深入了解社情民意，增强社会责任感。学校文化、社会文化两种文化相互激荡，无缝对接，延伸育人空间。我们要打开围墙办教育，立德树人不能只靠每周五天的学校教育，更需要家庭和社会的配合。只有学校、家庭和社会形成合力，打通学校和社会的育人通道，"5+2才会等于7甚至大于7"。

第五，重视故事德育。德育工作就是"天边不如身边，道理不如故事"。当然，我们要会讲道理，先把道理讲通，讲理论要接地气，要让马克思讲中国话，让大专家讲老百姓的话，让基本原理变成生动的道理，让根本方法变成管用的方法，这才是我们的本领。要学会转换，把远大理想、核心价值、基本原理、根本方法、深刻主题、崇高境界，用老百姓的语言来叙述，用身边的典型和事实来展示，用不同受众喜闻乐见的方式来表达、跟正在做的事情不脱节，跟同学的发展和个人的发展、个人生活的福祉密切关联，好像看不见，但实际很抓人，主题很鲜明，润物细无声，这是我们的教育要理。要学会看不见的教育，学会讲故事，学会从身边取材，这是要训练的，要有基本功，没有基本功是不行的。

二、推进德育方法创新

第一，要变灌输为引导。德育是引导不是去左右，德育是影响不是支配，德育是感染不是去教训，德育是解放不是去控制。尊重学生主体地位，了解学生主体需求，激发学生主体创造力，引导学生成长成才。德育不能居高临下，板起面孔说教。要有平等的态度、和谐的关系，心灵沟通，感情交融，既讲大道理，又讲小道理，既讲理，又动情，达到情通理顺，入情入理，春风化雨，润物无声的效果。德育要靠人文关怀、道德情感，靠人性化管理、人情味服务。要把引导发展与关心服务结合起来，把社会需求同尊重个性结合起来，把精神传承与环境营造结合起来，把人格成长与心理解惑结合起来，在引导中融入要求，在活动中蕴含教育，在管理中体现导向，在服务中潜移默化。

第二，要变被动为主动。德育要主动建设。网络是德育工作的重要阵地。网络日益成为传播思想文化的新途径、师生学习生活的新空间、大学生德育的新平台、维护高校稳定的新阵地。我们要把网络建设和管理作为高校思想文化阵地建设的重要内容，使校园网络空间清朗起来。我们要有主动抢占阵地意识。网络是一个大舞台，甚至也是一个大战场，我们的主流声音不强，很快就会被杂音淹没，大学生就会远离我们。

高校人人是网民，处处可以上网。据统计，我国高校大学生上网人数目前是100万，其中90%的大学生将互联网作为重要信息渠道。校园里不用微博或者不看微博的学生，会被视为"外星人"。社交网络、微博、微信这些新媒体已经让大学生寸步不离。

网络是一把双刃剑，网络最大的好处就是使整个社会所有成员都有条件、有机会、有资格充分表达自己的意见。人人都是传播者，人人都是读者，人人都是作者，人人都有麦克风，人人都可以在网上发表观点。但同时，它又使人们的思想碎片化，社会结构脆弱化，给社会治理带来一系列问题，它考验每个人的道德、良心和责任。

新媒体对大学生来讲，早已不再是一种工具，而是一种环境。根据调查，大学生用网需求主要表现为求知、交往、自我呈现、发展以及娱乐消遣等五个方面。

大学生通过网络表现自我，交流思想，表达诉求，寻求共识。他们的关注重点在网上，兴奋点在网上。网络正影响着大学生的价值观念、文化情趣、综合素养、行为方式。因此，我们要善于运用互联网先进传播技术，主动打造德育新平台。

要提升功能。高校的网络资源非常丰富，要加强整合，将优质教育资源能进入网络社区，建立学生与名牌教师的网上交流平台，吸引更多学生使用。要建立主题教育网站、网页，把网上与网下结合起来，实现网上引导与网下教育有机互补。

第三，要变统一为差异。面对学生的不同个性，需要尊重学生的差异，让每个学生都能在他的天赋潜能范围内充分发展，让他能走就走，能跑就跑，能飞就飞，为每个学生提供适合的教育。这种差异还体现在递进要求上。大中小学德育要求是递进的。中小学德育传授的是基本知识，具有非系统的特点。而大学德育要上升为综合性、理论性、系统性，而且要有思维的纵深感，让学生不仅知其然，更要知其所以然。中小学生还没有形成稳定的世界观和人生价值观，中小学德育主要着眼于对学生进行正确思想的启蒙教育，强化对教育内容的感知和体验，形成良好的行为习惯。而大学德育则要着眼于形成比较稳定的科学世界观、正确的政治观和道德观，善于进行社会与人生问题的思考选择。爱国主义是一种人生信仰，一种生命动力，爱国主义教育就是递进的。小学阶段，爱家是核心，培养学生爱生命、爱小伙伴、爱家人、爱老师；初中阶段，爱集体是核心，培养学生爱朋友、爱集体、爱学校；高中阶段乃至大学阶段，爱国家是核心，培养学生为集体、为国家无私奉献的志向。

第四，要变务虚为务实。德育要一项工作一项工作落实，一个领域一个领域深化。要从具体问题抓起，从一件一件实事抓起，做出明确的、具体的可操作可检验的规定，形成有效机制和长效机制。德育工作要有狠抓落实的本领，看准的事情，就要咬定青山不放松，雷厉风行，抓紧实施；部署了的事情，就要敢于动真硬碰，有头有尾，善始善终。观念决定思路，思路带来出路，制度产生活力，操作就有效益。强调德育务实还要解决实际问题。关注学生所需所求，所思所想，所忧所虑，把解决思想问题与解决实际问题结合起来，特别是要在创业就业服务、心理健康教育、困难学生资助等方面下大力气，多为学生办实事，做好事，解难事。

第五，要变知识学习为生活学习。我们先看两则新闻报道：

2012年11月新学期开学才两个多月，各地频频出现"闪退生"。有因不喜欢所学专业的，也有因为食堂伙食不合口味的。

孩子考上了理想大学，但开学仅十天，家长就收到孩子寄来的快递，打开一看，是他八天内换下的所有衣服，并告知父母洗完后尽快快递回校。

如今愈演愈烈的应试教育使学生的全部生活内容就围绕着备考和应试，除了背书与训练，其他内容一概不知。陶行知先生说过，生活即教育。生活中某些能力的培养在青少年时期就应该完成，否则会影响他一生的情感态度。

德育应该以学生的生活实际为原点，在潜移默化中培养学生的行为习惯，激发学生的积极情感，磨炼学生的意志品质。德育只有回到生活实际原点，与学生的实际需求息息相关才会变得可爱有效。

因此，我们要从德育原点出发，从培养学生实际生活能力视角来确定实施办法。就是让学生在社会实践中，多一些道德情感体验，在社会实践活动中去体会生活的酸甜苦辣，扩展和丰富自己的建设世界。

现在社会资源相当丰富，有各级各类学校的，也有社会机构的，有区域的，也有行业的，但丰富并不代表优质，如何从丰富的资源中确立其教育属性，开发教育功能，这是当前德育工作的重点和难点。

第六节　创新德育话语体系

创新话语体系，是增强思想教育魅力的有效方法。所谓话语，就是言语或说话。在思想教育中，我们必须走出脱离实际、刻意制造"话语体系"的困境，多说真话、实话、心里话；多说言之有物、入情入理的"家常话"，用不同特色、不同风格、不同气魄的话语体系开展思想教育，增强话语体系的亲和力、感染力，增强话语体系的解释力、影响力。

近年来发生的德育话语体系问题主要表现为长话、空话、套话的流行。

许多事实证明，思想教育工作做了，不等于效果就好；内容正确，不等于影响就大。开展思想教育，满足于一般化容易，但要真正产生广泛影响，达到满意效果，必须下一番苦功夫、细功夫、巧功夫。为此，我们要进一步增强受众意识，多些"说话"，少些说教；多些平等交流，少些居高临下；多些真实体会，少些不痛不痒；多些深入实际；少些闭门造车。我们要把想传播的信息、想表达的观点融入娓娓道来的笔触中，融入巧妙的谋篇叙事中，让话语新起来，活起来、亮起来，跳起来，更富有吸引力和感染力，扩大影响力和覆盖面，实现内容更好看、受众更爱听的效果。

说短话。用最短的时间，最短的话，把要说的道理说明白，这是真功夫。"台上一分钟，台下十年功"，口头表达的功夫是综合素质的展现，讲话一定要有针对性，当长则长，当短则短，意尽言止，深入浅出。"简约是智慧的灵魂，冗长是肤浅的藻饰。"只言片语，可以掷地有声；三五百字也能打动人心。二战期间英国首相丘吉尔说过，"让我讲五分钟，我要准备两个星期；让我讲十分钟，我要准备两天；让我讲一个小时，那随时都可以开始。"这一方面说明丘吉尔是演说大家，另一方面也说明短话难说，为文岂不如此？复杂问题简单化是一个人有水平的表现，不容易做到。而简单问题复杂化是一个人没水平表现，很容易做到。学问越深的人，说话越凝练。

说明白话。大学问家、大理论家说的话都是通俗易懂，深入浅出的。深入而不深奥，浅出而不浅薄，生动而不生硬。我们思想教育容易出现问题是，把本来并不难懂的问题，经过理论"提升"，搞得谁都听不懂了。有人提出了一个八岁定律，如果能把一个难懂的道理，说的能让一个八岁的孩子听懂，那是最理想的表述。把深奥难懂的道理，用最浅显最质朴话语表达出来，这是思想教育的最高境界。语言朴实，但道理深刻，话语明白。

说管用的话。胡适在《建设的文学革命论》提出过四点主张："一要有话说，方才说话；二要有什么话，说什么话，话怎么说，就怎么说；三要说我自己的话，别说别人的话；四是什么时代的人，说什么时代的话。"说自己的话，说时代的话，说管用的话，说出个性，说出风格，不容易做到。现在思想教育有些讲话、文章，说的真是天衣无缝，出神入化，但都是空话、套话、官话、场面话，照转文件上的话，人人皆知，没错没味，也没用的空泛大道理。你挑不出毛病，无懈可击，但就是不接地气，从天上下来不落地，不管用。有些思想教育报告十几年一贯制，拿着一张思想教育旧船票，每天都在重复昨天的故事，实在乏味。讲管用的话，就是要讲真话，实话。创新话语体系，不是刻意追求一种什么样的语言风格，而是一种自然、真实的情感流露。既讲"大道理"，又讲"小道理"，既讲理，又动情，达到情通理顺，润物无声的效果。一个人说真话、实话，肯定是在用口语、俗语思考。而这些俗语，甚至有些土的话肯定打动人心，人同此心，心同此理，产生好的传播效果。思想教育话语要来自生活，言之有理，言之鲜明，言之有趣，言之有情，言之管用；要开门见山，简洁平实，直奔主题，联系实际，解决问题。只有形成这样的话语体系，对于传播真理，解疑释惑，凝聚共识，才会管用，才能发挥思想教育的正能量。

说问题的话。问题是思想教育先导。世界上、历史上一切知识学问积累都是因为解答了问题。创新思想教育话语体系，要树立问题意识，发现问题，提出问题，直面问题，研究问题，回答问题，推动思想问题解决。思想开始于问题，又阐明问题。其价值作用就在于科学回答问题。我们要从群众需要出发，与热点面对面，同群众心贴心，善于回答疑惑，耐心解答疑问。回答胜于回避，一味回避是掩耳盗铃。只有直面问题，做出有的放矢的回答，才能解疑释惑。一个好的问题比一个好的结论更为重要，问题中蕴含着思想教育的广阔空间。在思想教育中，能够分析解决问题，当然甚好；尚无解决之策，只要能提出问题，发现问题，也非常好。因为后者比前者更具前提性，也更重要。因此，我们要以对思想教育规律的深刻研究，对现实问题的洞察把握，以理性的思维和独到的视角发现问题，提出问题，解决问题。要找准思想教育与实际的结合点，以敏锐的眼光发现问题，以辩证态度提出问题，以科学方法分析问题，以正确理论指导解决问题。

说事实的话。思想教育不能从理论到理论，从概念到概念，自我封闭，自我循环，把思想教育搞成脱离实际的概念堆砌，搞成照本宣科的刻板说教。要从实践破题，用实践立论，拿实践论证。实践最有说服力，事实是最硬的道理。要善于用客观事实说话，用典型案例说话，用切身感受说话，把抽象变形象，把概念变事实。运用真理的力量，逻辑的力量，析事明理，使道理鲜活不苍白，生动不呆板，亲切不生硬，增进教育理解和认同。

说故事的话。莫言在诺贝尔文学奖领奖大会上说，"我是一个讲故事的人。""这些故事让我坚信真理和正义是存在的。"好的故事就是吸引力，就是感召力，就是含金量，连故事都讲不好，再好的导向都无法把我们的教育导向美好的终极目标。思想教育是心灵与心灵的沟通，灵魂与灵魂的撞击。讲故事可以用生动的情节诠释情感，用最直白语言传递信息，用质朴方式碰撞心灵，拉近教育双方心理距离，增加亲近感减少反感，增加感悟减少灌输，增加情趣减少刻薄，增加感同身受减少居高临下。思想教育要创新话语体系，把讲道理与讲故事结合起来，用生动的故事、深刻的道理，润物无声，春风化雨，激励人们对真善美的追求，达到沁人心脾的效果。

讲有分寸的话。拿捏好"度"，解决好"说多少、说多久、怎么说"的问题。同样事情，拿捏分寸不同，可能会产生截然不同的结果。做人做事，最难的就是把握好度。思想教育贵在把握度，"火候"不到或者太过，都可能产生不好效果。这就要求我们掌握火候，拿捏分寸，讲究适时适度。什么时候问题要限制，什么时候问题要放开？什么问题要强化，什么问题要淡化？这些关于"度"的问题，需要我们认真琢磨、仔细拿捏，特别要注意不要把点上的问题说成面上的问题，不要把个别问题说成整体问题，不要把局部问题说成全局问题。

思想教育要多一些潜移默化，少一些锋芒毕露；多一些生动活泼，少一些生涩呆板；多一些独立思考，少一些人云亦云，多一些大胆发挥，少一些照本宣科，多一些"故事"引导，少一些空洞说教，生动活泼、通俗易懂、晓畅明白、顺其自然、表里和谐、打动人心，这应该是创新话语体系的起码体现。有了感人的话语体系，思想教育就会生机勃勃、充满活力、引人入胜、务实管用。

无论是口头表达的话语，还是文字表达的话语，都是一定思想、理论、文化、艺术、科学、观念的字词表达。话语体系是受思想理论体系和知识体系制约的。这就要求我们提高理论素质，开阔知识视野；加强文化修养，打造人文底蕴；深入基层一线，了解社情民意；研究人们心理，关注社会变化。切实推进思想教育话语体系创新，提高教育效果。

第七节　德育融入学生生活

把高校德育工作与大学生日常生活实际结合起来，是高校德育取得实效性的重要途径。我们大学生日常生活既受价值观念指导，又是涵养价值观念土壤。高校德育只有紧密联系实际，融入大学生日常生活，才能为大学生感知感悟，自觉践行。要认真研究，让思想政治教育的内容和形式渗透到大学生生活的点点滴滴，推动德育理念内化于心，外化于行，实现高校德育工作生活化。

高校德育工作生活化离不开细节养成。细微处见真情，细节往往能够展示出潜移默化的强大力量。注重细节，要善于在日常小事上明辨是非、区别善恶、分清美丑，养成良好的道德品质和行为习惯。

高校德育工作生活化离不开载体创新。任何思想和理论的传播，都需要依靠一定形式的载体。载体是生活化的桥梁和纽带，是生活化的承载者和依托者，是生活化不可或缺的重要环节。推进高校德育工作生活化，就是要努力创新载体、丰富载体，通过不同层次的载体，使大学生思想政治教育产生春风化雨、潜移默化的效应。载体是多种多样的，各有所长，要努力开辟媒体平台、打造活动载体、创设生活情景，实现思想政治教育与大学生的有效对接，使大学生由"知"到"信"，由"被教育者"转变为"积极参与者"，自我认知，自我选择，自我认同，自我教育，从而使思想政治教育融入大学生的思想意识和精神血脉。好的载体可以润物无声、事半功倍，可以感化人心、引发共鸣。离开有效的载体，提升高校德育工作水平只能是"纸上谈兵"。结合大学生的日常生活开展思想政治教育，更能契合贴近学生、吸引学生的原则，更能达到寓情于美、寓教于乐的效果，使大学生更好地感悟道德良知、提升精神境界。在观念、形式、方法、手段上不断创新思想政治教育载体，有利于畅通大学生自我教育渠道，激发大学生参与热情，提升大学生参与能力，培养大学生崇德向善的能力。

高校德育生活化离不开典型引领。身边人讲身边事，身边事最易感动身边人。在日常生活中加强大学生思想政治教育，身边典型引领往往更有可信度和说服力，胜过诸多灌输和说教。有大学生身边典型的影响，就会带动更多的道德典型涌现出来，促进大学生思想政治教育的进一步提升。要坚持示范引导，实现道德典型身边化。挖掘大学生身边的先进人物，将身边典型人物的引领作用转化为道德实践，最终落实到广大学生的实际行动上。要多颂扬大学生认可的"最美大学生"，多表扬大学生身边看得见、摸得着、学得到的大学生楷模。多倡导"凡人善举"，引导大学生见贤思齐，从我做起，争当平凡的好人、身边的感动。

高校德育生活化离不开制度规范。不以规矩，不成方圆。良好的道德习惯不仅需要内心的养成，也需要制度的规范。增强高校德育工作的社会强制力，通过制度规范来引导大学生的日常行为，进而达到自律目的，这是一种客观需要。要把道德规范与日常行为规范紧密结合起来，把道德观念内涵渗透到学校管理之中，通过科学严格的管理，使外在的道德规范内化为大学生的行为自觉。

第八节　重视德育学习应用

当前，世界范围内各种思想文化交流交融日益频繁，国内社会思想多样多元多变特性更加凸显，人们思想活动的独立性、选择性、多变性和差异性日益增强。德育学习内涵也在不断拓展、深化和丰富。在这种态势下，学习充电要与时俱进，要赋予时代精神，注入开放元素，拓展知识视野，强调实际应用，努力突出以下内容。

一、观念理念的内容

观念是对事物的认识和看法，是人的大脑对客观现实带有某种倾向性的客观反映。没有新观念的萌动，没有普遍性的心理氛围，没有变革现实的要求，没有勇于改革的胆略，就谈不上德育创新。观念是先导，是做好德育工作的前提。我们要对传统德育观念进行深刻反思。解放思想，更新观念，不断研究新情况，解决新问题，总结新经验，形成新认识。学习最重要的就是更新观念，调整思维方式。观念一变天地宽。没有现代德育观念，即便再敬业爱岗，无私奉献，也适得其反。

二、视野通识的内容

德育干部观察、认识、思考问题，要立足大格局大背景，在更高层次、更广范围找坐标、找定位，才能准确把握事物的本质。我们看待事物，不仅要放到一定的空间全面、辩证地去看待，还应该放到一定的时间段中甚至历史的长河中去看。居高临下，高屋建瓴，统揽全局。视野眼光非常重要，站在平地上，视野有限，看到的只是近在咫尺的东西，坐在飞机上，站在高山上，看到的是大视野。只有登高望远，才能一览群山，了解全貌，从客观上把握全面。看人看事，首先要宏观把握、总体判断，然再由远及近，进入微观层面。德育干部要拓展扩展学习领域，向更加综合化和通识化方向发展，加强那些概括性强、适应面广、具有普遍意义的基础理论、基本知识、基本技能学习，增强具有普遍意义的基础理论、基本知识、基本技能学习，增强对快速变化社会经济发展的适应性、灵活性。社会变化纷繁复杂，新情况不断涌现，必须通过科学的归纳分析和提炼概括，找到具有代表性、普遍性、全局性的新问题，找到影响干部成长的真问题，德育学习找准问题不容易，更重要的是要破解难题，深入剖析矛盾难题。当前难题很多，有事业开拓之难，德育创新之难，利益矛盾化解之难等。任何事业都是在应对各种难题中做大做强的。遇到难题能躲就躲，能绕就绕，能拖就拖，就很难做好工作，更说不上眼光视野。

三、应用实际的内容

德育工作实践性、应用性强，学习要在"应用""实际"上狠下功夫，突破单一狭窄学科思维框架，切忌走学科化道路，从理论到理论，从概念到概念，理论掉在半空中，不接地气，不联系实际。学习内容要管用，多学方法东西，多学操作东西，学经验东西。特别是看问题的方法，如何正确看待改革开放过程中的社会矛盾、社会问题。以理性眼光来看待，以平常心来面对，从问题中看到机遇，从困难中看到希望。有了信心，有了科学认识方法，才能更好地教育学生。德育干部的学习是在实用中找到系统而不是在系统中找到实用，要强调学用相长，急用先学，立竿见影，在"用"字上做文章。学用不结合，你用的是这个，学的是那个，是不会有时效的。

四、核心价值的内容

核心价值主要是人们对事物进行价值和意义判断，即善恶、美丑、荣辱、正义与非正义等的标准。我们要深入学习社会主义核心价值体系，用多种多样的手段来传播核心价值体系，用简明易懂的方式来解读核心价值体系的内涵，用鲜活生动的事例来诠释核心价值体系的实质，用具体感人的形象来展示核心价值体系的内在要求，使社会主义核心价值体系为大学生所认同、所接受、所践行，真正从理论殿堂走近学生心灵，成为大学生价值追求。

掌握科学的学习方法，德育学习才会有成效，德育学习方法主要有以下几条：

第一条，要学会做框架学习。先把框架搞清楚，细节先放一边。有的领导缺乏框架性思维，介绍他的学校，介绍他的单位，讲两个小时还讲不清楚，如果掌握框架了，五分钟就可以讲清楚。这是一个很重要的思维方式和学习方式。学一门知识，把握了精髓，搭起了框架，就等于绘制了导航图，可能对细节你并不熟悉，但一旦需要，随时可以翻出来研究，同样能解决问题。这叫急学现用，但绝不浮光掠影。

第二条，要学干结合。一个德育干部，光干不学，工作就会在同一水平上重复，造成"日功有余，年功不足"的状况。当然光学不干，纸上谈兵，学习也就失去了动力和目的。最好的办法就是学干结合，学用相长。

第三条，要学会把握学习的最重要的成果。学习最重要成果是更新观念，调整思维方式。知识不懂可以问别人，但观念不能问别人，观念在头脑里，别人代替不了你。知识别人可以代替你，观念别人代替不了你。知识是在具体问题上起作用，观念在所有问题上起作用，是一个长期起作用的要素。

第四条，要把端正学风放在首要位置。自觉发扬勤奋好学、学以致用的作风。联系时代发展实际、改革发展实际、高校发展实际、思想实际、工作实际。经常研究一些实际问题，并把它加以提炼，写成文章，既是收获，又是新的耕耘。一个德育干部的水平、能力主要体现在"结合"二字上，就是把理论政策与工作实际等结合起来，创造性地开展工作才是真本事。

第五条，要选择适合自己的学习方式。书籍好比食品。有些只需浅尝，有些可以吞咽，只有少数需要仔细咀嚼，慢慢品味。所以，有的书只需读其中一部分，有的只需知道其中梗概，而对于经典，就需要通读、细读、反复读。

第六条，要学会有效学习。学习除了要非常努力之外，更重要的是进行有效学习，如何有效学习，提出以下观点供参考：

计划比随意重要。学习应制定切实可行的计划，这样可能会比较慢，但能使你以质量取胜。

浏览比精读重要。信息喷涌，精读局限狭窄，未来学习的重点，不在于你学到多少，更在于你是否知道。

学力比学历重要。学历反映一定的学习过程，学力是反映学习知识、创新观念和行为的能力。

常识比知识重要。知识的来源是书本，常识的汲取是经验，通过自身体验，将理论转化为经验。

终身比一时重要。一个人在学校学习的东西，大学毕业后五分之一就淘汰了。停滞就是落后，唯有终身学习才是生存之道。

第七条，要做到"四勤"。"四勤"，就是脑勤、手勤、口勤、腿勤。脑勤，就是多学习、多思考、多想问题、多研究工作；手勤，就是多写多练，有写作能力，有写作水平；口勤，就是要锻炼口才，力求传达指令准确无误，与人交谈言简意赅；腿勤，就是要多深入基层，多了解情况。